21世纪工商管理类专业主干课系列教材

Series Textbooks of Speciality Core Courses in
Business Administration in the 21st Century

U0656747

Business
Administration

工商行政管理学 (第五版)

刘国庆 周毅 主编

东北财经大学出版社
Dongbei University of Finance & Economics Press

·大连·

图书在版编目（CIP）数据

工商行政管理学 / 刘国庆，周毅主编. —5版. —大连：东北财经大学出版社，2021.8
（21世纪工商管理类专业主干课系列教材）
ISBN 978-7-5654-4237-7

Ⅰ．工⋯　Ⅱ．①刘⋯ ②周⋯　Ⅲ．工商行政管理-高等学校-教材　Ⅳ．F203.9

中国版本图书馆CIP数据核字（2021）第119756号

东北财经大学出版社出版
（大连市黑石礁尖山街217号　邮政编码　116025）
网　　址：http：// www.dufep.cn
读者信箱：dufep@dufe.edu.cn
大连东泰彩印技术开发有限公司印刷　东北财经大学出版社发行
幅面尺寸：170mm×240mm　　字数：382千字　　印张：19　插页：1
2021年8月第5版　　　　　　　　　　　2021年8月第1次印刷
责任编辑：朱　艳　　　　　　　　　　　责任校对：孟　鑫
封面设计：沈　冰　　　　　　　　　　　版式设计：钟福建
定价：45.00元

管理的科学性与艺术性
（丛书总序）

　　科学家爱因斯坦曾经发给艺术家卓别林这样一封生日贺电："您的艺术作品誉满全球，您真不愧为一位伟大的艺术大师。"卓别林是这样回复爱因斯坦的："您的相对论仅为世界上少数人懂得，您真是一位伟大的科学家。"前者"雅俗共赏"很伟大，后者"曲高和寡"也伟大，似乎有些矛盾，其实不然，这恰恰体现出"艺术性"与"科学性"的一致性。

　　对上述对话的一般理解是，科学往往为少数人所发现，"曲高和寡"；而艺术必须要让大多数人所接受，"雅俗共赏"。这当然是正确的，但这只是从一个角度看问题。如果再从另一角度分析，才能做到圆满理解，即科学虽然由少数人所发现，但却可以被多数人所掌握；而艺术虽然可为大多数人所接受，但却只能由少数人所创造。"科学性"与"艺术性"在哲理上是完全一致的。

　　对科学和艺术还要做进一步的分析。科学分科学发现和成果应用两个层面，艺术也分艺术创作和艺术欣赏两个层面。科学发现和艺术创作都比较难，而科学应用和艺术欣赏相对都比较容易。人们常说，"管理既是科学，又是艺术"，这里所说的"科学"多指"科学成果的应用"，而这里所说的"艺术"却多指"艺术的创造"。对于从事企业管理工作的人员来说，越高层的管理（如董事长和CEO的工作），艺术成分越多；越基层的管理（如部门经理或车间主任，甚至是现场调度或质量控制的工作），科学成分则越多。一个典型的例子是，演员出身的里根可以是一个胜任的美国总统，却难以当好一个企业工程师。企业和国家都是这样，越往高层，"外行领导内行"越普遍，而越往基层，专业技能越重要。当然，与此相应的一般的规律是，越是高层，"艺术创造"越重要；越是基层，"科学应用"越普遍。

　　对于工商管理教育而言，其课程体系中既有含科学成分较多的课程，也有含艺术成分较多的课程。前者主要有："生产管理""物流与供应链管理""管理信息系统""会计学"等。后者主要有："组织行为学"，"人力资源管理"，"企业文化与伦理"，"企业战略"，"公司组织设计"或"公司治理结构"，"企业、政府与社会"等。当然，也有的课程近乎是科学成分和艺术成分并重的，如"公司理财""数据、模型与预测""管理经济学"等。

　　我和很多从事工商管理教育的教授都有这样的体会，就是在教学过程中，科学成分越多，越适合课堂教学，也就越利于成规模培养；而艺术成分越多，则越适合个人感悟，也越适合案例教学，从而只能侧重于个别指导或小组讨论。换个角度，对于工商管理的本科生或MBA学生，特别是EMBA的学生来说，前者主要是依赖于学校和教师，后者则主要取决于个人的悟性。这也是"管理学院学得到"与"管理学院学不到"这两种说法都有道理的原因。这两种完全相反的观点（核心是企业家是否是学校培养出来的）的焦点就在于，各自过多地强调管理的"科学性"或"艺术性"，而忽略了二者间的一致性。事实上，管理学院或MBA学院只有处理好这二者间的关系，才有可能办出自己的特色。这一点在国内外已经得到充分证明。

说到这里，就可以很方便地解释为什么"文人"的子女容易继承，而真正的企业家却很难继承的道理了。其中的关键在于，"治学之道"的"规律性"（即"科学性"）较强，知识和经验可以潜移默化、耳濡目染地向子女传授和转达；而"经营之道"的"艺术性"较强，企业家的成功经验多具独特性，难以言传。学习所谓的"管理经验"必须经过"再创造"过程，光靠模仿是不行的。

总体来说，这套丛书对工商管理的"科学性"和"艺术性"都有所兼顾。作者多是具有多年工商管理教学经验和丰硕研究成果的教授，有人还曾到日本等国家的大学讲学。作者们按照简明、实用并具有一定前瞻性的要求，力求为读者提供一套富有特色的工商管理类丛书。这套丛书虽然主要是针对工商管理专业本科生的，但也可以作为MBA学生和各类企业管理者的参考书。读者如果基本同意上述有关管理的"科学性"与"艺术性"的看法，那么如何正确地对待这套丛书就不必多絮了。

特以此为序。

于　立

第五版前言

近年来，随着我国经济体制改革的不断深入，市场监管在我国社会主义现代化建设中日益显示出它的重要性。广大的市场监管实际工作者和教育工作者正在全面、系统地总结我国工商行政管理的经验，开展工商行政管理学的理论研究和应用，努力探讨、揭示我国市场监管工作的规律性，以不断提高市场监管工作的水平。在我国，"中国特色社会主义新时代工商行政管理"这门新兴管理学科已经建立。这是我国工商行政管理事业发展的必然，也是社会主义市场经济发展和建立和谐社会的需要。

近年来，我国的市场监管工作有了空前的发展，市场监管方面的很多法律、法规已进行了修订和完善，我们在总结实际管理部门丰硕成果的基础上，结合自己的教学、科研实际，面对新形势下我国进行的政治、经济、社会、文化、环境体制等一系列改革，对行政处罚、市场主体登记管理、市场监督管理、商标管理、广告监督管理、反不正当竞争等内容进行了较大篇幅的修改。

参加此次修订工作的人员分工如下：

刘国庆编写第12章。

周毅编写第1章、第2章、第4章、第5章、第9章、第10章、第13章、第14章。

蒋雨露编写第7章、第11章、第15章。

于淼编写第3章、第6章、第8章。

本书由刘国庆、周毅主编，最后由刘国庆、周毅统一定稿，并由吉林省人民检察院原副检察长李振华教授审定。

本书在编写过程中，参阅了近年来有关专家、学者关于工商行政管理方面研究的著述，在此表示深深的谢意。

由于编写时间仓促，加之我们实践经验较少，书中的缺点和不足在所难免，还请读者不吝赐教，在此表示感谢。

作　者

2021年4月

目　录

第 1 章

工商行政管理职能与工商行政管理学

学习目标

　　掌握工商行政管理的概念及特征；了解工商行政管理职能；了解工商行政管理产生和发展的规律；掌握工商行政管理学的学科体系，学会运用工商行政管理规律解决实际问题。

1.1　工商行政管理的概念、性质和特征

1.1.1　工商行政管理的概念

工商行政管理，是指国家为了建立和维护市场秩序，通过特设的市场监督管理机关，依法对市场主体及其经济活动进行管理与监督的活动。

工商行政管理是市场监督管理机关运用公权力对市场主体及其市场行为进行规范、组织、管理、监督的专项活动，是贯彻国家意志、实现国家行政职能的过程。这一概念指明了工商行政管理的主体、对象和内容。

工商行政管理的主体是国家特设的市场监督管理机关，在我国是指市场监督管理局。2018 年 3 月，根据第十三届全国人民代表大会第一次会议批准的国务院机构改革方案，将国家工商行政管理总局的职责、国家质量监督检验检疫总局的职责、国家食品药品监督管理总局的职责、国家发展和改革委员会的价格监督检查与反垄断执法职责、商务部的经营者集中反垄断执法以及国务院反垄断委员会办公室等职责整合，组建国家市场监督管理总局，在履行职责过程中坚持和加强党对市场监督管理工作的集中统一领导。自此，国家市场监督管理总局及各级市场监督管理机关成为被授权的管理主体，它们秉承着国家的授权，依据国家的方针、政策、法律、法规、目标、计划，对市场主体及其市场行为进行经济行政监督管理与行政执法。

工商行政管理的对象是市场主体及其市场行为。这里所指的市场主体，是市场上从事交易活动的组织和个人。其中，企业是最主要的市场主体。这里所指的市场行为，不是仅指某一种市场（如消费资料市场或城乡集贸市场）上的市场行为，而是指各种类型市场上的市场行为。它既包括商品市场（生产资料市场、消费资料市场），也包括生产要素市场（金融市场、劳动力市场、技术市场、房地产市场、建筑市场、产权市场、信息市场及文化市场）；既包括零售市场，也包括批发市场；既包括现货市场，也包括期货市场；既包括有形市场，也包括无形市场上的各种市场行为，即社会主义统一大市场上的市场行为。

工商行政管理的核心内容是：依法对市场主体及其交易行为进行管理与监督。各级工商行政管理机关根据法律的指引行使行政权，通过行政许可、行政指导、行政处罚、行政裁决等手段，对市场主体及其交易行为进行规制，以建立和维护市场经济秩序。

工商行政管理不同于企业管理（企业家对企业生产经营活动的组织、协调和控制），也不同于一般的部门管理（业务主管部门对其行业内部经济活动的协调、控制），它是国家经济行政监督管理职能的一部分。

要准确把握工商行政管理概念，必须从多层次、多角度、多侧面展开，其中要弄清几个和工商行政管理既有联系又有区别的概念，即工商行政管理职能、工商行政管理机关、工商行政管理体系、工商行政管理学科，不能把这些概念混为一谈。

1.1.2 工商行政管理的性质

工商行政管理是国家对市场主体及其市场行为进行规制的必要举措，是国家行使管理权、落实经济行政监督管理职能的具体体现。

首先，它作为国家经济管理活动应具备自然属性和社会属性。其自然属性是指作为维护市场经济秩序的管理活动。其社会属性是指它体现的社会经济制度的要求和国家（统治阶级）的意志、利益。市场经济是依托市场实现资源配置的经济模式，在经济运行中社会各种资源都直接或间接地进入市场，由市场供求形成价格，进而引导资源在各个部门和企业之间自由流动，使社会资源得到合理配置。但是，在市场经济运行过程中，由于市场主体谋求自身利益最大化的本能和市场内在的自发性、盲目性、滞后性缺陷，往往容易发生"市场失灵"，导致失业、通货膨胀、不正当竞争、垄断等问题，而这些问题难以通过市场自身发挥作用获得解决。在这种情况下，就需要政府进行必要的干预，以确保市场的健康、正常运行。换言之，有商品生产和交换，有市场经济活动，就要有维护市场秩序的管理活动，这体现了工商行政管理的自然属性。此外，国家运用法律和行政手段对市场主体及其市场行为进行监督和管理，是着眼于社会经济有序运行，从而有效维护经济秩序，确保统治阶级整体的经济利益，这体现了工商行政管理的社会属性。当然，自然属性和社会属性不是孤立地分别存在，而是有机地贯穿于整个工商行政管理过程中。按照自然属性要求，工商行政管理必须遵循市场经济发展的一般规律，注重学习、借鉴国际通行的规则，对市场主体、市场经济活动进行有效的组织、监督和管理，降低管理成本，提高管理效益；按照社会属性的要求，工商行政管理必须紧密结合我国国情，体现社会主义经济制度的要求，体现社会主义国家和全体人民的利益。

其次，从工商行政管理自身的职能看，它与国家经济管理的其他职能相比，具有经济行政监督性质。在市场经济条件下，国家的经济管理职能一般有配置资源的职能（不是取代市场机制，而是弥补市场机制的不足）、经济调控职能（以经济杠杆调节为主）、经济监督职能（依法监督，建立和维护市场经济秩序）。每项职能各有特定的管理内容和属性，它们相互区别又相互联系。工商行政管理不直接参与配置资源，尽管它的管理活动可以影响资源配置，但毕竟不是市场对资源的配置方式；工商行政管理也不同于财政管理和金融管理，它不掌握税收、信贷资金，不运用税率、利率、法定存款准备金等经济杠杆调节市场经济活动。工商行政管理是国家实施经济监督职能的重要组成部分，它通过国家特设的行政管理机关，运用行政权力依法对市场经济活动进行监督管理。它依法控制被管理对象的某些行为或支持某些行为，对于违背法律、法规的行为及时制止和处罚。依法监督管理，行政执法，贯穿于工商行政管理全过程。因此，工商行政管理具有经济行政监督的性质。

1.1.3   工商行政管理的特征

1）工商行政管理的综合性

工商行政管理的对象是市场经营主体及其行为，工商行政管理的内容覆盖市场的多个维度，既要确认企业等经济组织的市场准入资质，又要对市场主体的交易行为、竞争行为进行监督；既要制定有关规章、政策、标准，又要承担市场监管行政执法任务；既要规范有形的商品交易市场，也要监控网络商品交易及有关服务的行为。2018年，国家市场监督管理总局设立后，由过去分散式的各部门监管变为统一、综合的集中监管，这意味着工商行政管理的内容更为广泛，工商行政管理的综合性特征进一步凸显。

2）工商行政管理的法定性

在全面依法治国的背景下，市场监督管理机关介入市场，对市场主体及其市场行为进行管理和监督，必须依照法律的明确授权。对市场监督管理机关而言，"法无明确授权即禁止"是其必须遵循的基本准则。也就是说，工商行政管理代表国家意志，依据国家有关的法律、法规对个体工商户和工商企业的市场经济行为及其有关内部经济行为进行监督管理，行政执法。在此过程中，法律、法规不仅对工商企业、个体工商户具有权威性、强制性与约束性，而且对工商行政管理本身也具有权威性、强制性与约束性。工商行政管理在执法过程中，应坚持执法统一性，即依据统一、标准统一、力度统一。

依据统一，是指在执法时应以国家制定和颁布的工商行政管理法律、法规及有关经济法律、法规为依据。

标准统一，是指在执法时应以法律、法规规定的权利、义务（责任）作为标准，以事实为根据来判断、衡量有关行为是否合法、违法，并依此来调整各方面的关系。

力度统一，是指在执法时必须宽严适度，奖惩分明，要按法定的统一标准及行政奖惩尺度执行，以提高行政执法的严肃性与科学性。

3）工商行政管理的统一性

在市场经济条件下，监管和服务是政府的两大基本职能。就工商行政管理机关而言，其职能行使过程中，既包含运用法律、行政手段对市场主体的经济活动予以限制或禁止，以抑制或去除垄断行为、不正当竞争行为、侵犯消费者权益行为等不利于市场经济健康发展的情形，也包含采取优惠措施、激励手段以指导、鼓励、促进市场主体健康发展。因此，工商行政管理并非单纯的管控或监管，它同时包含了对市场主体提供有效服务的内容。

4）工商行政管理的超脱性

在工商行政管理过程中，工商行政管理部门代表国家执法，它不直接干预企业的生产经营活动，同企业也没有直接的经济利害关系。因此，工商行政管理部门比较超脱，能客观、公正地依法进行监督管理。

1.2　工商行政管理职能

1.2.1　工商行政管理职能的概念

工商行政管理职能有广义、狭义之分。广义的工商行政管理职能，是指国家行使公权力针对市场主体及其市场行为实施监督管理并实现预期目标的功能。狭义的工商行政管理职能，是指工商行政管理机关（市场监督管理机关）为建立与维护市场经济秩序，对市场主体及其市场行为进行经济行政监督管理的功能。本书所讨论的是狭义的工商行政管理职能。

从功能意义上讲，工商行政管理是以商业和市场为管控客体的政府经济监督管理活动。中华人民共和国成立后至改革开放前，工商行政管理的核心内容是改造和控制商品经济要素，为社会主义经济建设保驾护航。改革开放后，工商行政管理主要服务于培育市场、推动改革这一目标。伴随着我国市场经济体制的进一步完善，工商行政管理的重点落在市场监督管理方面，为维护市场秩序、确保市场经济健康发展提供有力支持。

工商行政管理职能是政府职能的重要组成部分，是抑制市场失灵并间接作用于宏观调控的必要职能，对社会主义市场经济的健康发展具有不可替代的作用。随着社会条件和市场环境的发展变化，市场主体需求多元化趋向进一步强化，市场行为失范表现形式也不同于以往，相应地，市场监督管理机关在服务市场主体和市场监督管理方面的职能也面临着新的任务和挑战。

1.2.2　工商行政管理的职能

工商行政管理部门是代表国家意志，根据党和国家的经济方针和政策，依据法律、法规，运用国家政权的行政管理权力，对与公共经济利益有关的经济活动进行外部的监督、控制、组织、协调、服务等管理活动。监督、控制、组织、协调、服务是工商行政管理机关的五项职能，五项职能互相联系、密切配合，形成工商行政管理的完整职能体系。

1）监督职能

工商行政管理的监督职能，是指工商行政管理机关依据国家制定的方针、政策、法律、法规、目标，对工商企业与个体工商户的市场经济行为进行监察与督导，并通过对外部经济行为的监督管理，实现对有关内部经济行为的监督管理，保护合法经营，反对不正当竞争及垄断行为，制止与打击各种违法、违章行为，以维护市场经济秩序。监督职能可分为事前监督、事中监督与事后监督。

事前监督，是对将要发生的经济行为进行预防性的监督。它具有预防性的功能，起到防患于未然的作用，可以减少和预防经济活动中的盲目性与自发性，可以减少经济工作中的失误，以推进社会主义经济事业的发展。

事中监督，是指对市场主体在市场经济活动中日常行为的监督管理。它具有完善性的功能。通过日常性的事中监督，可以及时地纠正运行中的背离与偏差，保护合法经营，取缔非法经营，使市场经济在良好的秩序与环境下运行。

事后监督，是对市场主体实施完毕的经济活动的监督管理。它具有补救性的功能。通过事后的监督执法处理，一方面可使受害者的利益得到一定的补偿；另一方面可起到"惩前毖后"的作用。

2）控制职能

工商行政管理的控制职能是指工商行政管理部门根据国家政策需要、社会经济发展计划和一定时期内经济体制改革的重点，利用必要的手段和措施，对市场主体的经济活动进行管理，控制社会经济活动的发展趋势，纠正社会经济活动中的偏差，以使社会主义市场经济活动正常进行。

工商行政管理的控制职能主要表现在以下几个方面：

（1）控制社会各行业发展的布局。工商行政管理部门根据国民经济和社会发展计划以及一定时期内国家和市场经济发展的需要，通过登记注册管理，核发筹建许可证，掌握社会各部门、各行业的企业人数、从业人员、自有资金等，分析行业比例的协调性、部门的合理性，支持发展那些为社会所急需的短线项目，限制那些盲目发展和重复建设发展的长线项目或没有生命力的行业。

（2）控制劳动力资源在各种经济形式和各行业中的分配比例。工商行政管理机关通过注册登记管理：一是掌握从事各个行业的劳动人数；二是确保在职职工队伍的稳定；三是为农民进城就业创业提供相应支持。

（3）通过合同管理，发挥控制职能。在现实的经济生活中，交易无所不在，与交易相伴的合同行为无所不在。工商行政管理部门可根据合同当事人的利益要求，对合同活动给予行政指导，以促进和保障合同自由、合同意思自治及合同公平。

（4）纠正偏差。所谓偏差，是指市场经济活动中违背国家法律政策，偏离社会主义方向，违背人民的利益的行为。工商行政管理机关在日常工作中要对其管理对象进行经常性检查，及时发现偏差，并以查明的事实为依据，根据问题的性质，依照国家的法律、政策进行处理，或者处以罚款，或者吊销营业执照，或者移交司法机关进行处理，以保证各种经济活动沿着正常轨道运行。

控制带有强制性，管理客体必须服从管理主体——工商行政管理部门的管理，不能随心所欲。

3）组织职能

工商行政管理机关的组织职能，是指管理者通过一定的组织体制、组织结构、组织形式、组织程序，科学、合理地管理与监督管理活动，以实现既定的目标。具体而言，工商行政管理机关的组织职能包括如下两个方面：

一方面是指工商行政管理机关及工商行政监督管理系统的组织建设，以形成一个科学分工、紧密协作、运转顺利、效能优良的组织系统，并通过系统的工作，实现既定的目标；另一方面是指工商行政管理机关对被管理对象，即市场主体的市场经济行为及其相关内部经济行为的监督管理活动的组织。这两方面是相互联系的，后者是对被监督管理客体的组织，是基础；前者是对监督管理主体的组织，是保证。

4）协调职能

工商行政管理的协调职能，是指在经济运行与管理活动中，由于经济利益主体多元化，客观上存在经济利益的矛盾，管理者通过协调各市场主体之间的经济利益的矛盾，使矛盾得以缓解，推动经济的正常发展。工商行政管理协调职能主要表现在以下几个方面：

（1）根据经济形势的发展需要，及时制定工商行政管理的法规、政策，以协调市场经济活动。市场经济条件下，主要依托市场竞争指引市场主体的行为选择、资源的配置，但市场竞争的自由发展也会引发不正当竞争、垄断等异化问题，从而不利于公平、效率等价值的实现。因此，工商行政管理部门作为一个行政执法机关，为了实现维护社会公共经济秩序的目的，有必要发挥国家的市场监督管理职能，通过制定和实施规范市场主体经济活动的法律规范，协调市场经济活动，解决市场经济活动中出现的各种矛盾，使市场经济协调、有序地发展。

（2）协调市场主体之间的关系。在市场经济活动中，各市场主体是拥有一定数量的生产资料和劳动力、独立核算的基本经济单位，具有独立的经济利益，独立自主参与市场经济活动。所以在经济活动中，各市场主体之间就难免会产生一定的矛盾，发生一些纠纷。工商行政管理部门要及时化解这些矛盾，以保证市场经济健康发展。

5）服务职能

工商行政管理的服务职能，是指工商行政管理机关为活跃社会经济生活、促进市场经济的健康发展，通过工商行政管理各项工作，对全社会不同经济成分的市场主体提供信息和咨询等非营利性的扶助活动。这些服务职能主要包括两个方面：一是开展政策、法规的宣传教育；二是提供市场信息和法规咨询服务。

工商行政管理的监督、控制、组织、协调、服务这五项职能是工商行政管理的五个基本职能，它们统一在工商行政管理的过程中，但各个职能又具有相对的独立性，在工商行政管理的不同发展阶段、不同环节，各职能的作用也是不同的。因此，在发挥工商行政管理的整体职能时，既要根据不同的情况，有所侧重，又要环环紧扣，相互渗透，密切配合，才能达到最终的管理目的。

1.2.3　新时期工商行政管理职能

根据第十三届全国人民代表大会第一次会议批准的国务院机构改革方案，2018年4月10日，国家市场监督管理总局正式挂牌成立。组建国家市场监督管理总局不是部门之间的简单组合，而是在遵循市场规律的基础上，打破过去部门间的壁垒，重新组合各个部门的职能及业务，从而进一步完善市场监管体制，推动实施质量强国战略，营造诚实守信、公平竞争的市场环境，进一步推进市场监管综合执法、加强产品质量安全监管。

　　国家市场监督管理总局的职责主要包括：负责市场综合监督管理，统一登记市场主体并建立信息公示和共享机制，组织市场监管综合执法工作，承担反垄断统一执法，规范和维护市场秩序，组织实施质量强国战略，负责工业产品质量安全、食品安全、特种设备安全监管，统一管理计量标准、检验检测、认证认可工作等。

1.3　工商行政管理产生与发展的规律

1.3.1　工商行政管理产生的规律

　　工商行政管理作为市场主体及其市场行为的经济行政监督管理职能不是现代社会特有的职能，而是社会经济发展的必然产物。当社会经济活动发展到一定阶段，当奴隶制国家政权诞生后，就有了国家对经济活动参加者及其经济活动的管理、监督管理职能。也就是说，社会经济活动的发展是工商行政管理产生的基础，而国家政权的诞生是工商行政管理产生的条件。

　　概括起来，工商行政管理产生的规律有如下几个方面：

　　（1）当商品经济发展到一定阶段，奴隶制的国家政权诞生后，就有了国家对商品生产、经营者及其市场活动行为进行管理的工商行政管理。商品经济活动发展到一定程度是工商行政管理产生的基础，而国家政权的诞生，是工商行政管理产生的条件。二者缺一不可。

　　（2）工商行政管理作为国家对市场主体及其市场经济行为管理与监督管理的职能，是统治阶级意志和利益的表现，是统治阶级巩固经济基础、强化政治统治的工具，是为统治阶级利益服务的。

　　（3）长期以来，工商行政管理主要以市场管理活动为中心。市场既是商品交易的场所，也是各种经济关系集中反映的载体。在市场管理活动中，一些规范市场主体及市场行为的职能、职责亦在逐步形成与发展中，如市籍登记管理、合同管理、商标管理、计量管理、广告管理等。

　　（4）在奴隶社会、封建社会，由于奴隶主、封建主统治阶级内在的抵制力量，商品经济缓慢地发展着，工商行政管理也未能充分展开，只有在发达的市场经济条件下，工商行政管理才能获得进一步发展的条件。

1.3.2　工商行政管理发展的规律

　　工商行政管理发展的规律有如下几个方面：

　　（1）工商行政管理的发展同商品经济、市场经济的发展紧密相联。无论是在国内，还是在国外，市场经济的发展必然要求国家加强对市场主体及其市场行为的管理与监督，以建立与维护市场经济秩序。任何国家都不能让市场经济完全自发地、不加约束地发展。市场经济发展的内在要求之一就是要加强工商行政管理。

（2）工商行政管理在市场经济发展中是不可或缺的，但由哪个机构来分工管理工商行政管理工作，各国国情不同，不能强求统一。如我国专门成立工商行政管理机关，由市场主体准入即从登记管理起，对市场主体在各种类型市场上的行为，直至退出市场的行为进行全方位、全过程的管理与监督管理。而在美国，市场主体的登记由州国务卿办公室、州税务局负责，市场交易、市场竞争行为的管理与监督管理由"联邦贸易委员会"与"反托拉斯局"负责。西欧很多国家，市场主体登记由法院的专门机构负责，市场行为的监督分别由"反托拉斯局""公平交易局"或"市场管理委员会"等负责。在这方面，我国有我国的特色，我国实行的机构与职能统一的管理模式，有利于全方位、全过程、系统、全面地监督管理与执法。

（3）随着市场经济社会化、国际化、现代化的进展，工商行政管理也必须适应新的形势，研究新问题。如从当前来说，随着国际市场的发展，以市场进入为内容的市场主体登记应强化；在市场行为的监督管理与执法中，对知识产权的保护应强化，以更好地发挥工商行政管理在建立与维护市场经济秩序，促进市场经济正常、顺利、健康发展中的作用。

（4）市场经济是工商行政管理的出发点和归宿。市场经济的发展要求强化对市场主体及其市场行为管理、监督的工商行政管理职能，而工商行政管理职能的强化，又有力地确保了市场经济有序、健康地发展；反之，如主观上忽视或削弱对市场主体及其市场行为的管理、监督，必反作用于经济发展，甚至有可能使市场经济发生萎缩。

1.4　工商行政管理学

1.4.1　工商行政管理学的研究对象

工商行政管理学是研究工商行政管理规律的科学，即研究国家如何运用行政权力对从事市场经济活动的市场主体及其市场行为进行有效监督管理的科学。通过对工商行政管理规律的探讨，提高工商行政管理效率，发挥工商行政管理职能作用，促进市场经济的发展。

工商行政管理学研究的出发点和归宿是社会主义市场经济活动，而工商行政管理学研究的内容与范围则是国家运用行政权力对从事市场经济活动的市场主体及其市场行为进行行政监督管理，以建立和维护市场经济秩序。

1.4.2　工商行政管理学的学科体系

工商行政管理学作为一门独立的学科，有它自己的学科体系。其体系的主要框架为：

1）工商行政管理概论

工商行政管理概论主要论述工商行政管理基本原则。它以社会主义市场经济的运行为出发点，探讨研究社会主义市场经济对工商行政管理职能的内在要求；建立社会主义市场经济体制与工商行政管理机关的关系；分析社会主义市场经济条件下，工商行政管理机关的性质、职能、职责、地位、作用；从工商行政管理体系的建立，剖析工商行政管理体制与组织、监督、法制、信息管理机制的运行状况与规律；探讨工商行政管理学科的建立与发展趋势。

2）市场主体登记管理

在社会主义市场经济条件下，国家对从事商品生产经营的企业法人、自然人性质的经济实体进入市场，确认其市场主体资格，是国家对市场主体宏观监督管理的重要职能。市场主体登记管理就是在按国际惯例、按资本构成及法律地位对市场主体进行科学划分的基础上，探讨研究市场主体登记与市场准入的关系；探讨对市场主体登记注册的原则、作用；根据不同的市场主体论述注册登记、变更登记、注销登记的程序；根据中国的特点，探讨对市场主体的监督管理规律，为规范市场主体行为奠定基础。

3）市场运行与监督管理

社会主义市场经济要求建立、健全各种类型的市场，对社会主义统一大市场的监督管理是工商行政管理活动的中心。市场运行与监督管理从社会主义统一大市场入手，探讨市场运行、管理、监督管理的一般法则；在此基础上，深入探讨消费资料市场、生产资料市场、金融市场、房地产市场、劳动力市场、技术市场、期货市场等各种类型市场的管理、监督管理的规律，以期搞好市场运行与监督管理，使市场经济健康发展。

4）知识产权保护

知识产权保护旨在揭示知识产权在现代市场经济中的作用；探讨专利权、商标权、版权制度的产生与发展规律；强调对上述专用权的保护是市场经济中不可缺少的内容；探讨知识产权保护的规律，有助于强化市场竞争中对知识产权的保护。

5）广告监督管理

在市场经济活动中，通过广告的信息传播，可以起着促进生产、搞活流通、指导消费的作用。但在市场竞争中，也会产生虚假广告、违法广告等不正当竞争行为。广告监督管理，就是在规范广告行为的基础上，探讨研究广告主、广告经营单位、广告媒体单位、广告管理单位的运行与管理及监督管理规律，以充分发挥广告在社会主义市场经济中的作用。

6）合同管理

合同管理在探讨合同在市场经济中的作用的基础上，侧重阐述合同签订与变更的原则、方法与程序；合同的履行；合同纠纷的解决；从宏观与微观的不同角度，探讨对合同的管理，以保证合同在规范市场交易与竞争行为，协调各方经济关系，维护当事人合法权益方面作用的发挥。

7）公平交易执法

公平交易执法侧重从反不正当竞争、反垄断角度揭示不正当竞争及垄断的运行行为与规律，探讨如何保护生产经营者与消费者权益，并规范行政执法的程序，以利于行政执法。

8）工商行政管理法规

国家的法律与行政法规是工商行政管理机关执法的依据。工商行政管理机关应按有关实体法与程序法认真执法。工商行政管理学科体系中应包括有关工商行政管理法律、法规的学习、研究。

9）工商行政信息管理

工商行政信息管理对工商行政管理信息系统（包括工商行政管理统计）进行专门探讨研究，通过信息网络的建设及系统的联系，充分发挥工商行政管理信息系统在市场经济、社会经济发展中的作用。

10）国外市场监督管理

为了借鉴国外对市场主体及其市场行为管理与监督管理方面的经验与做法，并与国际接轨，应对国外市场监督管理进行研究、探索，以便为建立有中国特色的工商行政管理学创造条件。

1.4.3　工商行政管理学与其他学科的关系

1）工商行政管理学与法学

国家管理经济的意志需要通过法律的形式表现出来，因而工商行政管理学与法学有密切的联系。法学是研究法律这一特定社会现象及其发展规律的科学。法学既研究法律规范本身的内容和结构，又研究法律与社会、经济、政治、道德、文化、历史以及其他思想意识的相互关系。通过对法学的学习和研究，可以从基本原理上把握工商行政管理的发展规律，以便更好地按照国家意志的要求管理好与公共经济利益有关的商品经济活动，同时更好地探讨工商行政管理学的发展方向。

2）工商行政管理学与行政管理学

行政管理学是综合研究国家机关通过行政手段管理国家事务的各项活动，研究行政管理规律和管理方法、手段，探求不断完善社会主义国家机关的行政管理体制，提出有效执行国家方针政策、提高行政效率的最优方案和改革措施的社会科学。由于工商行政管理是行政管理的分支，因此工商行政管理学应该主要研究行政管理学的基本原理，用行政管理学所揭示的一般原则方法去指导工商行政管理学的建设。

3）工商行政管理学与经济学

工商行政管理学要以马克思主义的经济学为理论基础。经济学包括政治经济学和部门经济学。政治经济学是研究社会生产关系及其运动规律的科学；部门经济学是研究特定经济部门中的生产关系及其运动规律的科学。了解和掌握经济学所揭示的这些社会经济关系、经济规律，有助于工商行政管理学根据这些经济关系、经济规律的特点和要求，进行本学科的建设，从而增强其科学性。

4）工商行政管理学与信息学

工商行政管理学需要研究整个社会经济发展的动向和趋势，需要收集大量的社会经济情报，掌握大量信息以便进行决策工作和实施管理活动。大量的信息处理工作离不开电子计算机和对此进行研究的信息学。

信息学是在信息论、控制论、计算机科学、仿生学、人工智能和系统工程的基础上发展起来的边缘科学。它的任务是研究信息的性质，研究机器、生物和人类关于各种信息的取得、储存、变换、传递、处理、利用和控制的一般规律，设计和制造各种智能信息处理和控制设备，实现操作的自动化，进而实现部分脑力劳动的机器化和自动化，不仅把人手而且可以把大脑逐步从自然力的束缚下尽可能地解放出来，去从事更富有创造性的劳动。

由于现代科学技术日益发达，特别是在当前的新技术革命挑战面前，提高行政效率在很大程度上还要靠行政机关设备的现代化和管理的自动化，因此，工商行政管理学还要研究机关办公用具如数控电脑、会议用电视，信息数据的处理和储存，特别要研究大数据、云计算、人工智能在工商行政管理学中的运用问题。为此，就要借助信息学的知识，引用新的技术知识使工商行政管理机关的某些工作实现智能化，达到节约人力、节约时间、节约物力和高效能的目的。

复习思考题

1.工商行政管理具有哪些特征？

2.工商行政管理具有哪些职能？

3.试述工商行政管理发展的规律。

4.如何认识工商行政管理的学科体系？

第 2 章

工商行政管理的任务、原则和方法

学习目标

　　掌握工商行政管理的任务；了解工商行政管理的原则；学会运用行政方法、法律方法和经济方法解决实际问题，掌握三者之间的关系。

2.1　工商行政管理的任务

工商行政管理是政府的重要职能之一，是国家治理体系的重要组成部分。市场经济发展越成熟，越需要加强工商行政管理，越是需要构建完善的市场监管机构和监管体制。21世纪初以来，科学技术、信息技术飞速发展，平台经济、共享经济等新产业、新业态不断涌现，其运作模式与传统的市场主体生产经营模式存在明显的区别，这无疑对工商行政管理提出了新要求。因此，工商行政管理不能简单沿用过去适用于传统经济、传统产业的监管机制，而需要创新监管体制，以及时跟进新产业、新业态、新模式的发展变化，有效防范和化解市场风险，维护市场秩序和消费者权益。在加快完善社会主义市场经济体制的新的历史时期，我国工商行政管理需要紧紧围绕建设高标准市场体系这个目标，推动市场监管理念的根本性变革。

2.1.1　构建高效、法治化的工商行政管理机制，提升市场监管能力

当前，有关工商行政管理的法律、法规较多，但总体上看法治化水平有待提高，存在规则缺位、立法空白的情形，导致工商行政管理无法可依；法规清理不及时，导致不同时期、不同部门推出的工商行政管理法律、法规存在交叠、冲突的情形；同时，我国工商行政管理机关监管能力的"有限性"与实际推进中监管需求的"无限性"之间的矛盾比较突出，存在监管内容不清晰、基层监管压力大、监管精细化程度不够等问题。基于此，各级工商行政管理机关应适应形势，顺势而为，在全面推进工商行政管理法治化的进程中构建现代化市场监管大格局。要积极推动立法立规，推动涉及工商行政管理职能的地方性法规和地方政府规章出台实施，继续推动完善涉及商事制度改革的配套制度；要强化执法监督，持续推进法治建设评价工作，做好规范性文件合法性审查工作，积极推进专业化、职业化的市场监管综合执法队伍建设，继续推进各项执法监督制度的完善和落实，形成科学化、制度化、法治化程度高的工商行政管理体制机制，不断提升市场监管的科学性和有效性。

我国改革开放的实践表明，越是市场竞争充分的领域，产品和服务的质量就越好，就越具有较强的竞争力；越是市场竞争机制完善的区域，经济发展就越有活力，整体经济发展质量就越高。这就需要通过持续深化市场监管领域改革，充分发挥市场在资源配置中的决定性作用，更多引入市场机制和市场化手段，提高资源配置的效率和效益，充分发挥市场和政府各自优势，以市场内在动力深化供给侧结构性改革，构建市场机制有效、微观主体有活力、宏观调控有度的经济体制，为高质量发展提供制度保障。与此相适应，我国工商行政管理需要紧紧围绕建设高标准市场体系这个目标，谋求市场监管理念的根本性变革。要重点消除营商环境中的关键制度性障碍，对标国际一流水平，以制度化、系统化、法治化改革推动市场准入环境的持续性改善，促进市场主体扩量提质。市场监管体系建设还需要围绕强化竞争政策的基础性地位做好文章，建立健全公平竞争的政策措施。

在社会主义经济建设的新的历史阶段，我国市场体系将呈现主体多元、创新活跃、关系复杂的特征，依靠工商行政管理机制全面掌控的市场监管模式已经无法适应新的市场体系。为此，工商行政管理机制变革的主导思路要由市场监管走向市场治理，从政府主导转变为社会共治格局。这就需要打破一元化的工商行政管理机关大包大揽的监管格局，通过制度创新和转换机制，充分吸纳企业、行业协会、媒体等社会化力量参与市场监管，共同致力于维护市场有序，形成社会各方良性互动、理性制衡、有序参与、有力监督的社会共治格局。

2.1.2　持续深化市场准入制度改革，进一步改善营商服务环境

近年来，随着商事制度改革的持续推进，我国市场准入环境有了显著改善，但是，仍然存在有待解决的问题。目前，工商行政管理机关仍然管了不少不该管的事，一些该管的却没有管或没有管住、管好，转职能、提效能还有很大空间，突出表现在以下四个方面：①该放的权有些还没有放，一些已出台的放权措施依然停留在纸面。比如，投资领域审批虽经压缩，但各种审批程序、环节等还是相当烦琐，审批时间还比较长。②各种证照包括职业资格认定和行业准入证、上岗证五花八门，仍有很多。还有，在办理一些证照时，有关部门的标准和要求互为前置。③有些权放得不对路，本该直接放给市场和社会的，却由上级部门下放到下级部门，仍在政府内部流转。④放权举措缺乏配套，涉及多个部门、多个环节的事项，有的是这个部门放了，那个部门没放，有的是大部分环节放了，但某个关键环节没放等。此外，进入容易退出难问题仍然存在，改革落实标准化、规范化程度有待提升，产品准入管理的合理性和科学性有待进一步提升，行业公平和高效准入仍面临诸多障碍，民间资本投资"隐性障碍"依然不少。基于此，需要深化市场准入制度改革，营造更为宽松的市场准入环境，持续改善营商环境：一是加快推进统一的市场准入负面清单制度，赋予市场主体更多的主动权，落实市场主体自主权。二是实施流程再造，简化企业登记程序，完善企业社会保险登记业务流程，大幅压缩企业开办时间。三是实行"容缺受理"和"告知承诺审批"制度，进一步深化产品准入制度改革。四是改明示许可为默示许可，实行国家集中受理，并逐步采用国际通用格式实行电子受理，建立以审评为主导、检查检验为支撑的审评体系，进一步深化药品医疗器械特殊食品审评审批改革。五是以实现商标注册便利化为主线，以拓展商标申请渠道、简化商标注册手续、优化商标注册流程、完善商标审查机制、加强商标信用监管为手段，进一步深化知识产权注册便利化改革。

2.1.3　强化产品质量监管，保护消费者合法权益

加快建设质量强国，确立我国经济质量优势，是推动高质量发展、促进我国经济由大转强的关键举措。面对新形势、新任务和新要求，工商行政管理需要进一步强化质量监管，进一步提升产品和服务水平，推动落实质量强国战略，特别是需要落实企业主体责任，推动产品和服务质量提升，健全质量治理体系，提升质量治理

能力，大力推进质量社会共治；完善质量监管制度设计，提升质量监管法治化、科学化水平，加强事中事后监管，加大违法惩戒力度，促进质量监管服务上新水平；建立商品质量惩罚性赔偿等制度，着力解决违法成本低的问题；积极顺应消费需求升级，提高质量供给水平，持续开展质量提升行动，激发质量创新活力，着力增品种、提品质、创品牌，更好地满足市场需要。

当前，人民群众对加强市场监管、释放市场活力、维护市场秩序、改善消费环境的愿望十分迫切。同时，消费在支撑经济发展中的作用更为突出，供给质量和消费环境需要更加适应消费升级的要求。因此，工商行政管理需要坚定以人民为中心的发展思想，通过市场监管体制改革，进一步完善消费环境，满足广大人民群众对市场秩序、商品质量与服务的更高要求，持续创新监管，保护消费者权益，推动供给质量提升，不断增强人民群众的获得感、幸福感、安全感。

2.2　工商行政管理的原则

工商行政管理的原则是指工商行政管理机关对市场主体及其经济活动进行监督管理过程中所遵循的基本原理和准则。它反映着工商行政管理的性质、特征，是确定工商行政管理职能和选择管理方法的依据。具体地说，社会主义工商行政管理应遵循法治原则、公正监管原则、科学高效原则、包容审慎监管原则。

2.2.1　法治原则

法治原则是指工商行政管理机关的组织、权限、手段、方式以及市场监管行为，必须严格遵循法律的规定并积极保证法律的实施。也就是说，工商行政管理机关在履行监管职责过程中不仅要严格以法律为准来衡量、评判市场主体的行为，而且工商行政管理机关的监管行为也需要接受法律约束。就现阶段而言，贯彻工商行政管理法治原则，重点要开展以下几个方面的工作：一是要加快消费市场、反垄断等重点领域监管立法、修法，完善市场监管的法律体系。适时出台综合性的市场监管法，确立市场监管机构的法律地位，对市场监管对象违法行为的严厉制裁、对监管者不当监管的严格处罚加以规定，严格规范市场监管程序，以法律制约监管权力。将反行政垄断纳入反垄断法，以明确区分行政审批与市场监管职能的界限，改变以审批取代监管的状况，明确界定和改变地方政府不合理设置贸易壁垒的行为，维护国内统一大市场。二是按照职权法定、高效便民、权责一致的要求，出台各级工商行政管理机关的监管权责清单。通过制定权责清单，突出监管权力的公开透明，进一步厘清政府与市场、政府与社会以及政府部门之间的权责边界，推动市场监管标准化、规范化，真正做到监管"法无授权不可为"，将监管权力关进法治的笼子。三是推动工商行政管理机构法定化。与建设法治政府的大趋势相适应，加快机构编制立法，推动市场监管机构法定化，坚持用制度管权、管事、管人，让人民监督权力，让权力在阳光下运行。

2.2.2　公正监管原则

公正监管原则是指工商行政管理机关在履行监管职责过程中，对各类市场主体一视同仁，坚决破除妨碍公平竞争的体制机制障碍，依法保护各类市场主体合法权益，确保权利公平、机会公平、规则公平。

公正，就是公允、无偏私，它是指工商行政管理机关行使权力过程中应秉持的基本立场，它要求工商行政管理机关在处理市场主体交易纠纷、违法行为时，遵循同一尺度，不因亲疏而有别，不因外部条件变化和执法者个人情绪等因素影响案件的处理结果，更不允许为谋求私利收受贿赂而徇私枉法。工商行政管理机关只有遵循公正监管原则，才能真正实现市场公平竞争。没有公正的监管，就没有市场公平竞争，就可能出现劣币驱逐良币，并容易滋生腐败，不利于发挥市场作用。

2019 年 9 月 12 日，《国务院关于加强和规范事中事后监管的指导意见》正式印发，意见指出，要以公正监管促进公平竞争，加快打造市场化、法治化、国际化的营商环境。具体而言，包括以下举措：落实并完善公平竞争审查制度，加快清理妨碍全国统一市场和公平竞争的各种规定和做法；要在市场监管领域全面实行随机抽取检查对象、随机选派执法检查人员、抽查情况及查处结果及时向社会公开制度，除特殊行业、重点领域外，原则上所有日常涉企行政检查都应通过"双随机、一公开"方式进行，以保证行政检查监管的公正性；在规范涉企行政检查和处罚、全面推进监管执法公开中，要着力解决涉企检查事项多、频次高、随意检查等问题，同时清理规范行政处罚事项，对标准不一等问题及时作出调整规范；要切实维护公平竞争秩序，将地方政府公正监管水平纳入中国营商环境评价指标体系。

2.2.3　科学高效原则

工商行政管理涉及社会经济活动的范围很广。在社会主义经济建设中，科技的高度发展与应用，社会生产规模的扩大，社会分工的高度发达，各经济部门、环节、行业、地区之间联系的日益密切，使得各种经济关系也日趋复杂，由此而引起的工商行政管理的信息量和工作量急剧增加，这就向管理工作提出了必须实现科学化的要求。在这种情况下，必须广泛应用适合社会主义市场经济发展特点的现代管理科学与技术，以便准确、及时地处理大量复杂公共经济关系中的各种矛盾，提高工商行政管理的质量与效率。

当前，市场监管制度改革，尤其是商事制度改革后市场主体大量产生，特别是以大数据、云计算、互联网为代表的新一轮科技创新和产业变革，促进了技术、资源和市场的跨时空、跨领域融合，颠覆了许多传统的产业模式和消费模式。新兴产业与新技术的出现，既为监管提供了新工具，也提出了更高的要求。传统的拉网式、运动式、人盯人的监管方式，已不适应市场经济的发展，必须实现市场监管手段现代化。因此，工商行政管理必须把握市场规律，始终把推动监管手段的改革与创新作为重大任务，不断探索市场监管的新方法，不断提升监管效能。同时，充分发挥市场在资源配置中的决定性作用，更好发挥工商行政管理机关的作用，持续深化"放管服"改革，坚持放管结合、并重，把更多行政资源从事前审批转到加强事中、事后监管上来，落实监管责任，创新监管方式，加快构建权责明确、公开透明、简约高效的事中、事后监管体系，形成市场自律、政府监管、社会监督互为支撑的协同监管格局，提高市场主体竞争力和市场效率，推动经济社会持续健康发展。

2.2.4　包容审慎监管原则

当前，网络经济、分享经济、众创空间、线上线下互动等新产业、新业态、新模式不断涌现，对经济增长影响越来越大，成为可能爆发新技术革命的重要领域。然而，新事物往往伴随着巨大不确定性，企业不知道新业态会如何演变，社会无法预知新业态会产生什么影响，监管部门较难跟上新业态创新的步伐。在此背景下，不合时宜的监管措施可能扼杀新业态潜在的创新力，制约新业态的健康发展，但缺乏监管可能导致新业态突破边界，触及公众利益或者诱发经济社会风险的底线，新业态呼唤新的监管模式。基于此，要按照鼓励创新原则，留足发展空间，同时坚守质量和安全底线，严禁简单封杀或放任不管。加强对新生事物发展规律研究，分类量身定制监管规则和标准。对看得准、有发展前景的，要引导其健康规范发展；对一时看不准的，设置一定的"观察期"，对出现的问题及时引导或处置；对潜在风险大、可能造成严重不良后果的，严格监管；对非法经营的，坚决依法予以查处。推进线上线下一体化监管，统一执法标准和尺度。

工商行政管理的包容审慎监管原则与新业态的发展相适应。包容性强调了对创新特性的重视，突出对创新突破传统行为的高度容忍，本质上就是为新业态创新营造宽松的环境。慎监管则更多地强调守住底线，确保不发生系统性风险。结合新业态的发展趋势及特点，防范底线不仅应关注新业态可能带来的对市场秩序的负面冲击，也要关注对国家安全的影响。

2.3　工商行政管理的方法

2.3.1　管理的一般方法

管理是通过计划、组织、领导等职能，有效地分配和使用人力、物力、财力等资源，以期达到组织目标的过程。管理的方法是为了使被管理系统的功效不断提高，在一系列管理活动中所采取的手段、措施等。

管理方法是多种多样的，但是按照对管理最本质的分类，管理方法有三种：一是行政方法；二是法律方法；三是经济方法。

1）行政方法

行政方法是指依靠行政机构和领导者的权力，通过强制性的行政指令直接对管理对象施加影响，按照行政系统来管理的方法。行政管理系统一般采用命令、指示、规定、指令性计划、制定规章制度等方式对子系统进行控制。

运用行政管理的方法进行管理，具有以下几个特征：权威性、强制性、稳定性、实效性、具体性、保密性、垂直性。方法的特征决定了行政方法具有一定的优点和缺点。

行政方法最基本的优点是：第一，管理系统集中统一。第二，行政方法便于管理职能的发挥。第三，行政方法是实施各种管理方法的必要手段。第四，行政方法能处理特殊问题。

行政方法的缺点是：首先，管理效果受领导水平的影响。由于行政方法是"人治"，因此行政命令的执行效果、管理的好坏很大程度上取决于行政领导人的水平，即领导者的知识水平、领导艺术、道德修养等。其次，行政方法不便于分权，这是因为分权便破坏了行政方法的集中统一这个基本优点。而权力集中，就会因层次多、垂直指挥，使各地区各部门的沟通困难。又因各层次领导主要听从于高层领导，造成有职、少权、无责的现象，违背了行政领导必须有职、有权、有责的基本原则。最后，行政方法不利于发挥子系统的积极性。行政方法以集权为主，使子系统少权或无权，成为被动的执行系统，失去了子系统本身的积极性、主动性和创造性。

2) 法律方法

法律方法也是人们常说的"法治"。这里作为管理方法来讲的法律方法，不仅仅包括法律的制定与实施，广义的法律方法还包括由国家各级机构以及各个管理系统所制定和实施的各种类似法律性质的社会规范。

运用法律这种社会规范来进行管理，有以下特点：利益性、概括性、规范性、强制性、稳定性、可预测性。法律方法的特点决定了法律方法的优缺点。

其优点是：法律方法具有概括性、规范性的特点，因此它宜于用来处理共性的一般的问题，便于集权和统一领导。法律规范的制定，也使得各个管理系统的管理能很方便地进行，使得权利与义务分明，赏罚分明，法律方法具有稳定性、可预测性，又使管理有一种自动调节的功能，不必进行大量的调整工作。这都是其他几种管理方法所不具有的优点。

其缺点是：正因为法律方法具有以上特点，所以便缺少灵活性和弹性，容易使管理僵化，不便于处理特殊的问题和及时处理管理中出现的新问题，而且由于其有强制性，又不利于系统发挥其积极性、主动性和创造性。

法律是人们行为的基本准据，是管理的重要工具。随着人类社会的不断进步和发展，人们的社会活动也越趋广泛和复杂，对法律的需求度和依赖度进一步增强，要求国家的政治、经济运作、社会各方面的活动统统依照法律进行。但是，在管理活动中，法律方法毕竟不是万能的，也有其局限性，必须与其他管理方法相结合，才能充分发挥法律方法的功效。

3) 经济方法

经济方法是指按照客观经济规律的要求，运用经济手段来调节各种不同经济利益之间关系的方法。所谓经济手段，是指把国家、集体及个人物质利益与其工作相联系的方法，具体包括价格、税收、信贷、利润等。

管理的经济方法实质是围绕物质利益，运用各种经济手段妥善协调不同主体的利益诉求，处理好国家、集体与个体之间的经济关系，最大限度调动各方主体的主动性、积极性和创造性，促进经济社会的健康、协调发展。与其他方法相比较，经济方法的特点是客观性、利益性、调整性、制约性、一致性。经济方法的特性决定了经济方法的优缺点。

优点：首先，利用经济方法，被管理对象信息的接受率较高，因为它直接建立在利益原则的基础上。其次，能充分调动各子系统的积极性和主动性。由于分权后各级管理人员有职、有权、有责，检查管理的优劣可以从管理的效果出发，既有了客观的标准（而单一的行政管理方法只有检查下级是否服从上级，因此管理效果只能由上级负责），也有了达到此目标的相对独立的手段，便可充分发挥其积极性、主动性、创造性。

缺点：运用经济方法时应特别注意其对意识形态的副作用，使用经济方法时必须有一套严密的经济立法与之配合，否则容易造成各种混乱局面，导致经济的违法行为。

行政方法、法律方法、经济方法是三种最基本的管理方法，在社会主义国家对经济的管理中，它们联系密切、相辅相成、水乳交融。

2.3.2　工商行政管理的方法

工商行政管理的方法主要是行政方法和法律方法，但也有经济方法的使用。

工商行政管理部门是国家经济行政管理系统的组成部分，作为一个经济监督部门，它的职能、职权范围由国家依据宪法、法律及行政法规所规定，是根据国家授权，运用行政机构的权威对社会商品经济活动中带有全面性、综合性的经济活动实行外部监督管理和控制。

工商行政管理活动的主要形式是：依据法律、政策，针对社会经济活动的情况，制定维护公共经济秩序、调整社会经济活动的规范性文件，向具体的管理对象提出强制性的直接行政管理指令，要求其服从、执行，并担负着指导、控制、协调各部门、各地区、各企业间的经济活动和经济利益；调节各部门、各地区、各企业经济发展的水平；扶植经济落后的地区、企业及薄弱部门的发展，以及完成经济管理活动所需要的庞大而复杂的组织工作等繁重的领导任务，从而保证经济活动健康有序发展。

行政方法具体运用于工商行政管理，通过工商企业登记、商标广告管理、合同管理、个体经济管理、私营企业管理、市场管理等具体工作，以及依据由国家机关制定的各项管理条例、规章制度和政策指令等，直接约束和指导各级经济组织的经济活动，协调各种经济成分之间的关系，保护合法经营，制止非法活动，维护市场经济秩序。

法律方法在工商行政管理中的运用，主要体现在经济法规和行政法规的贯彻和执行上。首先，这类法律和政策相比，具有各类法律所共有的强制性和权威性。其次，在稳定性上与政策的灵活性相比，稳定性强，但与宪法及刑法、民法相比，又比较灵活。最后，在灵活性上，大多数行政管理法规和经济法规往往比宪法和法律变动更为频繁。那些不涉及全局的管理法规，总是不断地修补增删甚或有废有立。在制定经济行政法规的机关方面，地区和部门可以依宪法和有关法律的授权，及时制定管理法规。

工商行政管理职能的发挥要依靠法律的作用，借助法律职能。同时，必须将法律方法与行政方法结合起来。工商行政管理部门既是经济监督部门，又是一个行政执法机关，体现国家意志的行政管理与法律职能密不可分。工商行政管理要体现国家意志，必须在国家法定的范围内发挥自己的职能，以国家制定的经济法律、法规为依据，只有在这些规范指引下，才能作出允许什么、不允许什么的结论。由于工商行政管理职能是从事具有法律效力的行政活动，因此具体运用法律方法时应将二者有机结合起来。

经济方法不是工商行政管理的主要方法，但是重视经济方法与行政方法的结合运用，重视经济方法在行政管理中的作用，对工商行政管理有着重要作用。

从国家赋予工商行政管理部门的职能与任务来看，作为经济监督部门，它并不运用价格、税收、信贷等经济杠杆去实现对社会经济的宏观管理，而只是以行政方法为主，适当地运用经济方法予以辅助、配合。这就要求工商行政管理部门重视经济方法的研究与运用，同时研究自己的行政方法如何去支持、配合经济方法，使国家经济行政管理部门协作默契，相得益彰，不断取得宏观管理的优化效益。

行政方法、法律方法和经济方法是社会主义国家领导和管理国民经济的三种重要方法。工商行政管理所运用的行政方法离不开法律方法的支持。法律的规范使行政管理稳定明确、有节奏，能取得有张有弛、宽严相济的效果。对行之有效的行政管理政策、措施，及时地总结转变为法律，法律又严格规定着行政方法的运用，使之讲究精简、统一、效能，正确及时地反映和妥善处理经济活动中各主体之间的利益关系。

工商行政管理除了运用上述三种一般方法外，为了把管理工作做得更好，还应当注重调查研究的方法并引进一些现代先进的管理方法，诸如信息决策方法，以提高工商行政管理工作的效率和管理工作的准确性，使工商行政管理工作走上科学管理的轨道。

调查研究方法的种类很多，内容也很丰富，归纳起来主要有两方面：其一，是传统的调查研究方法，如典型调查、问卷调查、抽样调查、统计分析、文献分析等。这些方法是工商行政管理工作中运用的主要方法。其二，是由西方行政学、社会学和其他学科引进和借鉴的新方法、新技术，如访谈法、个案分析法、因素分析法等。这些方法的运用，可以提高工商行政管理的准确性。

行政决策是工商行政管理机关工作中的环节，掌握大量信息是行政决策的前提，要科学地接受信息，科学地进行决策，必须科学地运用信息决策的方法。

总之，对于工商行政管理来说，重视一般方法和具体方法的结合，是使工商行政管理日趋完善的重要内容。

复习思考题

1.在市场经济条件下，工商行政管理具有哪些任务？

2.工商行政管理的原则是什么？

3.工商行政管理的方法有几种？

4.行政方法、法律方法、经济方法具有哪些特征？

第<big>3</big>章

工商行政管理的组织体系

学习目标

掌握工商行政管理组织体系；了解工商行政管理机构设置的原理及工商行政管理体制现状，掌握工商行政管理机关的基本属性；掌握如何加强工商行政管理队伍建设，提高干部队伍素质，以适应社会经济发展的需要；掌握工商行政管理干部的管理制度；掌握国家公务员的特征、权利和义务，了解公务员的选拔、任用程序。

3.1   工商行政管理机构设置的原理

3.1.1   设置工商行政管理机构的原理

社会主义市场经济的发展需要有一个完整的工商行政管理组织系统负责对市场经济活动进行管理。完整的系统必须分工明确、责权统一、层次划分合理。因此，工商行政管理组织系统必须按照科学的原理来建立。

恰当、合理地设置工商行政管理机构，从大方面看，需要考虑两个问题：一是要考虑设置几个层次的管理机构；二是要考虑一个机构直接管辖多少个下属机构是合理的。这两个问题反映了设置工商行政管理机构的两个基本原理，即管理幅度原理和管理层次原理。管理幅度和管理层次相互制约、互为因果。管理幅度的大小决定了管理层次的多少；反之，管理层次的多少也制约了管理幅度的大小。

1）管理幅度原理

组织机构的设置必须考虑管理人员的管理幅度问题。所谓管理幅度，也称控制幅度。它主要是指一个监督指挥者或管理人员能领导多少隶属人员。确定管理幅度，首先要了解管理者在管理系统中的地位。由于各个层次的管理人员所面对的问题的种类各不相同，因此各层次的管理领导的人数也有所差异。一般地说，层次越高的管理人员管理幅度越小，层次越低的管理人员管理幅度越大。可见，管理幅度受管理权力的限制。其次要看管理者能力的大小。能力较强的领导人员在不降低组织效率的前提下，要比相同层次、相同工作的其他管理人员领导更多的人员。

由于管理幅度的存在，导致管理必须分层次地进行。这是因为，尽管当管理者与被管理者直接沟通的时候，管理效率最高，但能与被管理者直接沟通的人毕竟有限，超过了这个限度，管理效率就会降低，甚至会出现失控的现象。为了既保持管理的高效率，又防止失控现象的发生，就必须分层次进行管理，使每个管理者都能够有效地与被管理者沟通。这样，一个完整的组织系统必须由不同层次的管理层次组成。

2）管理层次原理

管理层次，是指在一个管理系统中分级管理的各个层次。由于管理主体的管理幅度有限，一个组织系统必须分成多个层次才能完成对系统的分级管理，因此产生合理确定管理层次问题。

在管理人员数量一定的情况下，按管理层次的多寡，管理系统可以分为两大类：一类是管理幅度小、层次较多的"高型结构"；另一类是幅度较大、层次较少的"扁平结构"。这两种结构各有利弊。"高型结构"的主要缺点就是信息传递慢，且容易失真。"扁平结构"被管理者较多，往往会顾此失彼而降低行政效率。由于管理层次直接影响管理效率，因此，建立一个层次合理的管理系统显得十分重要。

管理层次的确定主要视管理系统的规模而定。一个规模较大的管理系统，管理层次就需要多一些；一个较小的管理系统，管理层次就少。管理层次的确定主要遵循既有利于集中领导，又便于分级管理的原则。这是因为管理层次越少，其职权就越大、越集中，对下面的任何层次都处于领导者的地位。而职权绝对地集中在一个机构手中就意味着这个机构没有下属关系，因而也就谈不上组织机构，所以，应当适当分散权力。反过来，职权的分散也不是无限度的，上级机关如果将所有的权力都转给下级机关，就无所谓上级机关，同样也就不存在什么组织了。所以，一个组织系统要集中领导，分散管理。各级领导都要有职权，最高决策权和领导权集中在上级机关手中，同时上级机关赋予下级机关一定的管理权限和决策权力，使下级执行职务有权力保证。

工商行政管理机构的设置必须遵循上述原理。处于较高层次的工商行政领导机关没有能力将各个层次的全部下级都管起来，但它又具有集中领导下级机关业务活动的权力，因而工商行政管理机构必须依照管理幅度原理进行设置，形成集中领导、分散管理的机构。

3.1.2　工商行政管理机构设置的原则

工商行政管理机构的设置，要适应经济体制改革的需要，必须坚持精简、统一、效能的原则。

精简，是指工商行政管理机构的设置要根据经济发展的需要，按照客观规律的要求，坚持简化、合理、科学的原则。工商行政管理机构的设置从精简的原则出发，不仅能避免机构重叠、人浮于事、职责不明、互相扯皮和官僚主义弊病，而且能提高政府管理经济工作的科学性和有效性，充分发挥其监督的职能。

统一，是指工商行政管理机构是一个组织系统。各个部门的职权范围、重要的规章制度和条例必须统一划分、统一制定、共同实施，不能政出多头、多头领导。

效能，是指工商行政管理机构的管理工作要讲究效率。按照效能原则的要求，工商行政管理机构应建立严格的从上而下的行政法规和个人负责制，使各个部门、各个人都各司其职、各负其责，以提高办事效率。

3.1.3　工商行政管理组织机构的设置形式

2018 年之后，我国的工商行政管理机构在称谓和职能设置上发生了较大变化，组建国家市场监督管理总局，我国市场监督管理机构设置的形式，是由纵向结构组织系统和横向结构组织系统两个方面构成的。

纵向结构组织系统的设置方式是：在中央设立国家市场监督管理总局，在地方设立各级市场监督管理部门。

第一层次是国家市场监督管理总局，负责对整个市场监督管理系统及其管理活动进行宏观指导，以保证国家所赋予的管理任务的实现。第二层次是各省、自治区、直辖市的市场监督管理部门。市场监督管理部门独立开展市场监督管理工作。其主要职责是：贯彻落实党中央关于市场监督管理的方针、政策、法律、法规；结合本地区实际，贯彻落实国家市场监督管理法规、条例；在自身管理权限范围内结合本地实际制定政策、办法；对地区内市场监督管理局及派出机构进行领导、协调、监督。

横向结构组织系统的设置的方式是：目前主要是按业务功能和管理活动对象分工所设立的职能机构形成的，同时包括对外职能管理与机关内部管理两方面的机构。按照《国家市场监督管理总局职能配置、内设机构和人员编制规定》的规定，国家市场监督管理总局设有办公厅、综合规划司、法规司、执法稽查局、登记注册局（小微企业个体工商户专业市场党建工作办公室）、信用监督管理司、反垄断局、价格监督检查和反不正当竞争局（规范直销与打击传销办公室）、网络交易监督管理司、广告监督管理司、质量发展局、产品质量安全监督管理司、食品安全协调司、食品生产安全监督管理司、食品经营安全监督管理司、特殊食品安全监督管理司、食品安全抽检监测司、特种设备安全监察局、计量司、标准技术管理司、标准创新管理司、认证监督管理司、认可与检验检测监督管理司、新闻宣传司、科技和财务司、人事司、国际合作司（港澳台办公室）。

地方各级市场监督管理局的职能机构，基本上是与国家市场监督管理总局对口设置的，但也有些地区根据市场监督管理活动的情况和需要，存在合并设立或增减职能机构的状况。

市场监督管理组织机构的横向结构中，各职能机构是相对独立的，又有着紧密联系。它们之间地位平等，业务活动相互补充又相互配合。随着市场经济的发展、经济体制改革的深化、市场监督管理职能的增强和扩大，市场监督管理职能机构的设立也将有所调整和发展。

3.2　工商行政管理体制

工商行政管理体制是指工商行政管理机关的领导体制，也就是各级工商行政管理机关隶属于谁领导的组织形式和管理形式。

3.2.1　我国工商行政管理体制的现状

我国现行的工商行政管理体制是"条块结合，以块为主"的领导体制。国家市场监督管理总局是国务院直属机构，在业务上负责指导监督地方市场监督管理局。省级市场监督管理局是省级人民政府的职能机构，受省级人民政府直接领导。这是一种双重领导体制，行政领导在省级人民政府，业务领导在国家市场监督管理总局。这种行政领导和业务领导的松散结合，以地方政府领导为主的体制，对于市场监督管理机关代表国家行使经济行政监督职能是不相适应的，对于发展社会主义市场经济也是不利的。

工商行政管理体制还包含工商行政管理自身组织机构按职能要求的合理设置问题。现行的状况也存在着不少的问题，诸如内部机构设置不合理，分工过细，互相掣肘，整体功能受损等。可见，内部体制的深化改革也势在必行。

3.2.2　对现行工商行政管理体制改革的基本要求

工商行政管理的体制改革不是孤立的，它是国家经济管理体制、行政管理体制改革的重要组成部分。工商行政管理体制的改革直接涉及政府职能的转换，关系到中央与地方的关系、行政职权划分、行政组织机构、行政人事各个方面的配套改革，需要有总体的设计和有步骤地进行。但是，工商行政管理自身的积极改革，也能够推动其他方面的改革以及整体改革的进程。近几年来，工商行政管理改革步伐加快，取得了不少成绩，体制改革是根本，这方面还有很多工作需要去做。体制改革的转变应遵循以下原则：

（1）按照工商行政管理的性质职能要求来改革完善工商行政管理的体制。工商行政管理是经济行政监督管理，最基本的职能是代表国家利益对整个市场领域进行监督管理，按照这个基本的规定来处理好集权与分权的关系，处理好一般行政管理与行政执法的关系。

在集权与分权关系上，要看是对什么问题实施权力，是什么性质的主体实施权力，不能笼统地对集权加以贬责。对经济行政监督应该肯定集权。行政集权即中央集权，行政权力由中央统一行使，地方各级政府权力由中央授予，并接受中央政府的监督。这对于保证国家意志的贯彻、提高行政监督效果是必不可少的。工商行政管理体制应当运用集权方式，克服地方局部利益的干扰，提高经济行政监督效果，保护国家和人民的整体利益。

在一般管理与行政执法关系上，二者应有明确的职能划分。在目前市场经济监督过程中，一般行政管理部门与行政执法部门关系不顺。工商行政管理部门是市场领域各种经济主体进行经济活动的行政执法机关，是市场的经济警察，无论哪个部门的与市场活动有关的法规，都应由工商行政管理部门统一执法，否则，不仅执法撞车，而且会给企业和个人增加负担，不利于对市场的监督与管理。

（2）按照培育发展社会主义统一大市场的要求，按照以市场监督管理为中心，以建立和维护经济秩序为目标的要求，来调整工商行政管理自身的组织机构体系。工商行政管理部门监督管理社会主义统一大市场，要求市场管理职能机构，不仅要拓宽管理内容和职能范围，而且必须加强职能机构的地位，要求有独立执法的、专业的经济检查队伍，要求把监督管理与事业性服务相分离，强化监督管理力度，要求原设职能机构向分类、综合协调的组合方式过渡。具体的组织形式应在改革中逐渐完善。

3.3　工商行政管理机关

工商行政管理机关是代表国家行使工商行政管理职能的机构。其具体形式是市场监督管理局。

3.3.1　工商行政管理机关的基本属性

2018年，国务院在批准印发关于《国家市场监督管理总局职能配置、内设机构和人员编制规定》的通知中规定："国家市场监督管理总局是国务院直属的机构，为正部级，对外保留国家认证许可监督管理委员会、国家标准化管理委员会牌子。国家市场监督管理总局贯彻党中央关于市场监督管理工作的方针政策和决策部署，在履行职责过程中坚持和加强党对市场监督管理工作的集中统一领导。"这是对市场监督管理机关基本属性最完整的概括。

（1）市场监督管理机关是国家机关。它是国务院直属机构，是由国务院授权的行政机构，它不同于权力机关、监察机关、审判机关、检察机关。

（2）它是经济监督管理机关。国家设置的各种机关都担负着执行国家职能，从不同方面管理国家的事务，其具体业务活动各不相同。行政机关是作为国家权力机关的执行机关，依据宪法和法律授权，并按照法律规定直接对国家事务进行指挥、组织和监督，以实现国家的目的和任务。市场监督管理局，是国家在行政机关序列中设立的行使市场监督管理职能的专门机关，只是代表国家对市场经济主体及其经济行为实施以监督为核心的管理，是市场监督管理部门，其业务的本质是一种经济监督。

（3）它是行政执法机关。国家设立的各种管理机关，在它们各自的具体管理活动中采用的管理方法和手段是不相同的。市场监督管理机关主要采用依法行政的方式实施管理，所以它是行政执法机关，这是我国特有的经济行政监督管理活动。根据上述分析，我们把市场监督管理机关综合属性概括为：市场监督管理机关是以市场监督管理、行政执法为特征的经济行政监督机关。

3.3.2　工商行政管理机关的法律地位

法律地位是指法律规定的工商行政管理机关在和其他国家机关、社会组织、企事业单位以及公民个人之间发生的法律关系中的权限和责任、权利和义务关系的总和。工商行政管理机关的法律地位表现在以下几个方面：

（1）代表国家行使职能。行政机关都是代表国家行使职能的机关，它在其被授权的范围内的一切行为及后果都属于其代表的国家。

（2）行使国家行政权力。工商行政管理机关作为国家的行政机关，行使国家行政权力。市场监督管理部门代表国家行使工商行政管理法规的行政权力，以及在法律规定的范围内拥有一定的裁量处置权。在执行职能时，有时它也需要对某些案件进行裁决，但是这种裁决不能超出行政性质范围，它不行使国家审判权和检察权，也不能干涉审判权和检察权的行使。

（3）执行经济监督的行政职能。在国家行政机关内部，依照各具体行政机关权限的作用范围不同，有一般权限机关与部门权限机关的区别。工商行政管理机关作为国务院和地方各级人民政府的直属机构或直属单位，在国务院和地方人民政府直接领导下主管经济监督方面的工作，主要负责对商品生产者和商品生产者的市场经济活动进行监督管理，建立和维护市场经济秩序，在必要的情况下，还可以采取国家强制措施，保证其有效地行使职权和实现管理目标。

（4）它具有法人资格，是民事活动的主体之一。在民事活动中，就权利和义务的关系而言，工商行政管理机关具有法人资格。这时它不以国家代表身份出现，而是以民事活动主体之一的法人身份出现，与其他自然人、法人平等地享有民事权利和承担民事义务，而不能在这些关系中享有特权。工商行政管理机关具有法人资格，一方面，它能使国家机关顺利地参加民事活动，其合法权益受国家民事法律的保护；另一方面，它能有效地维护民事活动的进行，保护企事业单位和人民群众的合法权益。

3.4　工商行政管理队伍建设

工商行政管理干部是工商行政管理职能实施的主体。管理干部的素质、能力直接关系着工商行政管理职能的履行状况和功能的发挥。

3.4.1　工商行政管理干部队伍的构成

工商行政管理干部是对从事工商行政管理活动的国家工作人员的总称。他们属于国家公务员的范畴。

工商行政管理干部按其在工商行政管理工作中的作用，可分为：领导干部、专业干部、综合调研人员、其他人员。

工商行政管理专业干部，是指负责企业登记管理、市场监督管理、商标管理、广告管理等具体业务活动的各类专门人员。工商行政管理的各项业务活动主要是通过他们的工作实现的。

对工商行政管理干部的分类，是为了便于挑选、配备、使用、培训各类管理人员，发挥他们的作用。

3.4.2　工商行政管理干部的素质要求

工商行政管理干部的素质，是指工商行政管理干部在处理工商行政管理事务中表现出来的各种能力和智力的总和，包括政治思想、文化知识、专业技能、职业道德等。

工商行政管理涉及经济、行政、法律等多方面的内容，具有宏观调控和微观调控管理的作用，是一项复杂的管理工作，它要求有良好素质和能力的干部才能胜任这方面的管理工作。

1）对工商行政管理干部素质的基本要求

（1）有较高的思想觉悟和政治素质。工商行政管理人员是代表国家直接运用国家行政权力进行管理的管理者。其管理活动与党和国家的方针、政策、法规的正确认识、贯彻有着密切的关系，其言行直接关系到党和人民政府与群众的关系。如果工商行政管理干部思想素质不高，一方面，他们不能正确理解和贯彻执行党和国家的方针、政策、法规，甚至会给国家造成严重的损失；另一方面，他们也不可能在管理工作中发挥良好的作风和传统，更不能通过自身的模范行为去影响自己的工作对象。同时政治素质差还容易产生营私舞弊、假公济私等不正之风。在现实工作中也确有少数人以权谋私，吃请受贿。这种不正之风，既损害工商行政管理干部的形象和声誉，又给党和人民的事业带来了损失。要从根本上解决这些问题，就必须注重提高工商行政管理干部的思想觉悟和政治素质。

对工商行政管理干部政治思想素质的具体要求是：有一定的马克思主义理论修养，坚持四项基本原则；有较高的政治觉悟和政策水平，能坚定地贯彻执行党的各项政策和决议；有高度的社会主义事业心、责任感和为人民服务的思想，对工商行政管理工作有使命感，努力工作，讲究职业道德，清正廉洁，秉公执法；实事求是，严守法纪，不谋私利；敢于同不良行为作斗争，不怕打击报复；工作踏实，联系群众，勇于批评与自我批评。只有具备良好的政治思想素质，工商行政管理干部才不会偏离社会主义方向，才能做到正确运用手中的权力，廉洁奉公，抵制不正之风，圆满地完成所担负的任务。

（2）有较强的法治观念。由于工商行政管理是以法律、法规和政策作为基本的管理依据，具有行政执法的特征，管理活动的本身就是执法，因此，它是一项政策性很强的管理活动。这就要求工商行政管理干部自己首先必须有较强的法治观念和法律意识，养成自觉依法办事的习惯；其次要熟悉并深刻理解党和国家有关工商行政管理的各项法律、法规、政策；最后要能模范地依法行使职权，模范地遵守法律规定。

（3）具有较广博的文化知识。工商行政管理是综合性的经济监督管理，其管理范围广，业务活动复杂，在管理中往往涉及许多学科领域的知识。要想成为一名合格的工商行政管理干部，就必须了解和掌握与工商行政管理业务活动有关的广博的文化知识。首先，要具有一定的文化知识基础，这是胜任工作并更深入地掌握有关专业知识的前提。在此基础上，要努力学习工商行政管理的专业理论知识，以及与工商行政管理有密切关系的经济学、管理学、法学、行政学等方面的知识。其次，为了借鉴西方国家市场经济的经验，为提高工商行政管理信息管理水平，还应当学习外语，学习西方经济学，学会计算机使用操作方面的有关知识。这样，工商行政管理干部才有可能具备较强的分析问题和解决问题的能力，才有可能成为一个自觉的而不是盲目的管理者。

（4）有比较熟练的业务管理技能。工商行政管理涉及的业务管理内容面广而且复杂，这就要求担负这些管理活动的工作人员必须具有熟练的业务管理技能。

（5）有强健的体魄。强健的体魄是做好工作的条件，没有健康的身体条件，知识、能力和经验都不能发挥作用。随着社会主义市场经济的发展，工商行政管理范围的拓宽，任务的加重，工作人员需要良好的身体素质才能胜任繁忙的工作。因此，在选拔和使用工商行政管理干部时，要重视身体素质条件。

2）工商行政管理干部的素质结构与领导方式

（1）行政领导者的素质及其结构。行政领导者的素质，是指从事领导工作必须具备的基本条件，以及在领导工作中经常起作用的内在要素的总和。行政领导者个人素质的结构，除具体条件外，还包括四个要素，即政治素质、知识素质、能力素质、心理素质。其中，政治素质包括政治方向、思想境界和政治道德。知识素质包括合理的知识结构和知识博与专的统一。能力素质主要包括创新能力和综合能力。创新能力是行政领导最基本的能力素质，表现为洞察力、预见力、决断力、推动力、应变力等；综合能力包括信息获取能力、知识综合能力、利益整合能力、组织协调能力等。心理素质主要包括气质、性格、意志等几个主要方面。行政领导要求的心理素质主要有敢于决断的气质、竞争开放型的性格、坚韧不拔的意志等。四个要素体现在一个具体的行政领导者身上，相应地汇集成领导者可以达成的行政目标的水平。

现代行政领导集团不仅要求有个体优势，而且要讲求集团的最佳组合，才能搞好行政领导工作。所以，现代行政领导很注重优化行政领导班子素质结构。这可以从年龄结构、知识结构、智能结构、气质结构等方面着手。

（2）行政领导方法、方式与艺术。行政领导方法，即行政领导者在行政活动过程中，为实现行政领导目标而采取的各种手段、办法和程序的总和。行政领导方法可以分为两类：一是领导制度要求的、具有广泛制约力与影响力的根本方法；二是用以提高工作效率的、具体可变的方法。前者是基本稳定的，称为方法；后者随时间和条件而改变，称为方式和艺术。根本的行政领导方法包括实事求是的方法、群众路线的方法、矛盾分析的方法等。行政领导方式是领导方法的一种表现，是领导过程中领导者、被领导者及其作用对象相结合的形式。行政领导方式按行政领导的工作侧重点可分为重人式、重事式与人事并重式等；按行政领导者作用于行政人员的方式可分为强制方式、说服方式、激励方式、示范方式等。行政领导艺术是行政领导者领导方法的个性化、艺术化。它是领导者在工作中结合普遍经验和个人体会而形成的。它属于行政领导方法论中创造性、随机性、权变性较强的部分。从整体上来看，领导艺术对行政绩效的影响，是通过它本身具有的超规范和非模式途径达到的，是通过行政领导对偶发性的特殊情景的艺术化处理而获得的，是将个人经验与科学规则有机结合为领导方法而达成的。领导艺术的类型，从影响范围上看，包括总体性领导艺术、局部性领导艺术和专业性领导艺术。从事务类型上看，包括授权艺术、用人艺术、处事艺术和运时艺术等。

3）不断提高工商行政管理干部队伍的素质

干部队伍的建设是一项战略性的任务，工商行政管理效率的提高，工商行政管理在宏观调控中重要职能的发挥，最主要的要靠干部，靠干部素质的不断提高。提高干部素质的途径有：

（1）加强政治理论学习和政策学习。要建立社会主义市场经济体制，必须更新观念，而更新观念就要加强学习，学习马克思主义毛泽东思想以及邓小平建设有中国特色的社会主义理论，深入研究市场经济理论，还要研究工商行政管理理论。通过学习，提高观察分析问题的能力，开拓创新。

（2）培养深入实际的作风。工商行政管理干部必须深入实际，深入基层，注重调查和研究，研究新问题。要研究如何进一步加强基层市场监督管理部门的建设，全面落实市场监督管理部门的规范。

（3）开展多种形式的干部教育和培训活动，提高干部素质。进一步改革干部培训制度，采取国内培训和国外培训相结合、科学文化知识培训与业务知识培训相结合、短期培训与长期培训相结合等多种方法，加快干部的培训。要注意重视智力投资，重视培训基地的建设，造就更多的素质好、有开拓精神的新型管理人才。

3.4.3　工商行政管理干部的管理制度

工商行政管理干部的管理制度包括干部岗位责任制、干部考核制度、干部奖励制度和干部廉洁制度等内容。

1）干部岗位责任制

干部岗位责任制是指行政机关中根据各工作岗位的工作性质和业务特点，明确规定干部的职责、权限，并按照规定的工作标准进行考核和奖惩的一种人事行政管理制度。干部岗位责任制的推行有助于实现机关工作的规范化、科学化；有助于管理干部中人才的成长；有助于转变机关工作作风，铲除官僚主义的弊端，提高工作效率。实行岗位责任制能使干部看到自己的成果，也有利于调动他们的工作积极性和创造性。

（1）干部岗位责任制的内容。岗位责任制是明确本岗位的职责权限，包括明确职务、责任和职责范围以内的权力三个部分。

（2）实行干部岗位责任制的原则。以事定岗和以岗定人的原则；能位原则，根据干部的才能，分别分配相应的工作岗位或职权；职、责、权、利相统一的原则；考核与奖励相结合的原则。

2）干部考核制度

干部考核或称公务员考核，是人事管理的一项经常性工作。它是指国家行政机关根据法定的管理权限，按照干部考核的内容、标准、程序和方法，对干部进行定期和不定期评价和考察。

（1）考核目的。了解识别干部，发现选拔人才，合理使用人才，作为选拔、使用、晋升、淘汰、调资的依据；通过考核，健全和完善组织机构，改进工作，提高效率，也是干部认识自我、改进工作的准绳。

（2）干部考核的原则。认真严格原则、客观公正原则、民主公开原则、注重实绩的原则。

（3）干部考核的内容和方法。其考核内容主要是德、能、勤、绩四个方面。考核方法有：领导考核与群众考核相结合；平时考核与定期考核相结合；定性与定量考核相结合。

3）干部的奖惩制度

奖惩是人事管理的重要手段之一。奖是对干部的正确行为的肯定和鼓励；惩是对干部的消极行为和错误行为的惩戒。在这种强化方式中，奖励是一种经常大量运用的手段，惩戒只是一项被迫使用的威慑手段。奖惩应遵循以下原则：公正的原则；奖惩结合，以奖励为主的原则；精神奖励与物质奖励相结合，以精神奖励为主的原则；教育与惩罚相结合，以教育为主的原则。

4）干部的廉洁制度

干部是否廉洁，不仅关系工商行政管理职能的发挥，还关系党和人民政府在群众中的形象，所以做好廉洁工作具有深远意义。

（1）干部廉洁制度的内容。为了加强廉政建设，国家市场监督管理总局专门制定了《工商行政管理机关办事制度公开要则》《工商行政管理人员廉洁手册》《违反〈廉政手册〉的处罚办法》，作为工商行政管理干部必须遵守的制度。

（2）强化廉政建设的方法与措施。在方法上抓两头：一头抓领导，一头抓基层。在措施上抓干部的思想政治教育，抓廉洁制度建设，抓廉政工作的组织和领导，建立和完善监督机制，在强化内外管理上，工商部门采取了以下措施：

在内部监督方面：第一，强化监察工作，设立监察机构，配备专职干部，进行经常性监督，防微杜渐。第二，适度分解权力，落实岗位责任制。第三，试行干部换岗制度，一是单位不变，岗位互换。二是只换单位，不变专业。三是既换单位，又变专业。通过这种办法，可以淡化社会关系，减少不正之风的滋生。第四，加强财务监督，进行财务大检查，发现问题，及时处理。

在外部监督方面：发挥社会各界和群众监督的作用，如聘请义务监督员、设立举报电话、报刊舆论监督等，目的是自觉地接受管理对象、政府机关、新闻舆论和广大消费者的监督。

3.5 工商行政管理机关公务员的考选与任用

3.5.1 公务员的特征与条件

1）公务员的特征

根据《中华人民共和国公务员法》（简称《公务员法》）的规定，公务员是指依法履行公职、纳入国家行政编制、由国家财政负担工资福利的工作人员。从这个定义可以看出，我国公务员有以下三个特征：

（1）依法履行公职。这是从职能上对公务员规定的条件，也是公务员最本质的特征。按照这个条件，公务员必须是依照宪法、法律、法规的规定从事公务活动的人员，他们承担国家和社会事务管理等职能，通过履行法律、法规赋予的职责，为国家、社会和全体公民服务，通常也称之为"人民公仆"。这一条件使得公务员与社会其他人员区别开来。

（2）纳入国家行政编制。按照现行编制管理制度，人员编制与工资等诸多管理联系在一起，是干部人事管理的重要依据。根据组织机构的性质和组织机构的功能以及与国家的经济关系，我国人员编制大体可分为行政编制、事业编制、企业编制、军事编制等几种类型。其中，行政编制是指其经费由行政费开支的人员编制，行政编制的使用与国家的政治活动密切相关，与国家行政预算有直接关系。公务员作为依法履行国家和社会事务管理等职能的人员，纳入国家行政编制。

（3）由国家财政负担工资福利。通俗地讲，就是"吃皇粮"，由国家财政供养。公务员履行职责的一切行为，都是为了国家的利益，国家相应地以财政负担工资福利的形式来保障他们的生活，包括退休后的生活。

从我国各类人员的情况来看，同时符合上述三个特征的，只有各类机关的工作人员，因而他们是公务员。国有企业、事业单位的工作人员不具备这三个特征，因而不列入公务员范围。

公务员包括以下七类机关的工作人员：①中国共产党机关的工作人员；②人大机关的工作人员；③行政机关的工作人员；④政协机关的工作人员；⑤审判机关的工作人员；⑥检察机关的工作人员；⑦民主党派机关的工作人员。

2）公务员的条件

公务员的条件是指担任公务员应当具备的基本资格。公务员的条件对于公务员的管理具有十分重要的作用。根据公务员法规定，我国公务员应具备以下基本条件：

（1）具有中华人民共和国国籍。

（2）年满十八周岁。

（3）拥护中华人民共和国宪法。

（4）具有良好的品行。

（5）具有正常履行职责的身体条件。

（6）具有符合职位要求的文化程度和工作能力。

（7）法律规定的其他条件。

3.5.2　公务员的义务与权利

1）公务员的义务

公务员的义务，是指国家法律对公务员必须作出一定行为或不得作出一定行为的约束和强制。根据我国公务员法的规定，我国公务员应当履行下列义务：

（1）模范遵守宪法和法律。

（2）按照规定的权限和程序认真履行职责，努力提高工作效率。

（3）全心全意为人民服务，接受人民监督。

（4）维护国家的安全、荣誉和利益。

（5）忠于职守，勤勉尽责，服从和执行上级依法作出的决定和命令。

（6）保守国家秘密和工作秘密。

（7）遵守纪律，恪守职业道德，模范遵守社会公德。

（8）清正廉洁，公道正派。

（9）法律规定的其他义务。

2）公务员的权利

公务员的权利，是指国家法律对公务员在履行职责、行使职权、执行公务的过程中，可以作出某种行为，要求他人为或者不为的许可和保障。根据我国公务员法的规定，公务员享有下列权利：

（1）获得履行职责应当具有的工作条件。

（2）非因法定事由、非经法定程序，不被免职、降职、辞退或者处分。

（3）获得工资报酬，享受福利、保险待遇。

（4）参加培训。

（5）对机关工作和领导人员提出批评和建议。

（6）提出申诉和控告。

（7）申请辞职。

（8）法律规定的其他权利。

3.5.3　职务与级别

一般来说，公务员都是担任一定职务的公务员。职务是机关与公务员之间产生权利义务关系的主要根据。公务员依据职务来履行职责，对公务员的管理，也要根据公务员所担任的职务来实施。一定的职务不仅蕴含着一定的职权与职责，也是确定公务员报酬和待遇的根据。从一定意义上讲，公务员法既是一部权利义务法，也是一部职务关系法。

1）公务员职位类别的划分

（1）专业技术类职位

专业技术职位是指机关中从事专业技术工作，履行专业技术职责，为实施公共管理提供专业技术支持和手段保障的职位。与其他类别职位相比，专业技术类职位具有下列三个特征：一是具有只对专业技术本身负责的纯技术性。二是专业技术类职位与其他职位相比具有不可替代性。三是技术权威性。

（2）行政执法类职位

行政执法类职位是指政府部门中直接履行监督、处罚、强制、稽查等现场执法职责的职位。这是行政执法类职位的本质特征。与政府机关的综合管理类、专业技术类职位相比，行政执法类职务具有下列特点：一是纯粹的执行性。二是现场强制性。

（3）综合管理类职位

综合管理类职位是指机关中除行政执法类职位、专业技术类职位以外的履行综合管理以及机关内部管理等职责的职位。这类职位数量最大，是公务员职位的主体。综合管理类职位具体从事规划、咨询、决策、组织、指挥、协调、监督及机关内部管理工作。

（4）法官、检察官类职位

目前公务员队伍中除上述三类职位外，还有法官、检察官类职位。该类职位分别行使国家的审判权与检察权，具有司法强制性与较强的专业性，与其他类别职位的性质、特点有一定区别。按照《法官法》《检察官法》的规定，法官、检察官在等级、义务、权利、资格条件、任免程序、回避等方面的管理也与其他类别公务员有所区别。

（5）其他类别职位

以上类别并没有穷尽和终止公务员职位类别的划分。以后根据实践需要，还可能划分为新的类别。因此，《公务员》法明确规定："国务院根据本法，对于具有职位特殊性，需要单独管理的，可以增设其他职位类别。"

2）职位的设置

职位的设置是指在对机关职能进行逐层分解的基础上，根据编制限额等要素确定具体职位的工作。这是职位分类在机关中的具体实施和落实。职位设置为公务员的录用、晋升、交流等其他管理环节提供基础与前提。

机关设置公务员职位所依据的要素为：职能、规格、编制限额、职数以及结构比例。

职位设置的最终要求：一是明确各个具体职位的工作职责，明确具体工作任务，落实岗位责任；二是确定任职资格条件，明确具备何种资格的人才能担负该职位的职责。

3）公务员的职务

职务的内涵是公务员职务所承担的应该完成的任务，是机关对公务员职权、职责的委托。职位是机关职能的微观载体，是公务员职务的依托，是职权的支点。职位包括职务、职权、职责三个要素，职务是职位的核心要素。职务把人和事连接在一起，把职权与职责结合起来。

（1）职务的类型

依据职位类别的不同，我们将公务员划分为四种公务员职务类别。《公务员法》第十五条规定，"国家根据公务员职位类别设置公务员职务序列"。既然公务员职位类别区分为综合管理类，专业技术类，行政执法类，法官、检察官类，就应该设置综合管理类职务序列，专业技术类职务序列，行政执法类职务序列，法官、检察官职务序列。若国务院将来再增加职位类别，则相应再增加职务类型。

根据公务员是否承担领导职责，将公务员职务分为领导职务与非领导职务两大类。领导职务负有领导职责，而非领导职务不负有领导职责。其中，较高层次的非领导职务公务员，可协助同级领导职务公务员工作，经授权可以负责或协调某一方面的工作。

（2）职务序列

职务序列是依据责任大小、工作难易程度、任职资格条件的不同所区分出的从低到高的职务层次，形成机关的层级结构，也为公务员提供了职业发展的阶梯。职务序列包括职务层次与职务名称两个基本要素。

①公务员领导职务序列是各类公务员的共有职务序列。领导职务序列的职务层次是统一的，包括从国家级正职到科级副职的 10 个领导职务层次。分别为：国家级正职、国家级副职、省部级正职、省部级副职、厅局级正职、厅局级副职、县处级正职、县处级副职、乡科级正职、乡科级副职。

②综合管理类非领导职务序列。综合管理类非领导职务序列的职务层次是八个，八个职务层次的职务名称是确定的。综合管理类非领导职务分为：巡视员、副巡视员、调研员、副调研员、主任科员、副主任科员、科员、办事员。根据现行规定，巡视员以下、副主任科员以上的六个综合管理类非领导职务层次，与厅局级正职以下、乡科级副职以上的六个领导职务层次是一一对应的。

③专业技术类职务序列。针对专业技术类职位设置专业技术职务序列。为专业技术类公务员设置专业技术职务序列，是多数国家的通行做法。专业技术类领导职务的职务名称一般也可以沿用综合管理类领导职务的职务名称，如科长、处长等。专业技术类非领导职务名称可分为社会通用名称（如翻译、工程师）与行业特有名称（如公安部门法医、海关部门的原产地评估师）两种类型。

④行政执法类职务序列。行政执法类的领导职务与专业技术类的领导职务类似。行政执法类的非领导职务，主要是解决诸如市场监督管理部门、税务所等一些基层执法部门公务员职业发展空间狭小、职务晋升困难的突出问题，具体如何设置，要以下一步国家的有关规定为准。

⑤法官、检察官职务序列。法官、检察官职务序列，同样存在领导职务与非领导职务。设置法官、检察官职务，可以改变套用行政职务层次来划分法官、检察官职务层次的做法，体现法官、检察官职务的特点，推动法官、检察官队伍的职业化建设。

（3）公务员的级别

公务员既有职务，又有级别。公务员的职务应该对应相应的级别。在我国，"级别"与"职务"不是彼此取代的关系，也不是彼此完全分离的关系，而是"一职数级，上下交叉"的关系。公务员职务与级别的具体对应关系主要在工资制度中体现。

①合理增加级别数量。原来的 15 级太少，难以发挥对公务员的激励作用。

②"一职数级，上下交叉"。职务与级别相对独立，但并不是完全分离。在我国，职务与级别是确定工资待遇的两个基本要素，级别与职务"一职数级，上下交叉"，符合级别的功能定位，符合我国的工资制度。

③向基层倾斜。基层公务员职务晋升台阶相对较少，职业发展空间相对较小，为此应在级别设置中给基层公务员更多的发展空间。

（4）公务员的衔级

所有的公务员都有级别，但并不是所有公务员都有衔级。衔级根据实际管理需要依法设置。公务员法对人民警察、海关、驻外外交机构公务员衔级制度做了原则规定："国家根据人民警察以及海关、驻外外交机构公务员的工作特点，设置与其职务相对应的衔级。"《中华人民共和国宪法》第六十七条规定，全国人大常委会规定军人和外交人员的衔级制度和其他专门衔级制度。人民警察、海关工作人员的职务和衔级，有关法律、法规已有规定。驻外外交机构公务员衔级尚无法律规定，下一步将由法律、法规作出规定。

3.5.4　公务员的考选

1）考选的性质与目的

所谓考选，就是以考试的方式选拔公务员。公务员应该经由考选而后任用，这已经成为现代人事行政的基本精神之一。公务员的考选，在全部人事行政中占据重要的地位。这是因为考选是人事行政的第一步，如果不能选拔出优秀而有能力的人员为政府服务，人事行政也就失去了它存在的意义。考选的目的和功能在于：

（1）消除弊端，避免偏颇。工商行政管理机关如果不采取公开竞争考试的方式，容易导致机关职位被某一社会集团所把持，政策成为不同势力分赃的结果。而以公开竞争考试的方式选拔人才，就可以消除上述种种弊端，避免政府用人上的各种偏颇。

（2）公平竞争，选拔优秀。通过考试，既可以发现人才，还可以选拔出所需要的人才。因为考试的优点就在于它比较客观、公正、统一且富于竞争，对所有的人一视同仁。实践证明，有竞争，才可择优，且竞争越激烈，越有利于优秀人才的脱颖而出。所以，公开竞争考试是选拔优秀人才的一个有效方法。

（3）消除特权，机会均等。对公务人员的考选持民主公开的原则，其目的就是给每一个公民提供均等的机会参与竞争。用考试的办法选拔人才，是目前最民主和最客观的方法，因为无论贫富贵贱，皆可通过竞争考试而进入机关，即所谓考试面前人人平等。

2）考试的基本要求

考试的目的就在于选拔人才，如何才能使工商行政管理机关选拔出理想的人才，理想的考试必须符合以下基本条件和要求：

（1）正确性，即考试必须能测量出它们所要测量的东西。一项高水平的考试，将能精确地对职员进行评估。这就要求所考的内容必须合理、正确，与公务员工作时应具备的知识能力有关，否则，考试便失去其意义。

（2）可靠性。所谓的可靠性，是指同一个人，在不同时间参加难度相当的考试，实际上每次所取得的分数应该基本相同。一般地说，考试可以作为衡量一个人知识水平和能力高低的尺度，具有测量的可靠性。假若考试没有高度的可靠性，对于整个人事工作来说，将毫无价值。

（3）客观性。客观性主要包含两层含义：一是应考者的成绩不受评分者主观因素的影响，即不受评分者个性、成见、感情等因素的影响；二是应考者的成绩不受其身份、种族、宗教、党派、性别、容貌等因素的影响。

（4）广博性，即每一科目的试题应具有广博性，能够比较全面地测试出所要担任工作所需的每一种能力，否则，就无法代表所专科目的内涵，就难以反映应考者的实际水平与能力。

3）考试的内容与方法

一个优秀的公务员应该在德、智、体、美等方面发展，因此，公务员考试的内容就应围绕这几个方面来设定，具体包括：

（1）智力测验，主要鉴别个人普通的或者一般的潜在能力，也就是测量个人智力的高低。

（2）性向测验，就是测量人类基于基本心理特性或能力，以预测一个人有无能力学习该项工作的技能。

（3）成就测验，就是鉴别个人的实际能力。

（4）人格测验，主要用以了解人格的个别差异及情形。

考试的方法有以下几种：

（1）笔试法，就是要求应试者书面解答所考的问题，用以推断其知识水平和能力。

（2）口试法，就是主考者与应考者之间用言语问答的方式，以测量应考者的智能水平和应试能力。

（3）演作法，就是以实际的工作表演去测量应试者是否具有职务上所需要的知识与技能。

（4）调查法，就是依据个人的历史与生活资料，借以判断其品行与能力。

（5）观察法，就是对应试者的日常工作及言语仪表、行为等加以考察，借以推断其品格、习惯、性情、才能等，以作为任用的依据和参考。

3.5.5　公务员的任用

1）任用的原则

任用是人事行政的重要一环，它与考选有着密切的联系。考选是任用的前奏，而任用是考选的结果。工商行政管理机关公务员的任用是指机关组织中出现职位空缺时或增设新职位时的人员补充。

新陈代谢是事物发展的共同规律。由于种种原因，经常会出现某一职位的空缺和新增，因此，为了保持公务员队伍的相对稳定和工作效率不减，就需要一定的人员加以补充。人员任用时需要把握好以下的原则：

（1）适才适用。获得适当的人才以胜任工作是人事行政首要的目标。人员任用的基本原则就是要促使人与事的相互匹配，以做到适才适用。要达到适才适用，有两条根本的途径：第一，量才使用，即尊重每一个人的才能，并根据其才能的高低来安排适当的工作。第二，以事择人，即依据工作岗位的需要来配备称职的人员，使才位相称。

（2）任贤使能。任用人才就是为了使"贤者在位，能者在职"。任贤使能的关键就在于用人者能否遵循有关的法规，并排除不良因素的干扰，真正做到"选贤任能""唯才是举"。

（3）客观公正。人才考选强调客观公正，旨在鉴别真才。若能客观公正，就能促进与帮助员工才能的提高与发展，鼓舞员工的上进心。反之，若用人者主观自私、唯我是用、排斥异己，就会败坏机关风气，妨碍员工才能的发挥和人才的成长。

（4）激发才能。用人即用才，人才的运用和才能的激发是相辅相成的，运用得当与否，直接影响其工作情绪和才能的发挥。所以，任用应与其他的人事措施相配合，为每一个人安排符合其兴趣和才能的岗位，充分激发人的才能。

2）任用的程序

考试合格者要成为公务员，必须经由任用这一程序才能取得公务员资格。

国家对行政机关中初次从事行政处罚决定审核、行政复议、行政裁决、法律顾问的公务员实行统一法律职业资格考试制度，由国务院司法行政部门商有关部门组织实施。

（1）提名及推荐。应考者经考试合格后，并不能因此成为公务员，而只是取得被委用为公务员的资格。公务员的任用权不在人事机构，而在各工作机关的主管长官。当某一机关出现职位空缺或者新增职位时，此机关的主管即函告人事行政机构，请就考试合格人员提出候选人，以凭选用，在此项通知中说明所需要人员的类别、职位、薪额、所需人数以及其他条件。人事行政机关接到此通知后，即就考试合格人员依成绩先后提出候选名单，并说明每个人的履历、成绩、特性及优劣等，以供有委任机关的主管作参考和判断。

（2）试用及委任。各机关主管在接到候选名单后，选定所需人数并加以暂时试用。未被选用者退还人事机构。试用期间为实习与试验性质，其试用时间各部门长短不一，可自行确定。试用期满如经过考核被认为合格者，即可予以正式委用。如认为不符合要求的，可不予以任用。经试用合格被正式委任后，即可获得常任文官的地位，就获得了法律上的保障，非依法律程序，主管不能凭个人感情任意更换。

复习思考题

1.工商行政管理机构设置应遵循什么原理？

2.工商行政管理机构设置的原则是什么？

3.工商行政管理干部管理制度有哪些？

4.如何提高现有工商行政管理干部队伍素质？

5.什么是国家公务员？公务员具有哪些特征？

6.公务员的权利、义务是什么？

7.我国公务员应当具备哪些条件？

8.应当遵循什么样的程序来选拔、任用公务员？

第 *4* 章

工商行政管理法规

学习目标

掌握工商行政管理法规的概念和特征；了解工商行政管理法规的渊源及性质；掌握法律、法规的制定权限和立法程序，解决法规效力之间的冲突；了解工商行政管理法规的实施和监督。

4.1　工商行政管理法规概述

4.1.1　工商行政管理法规的概念及特征

工商行政管理法规是指国家为了建立和维护市场经济秩序，授予工商行政管理机关对市场主体及其经营行为进行监督管理的行政权力所依据的法律规范。

权力是把自己的意志强加于他人行为之上的能力，国家对于经济的管理与监督实质就是把国家意志强加于市场主体行为之上。设立工商行政管理法规的目的，就是国家行使经济管理与监督权力的表现形式，通过工商行政管理机关的行为把国家对经济的管理与监督的意志强加于市场主体的行为。从法律关系的角度讲，工商行政管理法规是国家立法机关根据现时的国民经济的发展和社会主义现代化建设的实际需要，为发展社会主义市场经济，调整国家机关与工商企业以及参与市场经营活动的单位和个人而形成的经济行政法规的有机组合的整体。因此，工商行政管理法规也是国家调整国民经济活动所发生的经济关系的法律规范的重要组成部分。由此可见，工商行政管理法规是一个以行政权力为载体，辅之以经济手段得以实施的经济行政法律部门，这就决定了工商行政管理法规既有法律的一般特征，又具有行政性、经济性的特点。概括起来，工商行政管理法规具有以下几个特征：

1）工商行政管理法规具有法律的一般特征

法律是由统治阶级制定或认可并以国家强制力保证其实施的行为规则系统，其存在不可能离开国家权力；同样，国家权力也离不开法律，离开了法律，国家权力既组织不起来，也不能经常系统地发挥其职能。工商行政管理权力是行使国家经济权力的一部分，该权力的存在和行使都不能离开法规，这部分法规就是工商行政管理法规。

工商行政管理法规既是工商行政管理机关在调控经济运行过程中行使监督、控制、组织、协调、服务五项职能所依据的法律规范，也是国家对该机关的有效授权；同时，工商行政管理法规的存在又是对工商行政管理机关行使管理职能的限制，即只有在工商行政管理法规授权范围内行使经济管理与监督职能的行为才是合法行为，否则就是违法行为。从这个意义上讲，工商行政管理法律、法规既是对市场主体进入市场进行市场经济活动所必须遵守的行为规范，也是工商行政管理机关进行经济上的调控所必须遵守的行为准则。

工商行政管理部门有权对经济运行进行相应的调控，对于违反了工商行政管理法律、法规的行为有处分权。如对于违反了《中华人民共和国商标法》（简称《商标法》）的行为有权进行处罚，这种处罚的权力就是国家授予其行使的行政权力，即国家强制力。正是由于国家强制力的存在，才使得工商行政管理法律、法规的实施得到了保障。

2）工商行政管理法规具有经济性

在市场经济条件下，工商行政管理机关是国家对经济运行进行调整的重要职能部门，因此，对工商行政管理机关所作出的行为进行宏观的调控是国家的统治阶级为维护其经济利益所必需的举措。国家对工商行政管理机关进行调控是通过法规这一国家意志的形式来实现的，这部分体现国家意志的法律、法规就是工商行政管理法规。

工商行政管理法规是国家调整经济的重要手段，这种手段在调整的内容上具有广泛性的特征。这种手段的广泛性主要表现在以下三个方面：

（1）工商行政管理法规涉及的范围比较广。工商行政管理法规涉及全部的工商企业、个体工商户等市场主体的活动，除了在市场经济中具有较强专业性的管理活动（如金融业务、税收业务等）之外，对于其他市场主体的行为都存在直接干预。从社会生产的角度来看，工商行政管理涉及生产和交换两个环节。在生产领域中，工商行政管理法规的调整范围不仅包括各个企业、个体工商户之间的分工协作关系，而且也包括各个企业、个体工商户之间与其基层单位之间的行政隶属关系。在流通环节中，工商行政管理法规的调整范围不仅包括各个行业、各个部门之间的关系，而且包括批发与零售、储存与调拨、采购与经销之间的关系。

（2）工商行政管理法规调整的对象较多。只要进入了市场，使自己的行为属于社会主义市场经济活动的一部分的人，都是工商行政管理法规的调整对象。这里的人，既包括了自然人，也包括了法人。从市场经济参与者的角度归纳起来，工商行政管理法规调整的对象主要有以下几类：一是国家的经济管理与经济监督类机关，也是国家的经济职能部门；二是在市场经济活动中发挥中介作用的企业、事业单位以及社会团体；三是参与经济活动的各种所有制的企事业单位；四是以自己的身份参加市场经济活动的人，即个体工商户以及农村承包户；五是在中国投资的外国的企业、其他经济组织和公民个人。

（3）工商行政管理法规的内容比较丰富。它不仅涉及工商企业法人登记管理，个体、私营经济和中外投资经济成分的登记管理，而且涉及城乡市场管理；不仅涉及各种经济法律主体相互之间的仲裁和调解，而且涉及厂牌、商标的检查和注册。工商行政管理法规的广泛性，决定了工商行政管理工作的重要性、复杂性和艰巨性。

3）工商行政管理法规具有强制性

国家目前对市场经济的调控手段主要为以间接手段为主的宏观调控体系，这种调控表现在调控方法上就是"国家调控市场，市场引导企业"。工商行政管理就是国家经济管理机关在从市场主体自进入市场直到其退出市场的整个过程中进行全方位、多角度的管理与监督，保证其市场经济活动的合法性，达到保证市场经济良性运行的目的。而工商行政管理法规则是对市场主体的行为进行依法调控的法律依据，这种法律依据表现在工商行政管理法规的强制性中。如果企业违背了开业登记条件或者通过虚报符合了上述条件而骗取了工商行政管理部门对其进行登记，最终的结果则是要承担行政责任并被取缔其非法取得的主体资格；情节严重的，需要追究刑事责任。

工商行政管理法规的强制性主要表现在以下两方面：一方面，工商行政管理法规是每个市场主体进入市场进行经济活动所必须强制遵守的行为规则。如在企业登记中，欲进入市场进行经营活动的人设立了有限责任公司，那么，其注册资本必须符合《中华人民共和国公司法》（简称《公司法》）关于法定资本最低限额的规定，经营主体的行为得以实现的前提就是对工商行政管理法规的遵守。另一方面，它也是工商行政管理机关行使国家权力所应坚持的法律规范。如在企业登记过程中，对于符合法定条件的主体应当予以登记，发给营业执照；对于不符合条件的主体则不予登记。其中，对于主体的资格是否合法的标准主要是根据《公司法》《中华人民共和国全民所有制工业企业法》（简称《全民所有制工业企业法》）《中华人民共和国合伙企业法》（简称《合伙企业法》）《中华人民共和国企业登记管理条例》等法律、法规中所规定的标准。工商行政管理机关依法对市场主体进行登记时，必须严格坚持上述标准，否则就是违法行为，应当受到行政处罚。

4）工商行政管理法规具有直接性

工商行政管理法规的调整功能具有直接性。经济法是国家调控经济过程中发生的经济关系的法律规范，属于社会中上层建筑的范畴。与其他法律部门相比，它对经济基础的作用和影响更密切、更直接。尤其是工商行政管理法规，对于巩固发展社会主义经济秩序，具有更为重要的积极意义。当前，从宏观上讲，在社会主义市场经济的引导下，我国商品生产能力日益提高，商品交换日益增多，整个经济形势日趋活跃；从微观上讲，随着企业拥有的自主权越来越多，其相对独立性也越来越大。这些新趋势、新变化，在客观上要求工商行政管理法规必须发挥其应有的作用，从而保证经济体制改革的顺利进行和国民经济的稳步健康发展。也正是由于工商行政管理法规对社会主义经济基础调整的直接性，决定了工商行政管理部门必须大力提高自己的素质，强化自己的职能，以便完成社会主义现代化建设事业赋予工商行政管理部门的光荣使命。

4.1.2　工商行政管理法规的渊源

法律渊源，也称"法律的表现形式"或"法源"，是指国家法律的创制方式和法律的外部表现形式。工商行政管理法规的渊源，是指工商行政管理所依据的法律、法规的创制方式和法律、法规的外在表现形式。由于工商行政管理涉及市场经济运行和市场主体活动的方方面面，内容纷繁复杂，又有较强的技术性、专业性，加之被监管的经济关系变动较快，因此，制定一部系统、完整的工商行政管理法典即使具有法律编纂上的意义，但却因法律的快速修改而失去操作中的作用。因此，在目前的世界各国，没有一部统一的工商行政管理的法典。在我国，除了宪法这一较为抽象的法律的共同渊源之外，工商行政管理的法律渊源还有以下几种：

1）法律

法律，在此处仅指狭义的法律，是指全国人民代表大会和全国人民代表大会常务委员会制定颁布的规范性法律文件的统称，其法律效力仅低于宪法。在法律体系中，狭义的法律是重要的组成要素，又是制定其他行政法规、地方性规章以及行政规章的依据，因此，法律在法律体系中的地位至关重要。根据宪法的规定，法律又分为基本法律和基本法律以外的法律。

所谓基本法律，是指比较全面地规定国家和社会生活某一方面基本问题的法律。如我国法律体系中的刑法、民法、诉讼法及有关国家机构的组织等法律。与基本法律相比，基本法律以外的法律涉及的问题的重要性稍轻些，其规定也较基本法律更为具体一些，这部分法律就是非基本法律。非基本法律的内容比基本法律更具体、更具有操作性，层次上也低于基本法律，如经济法中的《商标法》《合伙企业法》等。其中，经济法是基本法律，属于第二层次法，是相对独立的法律部门；而《商标法》《合伙企业法》则是非基本法律，属于第三层次法律，是第二层次法律部门的分支。某些法律可能在整体上都具有工商行政管理法规的性质，有的法律则仅有部分法律规范属于工商行政管理法规，只要法律中包含了有关工商行政管理法规性质的法律规范，都是工商行政管理法规的渊源。

2）行政法规

行政法规，是指国务院或者其授权有关部门在授权范围内制定公布的有关国家最高行政管理活动的规范性文件。它是国家的最高行政机关所制定的法律规范，因此，行政法规的效力要大于其他行政机关制定的规章及地方性规章。行政法规是国家行政机关进行的立法行为所产生的结果，并非国家最高权力机关——全国人民代表大会及其常务委员会所进行的立法行为，其最终的立法结果是行政法规的效力低于法律。其具体名称为：条例、决定、决议、命令、指示等。行政法规可对下列事项作出决定：

（1）为执行法律的规定需要制定行政法规的事项；

（2）《宪法》第八十九条规定的国务院行政管理职权的事项。

工商行政管理机关依法对市场经济活动进行的监督和管理活动是国家对于市场经济进行直接调控的行政手段与经济手段相结合的综合体现，其中，行政手段是载体。工商行政管理机关所进行的行政管理实际上是国家行使行政权力的一项内容。在我国，国务院是最高行政管理机关，因此国务院所制定的行政法规是工商行政管理机关行使权力的一个重要依据。所以，工商行政管理类的行政法规是工商行政管理法规的一个重要法律渊源。

3）地方性法规、自治条例和单行条例

地方性法规、自治条例和单行条例，是指省、自治区、直辖市的人民代表大会及其常务委员会根据本行政区域的具体情况和实际需要，在不与宪法、法律、行政法规相抵触的情况下为实施法律、行政法规而制定的具体性规定，以及为实现地方性事务需要而制定的法规。地方性法规、自治条例和单行条例是在某一省、自治区、直辖市范围内有效的法规，其效力低于法律。地方性法规的效力高于本级和下级地方政府规章。

地方性法规可以就下列事项作出规定：

（1）为执行法律、行政法规的规定，需要根据本行政区域的实际情况做具体规定的情况；

（2）属地方性事务需要制定地方性法规的事项。

4）规章

规章，是指国务院的各具有行政管理职能的直属机构根据法律和国务院的行政法规、决定、命令，在本部门的权限范围内或者省、自治区、直辖市和较大的市的人民政府，根据法律、行政法规和本省、自治区、直辖市的地方性法规所制定的在本部门或者本辖区范围内发生法律效力的规范性文件的总称。根据规章制定的机关不同，规章可以分为部门规章与地方政府规章两种。部门规章规定的事项应当属于执行法律或者国务院的行政法规、决定、命令的事项，通常称为"部门规章"和"部委规章"，而地方政府规章通常称为"政府规章"或"地方性政府规章"，它可以就下列事项作出规定：

（1）为执行法律、行政法规、地方性法规的规定需要制定规章的事项；

（2）属于本行政区域的具体行政管理事项。

由于地方政府规章的制定机关存在行政级别上的差异，因此，其所制定的地方政府规章适用范围和法律效力也不相同，省、自治区的人民政府制定的规章的效力高于本行政区域内的市的人民政府制定的规章，这是地方政府规章发生法律效力的总的原则。

4.1.3　工商行政管理法规的性质

工商行政管理法规的行政性、经济性和具有法律一般特征的性质，决定了其性质主要体现在以下几点：

（1）工商行政管理法规是国家对工商企业和参与市场经济活动的单位和个人实行监督管理的意志体现，是为了巩固发展社会主义经济基础，保护社会主义的经济制度，保护社会主义全民所有制、集体所有制和私营经济、个体经济的经营者的合法经营权益。所以，它是社会主义国家意志的体现。

（2）工商行政管理法规的各单行法规都是依据国家合法的立法程序进行，由国家制定或者认可的。如《民法典》《商标法》等都是经过全国人民代表大会或人大常委会通过颁布的；再如《中华人民共和国企业法人登记管理条例》（简称《企业法人登记管理条例》）、《广告管理条例》等其他法规也都是经过国务院颁布实施的；还有国家市场监督管理总局和各级人民政府为贯彻执行国家关于工商行政管理方面法律、法规而制定的实施细则、实施办法等也是经过有关法律、法规授权和通过一定法定程序的。

（3）工商行政管理法规对其调整的关系具有执行性的法律特征，各项工商行政管理单行法规都有强制执行的法律规定，如吊销营业执照、强制银行划拨、没收等手段都是强制执行的。如果没有强制执行的保证，就无法调整国家与工商企业之间所发生的关系，也就无法保障合法经营和制止、取缔非法活动。

（4）工商行政管理法规是对其调整的有关方面具有普遍的约束力的行为规则。工商行政管理的各单行法规，各自都有针对性地调整某些关系。以《企业法人登记管理条例》为例，它既调整某些纵向关系，如工商行政管理机关与办理法人登记的企业之间的纵向关系；又调整横向关系，如企业法人之间厂名、厂牌、商号之间的侵权纠纷是横向关系；还调整各级工商行政管理机关的内部关系，如国家市场监督管理总局和各级工商行政管理局对企业法人登记管理的职责范围是工商行政管理机关内部关系。所以，《企业法人登记管理条例》对所有这些关系都具有普遍的约束力。

4.1.4　工商行政管理法规的作用

工商行政管理部门既是国家的经济行政管理机关，又是一个行政执法部门，它在履行国家赋予的行政管理职能过程中，主要依据就是工商行政管理法规。工商行政管理法规在工商行政管理工作和社会主义市场经济建设中具有极为重要的作用，主要表现在以下三个方面：

（1）为工商行政管理机关进行监督管理提供法律根据。工商行政管理部门依据工商行政管理法规的内容，对国家机关、企事业单位以及其他社会经济组织的活动实施监督和管理，以调整各个经济法律主体之间及其主体内部的经济关系，维护社会正常经济秩序。这个作用是工商行政管理法规的基本职能。实践证明，只有把各个经济法律主体的生产经营活动纳入国家有关政策、法律、法令的许可范围内，才能切实保证计划调节和市场调节的有机结合，保证国民经济宏观经济决策的贯彻执行。

（2）为工商行政管理机关进行梳理和协调提供导向。这个作用包括：一是加强对国家机关、企事业单位以及其他社会组织之间的纵向隶属关系和横向协作关系的协调。二是加强对多种经济成分、多条疏通渠道、多种经营形式之间的梳理和协调。这是工商行政管理法规在梳理和协调方面的作用，与监督管理的作用相比，还显得有些薄弱和不足，有待进一步提高。

（3）对工商行政管理机关组织和指导市场主体的行为进行调控。由于我国实行的是社会主义市场经济，因此，工商行政管理法规应大力支持商品生产和商品交换，开拓社会主义市场，应当为大力发展商品生产和商品交换鸣锣开道。凡是有利于发展社会主义市场经济的政策规定的行政条文，都应当在工商行政管理法规中体现出来；凡是不利于坚持生产力标准，阻止和妨碍社会主义市场经济的条条框框的原有规定，都应当予以删除和修改。工商行政管理法规能否在组织和指导发展商品生产和商品交换方面有所突破和造就，是衡量工商行政管理工作是否卓有成效的重要的标准之一。

4.2 工商行政管理法规的制定与实施

工商行政管理法规的作用过程包括该类法规的制定与实施，从法律角度讲，主要体现在立法、司法和执法三个环节中。工商行政管理法规的制定与实施，对工商行政管理工作是否合法、有效的影响至关重要。为规范立法活动，健全国家立法制度，建立和完善有中国特色社会主义法律体系，第九届全国人民代表大会第三次会议于 2000 年 3 月 15 日通过了《中华人民共和国立法法》（简称《立法法》）。该法于同年 7 月 1 日起施行，自《立法法》生效后，法律、法规的设立、变更和终止都必须遵守该法的规定。

4.2.1 工商行政管理法规的制定

工商行政管理法规的制定，是指特定国家机关依照一定程序，创制、修改或废止工商行政管理法规的活动。它不仅包括新法律、法规的创制，也包括对现有的有关工商行政管理法规的修改、补充和废止，即通常意义所说的法规的"废、改、立"。

1）工商行政管理法规的制定主体与立法权限

工商行政管理法规的制定主体，是指依据《立法法》的授权能够创制相应工商行政法规的机关。根据《立法法》的规定，工商行政管理法规的制定主体包括：制定工商行政管理法律的中央国家权力机关，即全国人民代表大会及其常务委员会；制定工商行政管理行政法规的中央人民政府，即国务院；制定工商行政管理地方性法规的部分地方权力机关，即部分地方人民代表大会及其常务委员会；制定工商行政管理规章的部分政府机构，即国家市场监督管理总局，以及省、自治区、直辖市人民政府和省、自治区人民政府所在地的市和经国务院批准的较大的市的人民政府。

在这些工商行政管理法规制定机构中，国家市场监督管理总局发挥着重要作用。国家市场监督管理总局根据有关法律的规定，在其职权范围内依法制定、发布规范性文件。这是我国立法体制中一个鲜明的特色和特点，主要表现在：第一，国家的法律、行政法规不可能对具体的工商行政管理工作的细节做详细的规定，国家市场监督管理总局根据有关法律的规定，在其职权范围内依法制定、发布的规范性文件，规定了国家的法律、行政法规实施的切合实际的具体步骤、措施和办法，弥补了国家的法律、行政法规的不足。第二，工商行政管理涉及面广，特别是有些市场经济中不断出现的新问题、新情况，亟须规范，无法等待国家的法律、行政法规的制定，国家市场监督管理总局在不违反国家法律、行政法规的前提下，通过制定规章的形式，可以暂时解决这方面的问题，同时也为国家的法律、行政法规的制定提供了经验。第三，工商行政管理日趋专门化、综合化，立法内容也日趋复杂和专业，国家市场监督管理总局通过规范性文件的制定，充分发挥工商行政管理部门的立法经验和立法优势。

根据国务院的授权和自身的职权，国家市场监督管理总局制定或参与制定的法律、法规的范围是：

（1）制定或参与制定有关规范竞争与交易行为的法律、法规；

（2）制定或参与制定规范市场主体登记、市场主体行为及监督管理的法律、法规；

（3）制定或参与制定有关商标管理的法律、法规；

（4）参与研究制定有关市场管理的方针、政策，有关市场管理的法律、法规；

（5）制定或参与制定有关个体、私营经济发展政策、法律、法规及监督管理办法；

（6）研究制定广告发展的方针、政策，广告管理的法律、法规；

（7）制定工商行政管理机关行政执法方面的法规。

在工商行政管理系统内部，具体参与工商行政管理法规制定活动的机构主要是各级工商行政管理机关负责法制工作的部门，如国家市场监督管理总局的法制司，省、自治区、直辖市市场监督管理局的法制处，以及市、县市场监督管理（分）局的法制科等。不同级别的工商行政管理机关的法制机构，其职责也不尽相同。国家市场监督管理总局法制司的职责主要有：研究制定工商行政管理立法规划，组织和承担工商行政管理法规的制定、协调、发布工作；承担工商行政管理规章的清理、编纂工作；组织开展工商行政管理部门行政执法监督检查工作，指导本系统法制工作；参与行政案件的行政复议工作；组织、指导、协调应诉工作；具体承担总局案件行政复议委员会的日常工作。

2）工商行政管理法规制定的原则

工商行政管理法规制定的原则是在工商行政管理法规制定的整个活动过程中贯彻始终的行为准则或准绳，是指导思想的规范化和具体化。

法律规范的制定是国家组织活动的一项重要任务。《立法法》第三条明确规定：立法应当遵循宪法的基本原则，以经济建设为中心，坚持社会主义道路，坚持人民民主专政，坚持中国共产党的领导，坚持马克思列宁主义、毛泽东思想、邓小平理论，坚持改革开放。工商行政管理法规作为法律规范，其制定过程必须符合《立法法》确定的立法原则和要求，符合《宪法》和法律的规定。此外，工商行政管理法规在具体制定过程中主要应该遵循下述原则：

（1）体现改革精神，科学规范行政行为的原则。行政行为从本质上讲是一种法律行为。随着我国经济体制改革的不断深入，行政机关有必要从过去主要采取行政手段直接管理经济、社会转变为通过法律实行间接管理，政府也需要从传统的计划、审批、命令职能向经济调节、社会管理、公共服务职能转变。相应地，工商行政管理法规的制定，就是要有效规范行政行为，实现行政机关依法行政，从而保障行政活动的权威性，防止行政权力的滥用。

（2）精简、统一、效能的原则。在依法行政的前提下，行政机关在对社会实行组织和管理过程中，应以尽可能低的成本取得尽可能大的收益，取得最大的执法效益。为了提高工作质量和效率，以适应新的形势，国家通过法律规定工商行政管理机关机构设置和人员编制限额，定员定岗，并要求人员要精，机构要简，不能因人设岗，因人设事。要改变工商行政管理机关中机构臃肿、层次重叠、人浮于事、职责不清等官僚主义现象严重的状况，以确保行政执法的效率。

（3）保障公民、法人和其他组织合法权益的原则。基于社会主义法治原则的要求，工商行政管理立法必须体现服务行政的基本理念。这意味着：工商行政管理机关由管理机关转变为公共服务的提供者，其权力行使主要是为了实现公共利益，有效提供公共服务和主动为公民、法人和其他社会组织谋福利；工商行政管理过程中应牢固树立公民本位、社会本位的思想，工商行政管理活动应围绕公民、法人的需要进行：从公民、法人的需要出发，以公民、法人的需求为转移，将保障公民、法人和其他组织合法权益作为行政管理活动的基本目标。

（4）行政机关职权与责任相统一的原则。职权与责任相统一原则是我国国家机关活动的普遍原则。为此，在工商行政管理立法中，必须贯彻行政机关职权与责任相统一原则。根据这一原则，行政机关的职权即是其责任，行政机关的职权有多大，其责任就有多大。行政机关在工作中必须摒弃视权力为己有的错误认识，同时，应普遍建立执法责任制和评议考核制，确保行政机关及其工作人员以积极的态度行使权力，承担责任和义务。

3）工商行政管理法规制定的程序

（1）法律的制定程序

《立法法》对全国人民代表大会、全国人民代表大会常务委员会制定法律的基本程序作出了明确规定：

①法律案的提出

法律案的提出就是由有立法提案权的机关、组织和人员，依据法定程序向全国人大、全国人大常委会提出制定法律的提议。

根据《立法法》的规定，全国人大主席团、全国人大常委会、全国人大各专门委员会、全国人大的一个代表团或30名以上的人大代表、国务院、中央军委、最高人民法院、最高人民检察院可以向全国人大提出属于全国人大职权范围内的法案；全国人大常委会委员长会议、常委会组成人员10人以上、国务院、中央军委、最高人民法院、最高人民检察院、全国人大各专门委员会可以向全国人大常委会提出属于全国人大常委会职权范围内的法案。

②法律案的审议

法律案的审议就是在由法案到法的阶段，由有权主体（全国人大及其常委会）对法案运用审议权，决定有关法案是否应列入议事日程、是否需要修改的专门活动。

根据《立法法》的规定：对于列入全国人大会议议程的法律案，由有关的专门委员会进行审议，向主席团提出审议意见，然后，由宪法和法律委员会根据有关专门委员会的审议意见，对法律案进行统一审议，向主席团提出审议结果报告；对于列入全国人大常务委员会会议议程的法律案，由有关的专门委员会进行审议，提出审议意见，再由宪法和法律委员会根据有关专门委员会的审议意见对法律案进行统一审议，提出审议结果报告。

③表决和通过法案

表决法案是有权的机关对法案表达最终的、具有决定意义态度的活动。有权机关表决的结果直接关系到法案究竟能否成为法律。通过法案是指法案经表决获得有权机关法定多数的支持从而实现由法案到法律跨越的立法环节。

根据《立法法》的规定：对于列入全国人大会议议程的法律案，由宪法和法律委员会根据各代表团的审议意见进行修改，提出法律草案表决稿，由主席团提请人大全体会议表决，由全体代表的过半数通过；对于列入全国人大常委会会议议程的法律案，由宪法和法律委员会根据常务委员会组成人员的审议意见进行修改，提出法律草案表决稿，由委员长会议提请常务委员会全体会议表决，由常务委员会全体组成人员过半数通过。

④公布法律

公布法律是指由有权机关或人员，在特定时间内，采用特定方式将法律公之于众的专门活动。

公布法律的权力在多数国家由国家元首行使。在我国，全国人民代表大会、全国人大常委会通过的法律由国家主席签署主席令予以公布。

（2）行政法规的制定

①行政法规的立法权限

行政法规的立法权限是指有权主体制定行政法规时在内容和形式上的权限范围，即行政法规可以就哪些事项作出规定。根据《立法法》第六十五条的规定，国务院有权根据宪法和法律，就如下事项制定行政法规：一是为执行法律的规定需要制定行政法规的事项；二是《宪法》第八十九条规定的国务院行政管理职权的事项。确定行政立法权限时必须严格法律保留和法律优先原则。

所谓法律保留，是指由《宪法》《立法法》明确规定的只能由全国人大或全国人大常委会以制定法律的形式予以规定的事项。对于法律保留事项，除非有法律的明确授权，国务院不得在其制定的行政法规中作出规定。根据《立法法》第八条的规定，法律保留的事项包括：一是国家主权的事项；二是各级人民代表大会、人民政府、人民法院和人民检察院的产生、组织和职权；三是民族区域自治制度、特别行政区制度、基层群众自治制度；四是犯罪和刑罚；五是对公民政治权利的剥夺、限制人身自由的强制措施和处罚；六是税种的设立、税率的确定和税收征收管理等税收基本制度；七是非国有财产的征收、征用；八是民事基本制度；九是基本经济制度以及财政、海关、金融和外贸的基本制度；十是诉讼和仲裁制度；十一是必须由全国人民代表大会及其常务委员会制定法律的其他事项。其中，有关犯罪和刑罚、对公民政治权利的剥夺和限制人身自由的强制措施和处罚、司法制度等属于法律绝对保留的事项，即只能由全国人大或全国人大常委会通过制定法律予以规定，而其他的事项属于法律的相对保留事项，即原则上只能制定法律，但如对上述事项尚未制定法律，全国人大及其常务委员会有权作出决定，授权国务院根据实际需要先行制定行政法规。

所谓法律优先，是指全国人大及其常委会所制定的法律在效力等级上高于国务院制定的行政法规。这是法律效力位阶中上位法优于下位法的具体体现。根据《立法法》第八十七条的规定，法律的效力高于行政法规、地方性法规、规章。这意味着国务院制定行政法规时，必须以《宪法》、法律的规定为依据，行政法规不得与法律相抵触，凡有抵触，都要以法律的规定为准。

②行政法规的制定程序

《立法法》设专章对行政法规的制定程序作出了原则性规定，而国务院发布的《行政法规制定程序条例》则对行政法规制定程序作出了进一步的明确规定。具体地说，行政法规的制定程序包括以下几个环节：

A.行政法规的立项与起草

国务院于每年年初编制本年度的立法工作计划。国务院有关部门认为需要制定行政法规的，应当于每年年初编制国务院年度立法工作计划前，向国务院报请立项。国务院有关部门报送的行政法规立项申请，应当说明立法项目所要解决的主要问题、依据的方针政策和拟确立的主要制度。国务院法制机构应当根据国家总体工作部署对部门报送的行政法规立项申请汇总研究，突出重点，统筹兼顾，拟订国务院年度立法工作计划，报国务院审批。列入国务院年度立法工作计划的行政法规项目应当符合下列要求：一是适应改革、发展、稳定的需要；二是有关的改革实践经验基本成熟；三是所要解决的问题属于国务院职权范围并需要国务院制定行政法规的事项。

行政法规由国务院组织起草。国务院年度立法工作计划确定行政法规由国务院的一个部门或者几个部门具体负责起草工作，也可以确定由国务院法制机构起草或者组织起草。起草行政法规，应当深入调查研究，总结实践经验，广泛听取有关机关、组织和公民的意见。在听取意见时可以采取召开座谈会、论证会、听证会等多种形式。在起草行政法规时，起草部门应当对涉及有关管理体制、方针政策等需要国务院决策的重大问题提出解决方案，报国务院决定。

B.行政法规的审查

报送国务院的行政法规送审稿，由国务院法制机构负责审查。国务院法制机构主要从以下方面对行政法规送审稿进行审查：一是审查是否符合《宪法》、法律的规定和国家的方针政策；二是审查是否符合《立法法》确定的立法原则及《行政法规制定程序条例》中确定的行政立法的基本要求；三是审查是否与有关行政法规协调、衔接；四是审查是否正确处理有关机关、组织和公民对送审稿主要问题的意见。

国务院法制机构应当认真研究各方面的意见，与起草部门协商后，对行政法规送审稿进行修改，形成行政法规草案和对草案的说明。

行政法规草案由国务院法制机构主要负责人提出提请国务院常务会议审议的建议；对调整范围单一、各方面意见一致或者依据法律制定的配套行政法规草案，可以采取传批方式，由国务院法制机构直接提请国务院审批。

C.行政法规的决定与公布

行政法规必须经国务院常务会议或者国务院全体会议讨论决定。

行政法规由国务院总理签署，以国务院令的形式予以公布。签署公布行政法规的国务院令应载明该行政法规的施行日期。行政法规签署公布后，应及时在国务院公报和在全国范围内发行的报纸上刊登。在国务院公报上刊登的行政法规文本为标准文本。

行政法规应当自公布之日起30日后施行，但是，涉及国家安全、外汇汇率、货币政策的确定以及公布后不立即施行将有碍行政法规施行的，可以自公布之日起施行。行政法规在公布后的30日内由国务院办公厅报全国人民代表大会常务委员会备案。

（3）地方性法规、自治条例和单行条例的制定

①地方性法规、自治条例和单行条例的立法权限

根据《立法法》的规定：省、自治区、直辖市的人民代表大会及其常务委员会根据本行政区域的具体情况和实际需要，在不同《宪法》、法律、行政法规相抵触的前提下，可以制定地方性法规；省、自治区的人民政府所在地的市、经济特区所在地的市和经国务院批准的较大的市的人民代表大会及其常务委员会根据本市的具体情况和实际需要，在不同《宪法》、法律、行政法规和本省、自治区的地方性法规相抵触的前提下，可以制定地方性法规；民族自治地方（自治区、自治州、自治县）的人民代表大会有权依照当地民族的政治、经济和文化的特点，制定自治条例和单行条例。

②地方性法规、自治条例和单行条例的制定程序

根据《立法法》的规定，地方性法规、自治条例和单行条例的制定程序包括法案的提出、法案的审议、法案的表决、法案的公布等步骤。其具体程序应根据我国地方各级人民代表大会和地方各级人民政府组织法，参照《立法法》第二章所规定的法律的制定程序，由本级人民代表大会具体规定。

（4）行政规章的制定

行政规章包括部门规章和地方政府规章。部门规章是指国务院各部门根据法律和国务院的行政法规、决定、命令，在本部门的权限内按照规定程序所制定的规定、办法、实施细则、规则等规范性文件；地方政府规章是指省、自治区、直辖市的人民政府以及较大的市的人民政府根据法律、行政法规、地方性法规，按照规定的程序制定的适用于本地区行政管理工作需要的规定、办法、实施细则、规则等规范性文件。

有权制定行政规章的机关有两大类：一类是国务院各部门，包括国务院各部委、中国人民银行、审计署和具有行政管理权的国务院直属机构；另一类是地方人

民政府，包括省、自治区、直辖市人民政府和省、自治区的人民政府所在地的市、经济特区所在地的市和经国务院批准的较大的市的人民政府。

①行政规章的立法权限

国务院各部门制定的规章所规定的事项应属于执行法律或者国务院的行政法规、决定、命令的事项，即国务院部门规章制定的依据是法律或者国务院的行政法规、决定、命令，并且只能在本部门的权限范围内制定规章。如果涉及两个以上国务院部门职权范围的事项，就应当提请国务院制定行政法规或者由国务院有关部门联合制定规章。

地方政府规章可以就下列事项作出规定：一是为执行法律、行政法规、地方性法规的规定而有必要制定规章的事项；二是属于本行政区域的具体行政管理事项。其中：省、自治区、直辖市人民政府制定规章的依据是法律、行政法规和本省、自治区、直辖市的地方性法规；较大的市的人民政府制定规章的依据是法律、行政法规和本省、自治区、较大的市的地方性法规。

②行政规章的制定程序

关于规章的制定程序，《立法法》作出了原则性规定，而国务院发布的《规章制定程序条例》则对规章的立项、起草、审查、决定和公布等环节作出了明确的规定。

A.规章的立项与起草

国务院部门内设机构或者其他机构认为需要制定部门规章的，应当向该部门报请立项。省、自治区、直辖市和较大的市的人民政府所属工作部门或者下级人民政府认为需要制定地方政府规章的，应当向该省、自治区、直辖市或者较大的市的人民政府报请立项。国务院部门法制机构，省、自治区、直辖市和较大的市的人民政府法制机构，应当对制定规章的立项申请进行汇总研究，拟定本部门、本级人民政府年度规章，制订工作计划，报本部门、本级人民政府批准后执行。

部门规章由国务院部门组织起草，地方政府规章由省、自治区、直辖市和较大的市的人民政府组织起草。国务院部门可以确定规章由其一个或者几个内设机构或者其他机构具体负责起草工作，也可以确定由其法制机构起草或者组织起草。省、自治区、直辖市和较大的市的人民政府可以确定规章由其一个部门或者几个部门具体负责起草工作，也可以确定由其法制机构起草或者组织起草。在起草规章时，应当深入调查研究，总结实践经验，广泛听取有关机关、组织和公民的意见。听取意见可以采取书面征求意见、座谈会、论证会、听证会等多种形式。对起草的规章直接涉及公民、法人或者其他组织切身利益，有关机关、组织或者公民对其有重大意见分歧的，应当向社会公布，征求社会各界的意见。起草单位也可以举行听证会。起草部门规章涉及国务院其他部门的职责或者与国务院其他部门关系紧密的，起草单位应当充分征求国务院其他部门的意见。起草地方政府规章涉及本级人民政府其他部门的职责或者与其他部门关系紧密的，起草单位应当充分征求其他部门的意见。

B.规章的审查

规章送审稿由法制机构负责统一审查。法制机构主要从以下方面对送审稿进行审查：一是审查是否符合《立法法》确定的立法原则及《规章制定程序条例》中确定的规章立法的基本要求；二是审查是否与有关规章协调、衔接；三是审查是否正确处理有关机关、组织和公民对规章送审稿主要问题的意见；四是审查是否符合立法技术要求。

法制机构应当就规章送审稿涉及的主要问题，深入基层进行实地调查研究，听取基层有关机关、组织和公民的意见。对规章送审稿涉及重大问题的，法制机构应当召开由有关单位、专家参加的座谈会、论证会，听取意见，研究论证。对规章送审稿直接涉及公民、法人或者其他组织切身利益，有关机关、组织或者公民对其有重大意见分歧，起草单位在起草过程中未向社会公布，也未举行听证会的，法制机构经本部门或者本级人民政府批准，可以向社会公布，也可以举行听证会。

法制机构起草或者组织起草的规章草案，由法制机构主要负责人签署，提出提请本部门或者本级人民政府有关会议审议的建议。

C.规章的决定与公布

部门规章应当经部门会议或者委员会会议决定。地方政府规章应当经政府常务会议或者全体会议决定。

法制机构应当根据有关会议审议意见对规章草案进行修改，形成草案修改稿，报请本部门首长或者省长、自治区主席、市长签署命令予以公布。公布规章的命令应当载明该规章的制定机关、序号、规章名称、通过日期、施行日期、部门首长或者省长、自治区主席、市长署名以及公布日期。部门联合规章由联合制定的部门首长共同署名公布。在部门公报或者国务院公报和地方人民政府公报上刊登的规章文本为标准文本。

规章应当自公布之日起30日后施行。但是，对涉及国家安全、外汇汇率、货币政策的确定以及公布后不立即施行将有碍规章施行的，可以自公布之日起施行。

4.2.2　工商行政管理法规之间效力问题冲突的解决

随着经济形势的发展和社会的进步，对社会的经济基础进行调整的法律也随之进行相应的改革。法律、法规的废、改、立，其结果可能使一部分法律具有超越其他法律、法规的先进性，同时，也必然会导致法律、法规之间就同一问题的规定存在冲突的事实。工商行政管理机关在依法对市场主体的经营活动进行调控过程中，遇有法律、法规冲突的情况时，可以根据《立法法》规定的下述原则进行法律、法规的适用：

（1）宪法具有最高的法律效力，一切法律、行政法规、地方性法规、自治条例和单行条例、规章都不得同宪法相抵触。

法律的效力高于行政法规、地方性法规、规章。行政法规的效力高于地方性法规、规章。

地方性法规的效力高于本级和下级地方政府规章。省、自治区的人民政府制定的规章的效力高于本行政区域的市的人民政府制定的规章。

（2）自治条例和单行条例依法对法律、行政法规、地方性法规做变通规定的，在本自治地方适用自治条例和单行条例的规定。

经济特区法规根据授权对法律、行政法规、地方性法规做变通规定的，在本经济特区适用经济特区法规的规定。

（3）部门规章之间、部门规章与地方政府规章之间具有同等效力，在各自的权限范围内施行。

（4）同一机关制定的法律、行政法规、地方性法规、自治条例和单行条例、规章，特别规定与一般规定不一致的，适用特别规定；新的规定与旧的规定不一致的，适用新的规定。

（5）法律、行政法规、地方性法规、自治条例和单行条例、规章不溯及既往，但为了更好地保护公民、法人和其他组织的权利和利益而做的特别规定除外。

（6）法律之间对同一事项的新的规定与旧的特别规定不一致的，不能确定如何适用时，由全国人民代表大会常务委员会裁决。

行政法规之间对同一事项新的一般规定与旧的特别规定不一致，不能确定如何适用时，由国务院裁决。

（7）地方性法规、规章之间不一致时，由有关机关依照下列规定的权限作出裁决：

①同一机关制定的新的一般规定与旧的特别规定不一致时，由制定机关裁决。

②地方性法规与部门规章之间对同一事项的规定不一致，不能确定如何适用时，由国务院提出意见，国务院认为应当适用地方性法规的，应当决定在该地方适用性法规的规定；认为应当适用部门规章的，应当提请全国人民代表大会常务委员会裁决。

③部门规章之间、部门规章与地方政府之间对同一事项规定不一致时，由国务院裁定。

根据授权制定的法规与法律不一致，不能确定如何适用时，由全国人民代表大会常务委员会裁决。

4.2.3　工商行政管理法规的实施

法规的实施是使法律规范的要求在社会生活中获得实现的活动。法规的实施是一个过程，它是将法律规范的要求转化为人们的行为、将法律规范中统治阶级的意志转化为现实关系的过程，是使法律规范的抽象规定具体化，由可能性转变为现实性的过程。法律规范只有当它在实际生活中真正得到贯彻和实现时，法律规范的制定才具有现实意义，其立法作用才能显示出来。

法律的实现是法律规范在人们的行为中的具体落实，即权利被享有，义务被履行，禁令被遵守。法律规范的要求是在个人和组织的合法行为中实现的，因而法的实现是一种有目的的活动。法律规范是对人们行为的可能性的设定，是一种应然。而法律的实现使这种可能性转变为现实性，应然转变为实然，变为现实，从而使社会关系参加者的行为符合国家意志。

工商行政管理法规的实施是由几个相互关联的环节组成的，这些环节是守法、执法和司法。守法是法规实施的基础，也是制定和实现工商行政管理法规的目的之所在。执法是法规实施的保障。在现实生活中，违法现象大量存在，如果不对违法行为进行追究，守法也就成了一句空话。司法是执法的继续，对于严重违法行为交由司法机关处理，对于不服裁决的行为也要由司法机关予以处理。因此，也可以说司法是对执法的支持和保障。

1）工商行政管理法规的遵守

工商行政管理法规的遵守，是指工商行政管理机关、企事业单位、社会团体和个人都必须恪守工商行政管理法规的规定，严格依法办事。所有当事人在法规面前一律平等，任何单位和个人都不得有超越法规的特权。守法包括执法者守法、国家公职人员守法、企事业单位和公民个人守法等多方面的要求，尤其是要求领导干部带头守法。工商行政管理机关更要守法，要依法行使职权，切忌违法乱纪、滥用职权、破坏法制。自觉守法是市场经济秩序井然的条件，是使经济活动当事人的合法利益得到保护，提高市场效率的重要条件。强调守法，还要求敢于同违法行为作斗争，自觉抵制违法行为。要求执法机关和执法人员在执法过程中，正确运用工商行政管理法规所赋予的权力，该管的坚决要管，不该管的不管；要求工商行政管理机关及其工作人员牢固树立法治观念，养成依法办事的习惯；要求工商行政管理机关和工作人员自觉接受法律对自己的监督。

2）工商行政管理法规的运用

工商行政管理法规的运用，是指各级工商行政管理机关及其工作人员依照法定程序，将抽象的法律规范应用于具体的人或者组织的专门活动。它既包括工商行政管理机关对工商行政管理法规的执行行为，也包括工商行政管理机关以国家的名义贯彻工商行政管理法规的专门活动。

工商行政管理法规的执行包括工商行政管理机关按照有关法律赋予的权限，对市场经济活动进行监督检查和对违法行为进行查处两个部分。两部分缺一不可。执法的过程既是检查市场主体的经济活动是守法还是违法的过程，同时也是其他市场主体正当经营、惩罚非法经营的市场主体的过程。

工商行政管理机关和工作人员在执法过程中，必须做到有法必依、执法必严、违法必究。

有法必依，就是要以事实为依据，以法律为准绳。这就要求各级工商行政管理机关及其工作人员要深入调查，在详尽占有案件材料的基础上，实事求是地进行全面分析，从而作出正确的判断和结论。在调查、检查和处理过程中，一切活动都要符合法律的要求，严格按照法律的规定处理案件，不能凭直觉、凭热情处理问题，不能感情用事。

执法必严，是指在工商行政管理法规的适用过程中，工商行政管理机关和工作人员在对案件正确定论的前提下，严格按照法规规定的处罚标准进行处理，避免和克服"以言代法""以罚代刑"的做法，使违法行为受到应有的处罚。工商行政管理机关以及工作人员执法必严，要求在对待两类违法行为相同严重危害程度的案件进行处理时，对不同的当事人要一视同仁，不能因人而异。

违法必究，是指工商行政管理机关在适用工商行政管理法规的过程中，对于所出现的违反法律、法规的行为应当坚决予以抵制，对于其中具有一定的社会危害性但尚未构成犯罪的一般违法行为需要追究行政责任，而对具有严重的社会危害性而被刑法规定为犯罪的行为，依法移送有关的机关进行侦查、起诉、审判，进而追究实施了犯罪行为的人的刑事责任。只要有违法行为的存在，就会对市场经济秩序造成严重的破坏，工商行政管理机关在依法进行行政管理时应该对这类违法行为进行必要的处罚。

3）工商行政管理法规的实施监督

工商行政管理法规的实施监督，是指工商行政管理机关及其上级机关和相关的司法机关对工商行政管理法规的执行过程和执行情况所进行的监督。它包括两层含义：一是指工商行政管理机关及其工作人员，在对市场经济活动进行监督检查过程中，遇到难以用执法手段解决的问题，转由司法机关处理以及在执法过程中遇到的行政复议和行政诉讼问题，也要依靠司法机关来协助；二是指工商行政管理机关和工作人员的执法活动也要受到相应的监督。这种监督来自上级机关、专门的授权机关和人民群众。它是解决以权谋私、滥用权力的有力措施，是保证执法严肃性，保证有法必依、执法必严的后盾。

守法、执法、司法是工商行政管理法规实施过程的三个有机环节。三个环节中守法是基础，执法是关键，司法是保证。切实做到有法可依、有法必依、执法必严、违法必究，不仅是社会主义法治建设的要求，同时也是对我国发展社会主义市场经济，依法进行工商行政管理的法规建设在立法上和司法上提出的要求。

复习思考题

1. 工商行政管理法规具有哪些特征？
2. 工商行政管理法规制定的权限如何？
3. 法律规范的制定程序是什么？
4. 法规之间发生冲突应如何解决？
5. 对工商行政管理法规的实施如何进行监督？

第 **5** 章

行政领导方法与领导艺术

学习目标

　　掌握行政领导的含义及特征；了解行政领导的重要意义；掌握行政领导者的基本素质；熟悉行政领导者的职权及责任；掌握行政领导的方法和艺术。

5.1　行政领导的含义与特点

5.1.1　领导的含义及特点

1）领导的含义

领导是一个多义词，既可以是名词，也可以是动词。作为名词的领导，是指领导者；作为动词的领导，是指领导活动。在复杂的社会现象中，"领导"是令人瞩目的一类现象。人们在参与社会活动的过程中，不是领导他人，就是在他人的领导下实施某种行为。正是由于它的复杂性，对于领导含义的理解也是五花八门，莫衷一是。据美国学者统计，关于领导的定义达 350 多种，但归结起来，主要有以下几种观点：

（1）领导是领导者借助由权力和人格支撑的影响力，去指导下属成就预期目标的行动过程；

（2）领导是在领导者与被领导者的互动过程中共同实现双方追求目标的特殊行动；

（3）领导是领导者在一定的环境下，对被领导者进行统御和指引的行为过程；

（4）领导是指导群体成员的行动以实现共同目标的行为。很显然，上述定义都不同程度地揭示了领导的特质，但不能够帮助人们全面地把握领导的含义。

我们认为，领导就是组织中具有权威的个人或集体，在特定的结构中通过有效的途径，带领和引导组织成员实现既定目标的行为过程。

2）领导的特点

（1）领导是一个由领导者、被领导者、环境三个要素构成的社会组织系统。领导者是在一定的组织系统中，居于控制地位的担负决策、指挥、协调职能的个人或集体。被领导者就是遵照领导者的决策和意图，为实现领导目标，从事具体实践活动的个人和集团。领导者与被领导者共同构成了领导活动的主体，其中，领导者处于主导的地位，是领导行为过程的核心；被领导者是领导者的追随者，其积极性、创造性是实现组织目标的关键；环境是独立于领导活动主体之外、对领导活动产生影响的各种外部因素的总和。这三个要素缺一不可，它们相互结合，才能构成有效的领导活动。

（2）领导是在一定的社会结构中展开的动态的行为过程。从领导的过程看，政治、经济、社会、文化等各个领域的领导，都是在一定组织结构中展开的一种特殊活动。领导者是这一结构的中心角色，其核心功能就是通过统御和指引被领导者实现既定目标。

（3）领导是高层次的社会管理活动。从领导的本质看，领导是领导者对被领导者的统御和指引，领导者通过决策、指挥、控制和协调行为，带领被领导者实现预定目标。一般而言，领导活动主要表现为对方针性、原则性重大问题的宏观管理；

换言之，领导不同于一般意义上的管理，而是一种能影响别人去实现预定目标的高层次的管理活动。

5.1.2　行政领导的含义及特点

1）行政领导的含义

行政领导是指在行政组织中，经选举或任命而享有法定权威的领导者，依法行使行政权力，为实现一定的行政目标所进行的组织、管理、决策、指挥等的社会活动。

在我国，行政领导主要是指国家行政机关即各级政府的领导者，依法行使国家行政权力，组织和管理政治、经济、文化、教育、卫生、体育等诸项行政事务，进行决策、指挥、协调、监督、检查等行政活动。行政领导作为国家机器运行的核心部分，在整个国家管理活动中处于极为重要的地位：它贯穿于行政管理的全过程，是行政管理成败的关键，是行政管理协调统一的钥匙。可以说，行政领导水平的优劣、行政领导效率的高低，都直接影响国家各项事业的发展，关系国家的前途和命运。

2）行政领导的特点

行政领导是国家行政管理活动中的领导活动，它具有一般意义上的领导的属性，同时又有其自身的特点。具体而言，行政领导的特点包括以下几个方面：

（1）广泛性

行政领导是国家行政机关在国家的行政管理过程中推行国家政令、实施行政法律规范的行为，国家行政管理所涉及的内容非常广泛，因而也就决定了行政领导内容的广泛性。从我国现阶段的实践来看，行政领导不仅涉及工商、税务、文化、卫生、城建、交通等众多领域，而且还涉及教育、科技、农业、林业、渔业等诸多行业。随着在新的历史条件下依法治国方略的全面推进和日益发展，整个社会生活都将纳入法治的轨道，行政领导所涉及的内容将更加广泛。

（2）权威性

行政领导是依据宪法和法律，运用国家赋予的权力来组织和管理国家事务和社会公共事务，是贯彻、执行国家意志的行为过程，因而它必然具有国家意志的拘束力和法律规范的执行力，具有极大的权威性。在行政管理活动中，行政管理对象对行政机关及其公务人员的行政行为都有服从的义务，否则就会受到行政处罚或行政强制。

（3）执行性

在我国，行政机关是国家权力机关的执行机关，行政领导活动实际就是行政机关贯彻执行国家权力机关制定的法律和其他规范性法律文件的过程。对于行政领导来说，它与权力机关的关系首要的是按照权力机关的意志，依法行政，使国家经济、政治、文化、社会公共事务等依法进行、有序运作。

（4）统一性

行政机关是一个复杂的系统，是整个国家机器中纵向、横向分布最广泛、最重要的机构。为确保行政机关全面地贯彻执行权力机关的意志，保证各级行政机关行政活动的协调，就需要行政领导的统一意志和统一指挥。也就是说，行政领导活动必须具有高度的统一性，统一政令、统一行动。随着社会的发展和科技的进步，行政机关的管理职能不断强化，行政机构日益庞大，日常事务日趋复杂，统一意志和统一指挥的行政领导就有了日益突出的必要性和重要性。

（5）效率性

由于行政领导要处理较多急迫的问题，如果拖延耽搁，就会给国家利益、社会公共利益或行政管理对象的合法权益造成重大损害，因此在行政领导活动的实施过程中，要强调迅速、简便、快捷。行政领导同样要追求公正，坚持公正、公平、公开原则，但总体上更注重效率，时间和效率的有机统一所体现的时效性，是衡量现代国家行政领导水准的一项基本指标。

5.1.3　行政领导的重要意义

行政领导作为贯彻执行国家意志的有效手段和实施法律规范的一种基本方式，其重要意义主要表现为以下三个方面：

1）行政领导是实现国家行政管理职能的重要方式

国家行政管理的目的是实现国家的政治统治和社会管理。古今中外任何一个国家的政治统治和社会管理，都必然是也只能是通过行政管理才能得以实现，而现代民主国家的行政管理就是为公众服务。在实现国家行政管理的过程中，行政领导占有十分重要的地位。这是因为，行政领导贯穿于行政管理的全过程，其正确与否关系行政管理的成败。可以说，一切行政管理和服务，都必须通过行政领导这一基本方式才能具体而有效地作用于管理对象和国计民生；没有了行政领导，国家行政管理就没有了具体的措施和有效手段，就不能实现国家的行政管理职能。

2）行政领导是实施国家法律、法规的主要途径

现代社会是法治社会，现代国家应是法治国家。在我国，随着改革开放和社会主义市场经济的发展，政治、经济和社会生活的各个方面都发生了一系列深刻的变化。这些变化引起的权力和利益格局变动，必须用法律来加以规范和调整。而在一个法治国家中，全部的社会生活和整个的国家管理都必然纳入法治的轨道，因而也就必然要求数量众多的法律、法规得到贯彻执行。从当今世界法治国家的实际状况来看，普遍视依法行政为依法治国的核心构件，所以在国家的法律体系中行政法律规范的比重都占到了80%以上。这就必然给行政领导赋予重任，即从实施、适用国家法律、法规的执法环节来说，行政领导由于其涉及面广、量大，因而在整个国家执法领域占有相当重要的地位。简言之，行政领导是实施国家法律、法规的主要途径。

3）行政领导是行政管理活动协调统一的保证

行政领导是行政管理活动的决策者、组织者和推动者，其在整个行政管理活动过程中居于核心和主导地位。在行政管理过程中，通过行政领导的有效统合、驾

驭，做到科学、合理地配置权力，建立健全决策权、执行权、监督权既相互制约又相互协调的权力结构，形成结构合理、程序严谨、制约有效的权力运行机制，从而使组织成员的意志服从于统一的意志，使行政人员的行动服从于统一的指挥，确保行政活动协调和统一，保证行政目标的顺利实现。

5.2　行政领导者的职位、职权和责任

5.2.1　行政领导者的含义

行政领导者是指从事公共管理的政府部门及非政府公共机构中依法担任领导职务、行使法定领导权力并负有相应领导责任的个人和集体，其中主要是政府部门的领导者。行政领导者和一般行政工作人员的主要区别在于，行政领导者依法担任公共行政组织中正式的负责职务，具有相应的职责和权力。

行政领导和行政领导者是两个不同的概念。行政领导是指引和影响个体、群体或组织来实现所期望目标的各种活动过程，其表现的是一种关系、一个过程，而行政领导者是指担任某项职务，扮演某种领导角色，并实现领导过程的人。

在行政管理活动中，行政领导者要获得计划、组织、指挥、协调、控制、监督的权威性和影响力，必须依靠合法的授权。换言之，行政领导者成为领导者，须具备基本的角色规定性，即行政领导者的职位、职权和职责。

5.2.2　行政领导者的素质

1) 行政领导者的素质的含义

行政领导者的素质，是指行政领导者以先天素质为前提和基础，通过学习和实践锻炼而形成的符合领导岗位需求的素养、品质和能力的总称。

良好的领导素质是行政领导者正确决策的前提，是提高领导工作效率的基础，是充分发挥领导者影响力的保障。在现代，处于领导工作核心位置的行政领导者，唯有具备较高的素质，才能保证整个组织成员同心协力地实现组织目标。提高行政领导者的素质，对于胜任岗位要求，有效地履行决策和指挥职能，全面地完成领导任务具有决定性作用。

2) 行政领导者的素质的基本内容

(1) 政治素质

政治素质是行政领导者的灵魂，是第一敏感和重要的素质。对于一名合格的行政领导者而言，必须在政治素质方面达到如下要求：一要有坚定的政治信仰，集中体现在对政治理论、政治理想和政治目标的信奉、敬仰与追求上；二要有坚定的政治立场，主要表现为观察事物和处理问题的坚定政治立场和鲜明的政治态度；三要有高度的政治敏锐性和政治鉴别力，即具有在政治上见微知著的眼光和在政治上辨别是非的能力；四要有高度的政治责任感，主要表现为行政领导者在复杂的工作环

境中忠于职守、廉洁奉公、对工作高度负责的态度。

（2）道德素质

道德素质是行政领导者在一系列道德行为和意识中所表现出来的相对稳定的心理特征和行为取向。作为行政领导者，其道德素质应满足如下要求：一要有大公无私、为民谋利的情操；二要有秉公办事、洁身自好的职业操守；三要有豁达大度、兼容并包的胸怀；四要有严于律己的自省精神；五要有求真务实的工作态度。

（3）能力素质

能力是知识和素质的综合体现。行政领导是一种综合实践活动，对于能力素质有较高的要求。行政领导者的能力素质主要表现为以下几种能力：一是决策能力，即行政领导者面临问题和机遇，及时准确地进行分析、判断，并作出科学决断的能力；二是谋划能力，是指行政领导者通过分析与综合、归纳与演绎、判断与推理，揭示事物的本质特征进而谋划组织目标的能力；三是协调能力，是指行政领导者围绕具体工作任务，妥善处理和协调与上级领导、下属的关系，对人、财、物等资源进行合理配置，保证工作顺利完成的能力；四是创新能力，是指行政领导者形成新思路、提出新的工作方案的能力；五是应变能力，是指行政领导者面对突发情况迅速作出反应，采取有效措施应对、处理的能力；六是任人能力，是指行政领导者正确地辨识人才、合理地使用人才的能力。

（4）知识素质

行政领导工作是全方位、综合性极强的社会性活动，行政领导者必须掌握广博的科学文化知识，具有丰富的实践经验。作为行政领导者，应该具备以下知识素质：一要有比较扎实的基础知识，掌握必要的自然科学、社会科学和人文科学知识；二要有较强的法治观念和丰富的法学知识，要知法、懂法、守法，真正做到依法行政；三要有较扎实的领导科学和管理科学知识，既要熟悉领导科学、懂得领导工作要旨，又要掌握领导方法和艺术，善于科学决策、民主管理；四要有比较广博的科学技术知识，对科学技术发展的基本趋势应时跟踪了解；五要有较丰富的经济学和社会学知识，了解经济活动和各种社会活动的基本过程，以从容地应对各项工作任务。

5.2.3　行政领导者的职位

1）行政领导者的职位的含义

行政领导者的职位是指国家权力机关或国家人事行政部门根据法律与行政法规，依照法定程序选择或任命行政领导者担任的职务和赋予其应履行的责任。职务和责任是构成行政领导者职位的两个不可缺少的要素。只有担任了某一职务，才负有与其相应行政部门的工作指挥与统御权，而担任某一行政领导职位的人，就负有对该组织的领导责任。

在现代社会中，作为行政部门的合法领导者，他不可能依靠自我标榜而获得统御权力，他必须有法定的权力来源与法定的权威保障。一般来说，行政领导者职位的获取大致有以下几种合法路径：其一是选举制，即行政领导者由被领导者或被领导者的代表选举产生的制度。选举的方式有投票、民意测验、意向选举等。它可以在机关内部进行，也可以在社会中进行。这种制度一般能代表民意，选举结果也有较强的公正性和权威性。其二是委任制，即行政领导者由上级领导者或上级行政机关根据个人或者少数人的意志和标准任命产生的制度。委任制是世界各国普遍使用的、历史最悠久的传统选拔方式。委任制的具体方式有两种：一种是行政首长的直接任命；另一种是由一级行政首长提名，然后报请再上一级行政首长或领导机关审批。目前，世界各国政府机关以第二种方式委任的居多，其优点是权力集中，责任明确，用人与治事相结合，行动迅速统一。其三是考任制，即行政领导者由专门的机构根据统一的、客观的标准通过考试择优产生的制度。考任制的优点在于通过严格科学的考试可以在竞争的基础上，公正、客观地评定人才，鉴别人才的优劣，防止用人上的不正之风。经由上述路径，行政领导者职位的获取就有了制度上的权威性支持与保障。这种权威保障，直接地与他的领导职位是合法授予的联系在一起的，可以说，这是一个行政领导者开展工作的首要条件。

行政领导者的职位是其实施行政领导活动的基础，没有一定行政职位的人就不能成为行政领导者，同时也不能行使行政领导职权，也不负行政领导责任。行政职位的高与低决定了其行政领导所掌握的行政职权、工作范围、工作量及其所负责任的大小。

2）行政领导者的职位的特点

行政领导者的职位有以下三个特点：

（1）行政领导者的职位是紧紧围绕领导事务这一行政领导核心环节而确定下来的。这一特点决定了行政领导者必须善于根据事务的性质、范围、内容识别各种领导事务的轻重缓急，必须以处理各种事务的高效率来完成工作任务。

（2）行政领导者的职位的设置体现了精简原则。精简和效能是现代国家对行政管理活动的普遍追求，是一切权力源自人民、服务于人民的内在要求。由此，在行政领导者的职位的设置上，要严格按照规则办事，避免因人设职，防止职位虚设，反对官僚特权，以保障国家机构的精简和效能。

（3）行政领导者的职位本身具有相对的稳定性。一方面，行政领导者职位具有法定性，既不能随意增设，也不能随意废除；另一方面，行政领导者的职位具有确定性，即行政领导的实际担当人与行政领导者所居的职位之间并非同一，而是可以分离的，换言之，某一职位上的行政领导者担任职务与责任的时间长短、主要次要，对职位本身不构成影响。

5.2.4　行政领导者的职权

1）行政领导者的职权的含义

行政领导者的职权是指行政领导者基于其担任的职位而获取的具有法律效力的权力。

行政领导者的职位是一种权力实施的名位基础，但权力的落实，还得有与这种基础相匹配的法定权威支撑。而行政领导者的职权，作为法定的与行政领导者的职位相当的领导权力，就是行政领导者实施行政领导活动的实质性要件。行政领导者的职权不仅意味着行政领导者具有从事一定行为的可能性，而且意味着必须从事这一行为，否则就构成失职。因此，职权对行政领导者来说，既是他们的权利，又是他们的义务，职权是权利与义务的共同表现。

职权法定是赋予行政领导者职权所必须遵守的基本原则，这一原则的具体要求是：第一，职权须依照法定程序被授予或收回，任何人不得私自处理；第二，职权与个人因素无关，无论何人获得行政领导者的职权，其权力的内容和边界都是一样的；第三，行政领导者的职权须在法定的限度内行使。

2）行政领导者职权的范围

行政领导者职权的范围是根据行政机关职能分工的不同，由国家对其权力作出的一种划分。一般来说行政领导者的职权包括决策权、组织权、指挥权和监督权等。

（1）决策权。决策权是行政领导者根据预定目标作出行动决定的权力。决策权是行政领导者最基本、最重要的一项领导职权。领导就是决策，领导工作的过程就是不断地制定决策和实施决策。领导者与管理者的根本差异，就在于领导者拥有决策权，而管理者的主要职责是执行领导者的决策。一般来说，行政领导者的职位越高，决策的影响范围就越大。行政领导者职权中的一部分是可以授予下属的，但是决策权只能由行政领导者自己享有。

（2）组织权。组织权是指行政领导者根据工作需要，对机构设置、权责分配和人员分工等作出安排的权力。行政领导者运用组织权，可以进行组织机构的调整和改革，进行工作职能的分解和分配，按规定程序录用、解聘工作人员等。一个行政机关能否全面履行其社会职能，同组织权的合理运用有着直接的关系。

（3）指挥权。指挥权是指行政领导者调动、指挥被领导者从事各种活动和完成特定任务的权力。例如，当有突发公共事件时，行政领导者为避免公众恐慌、实现社会稳定，就需要通过运用指挥权协调下属和社会公众的行为，从而有效控制局面。

（4）监督权。监督权是行政领导者根据组织目标和既定决策所规定的目标、任务，对下属的工作进行监督检查的权力。行政领导者的监督权包括决策前的事前监督、确保目标实现的日常监督和审查决策执行情况的事后监督。行政领导者运用监督权能够及时查明和纠正各种可能产生的偏差，从而保证领导活动达到预期目标。

3）行政领导者职权与职位的关系

行政领导者的职权与职位有着极为密切的关系：一方面，职权与职位相互依存，职权由职位派生出来，职位的性质决定职权的性质，职权是与职位对称的，职权的大小与职位的高低、责任的轻重相适应；另一方面，从职权的范围来看，行政职权是有限度的权力，它由国家权力机关因行政管理分工的不同而进行功能性划分，并由国家依据这种划分作出授予，被授予者需对权力有明确的认知，从而掌好权、用好权。

5.2.5 行政领导者的责任

1）行政领导者的责任的含义

行政领导者的责任是指行政领导者在国家行政机关中基于其职位而承担的工作任务及应负有的责任。

根据权责统一原则，在一定岗位上拥有一定权力的领导者就必然要承担与其权力相对应的领导责任，做好分内应做的事，担负起与权力相当的成败荣辱的个人重担。

2）行政领导者的责任的内容

行政领导者的责任有多方面的内容。具体而言，行政领导者的责任由政治、工作、法律三个层面构成。

政治责任是指行政领导者依照权力机构的要求行使权力、实施领导活动后造成的客观社会影响。这种影响，从具体方面看，包括社会各界根据行政领导者的工作成效，对其素质、能力和个人综合状况的评估。

工作责任是指行政领导者的岗位责任与领导责任。岗位责任是指行政领导者担任某一职务所应承担的义务以及对成败的个人担当；领导责任是指行政领导者对其组织、决策、指挥、监督等工作环节成败的担当。

法律责任是指行政领导者在行政管理活动过程中因违反法律规范所应承担的法律后果或应负的责任。

5.3 行政领导方法

5.3.1 行政领导方法释义

行政领导方法是行政领导者在特定的领导理论指导下和特定的领导环境中为实现特定领导目标、履行领导职能而采取的一系列手段、对策、举措的总和。

行政领导方法是行政领导者思想方法和工作方法的具体运用。其中，思想方法是行政领导者在实施行政领导活动过程中，用来观察、研究问题的思维方式，它所要解决的是"怎么想"的问题；工作方法是指行政领导者为实现组织目标而采取的手段、办法和程序的总和，它所要解决的是"怎么做"的问题。

"工欲善其事，必先利其器"。正确的行政领导方法是行政领导者审时度势、科学决策、从容指挥、妥善协调，进而圆满完成工作任务的"利器"。有了正确的行政领导方法，行政领导者才能运筹帷幄、事半功倍，顺利地到达成功的彼岸。反之，如果没有找到正确的方法或者方法选择失当，行政领导者的工作必然被动，甚至可能一败涂地。

5.3.2　行政领导方法的分类

行政领导方法可以从不同的角度、按照不同的原则进行分类，归结起来，主要有：

（1）按照地位或层次，行政领导方法可以分为战略性领导方法和策略性领导方法。战略性领导方法是行政领导者为实现全局性、整体性、长远性战略目标所运用的领导方法；策略性领导方法是行政领导者为实现局部性、短期性、战术性目标而运用的领导方法。

（2）按照覆盖或作用范围，行政领导方法可以分为基本领导方法和具体领导方法。基本领导方法是指具有普遍适用性的发现问题、解决问题的方法；具体领导方法是指适用于行政领导者完成各个方面、各个领域工作任务的具体的可操作的方法。

（3）按照具体内容或工作环节，行政领导方法可以分为调查研究方法、形势分析方法、科学决策方法、激励方法、关系协调方法、监督反馈方法、绩效考核方法等。

（4）按照作用领域，行政领导方法可以分为政治领导方法、经济领导方法、科学技术领导方法等。

5.3.3　基本领导方法

基本领导方法是行政领导者世界观、方法论的体现，是从各种具体领导方法中概括出来的具有普遍意义的认识问题和处理问题的方法。一般来说，基本领导方法主要有以下几种：

（1）调查研究的方法。调查研究的方法是指行政领导者通过观察、问询等方式了解认识对象并对获取的事实资料进行思维加工引出结论所运用的各种方法。实际上，它是行政领导者认识事物、掌握实际情况和真实信息的一个方法群，具体分为两大部分：第一部分为调查方法，即典型调查、统计调查、试点调查、重点调查、全面调查、抽样调查、个别调查、文献调查、会议调查、民意测验等；第二部分为分析研究方法，即系统研究、概率研究、定性定量研究、动态研究、综合分析研究、对比分析法、统计分析法、文件分析法、历史分析法、平衡法等。调查研究的方法是贯彻实事求是方法论原则和运用基本领导方法完成工作任务的首选方法，决定着其他领导方法的客观性和有效性，在行政领导工作中具有先决性地位和基础作用。

（2）一般号召与个别指导相结合的方法。所谓一般号召，就是将行政领导者的决策、方案意见、工作计划向社会公众做广泛宣讲，使公众知悉行政领导者想做什么、为什么这么做及怎样去做。所谓个别领导，就是行政领导者深入一个或几个工作单元，亲自了解情况，听取群众意见，从而具体解决实际问题。任何工作任务，如果没有一般的普遍的号召，就不能动员广大群众行动起来；但如果只限于一般号召，而行政领导者没有具体地、直接地将所号召的工作深入实施，就无法验证自己所提出的一般号召是否正确，也无法充实一般号召的内容，有使一般号召落空的危险。

（3）行政领导者与群众相结合的方法。它是指行政领导者将领导意图与广大群众要求相结合，妥善处理领导者与被领导者之间关系的领导方法。行政领导者与群众结合通常包括三个步骤：一是深入群众，在群众中进行细致的调查，收集群众意见；二是对群众意见进行加工，形成领导决策；三是发动群众执行决策，并根据执行结果对决策进行修改、充实和完善。行政领导者与群众相结合的方法，要求行政领导者正确处理个人利益与国家和群众利益的关系，始终把国家和群众利益放在第一位，切实为群众解决实际问题。

5.3.4　具体领导方法

（1）系统论方法。系统论方法是在唯物辩证法指导下，从行政领导活动的一定目的性和功能优化的控制要求出发，按照事物的系统性将对象放在系统形式中加以考察。这种领导方法要求行政领导者注重从整体与要素、要素与要素的相互联系、相互作用的关系中把握对象，实施行政领导活动。系统论方法的基本原则是整体性原则、相关性原则、结构性原则、层次性原则和动态性原则。行政领导者要辩证、灵活地将这些原则运用于行政领导工作之中，才能应对各种复杂局面，处理各种复杂问题。

（2）信息论方法。信息论方法就是运用信息论的观点，将领导活动视为一个信息系统，借助于信息的获取、传递、加工处理和反馈而实现工作目标的一种领导方法。一般来说，信息论方法包括如下几个相互联系的环节：信息输入、信息加工、信息输出、信息反馈。信息论方法为完成行政领导工作提供了重要基础和先进手段。行政领导者在运用信息论方法时，要遵循信息工作的基本要求，即敏锐、迅速、及时、准确；同时，要充分重视信息在行政领导工作中的基础地位，在领导实践中逐步完善信息工作系统。

（3）控制论方法。控制论方法的主要依据是信息反馈原理，即由控制系统输送出去的信息，作用于被控对象以后，将产生的结果再输送回来，并对信息的再输出发生影响。在行政领导活动中运用控制论方法，要求行政领导者从领导对象发展的各种可能性中选择某种状态作为目标，并通过对领导对象施加主动的、积极的影响，使领导对象沿着既定的目标发展。

（4）现代定量分析方法。现代定量分析方法就是根据调查研究、资料收集以及预测所获得的信息情报，运用运筹学、统计学、数学、计量经济学、系统工程理论等学科的理论和方法，建立实施行政领导活动的数学模型，然后借助计算机技术等手段进行大量的计算来求得解决方案及各种预期目标方法的总称。在现代市场经济条件下，由于客观事物的运动和变化以及它们之间的相互关系反映为各种数量特征与数量关系，而简单的统计计量不能满足实际需要，因此，行政领导者要善于运用定量分析的方法，做到胸中有"数"。

（5）专家会议决策法（集团头脑风暴法）。专家会议决策法是指依靠一定数量的专家的创造性思维对决策、未来的发展趋势及其状况作出集体判断的决策方法。鉴于社会的发展以及领导决策的复杂性，任何一个行政领导者仅凭自身的知识、经验、能力和智慧已经无法适应决策发展的需要。专家会议决策法通过集体研讨、相互启发进行决策，因而决策效果要比单人决策或几个人的单独决策的效果要好。专家会议决策法分为两种：一是直接头脑风暴法，是人们可以自由发表意见的一种会议形式，与会者可以无拘无束地思考问题，随心所欲地发表自己的意见或看法，而无需任何顾虑，最后把与会者的意见和看法综合后进行决策。二是质疑头脑风暴法，是指经直接头脑风暴法的会议形式，形成系统化的预备决策后，再召开第二次会议，要求与会者对这个已经系统化的设想进行质疑，然后将两次会议情况综合后进行决策。

（6）目标领导法。目标领导法就是使管理活动围绕和服务于目标中心，以分解和执行目标为手段，以圆满实现目标为宗旨的一种领导方法。其目的是将组织的整体目标逐级转化为下属单位和个人的子目标，形成一个完整的目标考评体系，以此来提高领导实效。目标领导法的核心在于：行政领导者应确保目标的导向功能，善于将目标贯穿整个领导活动过程，使组织目标与实现个人价值相结合。

5.4　行政领导艺术

5.4.1　行政领导艺术的含义

行政领导艺术是行政领导者为了有效地实现领导目标而创造性地发挥领导技能、实施有效领导的高超手段与方法。

行政领导艺术体现行政领导者驾驭领导工作的才能，是行政领导者的学识、经验、智慧、胆略、气质、品格、能力和创造性思维等多种因素的综合体现，是行政领导者智慧的体现和升华。

行政领导艺术与行政领导方法既有联系又有区别。从联系来看，行政领导艺术以行政领导方法为前提，需要通过行政领导方法来展现，是对行政领导方法的创造性运用。实际上，当行政领导者能够自如、巧妙地运用行政领导方法，达到出神入化的境界时，行政领导方法就已跃升为行政领导艺术了。从区别来看，行政领导艺术不能简单地等同于行政领导方法：行政领导方法具有比较固定的模式、比较稳定的程序可以遵循，而行政领导艺术则没有固定的模式，而是表现为行政领导者根据客观条件灵活机动处理问题的技巧；行政领导方法可以重复使用，不同的行政领导者、不同的工作任务可以采用某些同样的行政领导方法，行政领导艺术则通常因人而异、因事而异，具有明显的个性化特征；行政领导者掌握领导方法不等于掌握了领导艺术，从行政领导方法的运用到行政领导艺术的展现是一种质的飞跃。

5.4.2　行政领导艺术的特征

行政领导艺术具有科学性、综合性、创造性、权变性、个体差异性等特征，正确认识这些特征，是把握行政领导艺术的关键。

1）科学性

行政领导艺术是建立在领导科学的一般原理、原则和方法的基础之上的；运用领导艺术，是对人们在行政领导工作中符合实际要求、经得起实践检验的先进经验的科学总结与概括，这是领导艺术区别于权术的根本标志。行政领导艺术是对古今中外杰出领导者丰富经验的科学总结，具有鲜明的科学性，而权术则是与科学无任何关联、违反客观规律的庸俗伎俩，它与行政领导艺术的区别有如云泥。

2）综合性

行政领导者必然要应对复杂的人际问题，而其工作的范围涉及思想领域、社会领域、自然领域等诸多方面，因此，行政领导者在从容应对如此广泛、复杂问题时，必须具备广博的知识、丰富的经验，必然是其智慧、经验、胆略、能力等多种素质的综合体现。此即行政领导艺术的综合性特征。

3）创造性

这是行政领导艺术最为突出的特征。既然是一种艺术，当然应该体现行政领导者创造性地实施领导活动、落实工作任务的技巧与能力。行政领导艺术往往表现为它的原创性，是前无古人的经验与方法。创造性是行政领导艺术的灵魂和生命，缺失了创新的动力，没有了敢为天下先的进取精神，就不能产生领导艺术。

4）权变性

行政领导艺术并非一成不变，它无固定模式，完全因人、因事、因时、因地而异。具有高超领导艺术的行政领导者，面对纷繁复杂的局面，能够审时度势，视时间、空间、工作对象、工作内容等具体情况而机智应对，形成独特思路，找到打开工作局面、顺利完成工作任务的最佳方略。也就是说，行政领导艺术是一种变动不居的东西，是非规范的，只有用权变的理论才能理解和驾驭它。

5）个体差异性

行政领导艺术具有突出的个性化特征，是行政领导者知识、经验、胆略、气质、才能、品格、性格等个体素养的综合体现。唯有个性才谈得上艺术，没有个人的特色也就没有领导艺术，可以说，行政领导者的个人特性塑造了他独特的领导艺术风格。

5.4.3　行政领导艺术的内容

行政领导艺术是一个涵盖甚广的领域，具有丰富的内容和多样的表现形式；各种领导艺术之间相互作用、相互渗透，对于行政领导风格的形成以及行政领导成效的提升，发挥着举足轻重的作用。

1）统驭全局的艺术

统驭全局是指行政领导者要树立全局意识和全局观念，牢牢抓住那些影响全局的主要问题，进而确定工作目标、实施领导活动。在当代，行政领导所面对的事情越来越多，有待处理的问题越来越复杂，肩负的任务也越来越重。在这种形势下，行政领导者必须能放眼工作全局，站在全局的高度设计方案、指挥下属，正确地审时度势，把握组织发展的前进方向。可以说，统驭全局作为一种宏观领导艺术，在整个领导艺术体系中处于极为重要的位置，它是行政领导者争取工作主动权的一种重要领导艺术。作为行政领导者，如要掌握统驭全局的艺术，必须着力解决好以下几个问题：一是要着眼于未来，有明确全局的总体目标，以把握组织的发展方向；二是要牢固树立全局意识，以工作全局作为分析问题、解决问题的出发点和归宿；三是要正确分析全局所面临的形势，在此基础上抓住影响全局的主要问题，进而作出判断，形成工作方略。总之，行政领导者只有善于统驭全局，才能使自己的工作始终处于主动地位，立于不败之地。

2）授权的艺术

授权的艺术就是行政领导者为了摆脱事务性工作，发挥下属才干，而委授给下级一定任务，并使下级在一定的约束机制下放手工作的领导方法与艺术。授权有助于行政领导者从烦琐的事务性工作中解脱出来，拿出更多时间和精力进行战略性工作布局；同时，有利于调动下属的工作积极性和创造性，充分发挥下属的专长，做到人尽其才，从而有效弥补行政领导者的不足，提高领导工作质量。行政领导者在授权时，应坚持以下原则：一是明确授权范围、逐级授权的原则；二是授权而不放任、权责明确、权责相联的原则；三是知人善任、视能授权的原则。

3）待人的艺术

待人的艺术是指行政领导者如何发挥下级作用，取得同级配合和上级支持的艺术。在当今世界竞争日益激烈的情况下，任何单位、部门如欲在竞争中处于不败之地，都必须把握好用人、待人这一关键因素。可见，行政领导者如何提高待人的艺术，显得尤其重要。在待人艺术的修炼与提高过程中，行政领导者必须做到：一是要律己以严、待人以宽，这是待人艺术的基础；二是要知人善任、人尽其才，这是待人艺术的核心；三是要勤于沟通，妥善处理人际关系，善于化解矛盾，这是待人艺术的关键。

4）处事的艺术

处事艺术是行政领导者极为重要的艺术。作为一个行政领导者，应学会统筹兼顾、协调平衡、危机公关等理事艺术。在现实生活中，任何有成就的行政领导者，成功的关键都在于能从自己的工作背景出发，审时度势，灵活巧妙地应对各种复杂情况。作为行政领导者，其处事艺术的要领在于：一是要忠于职守，为自己当为之事、不为自己不当为之事；二是要依计划行事，强化决策程序，讲究工作效率；三是要善于抓大放小，集中精力抓好中心工作。

复习思考题

1.如何理解行政领导的含义及特点？

2.行政领导应具备哪些基本素质？

3.行政领导如何运用领导方法和领导艺术？

4.怎样做好一个符合时代要求的行政领导？

第6章

行政行为

学习目标

掌握行政行为的概念和特征；了解行政行为的分类及功能，掌握行政行为的效力；掌握行政处罚的特征和种类，了解行政处罚的设定权；掌握行政处罚的原则，特别是"一事不再罚"的原则；了解行政处罚程序，掌握行政强制的含义，了解行政强制执行的种类；掌握间接强制的内容，了解行政强制执行程序。

6.1　行政行为概述

6.1.1　行政行为的概念

行政行为是国际公认的行政法研究的专用名词，在行政法学中是行政法律行为的简称，与民事法律行为相区别。

由于学者们对行政行为的意义和范围存在着不同的看法，因而对行政行为的概念也存在着不同的理解与表述。其大致有以下几种：

（1）行政行为是指国家行政机关所实施的一切与行政管理有关的行为。它包括法律行为和事实行为。

（2）行政行为是指国家行政机关依法实施的一切产生行政法律效力的行为。

（3）行政行为是指国家行政机关采取的具体行政措施的行为，即指行政机关所为的具体的法律行为。

（4）行政行为是指行政机关在其职权范围内依法行使国家行政权，针对具体事项或特定人对外部采取的能产生法律效力的行为。

以上四种学说对行政行为的定义各有所侧重，其中，第二种学说是目前我国行政法学界较为通用的观点，虽然在表述上各有异同，但大致意义相似，本书以此定义。据此，行政行为的基本特点或要素是：

（1）主体要素。行政行为必须是国家行政机关的行为。社会团体，企事业单位所做的行为不能称为行政行为。但是在具体行政行为领域里，经法律、法规授权的组织，不管这一组织属于行政机关，企事业单位还是社会团体，在其授权范围内，都可以作出具体行政行为；行政机关委托的组织在委托的范围内也可以作出具体行政行为。

（2）职能要素。行政行为是行使行政职权，实施行政管理的行为。行政行为基于行政职权而产生，是行政职权的具体运用方式和方法。无行政职权的存在，即无行政行为。如果行政机关非行使国家行政权力时，则其所实施的行为不是行政行为，如行政机关购买办公用品或租用办公场所的行为即为一般民事行为。只有在行政主体为了实现国家行政管理职能而行使国家行政权力时所采取的行为才是行政行为。

（3）法律要素。行政主体的行为并不全部都是行政行为，只有行政机关依法作出的产生法律效果的行为才是行政行为。不能产生行政法律效果的单纯的报告、通知、调查、施工工程及其事实行为，都不是行政行为。在一般情况下，行政行为都应该依法作出。当然也有违法作出的，但以行政行为的形式作出的行为，不管合法还是违法，一旦作出，都将产生法律效力。行政行为的法律要素在于强调行政主体要为自己的行为承担法律责任。

6.1.2 行政行为的分类

根据不同的标准可以将行政行为做不同的分类：

1）**抽象行政行为和具体行政行为**

按行政行为的对象是否特定，可将行政行为分为抽象行政行为和具体行政行为，这是行政行为最重要的分类之一。

抽象行政行为又称制定行政法律规范的行为，是指特定的国家行政机关在行使行政权过程中，以不特定的人或事为对象，制定和发布普遍性行为规则的行为。它既包括行政立法，如国务院制定的行政法规，各部委制定的部门规章，省级人民政府、省会市政府及国务院批准的较大市政府制定的政府规章等，也包括其他规范性文件，即行政机关如一般市、县人民政府及其工作部门发布的其他具有普遍约束力的决定、命令。抽象行政行为还可能以非规范性文件表现出来，如行政主体发布的针对不特定人或事的通常一次性运用的决定、决议或通知等。抽象行政行为具有普遍的法律效力，是对未来发生约束力的、可以反复适用的行为，它起到约束具体行政行为的作用。

具体行政行为，是指行政机关在行使行政权过程中，针对特定人或特定事件作出影响相对方权益的具体决定和措施的行为。具体行政行为一般包括行政许可行为、行政确认行为、行政奖励行为、行政征收行为、行政给付行为、行政处罚行为、行政强制行为、行政裁决行为等。它主要体现为有书面形式的行政决定，如行政处罚决定书、行政许可证、行政强制执行书等，也有非书面形式行政决定，如口头警告、紧急措施等。

2）**羁束行政行为与自由裁量行政行为**

以行政行为受法律约束的程度为标准，可将行政行为分为羁束行政行为和自由裁量行政行为。羁束行政行为，是指法律、法规对行政行为的范围、条件、形式、程度、方法等都做了详细、明确而具体的规定，行政主体必须严格依据法律、法规的规定而作出行政行为。如征收税款只能按照法定的税种、税率计算税额加以征收，行政机关不能自由选择税种或自行确定税率。

自由裁量行政行为，是指法律、法规对行政行为的范围、条件、形式、程度和方法等未做详细、具体而明确的规定，行政主体可以在法律、法规规定的幅度或范围内或在符合立法目的和原则的前提下，根据具体情况自行选择、裁量所作出的行政行为。

3）**要式行政行为与非要式行政行为**

按行政行为是否必须具备一定的法定形式为标准，可将行政行为分为要式行政行为和非要式行政行为。

要式行政行为，是指必须具备一定的法定形式才能产生法律效力和后果的行政行为。例如，行政立法行为必须依法定程序进行，制定的法律规范必须具备法定的书面形式。

非要式行政行为，是指法律、法规未规定行为的具体方式或形式，行政主体可以自行选择和采用适当的方式或形式进行，并产生法律效力的行政行为。例如，在交通管理、治安管理等行政工作中，如果遇到紧急或危急情况，行政主体经常可以采取非要式的方式来作出行政行为。

4）依职权行政行为与依申请行政行为

依行为启动方式的不同，行政行为可分为依职权行政行为和依申请行政行为。

依职权行政行为，是指行政主体依法定职权主动实施而无须行政相对人申请启动的行政行为。此种行为又可以称为主动的行政行为或积极的行政行为。例如，税务机关依法对纳税义务人征收税款，公安机关依法对行政违法相对人进行治安处罚等。

依申请行政行为，是指行政机关必须根据行政相对人申请才能实施的行政行为。此种行为又称被动的行政行为或消极的行政行为。例如，工商行政管理机关颁发营业执照等，都是以行政相对人的申请为前提条件，即行政相对人的申请是行政行为开始的先行程序。

6.1.3 行政行为的功能

行政行为的功能，是指某种行政行为对行政相对人的权利、义务所产生的集体影响。行政行为的功能有以下几个方面：

1）设定权利和设定义务

设定权利，是指行政机关依法赋予相对一方当事人某种新的法律上的权利和利益。例如，授予某申请者律师资格的行为。

设定义务，是指通过行政机关的行政行为使行政相对人承担某种作为或不作为的义务。一般说来，设定作为义务的行政行为称为"命令"；设定不作为义务的行政行为称为"禁令"。如设定行政相对人应履行纳税义务或应履行向社会提供义务劳工等，都是对作为义务的设定；禁止从事法律不允许的行为，是对相对人设定不作为义务。例如，渔政机关将某水域划定为禁渔区，禁止捕捞等。

2）撤销权利和免除义务

撤销权利，是指行政机关依法剥夺行政相对人某种既得或已设定的权利或利益，如商标专用权的撤销、专利权的撤销等。

免除义务，是指由于某种情况的出现而对行政相对人原来承担的或本应承担的义务予以解除。一般来说，设定义务是针对一般情况而言的，而免除义务是针对特殊情况而为。例如，免除纳税人的纳税义务。

6.1.4 行政行为的效力

1）行政行为的生效要件

行政行为的生效要件就是行政行为能否产生法律效力的必要条件。符合生效要件的行为才能是产生法律效力的行政行为，否则，该行政行为就是无效的行政行为。

行政行为的种类很多，每一种行政行为都有一些特殊要求。但是行政行为有着必须遵守的共同条件。就行政行为生效的一般要件而言，其主要有以下几个方面：

（1）主体要件。主体要件是指作出行政行为的主体必须合法，只有具有主体资格的行政机关才能进行行政活动，其行为才具有法律效力。一切非行政机关、临时机构等，都无权作出行政行为。具备行政主体资格，是指行政机关的产生和存在都有合法的根据，主要包括：构成机关的人员产生于合法的选举或任命，机关的组织、职权、活动方式等均有法律的明确规定。

（2）职权要件。职权要件是指作出行政行为的行政机关，必须享有作出该行政行为的法定职权。作出不在该机关法定职权范围以内的行政行为，就是超越职权。法律确定了每一个行政机关的职责权限，行政机关仅于一定的事项范围内有代表国家行使行政权的权能，因此只能在自己的职权范围内活动。如进行治安管理处罚的必须是公安机关，其他机关无权处罚。

（3）内容要件。内容要件是指行政行为内容必须合法。制定行政规范的内容必须与法律、法规和上级行政规范的规定和精神相一致，不得抵触和超越。作出具体行政行为的，必须有法律、法规、规章和合法的其他规范性文件的依据。

（4）程序要件。程序是保证行政行为正当、合法的必要条件，行政行为必须按照法定程序进行才能合法成立。所谓程序，就是行政行为实施时所要经过的过程和步骤。任何行政行为都可具体为一定的程序。如公安机关进行"治安管理处罚"须经过传唤、询问、取证、作出裁决等程序。这些程序是公安机关实施治安处罚时必须遵守的程序。违反法定程序的行政行为同样是无效的行政行为。

2）行政行为的效力

行政行为的效力，是指行政行为一经作出，就具有以国家强制力为保障的拘束力。行政行为的效力由确定力、拘束力和执行力构成。

（1）行政行为的确定力是指行政行为一经作出，除非有重大、明显违法情形外，即发生法律效力，非以法定程序不得任意变更或撤销。它包括形式上的确定力和实质上的确定力。形式上的确定力是指行政行为告知或受领后一定期间内，相对一方当事人没有表示异议，或提起诉讼，请求撤销或变更，其期间过后即认为行政行为合法适当，确定生效，而不能变动。实质上的确定力是指行政行为正式生效后，其内容非依法律不能变更。就行政机关而言，不能再就行为的同一事项作出不同的决定。就相对一方当事人来说，也不能再就同一事项请求变更。

（2）行政行为的拘束力是指行政行为生效后所具有的约束、限制行政相对人的法律效力。行政主体作出的行政行为是具有国家意志性的行为，它一经作出即对相对人具有约束效力，相对人必须遵守并实际履行行政行为规定的义务，否则将引起相应的法律后果。行政行为成立后不仅对该行为的相对人具有拘束力，而且对行政主体本身及其他一切行政主体和行政工作人员亦具有相应的拘束力。行政行为成立后，无论是实施行为的行政机关，还是该行政机关的上级机关和下级机关，以及其他行政机关，在该行政行为未受合法撤销或变更之前，都要受其约束。

（3）行政行为的执行力是指行政行为成立后行政相对人必须实际履行行政行为确定的义务，如其拒绝履行或拖延履行，行政主体可依法采取必要手段，使行政行为的内容得以完全实现的效力。行政行为的执行力表现为自行执行力和强制执行力。自行执行力是指行政行为要求行政相对人自觉履行该行政行为确定的义务的法律效力。强制执行力是指在相对人拒绝履行或拖延履行行政行为确定的义务时行政主体依法采取强制措施或申请人民法院强制相对人履行该义务。

3）行政行为的无效、撤销、变更与消灭

（1）行政行为的无效。行政行为必须合法、适当，符合公共利益。无论是欠缺法律规定的要件，还是违反公共利益，行政行为都不能完全产生预期的效力。对于无效的行政行为，相对人没有必须服从的义务，并且请求权利救济可不受时效限制。我国目前尚未制定统一的行政程序法，对无效行政行为的条件和法律后果尚无统一的法律规定。从理论上说，在如下几种情形下行政行为无效：①行政行为具有特别重大且明显的违法情形；②行政主体不明确或明显超越相应行政主体职权的行政行为；③行政主体受胁迫作出行政行为；④行政行为的实施将导致犯罪；⑤没有可能实施的行政行为。

（2）行政行为的撤销。行政行为的撤销是指对已经发生效力的行政行为，发现其违法，由有权机关予以撤销，使行政行为向前向后均失去效力，视为行政行为自始至终不存在。行政行为的撤销以有溯及效力为原则，这是因为行政行为违反法律规定，就根本不应存在。假如某种行政行为因违法而侵害了相对一方当事人的财产或人身权利，不仅该行为向后失去效力，而且应对已造成的损害承担责任。但是，在某种特殊情况下，也可以自行政行为被撤销之时起，仅向后失去效力。行政行为的撤销通常需要具备下述理由之一：①行政越权；②行政侵权；③滥用权力；④不符合法定程序。

（3）行政行为的变更。行政行为的变更是指对已经发生效力的行政行为，发现其不当或根据实际情况的变化，改变其行为的内容或使行政行为部分失去效力，并作出新的规定。

（4）行政行为的消灭。行政行为的消灭是指行政行为所决定的具体事项停止其效力。行政行为的消灭产生于多种情况：①因制定新法规使某一具体行为失去其效力；②因行政行为所针对的对象不复存在而消灭；③因行政行为相对一方当事人的义务已充分履行完毕而消灭。

6.2　行政处罚

6.2.1　行政处罚的概念及特征

1）行政处罚的概念

行政处罚，是指行政机关依法对违反行政管理秩序的公民、法人或者其他组织，以减损权益或者增加义务的方式予以惩戒的行为。

2）行政处罚的特征

（1）行政处罚的主体是特定的行政主体。它包括三类：①特定的行政机关，即只有法律、法规或者规章明确授予行政处罚权的行政机关才能实施行政处罚，而不是具备行政机关性质的组织都享有行政处罚权。②法定授权的组织，即必须由法律、法规授予行政处罚权的非行政机关的组织，包括企业、事业单位和社会团体等。③行政委托的组织，即行政委托必须由行政机关在法律允许的前提下委托给符合法定条件的组织。

（2）行政处罚是针对有违反行政法律规范行为的行政相对人的制裁。行政处罚是对违反行政法律规范的行政相对人的人身自由、财产、名誉或其他权益的限制或剥夺，或者对其课以新的义务，体现了强烈的制裁性或惩戒性。正是由于行政处罚的强烈惩戒性，行政机关必须严格依照法定权限，根据法律、法规或规章规定的处罚适用条件和程序实施行政处罚。

（3）行政处罚的目的既是规范行政处罚的设定实施，保障和监督行政机关有效实施行政管理，维护公共利益和社会秩序，保护公民、法人和其他组织的合法权益，同时也是对违法者予以惩戒，使其以后不再犯。

（4）行政处罚是对于违反行政法律规范尚未构成犯罪的行政相对人的制裁。构成犯罪的，应当依法追究刑事责任，不得以行政处罚代替刑事处罚。

6.2.2 行政处罚的种类

按照最新修订的《中华人民共和国行政处罚法》（简称《行政处罚法》）对行政处罚的种类规定为六种，即警告、通报批评；罚款、没收违法所得、没收非法财物；暂扣许可证件、降低资质等级、吊销许可证件；限制开展生产经营活动、责令停业停产、责令关闭、限制从业；行政拘留；法律、行政法规规定的其他行政处罚。

1）警告、通报批评

警告、通报批评，也称申诫罚、精神罚或影响声誉罚，是指行政机关或法律、法规授权组织对违法者予以告诫和谴责、通报批评，通过对其名誉、荣誉和信誉等施加影响，引起精神上的警惕，使其不再违法的处罚形式。警告、通报批评不涉及行为人的财产权利、行为能力和人身自由，因而与其他种类的行政处罚相区别。警告、通报批评一般适用于情节比较轻微的违法行为，惩罚的程度比较轻。

2）罚款、没收违法所得、没收非法财物

罚款是一种典型的财产罚，指行政处罚主体依法强制对违反行政法规范的行为人在一定期限内向国家缴纳一定数额金钱的处罚方式。罚款的数额由具体行政法规范规定，一般是规定最高额和最低额，有时还规定加重和减轻的限额。行政机关只能在法定幅度内决定罚款数额，不能有任何超越。作出罚款决定的行政机关应当与收缴罚款的机构分离。依法当场收缴罚款的，必须出具统一收据，否则当事人有权拒绝缴纳罚款。罚款必须全部上缴国库。它是实践中比较常用的一种处罚形式。没收违法所得，是指特定的行政机关或法定的其他组织依法将违法行为人的违法所得收归国有的处罚形式。违法所得是指违法行为人从事非法经营等获得的利益。违法所得应全部收归国有。没收非法财物，是指行政机关将违反行政法律规范的行为人的违法工具、物品和违禁品等收归国有的处罚形式。非法财物，是指违法者用于从事违法活动的违法工具、物品和违禁品等。没收非法财物，必须依法上缴国库或按照法定方式予以处理，处罚机关不得私分、截留、随意毁损，通过非法途径低价处理，或者随意使用。

3）暂扣许可证件、降低资质等级、吊销许可证件

暂扣许可证件、降低资质等级、吊销许可证件亦称资格罚，是指特定行政机关或法定的其他组织依法暂扣、降低、扣留或撤销违法者从事某种活动的权利或资格的证书，降低、限制或剥夺其从事该活动的权利或资格的处罚形式。许可证和执照，是行政机关根据行政法律规范，依相对人的申请核发的准许相对人从事某种特定活动，享有某种资格的法律凭证。暂扣是指中止违法的持证者从事某种活动的权利或资格，待其改正违法行为或经过一段期限后，再发还许可证或者执照，恢复其某种权利或者资格。吊销则是禁止违法者从事某种活动，剥夺其某种权利或者撤销对其某种资格的确认。因为许可证或者执照直接关系行为人比较重要的人身权和财产权，对此暂扣、降级或吊销，特别是吊销，是对其从事某种活动权利、资格的限制或剥夺，因而是比较严厉的行政处罚，应当慎重对待。《行政处罚法》对降低资质等级、吊销许可证件规定了听证程序，有力地保护了相对人的合法权益。

4）限制开展生产经营活动、责令停产停业、责令关闭、限制从业

限制开展生产经营活动、责令停产停业、责令关闭、限制从业，又称行为罚，也称能力罚，是对违反行政法律规范的工商企业和工商个体户责令停止生产、停止营业的一种惩罚形式。责令停产停业只是在一定时期内限制或剥夺相对人的生产经营权，并未最终剥夺其从事生产经营的资格。一旦违法者在一定期限内及时纠正了违法行为，按期履行了法定义务，仍可继续从事曾被停止的生产经营活动，无须重新领取有关许可证和执照。以上行政处罚虽然其自身不直接涉及相对人的财产权，但是对其相对人的行为能力的限制间接造成的财产损失，往往远大于其他形式制裁，是一种非常严厉的处罚。所以一般说来，只有对较为严重的违法行为才能适用。适用停产停业的处罚形式，应该严格依法进行，防止行政机关的恣意性。《行政处罚法》对责令停产停业、责令关闭、限制从业规定了听证程序，这对于保护相对人合法权益，维护公共利益，促进经济发展均有重要意义。

5）行政拘留

行政拘留，亦称人身罚，又称治安拘留，是指公安机关限制违反治安管理秩序的行为人短期人身自由的处罚。人身权是宪法规定的公民各种权利得以存在的基础，人身权受到限制或剥夺，意味着其他任何权利都难以行使。因此，行政拘留是行政处罚中最为严厉的一种处罚，法律对人身罚的设定及实施都有严格的规定。人

身罚的设定权集中于全国人大及其常委会，其行使一般仅限于公安机关，以防止人身罚的滥用。

6）法律、行政法规规定的其他行政处罚

全国人大及其常委会和国务院在特殊情况下可以以法律、行政法规形式在上述处罚之外规定其他种类的行政处罚，以达到两个目的：一方面可以保留现行的法律、行政法规已经规定的其他处罚种类，如《中华人民共和国外国人出入境法》设定的"驱逐出境"，也是行政处罚；另一方面则是为以后的立法留有余地。值得注意的是，扩大处罚种类是难以避免的，但必须从严控制，除了法律和行政法规外，其他法律规范（如地方性法规和政府规章）都无权突破这六种处罚的规定。

6.2.3　行政处罚的设定

行政处罚的设定，是指有权设定行政处罚的国家机关自行创制行政处罚活动，也可以称之为创造性设定。这是一项立法性权利，涉及对公民、法人和其他组织人身权和财产权的限制或相关义务的设定，因此，设定行政处罚必须严格按照法律的规定或基于法律的授权进行。为了避免出现设定权的冲突和矛盾，解决好中央和地方的关系、权力机关和行政机关的关系，保证国家行政权的统一性和权威性，有必要从立法上对行政处罚的设定作出统一规定。

1）法律的行政处罚设定权

2017年修订的《行政处罚法》第十条规定："法律可以设定各种行政处罚。限制人身自由的行政处罚，只能由法律设定。"这里的法律是指全国人大及其常委会制定的规范性文件。全国人大及其常委会的行政处罚设定权十分广泛，可以设定包括限制人身自由的处罚在内的各种行政处罚。人身自由是宪法所保护的公民最为重要的一项基本权利，因而，为了避免随意，其限定必须由法律规定。

2）行政法规的行政处罚设定权

《行政处罚法》第十一条规定："行政法规可以设定除限制人身自由以外的行政处罚。法律对违法行为已经作出行政处罚规定，行政法规需要作出具体规定的，必须在法律规定的给予行政处罚的行为、种类和幅度内规定。"这一规定表明，行政法规能够创设一定范围的行政处罚，还能够对法律已经设定的行政处罚规定"具体化"。新修订的《行政处罚法》中还增设：法律对于违法行为未作出行政处罚规定，行政法规为实施法律，可以补充设定行政处罚。拟补充设定行政处罚的，应当通过听证会、论证会等形式广泛听取意见，并向制定机关作出书面说明。行政法规报送备案时，应当说明补充设定行政处罚的情况。

3）地方性法规的行政处罚设定权

《行政处罚法》第十二条规定："地方性法规可以设定除限制人身自由、吊销企业营业执照以外的行政处罚。法律、行政法规对违法行为已经作出行政处罚规定，地方性法规需要作出具体规定的，必须在法律、行政法规规定的给予行政处罚的行为、种类和幅度范围内规定。"由此可见，地方性法规的行政处罚设定权也包括两方面的内容：其一是创设一定的处罚；其二是对法律、行政法规具体化。新修订的《行政处罚法》中还增设：法律、行政法规对违法行为未作出行政处罚规定，地方性法规为实施法律、行政法规，可以补充设定行政处罚。拟补充设定行政处罚的，应当通过听证会、论证会等形式广泛听取意见，并向制定机关作出书面说明。地方性法规报送备案时，应当说明补充设定行政处罚的情况。

4）规章的行政处罚设定权

（1）国务院部门规章的行政处罚设定权。《行政处罚法》第十三条规定："国务院部门规章可以在法律、行政法规规定的给予行政处罚的行为、种类和幅度的范围内作出具体规定。尚未制定法律、行政法规的，国务院部门规章对违反行政管理秩序的行为，可以设定警告、通报批评或者一定数额罚款的行政处罚。罚款的限额由国务院规定。"

（2）地方政府规章的行政处罚设定权。《行政处罚法》第十四条规定："地方政府规章可以在法律、法规规定的给予行政处罚的行为、种类和幅度的范围内作出具体规定。尚未制定法律、法规的，地方政府规章对违反行政管理秩序的行为，可以设定警告、通报批评或者一定数额罚款的行政处罚。罚款的限额由省、自治区、直辖市人民代表大会常务委员会规定。"

国务院部门和省、自治区、直辖市人民政府及其有关部门应当定期组织评估行政处罚的实施情况和必要性，对不适当的行政处罚事项及种类、罚款数额等，应当提出修改或者废止的建议。

5）非法律、法规、规章不得设定行政处罚

有权设定行政处罚的机关必须通过适当形式的规范性文件设定处罚，即有关设定行政处罚的文件必须由特定国家机关制定或认可。除法定的国家机关外，任何人或任何组织均不得以任何形式设定行政处罚。《行政处罚法》第十六条规定："除法律、法规、规章外，其他规范性文件不得设定行政处罚。"

6.2.4　行政处罚的原则

根据《行政处罚法》的规定，我国行政处罚的原则主要有以下五项：

1）处罚法定原则

（1）处罚设定权法定。法律可以设定各种行政处罚。行政法规可以设定除限制人身自由以外的行政处罚。地方性法规可以设定除限制人身自由、吊销企业营业执照以外的行政处罚。部委规章可以在法律、行政法规规定的给予行政处罚的行为、种类和幅度范围内作出具体规定。地方政府规章可以在法律、法规规定的给予行政处罚的行为、种类和幅度的范围内作出具体规定。

（2）处罚主体及其职权法定。行政处罚是一种特定的行政权力，除法律、法规、规章规定有行政处罚权的行政机关以及法律、法规授权的组织外，其他任何机关组织和个人，均不得行使行政处罚权。此外，具备了主体资格的机关和组织在行使行政处罚权时还必须遵守法定的职权范围，不得越权和滥用权力。

（3）受处罚行为法定。行政处罚的实施必须有法律、法规或者规章为依据。法无明文规定不受罚。公民、法人或其他组织的行为，只有法律、法规或规章明文规定应予行政处罚的才受处罚。

（4）处罚种类、内容和程序法定。行政主体对于法定应予处罚的行为，应以法定处罚种类和内容进行处罚。实施行政处罚，不仅要求实体合法，还必须程序合法。程序合法是实体合法的保障。没有法定依据或者不遵守法定程序的行政处罚无效。

2）处罚公正、公开的原则

处罚公正的原则，亦称"合理处罚"的原则，是处罚法定原则的必要补充。这一原则要求，行政处罚必须公平、公正，没有偏私，设定和实施行政处罚必须以事实为依据，与违法行为的事实、性质、情节以及社会危害程度相当。为了确保处罚的公平和公正，较为有效的方法就是坚持和贯彻处罚公开的原则；未经公布的，不得作为行政处罚的依据；处罚程序必须公开。

3）处罚与教育相结合的原则

实施行政处罚，纠正违法行为，应当坚持处罚与教育相结合，教育公民、法人或者其他组织自觉守法。为了达到制止并预防违法的目的，对受处罚的违法行为，应在给予处罚时给予帮助教育。对有关相对人主动消除和减轻违法行为危害后果的，配合行政机关查处违法行为有立功表现的，应从轻和减轻行政处罚；对违法行为轻微并及时纠正，没有造成危害后果的，可免于处罚，以体现处罚与教育相结合的原则。

4）保障相对人权利的原则

《行政处罚法》不仅在总则中确立了保障相对人权利的原则，而且在有关行政处罚的设定、实施及其程序规定中体现了这一指导思想。保障相对人权利的原则的具体内容是：相对人对行政机关所给予的行政处罚，享有陈述权、申辩权；对行政处罚不服的，有权依法申请行政复议或者提起行政诉讼；因行政处罚受到损害的，有权提出赔偿要求。

5）一事不再罚的原则

行政处罚以惩戒违法行为人，使其以后不再犯为目的，而不是为惩罚而惩罚。所以，行政处罚一般以一事一罚、一事不再罚为原则。一事不再罚的原则包括三层意思：

（1）对当事人的同一个违法行为，不得给予两次以上罚款的行政处罚。

（2）违法行为构成犯罪的，行政机关必须将案件移送司法机关，依法追究刑事责任。

（3）违法行为构成犯罪，人民法院判处拘役或者有期徒刑时，行政机关已经给予当事人行政拘留的，应当依法折抵相应刑期；人民法院判处罚金时，行政机关已经给予当事人罚款处罚的，应当折抵相应罚金。

6.2.5 行政处罚的程序

行政处罚的程序,是指享有行政处罚决定权和执行权的机关或组织作出行政处罚决定,对违法者实施行政处罚的具体方式、方法和步骤。《行政处罚法》规定的行政处罚的基本程序是由行政处罚决定程序和行政处罚执行程序两部分组成的。

1)行政处罚决定程序

行政处罚决定程序是整个行政处罚程序的关键环节,是保障正确实施行政处罚的前提条件。

(1)简易程序

简易程序,也称当场处罚程序,是指国家行政机关或者法律、法规授权的组织,对符合法定条件的行政处罚事项,当场作出行政处罚决定的行政处罚程序。

①适用简易程序的条件:A.违法事实确凿。B.有法定依据。C.给予较小数额罚款或警告的行政处罚。所谓较小数额的罚款,是指对公民处以200元以下,对法人或者其他组织处以3 000元以下的罚款。

②简易程序的内容:A.表明身份,即执法人员当场作出行政处罚决定的,应当向当事人出示执法身份证件。B.确认违法事实,说明处罚理由和依据。C.填写预定格式、编有号码的行政处罚决定书。当事人拒绝签收的,应当在行政处罚决定书上注明。行政处罚决定书应当载明当事人的违法行为、行政处罚的种类和依据、罚款数额、时间、地点,申请行政复议、提起行政诉讼的途径和期限以及行政机关名称,并由执法人员签名或者盖章。D.行政处罚决定书应当场交付当事人。E.备案,执法人员当场作出的行政处罚决定必须报所属行政机关备案。

(2)普通程序

普通程序,是指除法律特别规定应当适用简易程序和听证程序的以外,行政处罚通常适用的程序。普通程序包括:

①立案。对于属于本机关管辖范围内并在追究时效内的行政违法行为或重大违法嫌疑情况,行政机关认为有调查处理必要的应当正式立案。A.行政机关经过对立案材料的审查,认为有违法行为发生。B.违法行为是应受行政处罚的行为。C.属于本部门职权范围且归本机关管辖。D.不属于适用简易程序的案件。符合立案条件的,主管执法人员应当填写立案审批表或立案决定书,由行政机关负责人批准并指派专人承办。符合立案标准的,行政机关应当及时立案。

②调查。行政机关在立案后,应当对案件全面调查,对主要事实、情节和证据进行查对核实,取得必要证据,并查证有关应依据的行政法律规范。先取证、后处罚是行政处罚程序最基本的准则。没有调查就没有充分的证据,没有充分的证据就不可能作出正确的处罚决定。因此,在没有取得足以证明应予以处罚的违法事实存在的充分而确凿的证据以前,不能实施处罚。《行政处罚法》第五十五条对调查也作出了规定:执法人员在调查或者进行检查时,应当主动向当事人或者有关人员出示执法证件。当事人或者有关人员有权要求执法人员出示执法证件。执法人员不出

示执法证件的，当事人或者有关人员有权拒绝接受调查或者检查。当事人或者有关人员应当如实回答询问，并协助调查或者检查，不得拒绝或者阻挠。询问或者检查应当制作笔录。《行政处罚法》第五十六条对收集证据作出了规定：行政机关在收集证据时，可以采取抽样取证的方法；在证据可能灭失或者以后难以取得的情况下，经行政机关负责人批准，可以先行登记保存，并应当在七日内及时作出处理决定，在此期间，当事人或者有关人员不得销毁或者转移证据。

③决定。案件调查终结后，应由承办人员填写"案件处理意见申请表"，向有裁决权的行政机关汇报案件情况和有关处理意见，送行政机关负责人审批。在行政机关负责人作出决定前，应由从事行政处罚决定法制审核的人员进行审核。行政机关中初次从事行政处罚决定法制审核的人员，应当通过国家统一法律职业资格考试取得法律职业资格。行政机关负责人应当及时对调查结果进行审查，根据不同情况，分别作出不同的处理决定。A.对情节复杂或者重大违法行为给予较重的行政处罚，行政机关的负责人应当讨论决定。B.对其他应受行政处罚的违法行为，根据情节轻重及其具体情况由行政机关作出适当的行政处罚决定。C.对违法行为轻微，依法可以不予行政处罚的，不予行政处罚。违法行为是否属于情节轻微，一般由行政机关依照法律赋予的裁量权决定。如果单行法律、法规有比较明确的限制性规定，则必须严格按该规定执行。D.对经调查认定，违法事实不能成立的，不予行政处罚。E.违法行为涉嫌犯罪的，移送司法机关。行政机关应当自行政处罚案件立案之日起九十日内作出行政处罚决定。

④制作行政处罚决定书。行政机关负责人经过对调查结果的审查或根据集体讨论的结果，作出给予行政处罚决定的，应拟制行政处罚决定书。行政处罚决定书应当载明法定事项，加盖行政机关印章。

⑤说明理由和告知权利。行政机关在作出行政处罚决定之前，应当告知当事人拟作出行政处罚决定内容及事实、理由及依据，或者拒绝听取当事人的陈述、申辩，不得作出行政处罚决定；当事人明确放弃陈述或者申辩权利的除外。未经法制审核或者审核未通过的以下情形，不得作出决定：A.涉及重大公共利益的。B.直接关系当事人或者第三人重大权益，经过听证程序的。C.案件情况疑难复杂、涉及多个法律关系的。D.法律、法规规定应当进行法制审核的其他情形。

⑥当事人陈述和申辩。行政机关有提出事实和证据说明当事人违法的权利，当事人也有陈述事实，提出证据证明自己无辜的权利。如果当事人提出了有力的证据证明自己是无辜的，行政机关就不能也无权实施行政处罚。

⑦行政处罚决定书的送达。行政机关依照法定的程序和方式，将行政处罚决定书送交当事人的行为，称为行政处罚决定书的送达。行政处罚决定书一经送达，便产生一定的法律效果。当事人提起行政复议或行政诉讼的期限，从送达之日起计算。行政处罚决定书一般应在宣告后当场交付当事人；当事人不在场的，行政机关应在7日内依照民事诉讼法的有关规定，将行政处罚决定书送达当事人。当事人同意并签订确认书的，行政机关可以采用传真、电子邮件等方式，将行政处罚决定书

等送达当事人。

（3）听证程序

《行政处罚法》第六十三条到第六十五规定的听证程序，在我国是一个全新的概念，虽然它只规定了行政处罚的听证程序，取狭义的听证概念，同时，又将其适用范围进行了相应的限制，但这仍将标志着我国行政法治建设的新进展。所谓听证程序，是指行政机关为了合理、有效地制作和实施行政决定，公开举行由全部利害关系人参加的听证会。

①听证程序的特征

A.听证是由行政机关主持的并由利害关系人参加的程序。

B.听证公开进行。

C.听证程序只适用于行政处罚领域的特定案件。只有在作出较大数额罚款；没收较大数额违法所得、没收较大价值非法财物；降低资质等级、吊销许可证件；责令停产停业、责令关闭、限制从业；其他较重的行政处罚等行政处罚决定之前，才可以适用听证程序。

D.听证程序的适用以当事人申请为前提。

E.组织听证是行政机关的法定义务。

②听证程序的组织

根据《行政处罚法》第六十四条规定，听证会按如下组织程序进行：

A.听证的申请与决定。当事人对于符合法定听证种类的行政处罚案件，有权向行政机关提出听证的申请。当事人要求听证的，应当在行政机关告知后5日内提出。

B.听证通知。行政机关作出组织听证的决定后，应当在举行听证的7日前，通知当事人及有关人员听证的时间、地点和其他有关事项。

C.听证的主持与参与。任何人不能作为自己案件的法官，这是听证程序的重要原则和特征。据此，行政机关的任何工作人员都不得参与与自己有利害关系的案件。承担调查取证任务的执法人员不能主持听证，听证由行政机关指定的非本案调查人员主持。当事人认为主持人与本案有直接利害关系的，有权申请回避。当事人可以亲自参加听证，也可以委托一人至两人代理。当事人及其代理人无正当理由拒不出席听证或者未经许可中途退出听证的，视为放弃听证权利，行政机关终止听证。

D.辩论。举行听证时，调查人员提出当事人违法的事实、证据和行政处罚建议，当事人进行申辩和质证，双方可进行辩论。

E.听证笔录。对在听证会中出示的材料，当事人的陈述以及辩论等的过程，应当制作笔录，交付当事人、证人等有关参加人阅读或向他们宣读，有遗漏或差错的应予补正或改正，确认没有错误后，由主持人、书记员和当事人及其代理人分别签字或盖章作为处罚的依据之一。当事人或者其代理人拒绝签字或者盖章的，由听证主持人在笔录中注明。

F.听证费用。当事人要求听证，是行使自己行政参与权。所以，当事人不承担行政机关组织听证的费用。

听证程序完毕以后，仍应按照普通程序的有关规定作出是否处罚的决定。适用听证程序案件的最后决定权在行政机关而不在主持听证的或本案调查的工作人员。

2）行政处罚执行程序

（1）行政处罚执行程序的概念

行政处罚执行程序，是指有关国家机关保证行政处罚所确定的当事人的义务得以履行的程序。没有行政处罚的执行，行政处罚决定就会失去意义，只有确保行政处罚决定得以实现，才能使行政管理程序得到维护和保障。

（2）行政处罚执行程序的原则

①申诉不停止执行的原则。行政处罚决定依法作出后，当事人应当在行政处罚决定的期限内予以履行。当事人对行政处罚决定不服申请行政复议或者提起行政诉讼的，除法律另有规定外，行政处罚不停止执行。

②作出罚款决定的机关和收缴罚款的机构分离的原则。《行政处罚法》在规定行政处罚的执行时，确立了作出罚款决定的机关和收缴罚款的机构分离的原则。除依法当场收缴的罚款外，作出行政处罚决定的行政机关及其执法人员不得自行收缴罚款。行政机关可以指定银行做收受罚款的专门机构，当事人应当自收到行政处罚决定书之日起15日内，到指定的银行或者通过电子支付系统缴纳罚款，银行应当收受罚款，并将罚款直接上缴国库。

（3）行政处罚执行程序的内容

①专门机构收缴罚款。对专门机构收缴罚款的具体程序，《行政处罚法》并未作出明确规定。根据该法第六十七条第三款的规定以及目前的试点情况，专门机构收缴罚款应遵循如下程序：通知送达，催交（告诫），收受罚款，上缴国库。

②当场收缴罚款。依照《行政处罚法》第六十八、六十九条的规定，当场收缴罚款的适用范围包括三种情形：A.依法给予100元以下的罚款的。B.不当场收缴事后难以执行的。C.在边远、水上和交通不便的地区，当事人向指定的银行或者通过电子支付系统缴纳罚款困难，经当事人提出的。行政机关及其执法人员当场收缴罚款的，必须向当事人出具国务院财政部门或者省、自治区、直辖市人民政府财政部门统一制发的专用票据；不出具财政部门统一制发的专用票据的，当事人有权拒绝缴纳罚款。执法人员当场收缴的罚款，应当自收缴罚款之日起2日内，交至行政机关；在水上当场收缴的罚款，应当自抵岸之日起2日内交主管行政机关；行政机关应当在2日内将罚款缴付指定的银行。

③强制执行。《行政处罚法》第七十二条规定了四种执行措施：A.到期不缴纳罚款的，每日按罚款数额3%加处罚款，加处罚款的数额不得超过罚款的数额。B.根据法律规定，将查封、扣押的财物拍卖、依法处理或者将冻结的存款、汇款划拨抵缴罚款。C.根据法律规定，采取其他行政强制执行方式。D.依照《中华人民共和国行政强制法》的规定申请人民法院强制执行。行政机关批准延期、分期缴纳罚

款的，申请人民法院强制执行的期限，自暂缓或者分期缴纳罚款期限结束之日起计算。

6.3　行政强制

6.3.1　行政强制的概念

行政强制，是指实施具体行政行为过程中出现违反义务或者义务不履行的情况下，为了确保履行行政的时效性，维护和实现公共利益，由行政主体或者行政主体申请人民法院，对公民、法人或者其他组织的财产以及人身、自由等予以强制而采取的措施。行政强制的主体是行政主体，行政主体在其自身不具有直接采取行政强制措施权力的情况下，可以申请人民法院实施强制。行政强制的对象是相对人的财产及人身自由。行政强制是为了实现行政目的。行政强制是一种具有可诉性的具体行政行为，相对人不服行政强制措施，可以直接向人民法院提起诉讼或者行政复议后再向人民法院起诉。

6.3.2　行政强制的种类

1）行政强制措施

（1）行政强制措施的概念

行政强制措施是指行政机关在行政管理过程中，为制止违法行为、防止证据损毁、避免危害发生、控制危险扩大等情形，依法对公民的人身自由实施暂时性限制，或者对公民、法人或者其他组织的财物实施暂时性控制的行为。

（2）行政强制措施的特征

①暂时性，即行政强制措施是过程中的行政行为，不是最终行政行为，最终行政行为一经作出，行政强制措施即需解除。

②保全性，即行政强制措施是为了保障最终行政决定的合法有效性而作出的，本身并不是目的。

③单向性，即行政强制措施由行政机关单方面实施。

（3）行政强制措施的分类

①限制公民人身自由。这是指行政机关依法对公民人身自由采取的暂时性限制措施。法律、法规规定的对公民人身自由的强制措施包括盘问、留置、约束、立即拘留、拘留审查、强制带离现场、强制戒毒、收容教育、收容教养等。设定限制人身自由强制措施的法律、根据法律规定限制人身自由强制措施的行政法规有《中华人民共和国戒严法》《中华人民共和国人民警察法》《中华人民共和国治安管理处罚法》《中华人民共和国集会游行示威法》《中华人民共和国铁路法》《中华人民共和国外国人入境出境管理法》《中华人民共和国公民出境入境管理法》《中华人民共和国道路交通安全法》《中华人民共和国海关法》《中华人民共和国军事设施保护法》

《中华人民共和国禁毒法》《中华人民共和国预防未成年人犯罪法》《中华人民共和国集会游行示威法实施条例》《中华人民共和国军事设施保护法实施办法》等。

②查封场所、设施或者财物。这是指行政机关为了保障行政决定有效作出或者保障行政决定得到有效执行，依法对行政相对人的场所、设施或财物暂时性封存的行为。查封是法律、法规规定频度最高的行政强制措施之一。在法律、法规的规定中，查封的名称还有存封、加封、暂时封存、先行登记保存等。

③扣押财物。这是指行政机关为了制止违法行为、保障行政决定的执行，对行政相对人涉嫌违法的财物予以暂时扣留的行为。扣押财物也是行政机关在行政执法中普遍采取的行政强制措施。在法律、法规中，属于扣押但名称不同的行政强制措施还有扣留、暂扣、暂时扣留等。

④冻结存款、汇款。这是指行政机关为防止当事人转移或者隐匿违法资金，损毁证据，或者为保障行政决定得到有效执行，对当事人的账户采取的停止支付、禁止转移资金的强制措施。

⑤其他强制措施。上述4种行政强制措施是比较典型、法律、法规规定比较普遍的措施，但不能涵盖现行法律、法规规定的所有行政强制措施种类。例如，进入场所进行检查、现场检查就是现行许多法律、法规规定的，上述4种就不能包括。还有一些限制行为的行政强制措施，如《期货交易管理条例》规定的"限制被调查案件当事人的期货交易"，《内河交通安全管理条例》规定的"责令驶向指定地点"，《城市节约用水管理规定》规定的"限制用水量"等，也不能包括在上述4种强制措施里。兜底规定其他行政强制措施，可以防止挂一漏万，还有利于对其他行政强制措施进行规范。

2）行政强制执行

（1）行政强制执行的概念

行政强制执行是指行政机关或者行政机关申请人民法院，对不履行行政决定的公民、法人或者其他组织，依法强制履行义务的行为。

（2）行政强制执行的特征

①执行性，即行政强制执行的目的是义务人履行行政决定确定的义务或者达到与履行义务相同的状态；

②从属性，即行政强制执行是确定义务的行政决定的延续；

③强制性，即不论是直接强制，还是间接强制，都具有强迫行政相对人履行义务的性质。

（3）行政强制执行的分类

①加处罚款或者滞纳金

加处罚款或者滞纳金可以归类为执行罚，是指行政机关对不履行法定义务或者行政决定确定的金钱给付义务的当事人，课以新的金钱给付义务，迫使其履行义务的执行方式。执行罚的特点是：目的是促使当事人履行法定义务或者行政决定确定的义务，而不是制裁违法行为，这使它区别于行政处罚；适用于不履行金钱给付义务的执行，主要是针对不缴纳罚款、不缴纳税费等行为；执行罚是间接强制方式。

②划拨存款、汇款

这是指行政机关对拒不履行金钱给付义务的当事人，直接划取其存款、汇款的执行方式。划拨存款、汇款的主要特点：A.根据《中华人民共和国商业银行法》和《中华人民共和国行政强制法》的规定，划拨存款、汇款只能由法律设定，法律以外的规范性文件不得设定。B.划拨存款、汇款主要针对不缴纳税费的行为，如《中华人民共和国社会保险法》第六十三条第二款规定，用人单位逾期仍未缴纳或者补足社会保险费的，社会保险费征收机构可以向银行或者其他金融机构查询其存款账户，并可以申请县级以上有关行政部门作出划拨社会保险费的决定，书面通知其开户银行或者其他金融机构划拨社会保险费。C.划拨存款、汇款属于直接强制执行的一种方式。

③拍卖或者依法处理查封、扣押的场所、设施或者财物

这是指行政机关对不履行金钱给付义务的当事人，将其查封、扣押的当事人的场所、设施或者财物采取拍卖、变卖等方式处理，拍卖或者处理所得抵缴罚款、税费的执行方式。主要特点：A.是直接强制执行的一种方式。B.主要是针对不履行金钱给付义务行为采取的强制执行。C.依照法律、法规规定有权查封、扣押场所、设施或者财物并且已经实施查封、扣押措施的行政机关可以依照《行政强制法》的规定采取这种强制执行方式。《行政强制法》第四十六条第三款规定，没有行政强制执行权的行政机关应当申请人民法院强制执行。但是，当事人在法定期限内不申请行政复议或者提起行政诉讼，经催告仍不履行的，在实施行政管理过程中已经采取查封、扣押措施的行政机关，可以将查封、扣押的财物依法拍卖抵缴罚款。《行政处罚法》第五十条规定，当事人逾期不履行行政处罚决定的，作出行政处罚决定的行政机关可以根据法律规定，将查封、扣押的财物拍卖。《道路交通安全法》第一百一十二条规定，公安机关交通管理部门对被扣留的车辆应当妥善保管，不得使用。逾期不来接受处理，并且经公告3个月仍不来接受处理的，对扣留的车辆依法处理。

④排除妨碍，恢复原状

这是指行政机关对不履行行为义务的当事人，强制其履行义务，排除因其自身违法行为对行政管理秩序造成的妨碍，或者恢复到违法行为发生前的状态。其主要特点是：A.它是针对不履行行为义务的强制执行。B.属于直接强制。C.由行政机关或者当事人自己排除妨碍，恢复原状。现行不少法律、法规规定了这种强制执行方式。如《放射性污染防治法》第五十条规定，违反本法规定，未编制环境影响评价文件，或者环境影响评价文件未经环境保护行政主管部门批准，擅自进行改造、运行、生产和使用等活动的，由审批环境影响评价文件的环境保护行政主管部门责令停止违法行为，限期补办手续或者恢复原状，并处1万元以上20万元以下罚款。《道路交通安全法》第一百零六条规定，在道路两侧及隔离带上种植树木、其他植物或者设置广告牌、管线等，遮挡路灯、交通信号灯、交通标志，妨碍安全视距

的，由公安机关交通管理部门责令行为人排除妨碍。《河道管理条例》第三十六条规定，对河道管理范围内的阻水障碍物，按照"谁设障，谁清除"的原则，由河道主管机关提出清障计划和实施方案，由防汛指挥部责令设障者在规定的期限内清除。逾期不清除的，由防汛指挥部组织强行清除，并由设障者负担全部清障费用。

⑤代履行

代履行是指当事人不履行法定义务或者行政决定确定的义务时，行政机关或者第三人代替当事人履行义务，并向当事人收取必要费用的执行方式。

区别代履行与直接强制执行的标准是：A.能够适用代履行的义务必须是可由他人代替履行的，对不能替代履行的义务，如对限制人身自由的行政拘留、服兵役，缴纳罚款、税费等，不能实施代履行。B.向当事人征收履行费用，不能征收履行费用的不属于代履行。C.代履行既可以由行政机关实施，也可以由行政机关委托第三人实施，而直接强制执行只能由行政机关自己实施。日本、奥地利以及中国台湾地区等都采用此例。我国《行政强制法》也规定代履行既可由行政机关实施，也可以委托第三人实施。至于遭遇当事人抗拒时能否实施强制则不是区别直接强制和代履行的标准。从理论上说，不论是直接强制执行还是代履行，都属于行政强制执行，也就必然都具有强制性的特点，当事人有容忍的义务；当事人抗击执行时，行政机关有权以实力予以排除。从国外和我国台湾地区行政执行的立法例来看，代履行都是可以排除抗拒的。就排除抗拒以及达到与履行义务相同而言，代履行与直接强制并无不同。

⑥其他强制执行方式

实践中，除上述强制执行方式外，现行法律、法规还规定了其他一些执行方式，如《兵役法》规定的强制服兵役，《城乡规划法》《城市市容和环境卫生管理条例》《渔业船舶检验条例》规定的强制拆除，《外汇管理条例》规定的责令汇兑等。这些强制执行方式多为直接强制。

6.3.3　行政强制的基本原则

1）行政强制法定原则

根据依法行政的要求，行政机关实施强制必须做到职权法定，"无法律则无强制"。行政强制是一种对公民、法人或者其他组织权益产生深刻影响的公共权力，它不能来自一般授权，必须来自法律、法规的特别授权，严禁行政强制主体自我授权。行政强制法定原则主要包括两方面的要求：一是法律优位，即行政法规、地方性法规和规章都不得与法律相抵触，所有行政强制行为都要与法律规定相一致。二是法律保留，即有些强制措施必须由法律作出规定，法律之外的行政法规、地方性法规不得作出规定。此外行政强制法律制度一般都规定了依法强制原则。我国《行政强制法》比较全面地体现了行政强制法定原则要求，这主要体现在以下三个方面：一是该法第四条规定："行政强制的设定和实施，应当依照法定的权限、范围、条件和程序。"这是行政强制法定原则要求的集中体现。二是该法第十一条规定：

"法律对行政强制措施的对象、条件、种类作了规定的，行政法规、地方性法规不得作出扩大规定。法律中未设定行政强制措施的，行政法规、地方性法规不得设定行政强制措施。"这一规定是法律有为原则的具体体现。三是该法第十条规定："行政强制措施由法律设定。尚未制定法律，且属于国务院行政管理职权事项的，行政法规可以设定除本法第九条第一项、第四项和应当由法律规定的行政强制措施以外的其他行政强制措施。"这一规定是法律保留原则的具体体现。

2）行政强制适当原则

该原则要求对行政机关设定行政强制权必须为公共利益所必需，对公民设定行政强制义务应当适当，不能超出需要的限度。从理论源头来看，这一原则借鉴了英美法系的"适当性原则"。该原则主要衡量某一公权力行使本身是否符合正当的法律目的，是否具有实质正义，是英美法系国家行政执法普遍适用的原则。在大陆法系国家，内涵相似的原则是"比例原则"。该原则是为行政机关行使自由裁量权设置的一种内在标准。它要求行政机关在行使自由裁量权时所选择的行为方式和手段必须与法律所要实现的目的相一致，合乎比例。我国《行政强制法》明确规定了行政强制适当原则。该法第五条规定："行政强制的设定和实施，应当适当。采用非强制手段可以达到行政管理目的的，不得设定和实施行政强制。"另外，《行政强制法》其他一些条文也体现了适当原则的要求。例如，该法第二十三条规定"不得查封、扣押与违法行为无关的场所、设施或者财物"；第四十五条第二款规定"加处罚款或者滞纳金的数额不得超出金钱给付义务的数额"等。

3）教育与强制相结合原则

该原则是教育与惩处相结合原则在行政强制制度中的具体体现。我国《行政处罚法》第五条、《治安管理处罚法》第五条、《行政监察法》第五条等都规定了教育与处罚相结合的原则，这也是我国政府长期以来实行的一项重要的法治原则。所谓教育与处罚相结合原则，主要是指在行政强制实施过程中，应当贯彻并发挥教育的功能，促进当事人更加主动地履行行政法律义务。具体来说，在采取行政强制前，应当先告诫当事人，并且通过说服教育给予当事人依法自觉履行法定义务的机会。只有经过说服教育当事人仍不自觉履行法定义务时，才能实施强制，亦即行政强制应当是在穷尽教育手段仍然不能实现行政目的时不得已而采用的手段。为此，《行政强制法》第六条规定："实施行政强制，应当坚持教育与强制相结合。"此外，教育与强制相结合原则在该法的其他条文中也有具体体现。该法第三十五条规定："行政机关作出强制执行决定前，应当事先催告当事人履行义务。"这种"催告"程序就是教育与强制相结合理念的典型体现。该原则的适用包括两个关键点：一是"教育"的对象包括被强制对象的特定教育和对社会公众的一般教育，但主要指前者；二是"教育"与"强制"的关系应当是教育先行，强制次之。

4）禁止谋利原则

禁止谋利原则是公务廉洁性的基本要求，也是大陆法系中禁止不当联结原则的核心内涵。该原则要求行政机关不得以行政强制权的行使来谋求单位或者个人的利

益。其法理基础主要有二：一是行政强制权作为一种公共资源，应当为了实现公共
目的而运用，它是一种非生产性的资源。如果行政强制权可以用来参与营利活动，
则必然使得公权力的享有者和行使者可以大量进行"寻租"活动，导致权力与利益
进行交换，造成行政权力廉洁性丧失，政府的公信力严重受损。二是行政机关所设
定的行政强制条件必须与其实施的行政行为具有正当的内在关联，否则即是一种权
力滥用和恣意，其主要目的在于防止行政机关利用其优势地位，将其职责做商业化
使用。鉴于我国有些地方和部门存在着"执法创收"问题，《行政强制法》第七条
规定：行政机关及其工作人员不得利用行政强制权为单位或者个人牟取利益。这一
原则对于防止行政强制权与不正当利益相联结具有非常强的现实意义。此外，该法
第四十九条规定："划拨的存款、汇款以及拍卖和依法处理所得的款项应当上缴国
库或者划入财政专户。任何行政机关或者个人不得以任何形式截留、私分或者变相
私分。"此类规定也是禁止牟利原则的具体体现。

5）权利救济原则

"无救济则无权利""无真正的救济则无真实的权利"。权利救济原则是一项基
本的行政法治原则。尽管各国的救济制度设计不同，但一般都包括行政救济和司法
救济。在程序上，不论是行政途径还是司法途径，都包括执行中的救济和执行后的
救济。对于执行中的救济，英美规定了禁止令和人身保护令制度，前者适用于对财
产的强制行为，后者适用于对人身的强制行为。对于执法后的救济，各国一般规定
有行政复议、行政诉讼和国家赔偿等途径。《行政强制法》第八条规定："公民、法
人或者其他组织对行政机关实施行政强制，享有陈述权、申辩权；有权依法申请行
政复议或者提起行政诉讼；因行政机关违法实施行政强制受到损害的，有权依法要
求赔偿。公民、法人或者其他组织因人民法院在强制执行中有违法行为或者扩大强
制执行范围受到损害的，有权依法要求赔偿。"

6.3.4 行政强制的实施程序

为了确保相对人的合法权益不受违法和不当的行政强制的侵害，真正实现行政
法的终极目的，世界上许多国家的有关立法都比较重视从程序上对行政强制加以约
束，构筑了一系列的规制程序。根据行政强制的不同种类，对行政强制进行统治或
者规制的实施程序，亦有诸多不同形态。《行政强制法》对行政强制措施实施程序
和行政强制执行程序分别作出规定，分别设置了一般规定，并对重要事项个别设置
了相应程序。

1）行政强制措施的实施程序

（1）行政强制措施实施程序的一般规定

①依法判断采取行政强制措施的必要性，在法定职权和法定授权范围内实施行
政强制措施。行政强制措施不得委托。行政主体在履行行政管理职责过程中，可以
依照相关法律规范的规定实施行政强制措施。根据相关情况的把握，确认违法行为
情节显著轻微或者没有明显社会危害的，可以不采取行政强制措施。

②由行政主体具备相应资格的执法人员按照法定的程序实施行政强制措施。实施行政强制措施前须向行政机关负责人报告并经批准；有两名以上行政执法人员实施；出示执法身份证件；通知当事人到场；当场告知当事人采取行政强制措施的理由、依据以及当事人依法享有的权利和救济途径；听取当事人的陈述和申辩；制作现场笔录；现场笔录由当事人和行政执法人员签名或者盖章，当事人拒绝的，在笔录中予以注明；当事人不到场的，邀请见证人到场，由见证人和行政执法人员在现场笔录上签名或者盖章。此外，还须遵守法律、法规规定的其他程序。

③遵守时限规定，履行报告和告知义务。情况紧急，需要当场实施行政强制措施的，行政执法人员应当在24小时内向行政机关负责人报告，并补办批准手续。行政机关负责人认为不应当采取行政强制的，应当立即解除。限制公民人身自由的行政强制措施，还须当场告知或者实施行政强制措施后立即通知当事人家属实施行政强制措施的行政机关、地点和期限，并履行法律规定的其他程序，不得超过法定期限。实施限制人身自由的行政强制措施的目的已经达到或者条件已经消失，应当立即解除。

④依法移送司法机关。违法行为涉嫌犯罪应当移送司法机关的，行政机关应当将查封、扣押、冻结的财产一并移送，并书面告知当事人。

（2）查封、扣押的实施程序

①依法判断查封、扣押的标的，严格遵守标的有限原则。法律、法规规定的行政机关在实施查封、扣押时，须认真确认涉案的场所、设施或者财物，查封、扣押仅限于涉案的场所、设施或者财物，不得查封、扣押与违法行为无关的场所、设施或者财物，且不得查封、扣押公民个人及其所扶养家属的生活必需品，不得重复查封已被其他国家机关依法查封的当事人的场所、设施或者财物。

②查封、扣押决定书和清单的制作与交付。行政机关实施查封、扣押的，应当履行行政强制措施实施程序的一般规定，还应当制作并当场交付查封、扣押决定书和清单。查封、扣押决定书应当载明下列事项：当事人的姓名或者名称、地址；查封、扣押的理由、依据和期限；查封、扣押场所、设施或者财物的名称、数量等；申请行政复议或者提起行政诉讼的途径和期限；行政机关的名称、印章和日期。查封、扣押清单一式两份，由当事人和行政机关分别保存。

③遵守法定时限，履行延期批准和告知义务。查封、扣押的期限不得超过法定期限；情况复杂的，经行政机关负责人批准，可以延长。但是，法律、行政法规另有规定的除外。延长查封、扣押的决定应当及时书面告知当事人，并说明理由。对物品需要进行检测、检验、检疫或者技术鉴定的，查封、扣押的期间不包括检测、检验、检疫或者技术鉴定的期间。检测、检验、检疫或者技术鉴定的期间应当明确，并书面告知当事人。检测、检验、检疫或者技术鉴定的费用由行政机关承担。

④履行妥善保管义务，承担损毁赔偿责任。对查封、扣押的场所、设施或者财物，行政机关应当妥善保存，不得使用或者损毁；造成损失的，应当承担赔偿责任。对查封的场所、设施或者财物，行政机关可以委托第三人保管，受委托的第三

人负有妥善保管的义务，不得损毁或者擅自转移、处置。因第三人的原因造成的损失，由行政机关先行赔付后，有权向第三人追偿。因查封、扣押发生的保管费用由行政机关承担。

⑤依法作出处理决定。行政机关采取查封、扣押措施后，应当及时查清事实，在法定期间内依法作出处理决定。对违法事实清楚，依法应当没收的非法财物予以没收；法律、行政法规规定应当销毁的，依法销毁。对于当事人没有违法行为，查封、扣押的场所、设施或者财物与违法行为无关，行政机关对违法行为已经作出处理决定，不再需要查封、扣押，查封、扣押期限已经届满，以及其他不需要采取查封、扣押措施的情形，行政机关应当及时作出解除查封、扣押决定。解除查封、扣押应当立即归还财物；已将鲜活物品或者其他不易保管的财物拍卖或者变卖的，退还拍卖或者变卖所得款项。变卖价格明显低于市场价格，给当事人造成损失的，应当给予补偿。

（3）冻结的实施程序

①依法判断冻结标的，严格遵守标的有限原则。法律规定的行政机关实施冻结存款、汇款，冻结存款、汇款的数额应当与违法行为涉及的金额相当；已被其他国家机关依法冻结的，不得重复冻结。

②履行报告和批准程序。法律规定的行政机关实施冻结存款、汇款前须行向行政机关负责人报告并经批准。

③表明身份，制作现场笔录。法律规定的行政机关实施冻结存款、汇款，须由两名以上行政执法人员实施，并出示执法身份证件，制作现场笔录。

④冻结机关的通知义务和金融机构的保密义务。行政机关依照法律规定决定实施冻结存款、汇款的，应当向金融机构交付冻结通知书。金融机构接到行政机关依法作出的冻结通知书后，应当立即予以冻结，不得拖延，不得在冻结前向当事人泄露信息。法律规定以外的行政机关或者组织要求冻结当事人存款、汇款的，金融机构应当拒绝。

⑤冻结决定书的交付。依照法律规定冻结存款、汇款的，作出决定的行政机关应当在法定期限内向当事人交付冻结决定书。冻结决定书应当载明下列事项：当事人的姓名或者名称、地址；冻结的理由、依据和期限；冻结的账号和数额；申请行政复议或者提起行政诉讼的途径和期限；行政机关的名称、印章和日期。

⑥在法定期限内作出处理决定。行政机关应当在法定期限内作出处理决定或者作出解除冻结决定；情况复杂的，经行政机关负责人批准，可以延长，法律另有规定的除外。延长冻结的决定应当及时书面告知当事人，并说明理由。

⑦解除冻结决定的情形及其执行。对于当事人没有违法行为，冻结的存款、汇款与违法行为无关，行政机关对违法行为已经作出处理决定，不再需要冻结，冻结期限已经届满，以及其他不再需要采取冻结措施的情形，行政机关应当及时作出解除冻结决定。行政机关作出解除冻结决定的，应当及时通知金融机构和当事人。金融机构接到通知后，应当立即解除冻结。行政机关逾期未作出处理决定或者解除冻

结决定的，金融机构应当自冻结期满之日起解除冻结。

2）行政机关强制执行程序

（1）一般规定

①义务不履行的确认和履行义务的催告。行政相对人不履行应履行的法定义务，是适用行政强制执行的前提条件。行政机关实施行政强制执行，应当对该前提条件存在的事实予以确认，并事先催告当事人履行义务。经催告，当事人履行行政决定的，不再实施强制执行；经催告，当事人逾期仍不履行，且无正当理由的，行政机关可以作出强制执行决定；在催告期间，对有证据证明有转移或者隐匿违法资金迹象的，行政机关可以立即作出强制执行决定。催告应当以书面形式作出，并载明下列事项：当事人履行义务的期限；履行义务的方式；涉及金钱给付的，应当有明确的金额和给付方式；当事人依法享有陈述权和申辩权。

②听取当事人陈诉和申辩，依法、合理应对具体情形。当事人收到催告书后有权进行陈诉和申辩。行政机关应当充分听取当事人的意见，对当事人提出的事实、理由和证据，应当进行记录、复核；当事人提出的事实、理由或者证据成立的，行政机关应当采纳。对采用非强制手段可以达到行政目的的，不得实施行政强制；根据当事人的具体情况，在不损害公共利益和他人合法权益的情况下，可以与当事人达成执行协议，约定分阶段履行，当事人采取补救措施的，可以减免加处的罚款或者滞纳金；对当事人逾期不履行行政决定且无正当理由的，以及当事人不履行执行协议的，行政机关应当实施强制措施。

③强制执行决定书的制作与交付。强制执行决定应当以书面形式作出，并载明下列事项：当事人姓名或者名称、地址；强制执行的理由和依据；强制执行的方式和时间；申请行政复议或者提起行政诉讼的途径和期限；行政机关的名称、印章和日期。行政强制执行决定书应当直接送达当事人；当事人拒绝接收或者无法直接送达当事人的，应当依照《民事诉讼法》的有关规定送达。

④行政强制执行的中止执行和终结执行。中止执行的情形有：当事人履行行政决定确有困难或者暂无履行能力的；第三人对执行标的主张权力，确有理由的；执行可能造成难以弥补的损失，且中止执行不损害公共利益的；以及行政机关认为需要中止执行的其他情形。中止执行的情形消失后，行政机关应当恢复执行。对没有明显社会危害，当事人确无能力履行，中止执行满3年未恢复执行的，行政机关不再执行。终结执行的情形有：公民死亡，无遗产可供执行，又无义务承受人的；法人或者其他组织终止，无财产可供执行，又无义务承受人的；执行标的灭失的；据以执行的行政决定被撤销的；行政机关认为需要终结执行的其他情形。

⑤遵守时段、时间限制，采用正当的强制执行方式。除有紧急情况外，行政机关不得在夜间或者节假日施行行政强制执行。不得对居民生活采取停止供水、供电、供热、供燃气等方式迫使当事人履行行政决定。

⑥承担相应责任。强制执行中或者强制完毕后，据以执行的行政决定被撤销、变更，或者执行错误的，应当恢复原状或者退还财物；不能恢复原状或者退还原物

的，依法给予赔偿。

（2）金钱给付义务的执行

①确认义务不履行，作出执行处罚决定。行政机关依法作出金钱给付义务的行政决定，当事人逾期不履行的，行政主体可以依法按日加处罚款或者滞纳金。加处罚款或者滞纳金的标准应当告知当事人。加处罚款或者滞纳金的数额不得超出金钱给付义务的数额。

②执行处罚的强制执行。行政机关依法实施执行处罚超过法定期限，当事人仍不履行的，具有行政强制执行权的行政机关可以强制执行。实施强制执行前，需要采取查封、扣押、冻结措施的，依照查封、扣押、冻结的规定办理。没有强制执行权的行政机关应当申请人民法院强制执行。但是，当事人在法定期限内不申请行政复议或者提起行政诉讼，经催告仍不履行的，在实施行政管理过程中已经采取查封、扣押措施的行政机关，可以将查封、扣押的财物依法拍卖抵缴罚款。

③法律规定的行政机关决定划拨存款、汇款的，应当书面通知金融机构。金融机构在接到行政机关划拨存款、汇款的决定后，应当立即划拨。

④依法拍卖财物，由行政机关委托拍卖机构依照《拍卖法》的规定办理。

⑤划拨存款、汇款及拍卖和依法处理所得的款项，应当上缴国库或者划入财政专户，不得以任何形式截留、私分或者变相私分。

（3）作为义务的执行

作为义务的执行，应当首先履行催告（告诫）程序，在催告后仍未履行的，才实施代履行。催告应在事先以书面形式进行。在催告设定的履行期限内，义务人未履行，并且确有不履行义务的故意而不是实际上的不能履行时，才可以实施代履行。只有在特殊情况下，由于形势迫切，来不及催告时，才可以不经事先催告和不待期限届满，立即代为履行，这种情况称为即时代履行。代履行以向义务机关征收费用为终结。

①作为义务不履行的确认与催告。行政机关依法作出要求当事人排除妨碍、恢复原状等行政决定，当事人逾期不履行的，行政机关应当对相关作为义务不履行的事实予以确认，向当事人发出催告。经催告，当事人仍不履行，其后果已经或者将危害交通安全、造成环境污染或者破坏自然资源的，行政机关应当作出代履行的决定。

②代履行决定书的送达与再次催告。行政机关作出代履行决定，应当制作代履行决定书，并在代履行前送达决定书。代履行决定书应当载明当事人的姓名或者名称、地址，代履行的理由和依据、方式和时间、标的、费用预算以及代履行人等。在代履行3日前再次催告，当事人履行的，停止代履行；经催告，当事人仍然不履行的，实施代履行。

③代履行的实施与监督。行政机关实施代履行，可以亲自代履行，也可以委托没有利害关系的第三人代履行。委托实施代履行的，作出决定的行政机关应当派员到场监督。

④代履行的执行文书与费用负担。代履行完毕后，行政机关到场监督的工作人

员、代履行人和当事人或者见证人应当在执行文书上签名或者盖章。代履行的费用按照成本合理确定，由当事人承担。但是，法律另有规定的除外。

⑤即时代履行。需要立即清除道路、河道、航道或者公共场所的遗撒物、障碍物或者污染物，当事人不能清除的，行政机关可以决定立即实施代履行。立即实施代履行时当事人不在场的，行政机关应当事后立即通知当事人，并依法作出处理。

⑥公告后强制拆除。对违法的建筑物、构筑物、设施等需要强制拆除的，应当由行政机关予以公告，限期当事人自行拆除。当事人在法定期限内不申请行政复议或者提起行政诉讼，又不拆除的，行政机关可以依法强制拆除。

3）申请人民法院强制执行程序

（1）申请人民法院强制执行的实体要件。当事人在法定期限内不申请行政复议或者提起行政诉讼，又不履行行政决定的，没有行政强制执行权的行政机关可以在法定期限内依法申请人民法院强制执行。

（2）申请人民法院强制执行前的程序要件。行政机关申请人民法院强制执行前，应当催告当事人履行义务。催告书送达后法定期限内当事人仍未履行义务的，行政机关可以向所在地有管辖权的人民法院申请强制执行；执行对象是不动产的，向不动产所在地有管辖权的人民法院申请强制执行。

（3）申请人民法院强制执行的材料提供。行政机关向人民法院申请强制执行，应当提供以下材料：强制执行申请书；行政决定书及作出决定的事实、理由和依据；当事人的意见及行政机关催告情况；申请强制执行标的情况；以及法律、行政法规规定的其他材料。强制执行申请书应当由行政机关负责人签名，加盖行政机关的印章，并注明日期。

（4）申请人民法院强制执行的受理与异议裁定。人民法院接到行政机关强制执行的申请，应当在法定期限内受理；不属于本院管辖的，不予受理。行政机关对人民法院不予受理有异议的，可以在法定期限内向上一级人民法院申请复议，上一级人民法院应当在法定期限内作出是否受理的裁定。

（5）申请人民法院强制执行的审查与裁定。人民法院应当在法定期限内对行政机关强制执行的申请进行书面审查，对符合相关法律规范的规定，且行政决定具备法定执行效力的，应当在法定期限内作出执行裁定。裁定不予执行的，应当说明理由，并在法定期限内将不予执行的裁定送达行政机关。行政机关对人民法院不予执行裁定有异议的，可以依法向上一级人民法院申请复议，上一级人民法院应当在法定期限内作出是否执行的裁定。

（6）人民法院应当裁定不准予执行的情形。人民法院应当裁定不准予执行的情形有：明显缺乏事实根据的；明显缺乏法律、法规依据的；其他明显违法并损害被执行人合法权益的。对诸如此类"明显"的低级违法情形，还规定在作出裁定前可以听取被执行人和行政机关双方当事人的意见，是不可取的。

（7）紧急情况下的简易程序。因情况紧急，为保障公共安全，行政机关可以申请人民法院立即执行。经人民法院院长批准，人民法院应当在法定期限内予以执行。

（8）人民法院强制执行裁定的执行。《行政强制法》并未对强制执行裁定的执行制度作出明确规定。该法基本提示了司法裁判、行政执行、裁执分离模式，即人民法院裁定执行的，由行政机关或者由行政机关委托没有利害关系的其他组织负责具体实施。而依法拍卖财物，由人民法院委托拍卖机构依照《拍卖法》的规定办理。划拨存款、汇款及拍卖和依法处理所得的款项应当上缴国库或者划入财政专户，不得以任何形式截留、私分或者变相私分。

（9）申请人民法院强制执行的费用承担。行政机关申请人民法院强制执行，不缴纳申请费。强制执行的费用由被执行人承担。人民法院以划拨、拍卖方式强制执行的，可以在划拨、拍卖后将执行费用扣除。

复习思考题

1. 什么是行政行为？
2. 对行政行为是如何进行分类的？
3. 什么是行政处罚？
4. 行政处罚具有哪些特征？
5. 对行政处罚设定权是如何规定的？
6. 行政处罚的原则是什么？
7. 如何理解"一事不再罚"的原则？
8. 什么是行政强制？
9. 行政强制是如何分类的？
10. 行政强制的实施程序如何？

第 7 章

工商行政复议

学习目标

掌握行政复议的概念及行政复议的管辖；熟悉行政复议的参加人；了解行政复议的有关程序；运用行政复议的基本理论解决实际问题。

7.1 行政复议概述

7.1.1 行政复议的概念

行政复议是指公民、法人或其他组织认为行政机关的具体行政行为侵犯其合法权益，按照法定的程序和条件向作出该具体行政行为的上一级行政机关或法定机关提出申请，由受理申请的行政机关对该具体行政行为进行复查并作出复议决定的活动。行政复议概念包括以下几层含义：

（1）行政复议只能由作为行政相对人的公民、法人或其他组织提起。在行政复议中，作出具体行政行为的行政机关或法律、法规授权的组织只能作为被申请人。

（2）行政复议权只能由法定机关行使。行政复议是行政机关内部解决行政争议。出于司法公正的考虑，行政复议原则上采取由上一级行政机关复议的原则，只有在某种特殊情况下才由原行政机关复议。

（3）行政复议对于公民、法人和其他组织是维护其合法权益的一种程序性权利，不得被非法剥夺，但公民、法人或其他组织可以自主行使自己的程序性权利，既可以提起行政复议，也可以放弃行政复议。然而，当行政复议作为行政诉讼的前置程序，法律、法规要求必须先经过行政复议才能提起行政诉讼时，公民、法人或其他组织提起行政诉讼则必先申请复议，如果放弃申请行政复议，就无权再提起行政诉讼。

（4）行政复议的对象原则上只能是行政机关作出的具体行政行为。行政相对人对行政机关制定的具有普遍约束力的规范性文件不服，只能在对具体行政行为提起行政复议申请时一并提出，而不能单独对抽象行政行为提起行政复议，要求行政复议机关予以审查。而且，对抽象行政行为附带要求审查，也只能是针对某些特定的规范性文件，而不是全部抽象行政行为。

7.1.2 行政复议的目的

行政复议制度的建立是加强民主，建立法治国家的重要举措。建立这一制度的目的可以概括为三个方面：

1）保护公民、法人和其他组织的合法权益

行政复议是公民、法人和其他组织认为行政机关的行政行为侵犯其合法权益时向上级行政机关申请复议，请求复议机关依法保护其合法权益的法律制度。行政活动权力特征及广泛性，决定了被管理者的合法权益可能经常受到侵害，行政复议即在于为公民认为自己的合法权益受到侵害后提供保护。

在保护公民、法人和其他组织合法权益的两类主要救济制度中，行政复议较之行政诉讼具有受案范围广、效率高、不收费等特点，而且由于在行政系统内部有层级监管做保障，可能更易于为公民、法人和其他组织所接受，因此，行政复议可能

成为公民、法人和其他组织乐于选择的救济制度。

2）防止和纠正违法或不当的行政行为

保护公民、法人和其他组织的合法权益与防止和纠正违法或不当的行政行为，实际上是行政复议制度的两面。公民、法人和其他组织之所以要向行政机关申请复议，是由于认为其合法权益受到了行政机关行政行为的侵犯，也就是认为行政机关的行政行为存在违法或不当，使公民、法人或其他组织的合法权益受到损害。行政复议是为了保护公民、法人或其他组织的合法权益，这一目的只有在纠正违法或不当行政行为时才能达到。

通过行政复议，上级行政机关能够查明违法或不当的具体行政行为产生的原因，作出相应的撤销或变更决定，这样既能在行政系统内部纠正违法或不当的具体行政行为，同时，也能防止今后的执法活动中再出现类似的问题。

3）监督和保障行政机关依法行使职权

行政复议的最后结果无非两种：一是行政行为合法、适当，应予以维持；二是行政行为违法、不当，应予以纠正或改变。如果复议决定是维持行政行为，说明行政行为可能是正确的，从而保障原行政行为的实施；如果复议决定是撤销或改变行政行为，说明申请人的复议请求是正确的，通过撤销或改变原行政行为的裁决达到监督行政机关依法行使职权的目的。

履行行政复议职责的行政机关是行政复议机关。行政复议机关负责法制工作的机构具体办理行政复议事项。

行政机关中初次从事行政复议的人员应当通过国家统一法律职业资格考试，取得法律职业资格。

7.1.3　行政复议的基本原则

行政复议的基本原则不但可以用来解释行政复议条文的含义，而且在行政复议法对某些具体问题缺乏明确规定时，可以作为依据来加以处理和解决。行政复议的基本原则主要有：

1）合法原则

依法行政是行政管理活动的根本原则，行政复议也不例外。合法原则指行政复议权的行使必须合法。这包括两个方面的内容：一是依据法律，复议机关进行复议活动应当依据法律、法规的规定；二是符合法律，复议机关不仅要依据法律，而且要符合法律，不仅要符合程序法的规定，而且要符合实体法的规定。

2）公正原则

公正原则是指复议机关在行使复议权时应当公正地对待复议双方当事人，不能有所偏袒。行政复议是解决行政争议的活动，对于解决纠纷来说，公正是其价值、生命所在，尤其是行政复议在行政系统内部解决行政争议时，特别要强调公正原则。贯彻公正原则要求复议机关在处理与下级行政机关的关系时把握分寸，不能有意、无意地偏袒下级行政机关，真正体现复议机关对下级机关的监督和控制，纠正行政管理中各种违法活动。

3）公开原则

公开原则是指行政复议活动应当公开进行，复议案件的受理、调查审理决定等一切活动，都应该尽可能地向当事人及社会公开，使社会各界了解复议活动的基本情况，避免因暗箱操作而可能导致的不合理，甚至腐败现象。

行政复议的司法性是其必须公开的主要原因。公开才可能公正，行政复议虽然实行书面复议，但行政复议中的主要案卷都应当对当事人公开，行政机关不得无故隐瞒。被申请人应当提出书面答复，并提交当初作出具体行政行为的全部证据、依据和其他有关材料，申请人有权了解，复议机关不得拒绝。

4）及时原则

行政复议作为行政系统内部解决行政争议的途径，必须符合行政管理的一般要求，其中包含着及时性的要求。与行政诉讼相比，行政复议可能更重视效率，作为行政诉讼的前置程序，应尽快地处理是其内含的要求。

及时原则主要包括以下内容：①受理复议申请应当及时。复议机关收到复议申请书后，应当及时对申请进行审查，以明确是否符合法定条件，如符合法定条件应及时受理。②复议案件的审理要按照审理期限审结案件。③作出复议决定应当及时。复议案件经审理后，复议机关应迅速拟定复议决定书，并报复议机关法定代表人签发。④对复议申请人不履行复议决定的情况，复议机关应当及时处理。对作出具体行政行为的行政机关不履行复议决定的，复议机关应责成其履行，并追究或建议追究有关人员的行政责任。

5）便民原则

便民原则是指复议机关在复议的一切环节和步骤上做到因地制宜，施便于民，尽最大可能使行政复议制度真正成为人们日常生活中保护自己合法权益的经济、实用、卓有成效的救济手段。

由于复议制度的设立是为了便于公民、法人或其他组织依法维护其合法权益，因此，在具体的复议中，复议机关应当尽可能地为复议申请人提供便利条件，如在复议申请人无能力书写复议申请书的情况下，复议人员应当把复议申请人的口述记录在案，请复议申请人签名或盖章。在能够通过书面审理解决问题的情况下，尽量不采用其他方式审理行政复议案件，避免让复议申请人耗费不必要的时间、财力和精力。

6）有错必纠原则

有错必纠原则是指行政复议机关对被申请复议的行政行为进行全面的审查，不论是违法，还是不当，也不论申请人有否请求，只要是有错误，一概予以纠正，这是行政复议不同于行政诉讼的重要之处。行政复议制度是在行政系统内部解决行政争议的法律制度，行政系统的层级节制的特点决定了上级对下级的监督制约可以全面进行。

有错必纠原则的确立，要求行政复议机关秉公执法，通过行政复议对下级或其所属的行政机关的行政执法活动实施全面、有效的监督，要在行政复议活动中以事实为依据，以法律为准绳。行政复议既是事实审查，也是法律审查；既是合法性审查，也是适当性审查。有错必纠中的"错"，不仅包括违法之错，而且包括适用自由裁量权时的不当之错。

7.1.4 行政复议范围

《行政复议法》明确列举了受案范围，具体包括下列几类具体行政行为：

1）行政处罚案件

行政处罚案件是指对行政机关作出的警告、罚款、没收违法所得、没收非法财物、责令停产停业、暂扣或吊销许可证、暂扣或吊销执照、行政拘留等行政处罚决定不服而提起的行政复议。《行政处罚法》明确规定了行政机关设定和实施行政处罚的权限、原则、程序适用等要求。行政机关违法或不当实施行政处罚，侵犯公民、法人或其他组织合法权益的，均属于行政复议法规定的行政复议范围，受害人均可以依法申请行政复议，复议机关应当受理。

2）行政强制措施案件

行政强制措施案件是指对行政机关作出的限制人身自由或者查封、扣押、冻结财产等行政强制措施决定不服而提起的行政复议。行政强制措施是行政机关为了预防、制止违法行为或危害社会的状态，以及为了查明案件事实或执行法律、法规及行政决定，根据需要对公民、法人或其他组织的人身或财产采取的强制性手段。行政强制措施既有保全性的，也有制止性和执行性的；既有对人身的，也有对财产的。其特点在于采取强制手段直接施加于公民、法人或其他组织的人身或财产，行政机关很容易违法或不当使用。因此，在行政复议范围中将此单独列为一类案件。

3）许可证管理案件

许可证管理案件是指对行政机关作出的有关许可证、执照、资质证、资格证等证书变更、中止、撤销的决定不服而提起的行政复议。实践中存在着各种各样、名目繁多的证书，构成行政许可应有以下特点：①行政许可是一种赋权行为，即获得许可批准的人取得从事某项活动的权利或资格；②许可是一种法律禁止的解除，凡是要经行政机关许可批准的，在法律上都是禁止一般人所从事的，行政机关的许可批准意味着该事项对获得批准的人来说是禁止的解除。因此，许可的中止、撤销、变更关系到被赋权的合法权益，对其不服的有权申请复议。

4）行政确权案件

行政确权案件是指对行政机关作出的关于确认土地、矿藏、水流、森林、山岭、草原、荒地、滩涂、海域等自然资源的所有权或使用权的决定不服而提起的行政复议。确权行为是行政机关对当事人之间就财产所有权或使用权的归属发生的争议予以确认裁决的行为。行政确权往往关系到公民、法人或其他组织的切身利益，如果行政机关违法或不当行使确认裁决权力，必然会给一方当事人造成极大的财产损失，因此，将确权裁决纳入行政复议范围，有利于对公民、法人或其他组织的合法权益提供保护。

5）侵犯法定经营自主权案件

侵犯法定经营自主权案件是指公民、法人或其他组织认为行政机关侵犯合法的经营自主权而提起的行政复议。经营自主权是公民、法人及其他经济组织依法享有的自主支配和使用其人力、物力和财力以及产供销环节中自主决定不受干涉的权利。在我国，不同性质的经济组织享有经营自主权的范围各不相同。实践中，行政机关侵犯经营自主权的形式有多种，如强行要求企业或经济组织上缴利润，强制变更企业名称、改变企业性质等。各种企业经济组织认为行政机关侵犯其法定经营自主权范围内的权利的，都可以提起行政复议。

6）农业承包合同案件

农业承包合同案件是指认为行政机关变更或废止农业承包合同，侵犯其合法权益而提起的行政复议。农业承包合同是以行政机关或集体经济组织为发包方，以农民为承包方，双方签订的有关农业生产方面的合同，双方按照合同各自享有一定的权利和义务。如果行政机关非经农民同意，随意变更废止或中止原承包合同，侵犯农民依照合同享有的合法权益，农民有权依法申请行政复议。此类案件是行政复议法新增加的，其目的在于维护农业承包合同的长期性、稳定性，保护承包方的合法权益。

7）违法要求履行义务案件

违法要求履行义务案件是指认为行政机关违法集资、征收财物、摊派费用或违法要求履行其他义务而提起的行政复议。在很多情况下，行政机关的管理是通过设定义务来实现的，但设定义务必须要有法律根据，没有法律根据或违反法律规定设定义务，即属于违法要求履行义务。行政机关违法要求履行义务的表现形式有以下几种：①在法律规定之外，行政机关自行制定规范性文件或口头为相对人设定某种义务，或者无任何依据要求相对人履行义务。②行政机关超出法律规定的种类、幅度和方式要求相对人履行义务。③重复要求相对人履行义务。④违反法定程序要求相对人履行义务。对于与上述类似的违法要求履行义务的行为，相对人均有权申请复议。

8）行政许可案件

行政许可案件是指公民、法人或其他组织认为符合法定条件，申请行政机关颁发许可证、执照、资质证、资格证等证书，行政机关没有依法办理而提起的行政复议。在此类案件中，行政机关的行为表现有两种：一是不予答复；二是拒绝颁发。前者被称为默示的拒绝；后者被称为明示的拒绝。其行为后果是相对人不能从事所申请的活动。针对这两类行为，相对人均有权申请行政复议。

9）不履行法定职责案件

不履行法定职责案件是指公民、法人或其他组织申请行政机关履行保护人身权、财产权、受教育权的法定职责，行政机关没有依法履行而提起的行政复议。保护公民、法人或其他组织的人身权、财产权、受教育权是行政机关的法定职责。如果行政机关不履行其法定职责，对受害人提出的投诉、举报等不予接受或拒不交上级有关部门查办，则构成没有依法履行其法定职责的行为。对于这类案件需要注意的是法定职责，它是指法律、法规规定的应当履行的职责和义务，而不是其他规范性文件规定的职责，也不是相对认为行政机关应当履行的义务。不履行法定职责的行为表现包括拒绝履行或不予答复。

10）行政给付案件

行政给付案件是指公民申请行政机关依法发放抚恤金、社会保险金或最低生活保障费，行政机关没有依法发放而提起的行政复议。在行政法上，抚恤金等费用的发放属于行政给付行为，依法发放抚恤金等有关费用是行政机关的法定职责，享受社会保障是公民的一项权利，因此，行政机关没有依法发放抚恤金等构成对公民合法权益的侵害，公民有权提起行政复议。

11）行政机关其他具体行政行为侵权引发的争议

《行政复议法》规定，公民、法人或其他组织认为行政机关的其他具体行政行为侵犯其合法权益的，有权申请行政复议。这是一项概括性条款。在立法技术上，这一条款意味着所有其他未列举但符合这一条件的都可以申请复议。这里实际上包含着两条标准：一是可申请复议的必须是具体行政行为；二是合法权益，即对除上述10项涉及的权利以外的其他合法权益，相对人也有权利申请行政复议。

7.1.5　行政复议的排除范围

行政复议的排除范围，即不在行政复议范围内，复议机关不能受理的行政争议。对于这些事项，申请人不得提出复议申请。行政复议的排除事项有以下几种类型：

1）不服行政处分及其他人事处理决定的

《行政复议法》规定，不服行政机关作出的行政处分或者其他人事处理决定的，可依照有关法律、行政法规的规定提出申诉。行政处分是行政机关对其工作人员作出的惩戒决定。行政机关对其工作人员作出的其他人事处理决定包括录用、考核、奖励、职务升降、辞退、职务任免等。对于行政处分不服的，可以向行政监察机关申诉；对于人事处理决定不服的，可以在接到处理决定后向原处理机关申请复核，或者向同级人民政府人事部门申请复议。

行政处分及人事处理决定，通常被称为内部行为。内部行为之所以排除在行政复议范围之外，主要是因为，内部行为涉及的是行政机关的内部事务。对此，我国法律已规定有其他救济途径，如果纳入行政复议范围，则会出现行政复议与人事、监察部门职权重叠、交叉现象，不易解决此类争议。按照《行政监察法》的规定，公务员和国家行政机关任命的其他人员对主管行政机关作出的行政处分决定不服的，可以向监察机关提出申诉；按照《公务员法》的规定，行政机关依法对工作人员作出的有关任免、录用、考核、调动等人事处理决定，公务员或其他国家工作人员可以向原机关申请复核，或者向同级政府人事部门提起申请，还可以向设置在县级以上人事部门的人事争议仲裁委员会或人事仲裁厅提起仲裁申请。不再纳入行政复议的范围。

2）不服行政机关对民事纠纷作出的调解和其他处理的

按照我国现行法律规定，某些行政机关享有处理民事纠纷的调解、处理权力。如《环境保护法》规定，任何个人或者单位造成环境污染危害的，有责任排除危害，对直接受到损害的单位或者个人赔偿损失。赔偿责任和赔偿金额纠纷可以根据当事人的请求，由环境保护行政主管部门或其他依照法律规定行使环境监督管理权的部门处理。行政机关在处理民事纠纷时除行使裁决处理权外，还经常采用调解的方式，即在行政机关的主持下，通过说服教育的方法，促使当事人友好协商达成协议，从而解决纠纷。

对行政机关进行的调解、处理民事纠纷的行为不能申请复议，是因为这类调解处理行为是行政机关针对平等主体之间的民事纠纷居间作出的行为，而这类纠纷原本可以由仲裁机关或人民法院处理，只是行政机关的先行调解或处理起到了过滤或提高效率的作用，而这类纠纷最终仍要由仲裁机关或人民法院处理解决。所以在行政机关调解处理后，如果允许对此类调解处理申请行政复议，复议机关也只能就原调解处理是否合法、适当作出判断，不能最终解决调解处理所针对的民事纠纷。

7.2　行政复议的管辖

行政复议管辖是指行政复议申请的权限和分工，即某一行政争议发生后，应由哪一个行政机关来行使行政复议权。管辖是行政复议机关复议活动发生的基础，也是其复议活动合法化的前提。

行政复议管辖的划分与行政诉讼管辖有所不同，因为行政机关的设置不同于且远复杂于法院的设置，如行政系统中的条条、块块管理体制，派出机构与派出机关等特殊行政机关的设置等，行政复议管辖的确立更多地考虑了行政管理体制的具体情况，有以下种类：

7.2.1　一般管辖

行政复议的一般管辖，是指在通常情况下不服行政机关具体行政行为的行政复议适用于一般机构设置或一般案件的权限分工。行政组织系统虽然复杂，但仍有其机构的基本设置，如各级政府、政府的工作部门等，它们在全国普遍设置，据此而确定的管辖称为一般管辖。它主要包括以下三种：

（1）不服县级以上各级人民政府工作部门具体行政行为的复议申请管辖。行政机关是按照层级隶属设置的，各级政府分别设立若干工作部门，这是行政机关设置的一般情况。对此《行政复议法》是根据行政管理体制来确定管辖的。对县级以上地方各级人民政府工作部门的具体行政行为不服的，由申请人选择，既可以向工作部门所属的本级人民政府申请行政复议，也可以向上一级主管部门申请行政复议，但对海关、金融、税务、外汇管理等实行垂直领导的行政机关和国家安全机关的具体行政行为不服的，须向上一级主管部门申请复议。

对国务院部门的具体行政行为不服的，考虑到其上级是国务院，而国务院不适宜承担复议职能，故采取由原行政机关复议的方式，即向作出该具体行政行为的国务院部门申请行政复议，对行政复议决定不服的，可以向人民法院提起行政诉讼，也可以向国务院申请作出最终裁决。《行政复议法》的这一规定，既体现了国务院部门在复议申请管辖上的例外，即由作出原具体行政行为的机关管辖，又体现了最终由人民法院或国务院审查其具体行政行为合法性的原则。

（2）不服地方各级人民政府具体行政行为的复议管辖。《行政复议法》第十三条规定，对地方各级人民政府的具体行政行为不服的，向上一级人民政府申请行政复议，采取的是"政府对政府"的管辖确定方式。因为凡是应由政府复议的案件，往往具有综合性、复杂性、难度较大，办理这类复议案件，要协调诸多关系，有时往往与制定规范性文件的行为联系在一起，因此由下级人民政府所做的具体行政行为引起相对人复议的请求，上一级人民政府依法拥有复议管辖的权限，这是行政机关层级隶属性的必然结果，也是解决此类复议案件的必然要求。但是，对于省级人民政府的具体行政行为不服申请复议的管辖，则有例外，即采取原机关管辖的办法，向作出该具体行政行为的省级人民政府申请复议。对复议决定不服的，可以向人民法院提起行政诉讼或向国务院申请，但如果选择了向国务院申请，则国务院作出的裁决为终局裁决。

（3）不服省、自治区人民政府依法设立的派出机关所属的县级人民政府的具体行政行为的复议管辖。按照我国的行政体制，省、自治区人民政府下设有派出机关。事实上，派出机关具有一级政府的职能，如地区行政公署。往往一个行政公署辖有若干县，对于省、自治区人民政府所辖的派出机关所属的县级人民政府的具体行政行为不服的，向该派出机关申请行政复议。这是因为省、自治区人民政府依法设立的派出机关在法律上具有行政主体地位，按照上一级管辖的复议原则，其所属的县级人民政府的具体行政行为当然应由其管辖。

7.2.2　特殊管辖

行政复议的特殊管辖，是指除一般管辖之外的适用于特殊案件的管辖。根据《行政复议法》的规定，特殊管辖主要有以下五种：

（1）不服地方人民政府派出机关具体行政行为的复议申请管辖。派出机关代表设立它的人民政府履行行政职能，对其作出的具体行政行为不服，只能向设立这些派出机关的人民政府申请复议。

（2）不服政府工作部门设立的派出机构依法以自己名义作出的具体行政行为的复议管辖。对派出机构所做具体行政行为不服申请复议，取决于该派出机构是否依法以自己的名义作出。如果这些派出机构是以设立它的行政机关的名义作出的具体行政行为，则应视为行政委托。按一般管辖的规定确定管辖机关，既可选择设立派出机构的政府工作部门的上一级主管部门，也可选择向该部门所属的本级地方人民政府申请行政复议；如果派出机构是依法以自己的名义作出的具体行政行为，则向设立它的政府工作部门申请复议。

（3）不服法律、法规授权的组织的具体行政行为的复议申请管辖。《行政复议法》规定，对法律、法规授权的组织所为的具体行政行为不服的，分别向直接管理该组织的地方人民政府、地方人民政府的工作部门或者国务院部门申请行政复议。法律、法规授权的组织虽然不是行政机关，但由于法律、法规授予行政权力，负有对特定领域实施管理和监督的职责，具有行政主体地位，不服该组织作出的具体行政行为的复议申请，只能由直接管理该组织的行政机关管辖。

（4）共同行为的复议管辖。两个或两个以上的行政机关以共同名义作出的具体行政行为称为共同行为。由于共同行为是两个以上的行政机关共同的意思表示，因此，为共同被申请人，由其共同的上一级行政机关管辖。两个以上的行政机关以共同名义作出具体行政行为的情况较为复杂，应区别情况由不同的上级行政机关作复议机关。如同一人民政府所属的两个以上工作部门以共同名义作出具体行政行为，则以该工作部门所属的人民政府作为复议管辖机关；如同一级别或不同级别的两个以上地方各级人民政府以共同名义作出的具体行政行为，则以它们的共同上一级人民政府作为复议管辖机关；如同一级别或不同级别政府的两个以上工作部门以共同名义作出的具体行政行为，则由它们的共同上一级人民政府工作部门或共同上一级人民政府作为复议管辖机关。

（5）行政机关被撤销的复议管辖。不服被撤销的行政机关在撤销前作出的具体行政行为，向继续行使其职权的行政机关的上一级行政机关申请行政复议。因为继续行使职权的行政机关为该具体行政行为的被申请人，按照上一级管辖的原则，应由其上级行政机关管辖。

7.2.3 转送管辖和指定管辖

转送管辖是指接受特别管辖的行政复议案件的县级地方人民政府，对不属于自己受理范围的行政复议申请，应当在收到该复议申请之日起7日内转送有关复议机关，并告知申请人。

指定管辖是指对某一行政复议案件，上级行政机关或同级人民政府指定某一行政机关管辖。指定管辖往往是因为管辖发生争议且协商不成时，由它们的上级行政机关指定管辖。

7.3 行政复议参加人

7.3.1 行政复议申请人

1）行政复议申请人及资格

行政复议申请人，是认为行政主体的具体行政行为侵害其合法权益，以自己的名义向行政复议机关提出申请，要求对该具体行政行为进行复查并依法作出裁决的人。并不是所有的公民、法人或其他组织都可以提起行政复议，而是必须具备一定的条件。行政复议申请人必须是认为具体行政行为侵犯其合法权益的公民、法人或其他组织。据此，行政复议申请人应当具备以下条件：

（1）复议申请人是公民、法人或其他组织。这里的公民、法人或其他组织是指行政相对人。相对人即相对于行政管理活动而言，受到行政管理活动影响的人。

（2）复议申请人必须是认为具体行政行为侵犯其合法权益的人，即申请人与被申请复议的具体行政行为有法律上的利害关系。所谓法律上的利害关系，是指其权利、义务受到具体行政行为的不利影响。只有与具体行政行为之间存在着利害关系，才有必要通过行政复议寻求救济。

复议申请人资格只是一种理论上的标准。在实践中，与具体行政行为存在着利害关系，可以成为行政复议申请人的情况较为复杂，经常有以下几种情况：

①具体行政行为的直接对象，即具体行政行为所直接针对的公民、法人或其他组织，这是行政复议中最大量的，也是最直接的申请人。②具体行政行为的间接对象，即与具体行政行为有利害关系，但并非具体行政行为直接的对象。③行政机关裁决民事纠纷的双方当事人。如在土地确权裁决中，民事纠纷双方当事人中任何一方对裁决不服，都可以依法申请复议（复议申请人的具体确认可参见行政诉讼原告）。

2）复议申请人资格的转移与代理

复议申请权为申请人所享有，但在某些情况下，申请人资格可以转移。申请人资格的转移有三种情况：

（1）有权申请行政复议的公民死亡，其近亲属可以申请行政复议。此时，申请人的权利可以由其近亲属继承，近亲属可以申请行政复议。

（2）有权申请复议的法人或者其他组织终止，承受其权利的法人或其他组织可以申请复议，因为承受其权利当然应当包括程序上的复议申请权。

（3）有权申请复议的公民如为无行为能力人或者限制行为能力人，其法定代理人可以代理申请复议。法定代理人代理无行为能力人或限制行为能力人申请复议，具有相当于被代理人的法律地位，行使被代理人的复议权利和承担被代理人行政复议上的义务。

7.3.2 行政复议被申请人

1）行政复议被申请人资格

行政复议被申请人是复议申请人的对称，指申请人认为其具体行政行为侵犯自己的合法权益而申请复议，由复议机关通知参加复议的行政机关，即指作出被申请复议的具体行政行为的行政机关。复议被申请人必须具备下列条件：

（1）被申请人必须是行政主体。行政复议被申请人应能够承担法律责任，因而必须是行政主体。因为只有行使行政职权，作出具体行政行为才有可能与相对人产生行政争议。行政主体包括行政机关和法律、法规授权的组织。

（2）被申请人必须实施了被申请复议的具体行政行为。被申请人涉及案件的审理和责任的承担，只有实施了被申请复议的具体行政行为才会引起争议，该行政主体才能提供作出具体行政行为的事实根据和法律依据，才能有利于查清案情，同时，该行政主体也必须对自己的行为承担责任。

2）行政复议被申请人的确认

行政机关是一个庞大的组织系统，内部机关各种各样，在不同情况下，针对不同的具体行政行为，行政复议被申请人亦有不同，由此产生了复议被申请人的确认。不过复议被申请人的确认与行政诉讼被告的确认几乎相近，大致包括以下规则：

（1）公民、法人或其他组织对行政机关的具体行政行为不服申请复议，作出该具体行政行为的行政机关是被申请人。

（2）两个以上的行政机关以共同名义作出的具体行政行为，由共同作出具体行政行为的行政机关作为共同被申请人。

（3）法律、法规授权的组织作出的具体行政行为，该组织作为复议被申请人。

（4）行政机关委托特定组织和个人实施具体行政行为的，由作出委托的行政机关作为被申请人。

（5）行政机关被撤销的，由继续行使其职权的行政机关作为被申请人。

（6）对于派出机构所为的行为，如果是县级以上地方人民政府依法设立的派出机构作出的具体行政行为，该派出机构为被申请人；如果是政府工作部门依法设立的派出机构所做的具体行政行为，则由设立该派出机构的政府工作部门作为被申请人。但是，如果法律、法规对派出机构有授权，该派出机构以自己的名义作出具体行政行为，则该派出机构为被申请人。

7.3.3　行政复议第三人

1）行政复议第三人的含义

行政复议第三人是指同申请行政复议的具体行政行为有利害关系，申请参加或者由复议机关通知参加的申请人与被申请人以外的其他公民、法人或者其他组织。社会中发生的纠纷经常涉及双方当事人以外的其他人，纠纷的解决与其有利害关系，尤其是行政行为具有公共性，更可能涉及其他的人，这些人参加复议既有利于保护自己的合法权益，又有利于案件的处理。

2）行政复议第三人的种类

从法律、法规的规定来看，行政复议第三人包括以下几种：

（1）在治安、食品卫生、药品管理等行政处罚案件中，受处罚人不服行政处罚而申请复议，受害人作为第三人；或受害人不服行政机关处理决定而申请复议，受处罚人作为第三人参加复议。

（2）在食品卫生、药品管理等行政复议案件中，同申请人所受的具体行政行为的处理有利害关系的另一公民、法人或其他组织，如食品卫生监督检验所因某商店出售劣质食品而对其进行处罚，该商店不服，申请复议，并称所销售的食品是从某生产厂家购进，而该厂有产品检验合格证。这时，如果行政复议机关维持食品卫生检验所的处罚决定，则意味着生产厂家的食品不合格。因此，该生产厂家可以作为第三人参加复议。

（3）在不服行政裁决、行政确权的复议案件中被裁决、确权的民事纠纷的一方当事人是复议申请人，另一方当事人可以作为第三人参加复议。

（4）行政机关因越权处罚被申请复议时，被越权的行政机关可以作为第三人。行政机关超越其权限作出的具体行政行为，被越权的行政机关与此有利害关系，因而该行为被提起复议时，被越权的行政机关具有以第三人身份参加复议的资格。

（5）两个或两个以上的行政机关基于同一事实，针对相同的行政相对人作出互相矛盾的具体行政行为，行政相对人申请复议，作出具体行政行为的行政机关可作为第三人参加复议，因为同一个具体行政行为的复议结果将会影响到其他行政机关作出的具体行政行为的效力。

7.3.4　行政复议代理人

行政复议代理人是指行政复议中接受当事人的委托，以被代理人的名义代理他人进行复议的人。在行政复议中，当事人既可以亲自参加复议，也可以委托复议代理人参加复议。从代理权产生看，复议代理人可以分为法定代理人、指定代理人和委托代理人三类。复议代理人具有以下特点：①复议代理人以被代理人的名义，为维护被代理人的利益而参加复议，他自己与被复议的行政行为并无利害关系。②复议代理人必须在代理权限范围内实施代理行为。③复议代理人依法参加复议的法律后果由被代理人承担。④复议代理人只能代理当事人一方，不能在同一复议中代理双方。复议中代理人遵循与诉讼中同样的规则。

复习思考题

1.什么是行政复议？行政复议的目的是什么？

2.行政复议申请人的资格如何确定？

3.行政复议被申请人是如何规定的？

4.行政复议第三人的情形如何？

第 8 章

市场主体登记管理

学习目标

掌握市场主体的概念和特征；了解市场主体在市场经济中的作用，掌握市场主体登记机关确立的原则；掌握各级市场监督管理部门登记管理的职责、公司登记审批的基本程序；掌握个体工商户的登记管理政策、企业名称管理的内容；掌握企业信息公示制度。

8.1　市场主体概述

8.1.1　市场主体的概念及特征

1）市场主体的概念

市场主体，是指经国家批准进入市场，从事商品生产、经营、服务活动，以营利为目的的企业法人及自然人。

按照市场经济理论，广义的市场主体包括：市场的管理者——政府、商品的生产经营者、商品的消费者及市场活动的中介机构等。我们这里指的市场主体为狭义的市场主体，是以营利为目的，从事商品生产及经营活动的市场竞争主体。

2）市场主体的基本特征

（1）市场主体必须从事以营利为目的的商品生产经营活动

市场主体必须是经营者，而经营者在市场中的经营行为是以营利性为主要特征的。

市场主体作为经营者，在市场上的具体活动，是以其自身的经济需要为前提的，是一种自主行为。

（2）市场主体在法律上具有独立的民事主体资格及合法地位

《中华人民共和国民法典》（简称《民法典》）规定，法人、非法人组织和公民（自然人）都可以成为合法的民事法律关系的主体。它们都具有独立的民事主体资格。任何民事主体虽然都有法律所赋有的权利能力，但法人、非法人组织与自然人所享有的权利能力有所差别。公民（自然人）不具有法人所特有的某种权利能力，同样，法人、非法人组织也不具有公民（自然人）所特有的和人身相关的权利能力。但是作为市场主体，三者都得到法律上的认可，都可以成为合法的市场主体而准入市场进行商品生产、经营或服务活动，从这一点来说，它们都具有合法的民事主体资格和各自不同的法律地位。

（3）市场主体资格及法律地位须经国家认可

市场经济在价值规律的自发调节下，同样还需要国家运用经济的、法律的以及行政的方法进行宏观调节和控制。这种宏观调节和控制体现在市场主体上，就是要赋予不同市场主体相应的法律资格，以明确其法律地位。

作为具有独立的民事法律关系主体资格的市场主体，从其分类看，很重要的一类是企业法人。企业法人是具有独立的财产，能够独立承担民事责任的经济组织。因此，它可以成为具有独立法人资格的市场主体。而自然人虽然也可以进行以营利为目的的商品经营活动，但其承担责任的形式是无限责任，即使有些是以自然人企业的形式出现，但这些企业不具有法人所拥有的条件，因而在法律上是不具备法人资格的市场主体。

由国家确立各市场不同的法律资格及法律地位，是市场经济的客观要求，这样做一方面可以加强国家对市场主体的宏观调控，另一方面也可以保护市场经济中债权人的权益，以保证市场秩序的稳定。

国家确立各市场主体法律资格及法律地位的前提是规范各类市场主体的法律特征以及它们所应具备的条件。申请法人登记的市场主体，必须符合法人所应具有的法律条件和要求，申请登记为公司的，应按照我国公司法的要求，按规范组建公司。

最后，作为对市场主体的控制手段，国家要规范各个不同市场主体准入和退出市场所必须履行的法律程序。

8.1.2　市场主体在市场经济条件下运行的特点

有市场，就必须要有市场主体及客体——市场上交易的商品。而市场主体的运行，其职能与作用的发挥，对市场经济的发展起着不可忽视的作用。因此，我们有必要分析一下市场主体在市场经济条件下运行的特点，即市场主体的自主性、开放性、平等性和竞争性。

（1）市场主体的自主性，指所有市场主体都必须具有生产经营的自主权，并且自负盈亏。一个没有生产经营自主权的单位只能是某些组织的附属物，构不成市场主体，更无法在市场经济中独立自主地运行。

（2）市场主体的开放性，指市场要向所有的商品生产者、经营者、消费者开放，向不同所有制的企业开放，向国外开放。市场主体应适应开放的形势，充分利用国内、国外资源，开辟国内、国际市场，以搞活经济。

（3）市场主体的平等性，指在商品交换中，任何市场经营活动中的参与者都以平等的身份出现，公平交易，平等竞争。应规范市场主体的法律地位，使其真正成为独立、平等的市场主体。

（4）市场主体的竞争性。市场经济以竞争为其主要运行机制，商品的生产者、经营者之间，以及生产者、经营者、消费者之间都要在广泛的领域内进行竞争。通过竞争促进经济发展，活跃市场经济。必须保证市场主体在公平、公开、公正的条件与程序下参与市场竞争，同时反对不正当竞争。国家有权依法制裁违反有关法律规定的市场主体。

市场的生产经营者在市场竞争规律的作用下优胜劣汰，从而不断地推动技术进步，推动社会经济技术发展。

8.1.3　市场主体在市场经济中的作用

1）市场主体是市场经济运行的基础

市场主体既是生产要素的提供者和购买者，同时又是各种消费品的生产者和消费者，离开了市场主体之间的购买、生产和销售活动，市场就失去了运行的条件。

市场的产生是以社会分工和商品生产为前提的。社会分工的出现和不断扩大，使得不同的产品分别由不同的生产者来生产，同时劳动产品又归不同的所有者占有。这样，各个生产者对他人产品的需要，就必须通过市场交换来满足，市场的活动内容就是商品生产者、经营者以及消费者之间通过买卖关系实现其利益需要的活动。

市场主体既可以是市场中的生产主体，也可以成为市场中的经营主体或消费主体，当市场主体需要进行生产经营活动时，需要购进大量原材料、土地、技术及劳动力，这时市场主体以需求者的身份出现，会成为生产要素的消费者，同时其他市场主体就必然在市场中充当生产资料的提供者，以使商品交换得以完成。

各种消费品的生产和消费遵循同样的道理，任何市场主体都可能成为消费品市场的生产者和消费者。市场能否扩大，功能能否健全，取决于各市场是否具有灵敏的反应能力、应变能力和迅速地把市场机会转化为主体自身机会的能力。由于市场主体在追逐个体利益的同时拓展着市场规模，壮大着市场，因此，市场主体是市场经济运行的基础。

2）市场主体的发展状况关系到以公有制经济为主体的社会主义经济制度的巩固与发展

社会主义市场经济是建立在以生产资料社会主义公有制为主体的经济基础上的，而资本主义市场经济是建立在以生产资料资本主义私有制为主体的经济基础上的，这是社会主义市场经济同资本主义市场经济相区别的根本标志。

在社会主义市场经济条件下，我们在积极发展多元化市场主体的同时，必须始终清醒地看到，应该坚持公有制经济在社会经济发展中的主体地位。坚持公有制经济（包括国有经济与集体经济）在社会经济发展中的主体地位，不仅是在量上，即在全国范围内公有制经济应占相当的比重，而且在质上，即凡垄断社会经济命脉、操纵国计民生的企业应以公有制经济为主体或由公有制经济控股，绝不能失去控制，使我们社会主义经济基础不动摇。

3）市场主体的合理配置关系到资源的合理配置

市场经济可以通过市场机制即供求价格、竞争机制的作用，促使资源合理流动与优化配置。它首先反映为社会资源在各市场主体间的配置上，哪一类型的市场主体发展得多，实际上社会资源就较多地流向那里。国家可以制定产业政策，通过企业登记管理引导企业发展，通过市场从宏观上调节各种资源在市场主体之间的分配。如果措施得当，会有利于促进资源的合理和优化配置。

4）市场主体的多元化，有利于竞争机制的发挥，从而提高社会生产力

在市场经济条件下，竞争机制是贯穿于经济运行机制始终的。竞争是在各市场主体间进行的，市场经营者越少，竞争越弱，相反市场上经营者众多，就会使竞争加剧。市场主体通过市场竞争，以自己的产品和服务占有市场，实现商品的价值，为竞争者本身带来相应的利润，同时，各市场主体在竞争中为赢得市场优势，就必须努力去改进技术，提高产品质量、服务水平，降低成本，改善经营管理，从而推动整个社会经济充满活力地发展。

我国市场主体多元化的发展趋势，承认在市场经济体制下各类市场主体具有各自不同的经济利益，国家正是通过利用各市场主体不同物质利益的动力和市场竞争的压力，去推动市场主体积极生产和经营，从而发展社会生产力。

5）对市场主体进入市场及其市场行为的规范，有利于市场经济秩序的稳定

市场主体要进入市场，必须经过国家批准，必须符合国家对市场主体合法地位所定的具体规范条件，同时市场主体准入市场必须履行一定的法律程序。

市场经济秩序包括市场主体进入市场时的秩序。搞市场经济，如果不从市场源头抓起，把不住"入关"口，就会直接影响到市场经济秩序的稳定。众所周知，我国几次的公司清理和整顿都是由于市场上大量公司的违法经营活动被发现并对经济生活以及经济秩序造成了恶果而引发的。从表面看，这是市场经济秩序混乱，实质上，有些当初就不符合公司规范及条件的市场主体获准进入市场是问题产生的根本原因。

国家不仅要规范市场主体进入市场的行为，而且要规范市场主体在市场上的经营活动，加强管理与监督。只有市场主体行为规范了，并依法办事，才能有利于市场经济秩序的稳定。

8.2 市场主体登记管理机关

8.2.1 企业登记主管机关的确立和登记管辖原则

1）登记主管机关的确立

企业法人登记主管机关是依据国家法律、法规的授权，代表国家对企业设立（开业）、变更、注销进行登记注册，以及对其经营活动进行监督管理的行政执法机关。

根据法律的规定，我国的企业登记主管机关是市场监督管理部门，主要包括国家市场监督管理总局和省、自治区、直辖市、市、县市场监督管理局。

市场监督管理部门按照业务分工，设有企业登记注册工作机构，以承担企业的登记注册与监督管理工作。如国家市场监督管理总局设有登记注册局；省、自治区、直辖市和计划单列市市场监督管理局设有登记注册处；省、自治区所辖市、县市场监督管理局设有登记注册处或登记注册科等。

各级登记主管机关在上级登记主管机关的领导下，依法履行职责。各级登记主管机关的主要职责是依照《中华人民共和国企业法人登记管理条例》（简称《企业法人登记管理条例》）、《中华人民共和国企业法人登记管理条例施行细则》、《中华人民共和国公司法》和《中华人民共和国公司登记管理条例》（简称《公司登记管理条例》）等法律、法规及政策，对企业进行登记管理，确认企业法人资格及合法经营权，保护企业合法权益，取缔非法经营，维护社会主义市场经济秩序。

企业登记主管机关在企业登记注册方面，具体要做以下几方面的工作：

（1）办理企业法人设立（开业）、变更、注销登记和经营单位的营业登记。

（2）保护企业的合法权益，主要表现在对企业合法经营资格的确认和对非法经营、无照经营的取缔两个方面。

（3）依法对企业进行监督管理。按照《企业法人登记管理条例》及其施行细则、《公司法》及《公司登记管理条例》等有关法律、法规和政策，查处企业违反登记管理法规的行为。

（4）建立企业登记档案和登记统计制度。企业登记档案是发挥企业登记管理职能作用必不可少的资料，是登记主管机关对企业进行登记注册管理和对其生产经营进行监督管理的原始记录，是完整保存的文件档案。

（5）向社会公众提供企业登记资料的查证服务。

2）登记主管机关的登记管辖原则

登记管辖是指登记主管机关对企业法人和经营单位依法登记注册和监督管理的职权范围。登记注册是登记主管机关的基本职能，但各个登记主管机关对哪些企业有权登记注册，对哪些企业无权登记注册，应当有一个明确的界限，遵循一定的规则，这个规则可以看成是登记管辖原则。

（1）地域登记管辖。地域登记管辖是登记管辖的最基本表现形式。它以行政管辖地为范围，并以此作为申请登记与受理申请登记的管辖依据。企业应当向同一行政区划的登记主管机关提出申请，登记主管机关应当对同一行政区划的企业进行登记管理。

（2）级别登记管辖。级别登记管辖是指某个特定级别的登记主管机关对某类特定申请登记的企业实施登记管理的资格和权力。它和地域登记管辖相互配合，构成企业登记管辖最主要的原则，是对地域登记管辖的有效补充。

同一行政区划内有两个或两个以上的登记主管机关时，企业应当按照级别管辖的原则，确定级别相当的登记主管机关为登记管辖机关。登记主管机关的级别管辖一般分为三个层次，即国家一级，省、自治区、直辖市一级，市、县（含自治州）一级。

一般说来，企业法人（特指按照《企业法人登记管理条例》设立的企业）一般都有自己的主管部门，其实施级别管辖，应当以企业主管部门与登记主管机关大体相当的原则；公司（指按《公司法》设立的有限责任公司和股份有限公司）实施级别管辖，应当按公司类型及有关规定执行。

（3）指定登记管辖。指定登记管辖是指登记主管机关根据有关规定和登记管理工作的实际需要，在自己的权限范围内指定下级登记主管机关，对某些申请登记单位或登记事项以被指定人的名义实施登记管理的职责和权力。它是分级登记管理管辖中的一种表现形式。

（4）授权登记管辖。授权登记管辖是指登记主管机关根据有关规定和登记管理工作的实际需要，在自己的权限范围内授权下级登记主管机关以被授权机关的名义实施授权单位的登记管辖职权。授权管理是登记主管机关落实登记管辖的特殊方式。

授权登记管辖的法律特征是，被授权人具有全权办理登记注册的资格，在授权事项范围内作出登记管理的行为，其管辖后果和责任由授权人承担。被授权人不得再将授权事宜转授其他登记主管机关。授权人认为被授权人已不再具备授权条件或者工作有重大失误时，可以随时收回授权决定。

以上四个登记管辖原则，构成了企业登记管辖的基本内容。其中，地域登记管辖和级别登记管辖是基本原则和重要原则；指定登记管辖和授权登记管辖是前两者有益的补充。

8.2.2　企业登记主管机关管辖权的划分

1）非公司企业法人登记管辖权的划分

根据《企业法人登记管理条例》及其施行细则的规定：

（1）国家市场监督管理总局负责登记管理的企业。

①国务院批准设立的或者行业归口管理部门审查同意由国务院各部门以及科技性社会团体设立的全国性公司和大型企业。

②国务院授权部门审查同意由国务院各部门设立的经营进出口业务、劳务输出业务或者对外承包工程的公司。

（2）省、自治区、直辖市市场监督管理部门负责登记管理的企业。

①省、自治区、直辖市人民政府批准设立的或者经行业归口管理部门审查同意由政府各部门以及科技性社会团体设立的公司和企业。

②经省、自治区、直辖市人民政府授权部门审查同意由政府各部门设立的经营进出口业务、劳务输出业务或者对外承包工程的公司。

③国家市场监督管理总局根据有关规定核转的企业或分支机构。

（3）市、县、区（指县级以上的市辖区）市场监督管理部门负责上述第（1）、（2）两项所列企业外的其他企业的登记管理。

2）公司登记管辖权的划分

根据《公司登记管理条例》的规定：

（1）国家市场监督管理总局负责下列公司的登记。

① 国务院国有资产监督管理机构履行出资人职责的公司以及该公司投资设立并持有50%以上股份的公司。

②外商投资的公司。

③依照法律、行政法规或者国务院决定的规定，应当由国家市场监督管理总局登记的公司。

④国家市场监督管理总局规定应当由其登记的其他公司。

（2）省、自治区、直辖市市场监督管理局负责本辖区内下列公司的登记。

①省、自治区、直辖市人民政府国有资产监督管理机构履行出资人职责的公司以及该公司投资设立并持有50%以上股份的公司。

②省、自治区、直辖市市场监督管理部门规定由其登记的自然人投资设立的公司。

③依照法律、行政法规或者国务院决定的规定，应当由省、自治区、直辖市市场监督管理部门登记的公司。

④国家市场监督管理总局授权登记的其他公司。

（3）设区的市（地区）市场监督管理局、县市场监督管理局，以及直辖市的市场监督管理分局、设区的市市场监督管理局的区分局，负责本辖区内下列公司的登记。

①除国家市场监督管理总局和省、自治区、直辖市市场监督管理局负责登记以外的其他公司的登记。

②国家市场监督管理总局和省、自治区、直辖市市场监督管理局授权登记的公司。

前两项规定的具体登记管辖由省、自治区、直辖市市场监督管理局规定。但是，其中的股份有限公司由设区的市（地区）市场监督管理局负责登记。

8.2.3　登记管理部门的职责

1）企业登记管理部门的职责

企业登记管理部门的职责是贯彻执行企业法人登记管理的各项法律、法规和政策，依法进行登记管理，确认企业法人和经营单位的主体资格及合法经营权，保护企业合法权益，取缔非法经营，维护社会经济秩序。其具体任务包括：

（1）办理企业法人（包括公司）和经营单位的开业（设立）、变更、注销登记。

（2）保护企业的合法权益，维护企业的名称权、财产权、经营权。

（3）监督管理企业遵守《公司法》《公司登记管理条例》《企业法人登记管理条例》及国家有关的法律、法规和政策，查处违反上述法律、法规的行为。

（4）建立企业登记档案和登记统计制度。

（5）根据社会需要，向公众提供企业登记资料和有关法律、法规和政策的咨询服务。

2）私营企业登记管理部门的职责

我国私营经济是社会主义经济的组成部分，应当运用经济的、行政的和法律的手段，加强管理和引导，鼓励它们在国家允许的范围内继续发展，发挥它们在发展社会生产、方便人民生活和扩大劳动就业等方面的积极作用，限制它们不利于社会主义经济发展的消极因素。这是国家关于私营经济的基本政策和指导方针。

登记管理是国家对私营企业实行引导、监督和管理的重要手段。为了使私营企业的发展符合国家经济建设和人民生活的需要，就必须加强登记管理，对开办私营企业的人员条件、私营企业类型、经营范围，以及对私营企业的开业、变更、注销登记的申请和核准程序等作出法律规定，加以控制和管理。根据《中华人民共和国企业法人登记管理条例》（简称《企业法人登记管理条例》）、《中华人民共和国合伙企业登记管理办法》（简称《合伙企业登记管理办法》）和《个人独资企业登记管理办法》等规定，市场监督管理机关是私营企业登记管理的主管机关。

在《企业法人登记管理条例》及其施行细则中，规定了市场监督管理机关在对私营企业的管理上应履行的职责是：

（1）办理私营企业的开业（设立）登记、变更登记和注销登记。

（2）监督私营企业按照登记机关核准的登记事项从事生产经营活动。

（3）制止和查处私营企业的违法经营活动。

（4）保护私营企业的合法经营，制止向私营企业的摊派。

（5）指导私营企业协会的工作。

（6）国家授予的管理私营企业的其他职责。

市场监督管理机关根据国家规定对私营企业的登记管理，是市场监督管理机关代表国家行使行政管理职能的一项基本管理制度，其意义在于确立私营企业的合法地位，保护私营企业的合法权益，加强对私营企业的监管，制止和查处违法行为，促进私营企业的健康发展。

3）个体工商户登记管理部门的职责

国家对个体工商户的登记管理，是国家授权市场监督管理机关依照有关法律、法规的规定，确认公民从事个体工商业的合法经营资格的职能。市场监督管理机关根据《个体工商户条例》等有关规定，对申请从事个体工商业的公民办理开业、变更、歇业的审查、核准登记工作，是对他们的经营活动进行监督管理的重要手段。具体来说，个体工商户的登记管理，应由其户口所在地的市、县市场监督管理机关或市场监督管理分局委托其所属市场监督基层机构承担，但审批权限仍按照法律规定，属市、县市场监督管理局或市场监督管理分局。

（1）只有经过市场监督管理部门核准登记，才可以认定申请人在民事法律关系中取得个体工商户法律地位。《民法典》第五十四条规定："自然人从事工商业经营，经依法登记，为个体工商户。个体工商户可以起字号。"这说明公民申请从事个体工商业经营，依法经核准后为个体工商户，其合法权利受到国家法律保护。

（2）核准登记是市场监督管理机关和国家有关部门依法监督管理个体工商户的依据。其目的在于保护合法经营，维护市场秩序，促进其健康发展。

根据《个体工商户条例》的规定，国家市场监督管理总局和地方各级市场监督管理机关都设置了相应的管理机构，履行对个体工商户的行政管理职责，即对从事个体工商业经营的申请者进行审核、登记、颁发营业执照。所以，确认个体工商户法律地位的核准登记权归属市场监督管理机关；对个体工商户实行登记管理是国家赋予市场监督管理机关的职责之一。

8.3 公司登记审批的基本程序

公司审批登记程序是登记主管机关对申请登记单位的企业法人资格进行审查的方式和步骤。它是保证公司登记事项的真实性和合法性，从而保证公司依法设立的重要法律程序。

公司登记审批的一般程序分为申请（受理）、审查、核准、发照、公告五个阶段。

8.3.1　申请（受理）

申请是针对公司，受理是针对登记主管机关。一般由公司组建负责人或公司发起人向登记主管机关提出书面报告。申请办理公司登记的申请人应当对申请文件、材料的真实性负责。申请人可以到公司登记机关提出申请，也可以通过信函、电报、电传、传真、电子数据交换和电子邮件等方式提出申请。通过电报、电传、传真、电子数据交换和电子邮件等方式提出申请的，应当提供申请人的联系方式以及通信地址。

登记主管机关对企业实行分级管理的原则，一般在企业所在市、县（区）市场监督管理机关申请登记。大型企业、特殊类型的企业，如股份有限公司、企业集团、外商投资企业等应分别向省（自治区）、直辖市市场监督管理局或国家市场监督管理总局申请登记。根据国务院发布的《公司登记管理条例》的规定，国家市场监督管理总局负责下列公司的登记：一是国务院国有资产监督管理机构履行出资人职责的公司以及该公司投资设立并持有50%以上股份的公司；二是外商投资的公司；三是依照法律、行政法规或者国务院决定的规定，应当由国家市场监督管理总局登记的公司；四是国家市场监管总局规定应当由其登记的其他公司。省、自治区、直辖市市场监督管理局负责本辖区内下列公司的登记：一是省、自治区、直辖市人民政府国有资产监督管理机构履行出资人职责的公司以及该公司投资设立并持有50%以上股份的公司；二是省、自治区、直辖市市场监督管理局规定由其登记的自然人投资设立的公司；三是依照法律、行政法规或者国务院决定的规定，应当由省、自治区、直辖市市场监督管理局登记的公司；四是国家市场监督管理总局授权登记的其他公司。

企业在申请登记时应提交有关的批准文件、证明文件和法律文书供登记主管机关审查。登记主管机关在这一阶段的工作主要是初步审查、名称预先核准和政策、法规咨询服务。

1）初步审查

初步审查的主要工作是确定申请登记单位是否属于受理范围：

（1）是否属于企业登记注册范围。只有从事经营活动的市场主体才需要进行登记，而不以营利为目的的事业单位、国家机关、社会团体则不需要到市场监督管理机关登记注册。

（2）是否属于党政机关经商办企业。严禁党政机关经商办企业是党中央、国务院的一贯方针。党政机关经商办企业，与党政机关的职能要求格格不入，也必然造成官商不分、权钱交易，破坏社会的公平竞争，损害党和政府的形象，因而必须坚决禁止，予以驳回。

（3）是否属于本市场监督管理机关的管理范围。如不属于，可通知企业到应受理的市场监督管理机关申请登记。

2）名称预先核准

为避免公司提交的文件、许可证与公司核准的名称不一致，必须进行名称的预先核准。登记主管机关通过电子计算机进行名称查询，纠正相同或混同的企业名称，同时通过审核使具体的企业名称符合《公司登记管理条例》。《公司登记管理条例》第十八条规定：设立有限责任公司，应当由全体股东指定的代表或者共同委托的代理人向公司登记机关申请名称预先核准；设立股份有限公司，应当由全体发起人指定的代表或者共同委托的代理人向公司登记机关申请名称预先核准。

申请名称预先核准，应当提交下列文件：

（1）有限责任公司的全体股东或者股份有限公司的全体发起人签署的公司名称预先核准申请书。

（2）全体股东或者发起人指定代表或者共同委托代理人的证明。

（3）国家市场监督管理总局规定要求提交的其他文件。

预先核准的公司名称保留期为 6 个月。预先核准的公司名称在保留期内不得从事生产经营活动，不得转让。

3）政策、法规咨询服务

在管理过程中，有些企业由于不了解国家的政策、法规，提交的文件不齐备、不规范，这就需要登记主管机关对企业进行宣传，引导企业遵守国家政策、法规办理登记。

登记主管机关应向企业提供有关经济信息，并根据国家产业政策，引导企业从事国家急需的行业。

登记主管机关对符合申请登记条件的企业，发给《企业法人登记注册书》。《企业法人登记注册书》是企业法人设立后登记存档的重要文件，经登记主管机关审核批准后具有法律效力，是区别企业合法经营与非法经营的重要依据。企业应认真、如实地填写并对所填内容的真实性负责。

企业提交的文件、证件和填报的企业登记注册书齐备后，登记主管机关方予以登记。

8.3.2　审查

审查是登记主管机关履行职责，对企业提交的文件、证件和填报的登记注册书的真实性、合法性、有效性进行的全面审查，并核实有关登记事项和开办条件的过程。对企业而言，则是接受审查和接受国家政策、法令的指导，明确自身权利、义务的过程。

审查的具体程序是：

1）程序性审查

其主要是对企业提交文件的有效性进行审查，审查内容具体包括：

（1）审查企业提交的批准文件是否符合规范

①是否在有效期限内。《公司登记管理条例》第二十条规定：法律、行政法规或者国务院决定规定设立有限责任公司必须报经批准的，应当自批准之日起90日内向公司登记机关申请设立登记；逾期申请设立登记的，申请人应当报批准机关确认原批准文件的效力或者另行报批。《公司登记管理条例》第二十一条规定：以募集方式设立股份有限公司的，应当于创立大会结束后30日内向公司登记机关申请设立登记。

②批件、证件是不是原件，是否加盖了相应的公章。如申请登记书必须加盖申请单位的印章。

③审批机关是否具备审批资格。审批机关的审批资格源于法律、法规授权。如开办一家药品公司，根据我国药品管理法的规定，必须由所在地省、自治区、直辖市卫生行政部门审批。县卫生行政部门、非直辖市的市卫生行政部门的批件是无效的。

（2）审查企业提交文件所载事项是否齐全

它包括申请书、企业章程、企业审批文件中应记载的事项都必须齐全。

《公司登记管理条例》第二十条规定：申请设立有限责任公司，应当向公司登记机关提交下列文件：一是公司法定代表人签署的设立登记申请书；二是全体股东指定代表或者共同委托代理人的证明；三是公司章程；四是股东的主体资格证明或者自然人身份证明；五是载明公司董事、监事、经理的姓名、住所的文件以及有关委派、选举或者聘用的证明；六是公司法定代表人任职文件和身份证明；七是企业名称预先核准通知书；八是公司住所证明；九是国家市场监督管理总局规定要求提交的其他文件。

《公司登记管理条例》第二十一条规定：申请设立股份有限公司，应当向公司登记机关提交下列文件：一是公司法定代表人签署的设立登记申请书；二是董事会指定代表或者共同委托代理人的证明；三是公司章程；四是发起人的主体资格证明或者自然人身份证明；五是载明公司董事、监事、经理的姓名、住所的文件以及有关委派、选举或者聘用的证明；六是公司法定代表人任职文件和身份证明；七是企业名称预先核准通知书；八是公司住所证明；九是国家市场监督管理总局规定要求提交的其他文件。

登记主管机关在程序性审查中如果发现企业提交的文件不符合规定或审批手续不完备，应对企业进行法律、法规、政策的宣传解释工作，提出纠正、解决的具体办法，引导企业遵循国家的各项政策、法规规定或登记审批程序，补办所需文件手续。

2）实质性审查

实质性审查，是指登记主管机关对企业提交文件、证件、企业章程和所填企业登记注册书内容的真实性、合法性所进行的书面审查，具体包括提交文件所载内容和所填登记注册事项是否属实，是否符合国家的政策、法律、法规规定。

（1）公司名称。企业名称应符合《公司登记管理条例》及其施行细则和《企业名称登记管理规定》的要求。

（2）公司住所。公司的住所是公司主要办事机构所在地。经公司登记机关登记的公司的住所只能有一个。公司的住所应当在其公司登记机关辖区内。

（3）公司法定代表人。公司法定代表人应提交身份证复印件并填写法定代表人履历表，并粘贴本人照片，以便登记主管机关审查。

（4）从业人员。企业专职从业人员应符合国家政策、法规规定。聘用外来人员的应有临时户口证件。企业财务人员和技术人员应有专业或职称证明。

（5）有限责任公司股东或者股份有限公司发起人的姓名或者名称，以及认缴和实缴的出资额、出资时间、出资方式。

（6）企业资金和注册资本。公司的注册资本和实收资本应当以人民币表示，股东的出资方式应当符合《公司法》第二十七条的规定。

（7）经营范围。企业申请的经营范围和经营方式应符合国家的产业政策和各项法律、法规。国家对国有企业、集体企业、私营企业和外商投资企业均有不同的规定。

（8）企业章程。企业章程的书写形式要规范，用语要准确，其内容必须符合国家政策、法律、法规的规定。

3）实地调查

以登记事项和企业章程进行书面审查后，还必须进行实地调查。实地调查，是指登记主管机关深入企业住所或经营场所进行的实地调查，主要对企业厂址、设备、规模、环境等条件进行实地考察。实地调查是保证登记事项真实性的基础，具体包括：

（1）查看经营场所是否与登记注册书上填写的场地面积相符。

（2）查看企业是否真正具备开业条件，实际情况是否与书面材料记载的内容相符。

（3）同企业组建人员对话，逐项核实登记事项。

实地调查核实后，登记机关工作人员即填写实地调查表。

8.3.3　核准

经过审查和实地核实后，由登记主管机关的审查员提出审查意见，按照审批程序呈报，由核准人或主管领导签署意见。

《公司登记管理条例》第五十三条规定：公司登记机关对决定予以受理的登记申请，应当分别情况在规定的期限内作出是否准予登记的决定：

（1）对申请人到公司登记机关提出的申请予以受理的，应当场作出准予登记的决定。

（2）对申请人通过信函方式提交的申请予以受理的，应当自受理之日起15日内作出准予登记的决定。

（3）通过电报、电传、传真、电子数据交换和电子邮件等方式提交申请的，申请人应当自收到《受理通知书》之日起15日内，提交与电报、电传、传真、电子数据交换和电子邮件等内容一致并符合法定形式的申请文件、材料原件；申请人到公司登记机关提交申请文件、材料原件的，应当场作出准予登记的决定；申请人通过信函方式提交申请文件、材料原件的，应当自受理之日起15日内作出准予登记的决定。

（4）公司登记机关自发出《受理通知书》之日起60日内，未收到申请文件、材料原件，或者申请文件、材料原件与公司登记机关所受理的申请文件、材料不一致的，应当作出不予登记的决定。

公司登记机关需要对申请文件、材料核实的，应当自受理之日起15日内作出是否准予登记的决定。

《公司登记管理条例》第五十四条规定：公司登记机关作出准予公司名称预先核准决定的，应当出具《企业名称预先核准通知书》；作出准予公司设立登记决定的，应当出具《准予设立登记通知书》，告知申请人自决定之日起10日内，领取营业执照；作出准予公司变更登记决定的，应当出具《准予变更登记通知书》，告知申请人自决定之日起10日内，换发营业执照；作出准予公司注销登记决定的，应当出具《准予注销登记通知书》，收缴营业执照。

公司登记机关作出不予名称预先核准、不予登记决定的，应当出具《企业名称驳回通知书》《登记驳回通知书》，说明不予核准、登记的理由，并告知申请人享有依法申请行政复议或者提起行政诉讼的权利。

8.3.4　发照

营业执照是登记主管机关代表国家核发给营业单位和个人准许其营业的凭证，具有法律效力。

营业执照是企业从事生产经营活动的合法证件。企业从领取营业执照之日起，就取得了合法经营权，开始享有从事经营活动的权利，并受国家法律保护。同时，营业执照又是对企业具有约束力的文件。企业在营业执照规定的范围内从事经营活动，如果违反则要受到相应的处罚。《公司登记管理条例》第二十五条规定：依法设立的公司，由公司登记机关发给"企业法人营业执照"。公司营业执照签发日期为公司成立日期。公司凭公司登记机关核发的"企业法人营业执照"刻制印章，开立银行账户，申请纳税登记。

"企业法人营业执照"和"营业执照"分为正本和副本。正本和副本具有同等法律效力。"营业执照"正本、副本样式，由国家市场监督管理总局统一制定。"企业法人营业执照"正本或者"营业执照"正本应当置于公司住所或者分公司营业场所的醒目位置。

企业不得伪造、涂改、出借、转让、出卖和擅自复印"营业执照"。"营业执照"遗失或者毁坏的，公司应当在公司登记机关指定的报刊上声明作废，申请补领。公司登记机关依法作出变更登记、注销登记、撤销变更登记决定，公司拒不缴回或者无法缴回"营业执照"的，由公司登记机关公告"营业执照"作废。

8.3.5　公告

企业法人登记公告是登记主管机关代表政府发布的具有法律效力的正式公告。建立企业法人登记公告制度，在企业设立上实行公示主义，有利于置企业于社会的监督下，加强对企业的监督，从而建立有序的市场秩序，也有利于正确传递经济信息，更好地维护企业的合法权益。

企业法人登记公告是登记主管机关代表政府发布的正式公告，具有特定的法律效力：企业法人登记公告是企业取得法人资格的程序，因而公告具有确认企业设立的法律效力；企业法人登记公告是经登记主管机关审查核准的，因而公告具有确认企业注册事项真实性的法律效力；企业登记注册事项一经公告即受国家法律保护，因而公告具有确认登记内容合法性以及善意对抗第三者的法律效力。

西方国家在公司设立上实行"公示主义"，公司注册后，一般需发布公司事务公告或公司设立公告。其内容主要是公司注册事项、公司章程或公司章程摘要。例如：法国公司法规定，公司注册后必须在政府事务公报刊载商事注册事项的副本或摘录；比利时公司法规定，公司文件必须在官方公报的附刊上摘要公告，未经摘要公告的文件对第三人没有效力，未经摘要公告其备忘录和章程的没有资格在法院出席，由此可见西方国家对企业设立公告的重视程度。

我国于 1985 年《公司登记管理暂行规定》颁布后开始对公司实行公告制度，1988 年《企业法人管理条例》颁布后开始对企业法人实行公告。1990 年国家工商行政管理总局（目前已更名为国家市场监督管理总局）颁布《企业法人登记公告管理办法》，使企业法人登记公告更加完善。《公司登记管理条例》对公司公告做了如下补充规定：公司登记机关应当将登记的公司登记事项记载于公司登记簿上，供社会公众查阅、复制。吊销"企业法人营业执照"和"营业执照"的公告由公司登记机关发布。

8.4　自然人企业的营业登记注册

8.4.1　办理营业登记注册的必要条件

营业登记的法律效力在于承认私营企业经营活动的合法性。因此，办理营业登记注册必须具备合法从事生产经营活动的必要条件。按照《中华人民共和国个人独资企业法》《中华人民共和国合伙企业法》《个人独资企业登记管理办法》《中华人民共和国合伙企业登记管理办法》的要求，私营企业办理营业登记时须具备的必要条件是：

（1）与生产经营和服务规模相适应的资金条件和人员条件。

①资金条件。

私营企业中的独资企业与合伙企业必须具备一定数额的自有资金方可办理营业登记。目前，由于行业的不同和地域的不同，对此项条件尚未形成一个全国统一的标准模式。

②人员条件。

私营企业必须同时具备投资者的条件和雇工的条件方符合法律、法规界定的人员条件，其具体要求为：

A.合伙企业有两个以上合伙人，合伙人为自然人的，应当具有完全民事行为能力。

B.个人独资企业由一个自然人投资，财产为投资人个人所有。

（2）固定的经营场所和必要的设施。

私营企业必须具备具有固定的场所条件和设施条件方可办理营业登记。其固定的经营场所可以是投资者拥有产权的自有房屋场地（一般要求租期在一年以上）。前者须由投资者出示产权证明，后者则须投资者向有关部门出示其与房屋场地所有者签订的书面租用协议，以兹证明。

设施条件因具体经营行业范围和经营商品类别不同而有所不同，具体条件由有关部门采取在进行办理营业登记的过程中予以实地审核的做法确定。

（3）符合国家法律和政策规定的经营范围。

8.4.2　营业登记注册的具体类别

私营企业中的独资企业与合伙企业所需进行的登记注册主要包括开业登记、变更登记、注销登记与重新登记。

1）开业登记

独资企业与合伙企业的开业登记指独资企业与合伙企业为取得从事生产经营活动所需要的合法资格，依照国家法律、法规的要求，到市场监督管理部门办理相应登记手续。按国家相关法规的要求，申办者须持相应文件、证明等手续，到其经营场所所在地的管理部门办理登记注册手续。

2）变更登记

这是指私营企业因已经登记注册的主要经营事项变动而依国家法律、法规要求办理的相应登记注册。其主要变更的经营事项包括企业名称、企业负责人、经营地址、经营范围、经营方式、注册资金、合伙企业增加或减少企业合伙人等。因企业分立、合并而继存的企业亦应就其变动的经营事项办理变更登记。

3）注销登记

这是指已经登记注册的私营企业因各种原因须终止其营业活动而按国家法律、法规要求必须办理的相应登记手续。通常导致私营企业终止其经营活动而办理注销登记的主要原因有：

（1）企业主动歇业，指私营企业因自身原因主动停止其生产经营活动，清理债权、债务，向原登记主管部门交回营业执照及其副本，办理注销登记。

（2）企业破产，指企业因全部资产已不足以清偿企业所欠债务，形成资不抵债，无法继续从事正常的生产经营活动，由人民法院裁定破产的现象。在此情况下，企业须按法院的裁定终止生产经营活动，处理企业善后，办理注销登记。

（3）企业因分立、合并行为而撤销。企业因分立、合并行为出现而撤销，被撤销企业须及时终止营业行为，办理注销登记。

（4）企业因转让而办理注销。当企业转让行为出现时，转让方在将企业资产完全转让给他人后须立即向登记主管部门申报、办理注销登记。

（5）企业被吊销营业执照。企业因出现违法经营行为而受到相关管理部门的行政处罚，导致被登记主管机关吊销营业执照的，自受到相应行政处罚的当天起须终止营业性活动，按有关部门要求办理注销登记。

（6）经法院裁定终止营业。企业因各种原因，被法院裁定不得继续从事生产经营活动的，自法院裁决发布之日起即应终止其经营活动，主动按有关部门的要求到所在地市场监督管理部门办理注销登记，不得以任何借口拖延。

4）重新登记

这是指已经登记注册的私营企业因出现企业重大变化事项而须按国家法律、法规的要求先办理企业注销登记，然后再次办理企业开业登记的做法。其产生的主要原因是：

（1）企业分立，指已经登记注册的私营企业，因某些特殊原因分离成两个以上的企业，其中因分立而终止经营的企业须办理注销登记，因分立而新设的企业办理开业登记手续。

（2）企业合并，指两个以上已经登记注册的独立核算的私营企业因共同的生产经营发展需要合并成为一个独立核算的私营企业。在合并行为发生后，因合并而撤销的私营企业须向原经营所在地登记主管部门办理注销登记，因合并而产生的新的私营企业则须办理开业登记。

（3）企业转让，指已经登记注册的私营企业由于某些特殊原因由原企业所有者将企业转让给他人所有的现象。企业转让行为发生后，转让方须到原经营所在地的登记主管部门办理企业注销登记，由受让方向其经营所在地的登记主管部门申办开业登记手续。

（4）企业迁移。私营企业如将经营场所迁出原登记主管部门的行政管辖区，须按国家法律规定先到原管辖区登记主管部门办理注销登记，取得相应证明后再到新址所属管辖区内的登记主管部门办理注册登记。

8.4.3　营业登记程序

独资企业与合伙企业通常适用的营业登记程序可分为开业登记程序、变更登记程序、注销登记程序和重新登记程序。

1）开业登记程序

私营企业的开业登记程序，是指国家有关部门对私营企业申请获得合法经营资格的行为进行审查、核准的工作步骤和整体过程，其程序大致可分为一般程序与特定程序两个方面。

（1）开业登记的一般程序

私营企业开业登记的一般程序由受理申请、审查、核准、发照四个阶段组成。

①受理申请阶段，是指登记主管部门接受私营企业注册登记申请阶段。通常登记主管部门在接到私营企业组建负责人提交的书面申请报告后，须根据申请组建的企业类型和国家法律、法规要求，要求其提供相应的文件、证件等证明手续，在文件手续齐备的情况下对符合申请注册登记条件的企业组建负责人发给规范的申请注册登记书或相应表格。在应提交文件手续和填报的申请注册登记书或相应表格齐备的情况下，登记主管部门方予受理。至此，受理阶段方算完成。

②审查阶段，是指登记主管部门对私营企业提交的文件、证明和所填写申请注册登记表中内容的真实性、有效性、合法性进行审核，以检查落实有关登记事项与开办条件的过程。这一阶段是私营企业注册登记的中心环节，它既是申请者接受审查和国家法律、法规的指导，明确其义务的环节，也是登记主管部门履行职责执行法规的环节，登记主管部门在受理申请阶段的工作完成后，通常须指定专人负责这一环节内的材料审查和实地调查工作，以保证这一阶段内工作的合理、有序进行。

③核准阶段，是指登记主管部门明确向申办者表示其审查后之决定意见的阶段。要求登记主管部门在经过审查阶段的工作之后，须作出准予注册登记或不予注册登记的决定，一般由具体承办人员签署审查意见后报经有关科室审批，再报主管领导批准。无论是否予以注册登记，登记主管部门都须在一定期限内明确表示意见并将决定通知申请登记人。《中华人民共和国合伙企业登记管理办法》规定在自受理申请之日起20日内，《个人独资企业管理办法》规定在收到全部文件之日起15日内。

④发照阶段，是指登记主管部门对准予注册登记的私营企业颁发证明其合法经营资格的"营业执照"的过程。对于处于这一阶段的私营企业来说，意味着企业申请注册登记的法律过程走向终结。这一阶段还意味着登记主管部门确定企业具备合法经营资格这一法律过程的终止和企业依法经营活动的开端。它既标志着私营企业取得了企业资格与合法经营地位，亦标志着相关管理部门取得了对该企业经营活动的监督管理权。至此，注册登记的一般程序结束。

（2）开业登记的特定程序

为加大国家宏观管理力度，由政府有关部门对在某些行业领域或地域领域内进行经营活动实行专门性核定的过程通常称之为开业登记的特定程序。按规定，私营企业如拟从事上述领域内的生产经营活动，须首先向相关的主管部门提出申请登记，经这些主管部门同意并获取书面批准意见后，才能向登记主管部门申请登记，因而形成了先经行业主管部门审批，再经登记主管部门核准的前置性注册登记程序。

2）变更登记程序

私营企业变更登记程序，是指上述企业因已经注册登记事项变化而向登记主管部门办理相应变更手续的基本步骤及过程。具体步骤及过程由于变更登记的项目内容不同而有所不同。

（1）因分立或合并而履行变更登记的程序。因分立或合并而继存的私营企业应申请办理变更登记。其程序是由继存企业向登记主管部门提出变更登记申请，并提交分立、合并协议书副本，经登记主管部门受理后加以审查，审查合格后予以核准、换照。

（2）因增设或撤销分支机构履行变更登记程序。私营企业在原登记主管部门管辖地或登记主管部门的管辖地以外增设或撤销其分支机构皆须履行变更登记程序。其程序为先由决定设置或撤销分支机构的企业提出申请，经登记主管部门受理后予以审查，审查合格后予以核准。

（3）因转业而履行变更登记程序。企业如需转业，向登记主管部门提出变更申请，经登记主管机关受理、审查、核准后，换发营业执照。

（4）因主要登记事项内容变更而履行变更登记程序。企业因其原注册登记的主要事项内容出现变化而向登记主管部门提出申请变更登记，经登记主管部门受理、审查、核准后，办理营业执照更换手续。

企业原注册登记的主要事项内容变化包括企业改变自身名称、住所、经营场所、经营范围、经营负责人、经营方式、经营期限、注册资本等。办理此类事项变更须由企业向登记主管部门提交书面申请及相关的文件并填写由登记主管部门统一发给的变更登记表格。企业如变更注册资本，除上述相应文件外，还须提供由有关部门（通常为会计师事务所或审计师事务所）出具的验资证明。

3）注销登记程序

私营企业的注销登记程序，是指其因各种原因终止营业而由原登记主管部门办理原企业合法经营资格注销事项的过程，主要表现为由企业或有关部门提出注销申请及相关证明，原登记主管部门予以审查，核准后撤销注册企业，收回营业执照及印章，并通知该企业开户银行撤销其经营账户的过程。私营企业不论因何种原因终止营业行为，都必须主动与登记主管部门合作，履行注销登记程序，具体要求是：

（1）因自身原因要求歇业的，应在距实际歇业30日前向登记主管部门提出注销申请，并提交企业资产清理和债务清理证明、完税证明、处分证明等，经登记主管部门受理、审查、核准后办理相应的注销登记手续。

（2）因合并、分立而终止的企业应及时向登记主管部门提出注销登记申请，并提交企业分立、合并的协议书及其副本、债权债务及其他权利义务承担证明等文件，经登记主管部门受理、审查、核准后办理相应的注销手续。

（3）私营企业发生转让时，转让方应及时向登记主管部门提出注销登记申请，并提交企业转让协议或协议书副本，经登记主管部门受理、审查、核准后办理相应的注销手续。

（4）因受到行政处罚而被撤销的私营企业，由作出撤销处分决定的政府部门提请企业原登记主管部门依法注销其经营资格。受处分的企业在接到登记主管部门通知后持相关证明到该部门办理相应的注销手续。

8.5　自然人（个体工商户）的营业登记管理

8.5.1　个体工商户办理营业登记注册概述

根据国家有关法律、法规的规定，个体工商户取得合法经营资格的标志是在政府有关管理部门办理登记注册，经过相关部门的审核批准后，获得政府有关管理部门颁发的经营许可证书。其具体规定是：

1）个体工商户须办理营业登记注册

营业登记注册是公民（自然人）为获取合法经营资格而必须向国家有关管理部门办理的一种登记注册。根据《民法典》的规定，个体工商户在法律上属于公民（自然人）的范畴，而所有欲取得合法经营资格的公民，皆须按国家有关法律、法规的规定，向其所在地市场监督管理机关申请进行营业登记，经县级市场监督管理部门审核批准、领取营业执照后，才真正具备相应法律资格。

2）个体经营实体不同形式的不同法律内涵

个体工商户形式的个体经营实体具有公民和经营者双重身份。作为公民，其当然享有法律赋予公民（自然人）的一切权利，同时，其作为个体工商户，又享有法律赋予的、不是一般公民（自然人）所能享有的经营的权利。按法律、法规要求，其取得双重身份的前提条件是必须依法经核准登记，领取营业执照，因而属于营业登记适用的市场主体。

个人合伙形式的个体经营实体是公民的集合、财产的集合。合伙人之间具有共同经营、共同劳动、共担风险的经营关系，在一定程度上兼顾了各方面的优势，表现为：

（1）既有合伙人之间的相互制约，又具有比企业股东更为融洽的人际关系，因而出现随意性决策和无益内耗的可能性较小。

（2）既能实现较为科学的管理，又不必专设管理机构，因而节省了相应的人力物力。

（3）既能实现人、财、物的聚合有度，又不致像公司制企业那样必须经过一系列法定程序才能处理问题，因而有经营灵活的优势。

（4）由于所有合伙人都对经营债务承担连带责任，使得个人合伙具有相对可靠的商业信用和责任分担的经营风险，使经营者与其交易伙伴都具有较强的经营信心。

8.5.2　办理营业登记注册的必要条件

按照《个体工商户条例》的规定，个体工商户与个人合伙在进行营业登记注册时，须具备一定的条件，且有一般条件与特定条件之分。

1）一般条件

个体工商户与个人须具备的一般条件大致有人员条件、户籍条件、场所条件、经营范围条件四个方面。

（1）人员条件

①个体工商户。

《个体工商户条例》第二条规定：有经营能力的公民，从事工商业经营的，为个体工商户。《个体工商户条例》第二十七条规定：香港特别行政区、澳门特别行政区永久性居民中的中国公民，台湾地区居民可以按照国家有关规定，申请登记为个体工商户。

②农村村民。

③国家政策允许的其他人员。其中主要包括：A.符合国家规定条件的退休职工。B.离、退休专业技术人员。C.在职的科学技术人员。D.停薪留职职工。E.刑满释放人员、劳教解除人员。F.侨居中国的外国侨民。

（2）户籍条件

按相关法律、法规规定，凡以从事个体工商业经营为由办理营业登记的人员皆须具有当地户籍，向户籍所在地登记主管部门申报。侨居中国的外国侨民则须有公安部门核发的居住证和居住地街道政府的有关证明。

（3）场所条件

从事个体工商业经营的个体工商户与个人合伙均须具备相对固定的生产经营场所，若经营者限于自身条件无法自行解决的，当地人民政府及有关部门可统筹安排，协助解决。一般需要自身的场地产权证明、与产权方登记的租用协议或政府有关部门的批件。

（4）经营范围条件

个体经营实体所经营的行业范围与商品类别必须符合国家法律和政策允许的范围。其大致范围界定在工业、手工业、建筑业、交通运输业、商业、饮食业、服务业、修理业及其他行业。可以一业为主，兼营其他。

2）须具备的特定条件

某些特定行业要求经营者具备某些特定条件：

（1）从事煤矿开采须获得国家煤炭工业管理部门的批准并取得开采许可证。

（2）从事制造、修理简易计量器具的经营须经县级政府计量行政管理部门考核合格并取得制造计量器具许可证或修理计量器具许可证。

（3）从事农业机械维修须经县农业机械管理部门考核并取得技术合格证。

（4）从事建筑设计须经过有关部门资格审查并取得设计证书。

（5）从事建筑修缮须经当地城建管理部门资质审查、批准并取得批准证书。

（6）从事烟草经营须获得当地烟草专卖局颁发的烟草专卖许可证。

（7）从事饮食、食品加工和经营性销售的须获得食品卫生监督部门核发的证明。

（8）从事旅店业、刻字业、信托寄卖业、印刷业经营应获得所在地公安机关的批准证明。

（9）个体工商户与个人合伙在经营过程中欲请帮手、带学徒的，须按要求分别与其所请的帮手和所带的学徒签订劳动合同，并将劳动合同的文本报送有关管理部门。

8.5.3　登记注册的具体类别

个体工商户与个人合伙所需进行的登记注册主要包括开业登记、变更登记、停业登记、注销登记、异地经营登记与重新登记。

1）开业登记

公民为成立个体经营实体，获取从事生产经营活动的合法资格而按有关规定向市场监督管理部门申请办理的登记注册，通常称之为个体工商户或个人合伙的开业登记。

2）变更登记

登记个体经营实体由于已注册登记之经营事项变化而须按规定变更经营事项而办理的登记手续，多发生于个体经营实体出现经营场所、经营范围、经营方式、经营字号变更时。个人合伙与家庭经营的个体工商户欲变更经营负责人的，也须办理变更登记。

3）停业登记

个体经营实体由于某些原因需临时性、短暂时间内停止生产经营活动须按规定向原登记主管部门办理的登记。办理此项登记须申报停业的理由、起止时间和期限。

4）注销登记

个体经营实体由于某些原因不再从事原生产经营活动而按规定向原登记主管部门就其停止生产经营活动的起因和时间等事项进行申报以求获得核准的登记手续。

5）异地经营登记

《中华人民共和国城乡个体工商户管理暂行条例》专门规定个体经营实体可以异地经营，其因异地经营的需要而办理的登记手续可称之为异地经营登记。

个体经营实体如需外出到县级主管登记部门管辖区以外的地区从事生产经营活动即须办理此种登记。

8.6　企业名称的管理

8.6.1　企业名称的管理内容

我国和其他国家的法律都要求企业的名称能够基本上反映企业的性质和法律地位；企业的名称一旦依法确定，则企业对其享有独占权。企业的名称权是一种人身权，又是一种知识产权，法律保护其不受任何人的侵犯。企业在确定名称时必须遵守企业法和相关法律、法规关于企业名称的规定。

国家工商行政管理总局（目前已更名为国家市场监督管理总局）1991年发布了《企业名称登记管理规定》，该条例已于2020年12月14日国务院第118次常务会议进行修订，规定了对各类企业名称的一般性要求，主要包括：

（1）企业只能登记一个企业名称，企业名称受法律保护。

（2）企业名称由行政区划名称、字号、行业或者经营特点、组织形式组成。跨省、自治区、直辖市经营的企业，其名称可以不含行政区划名称；跨行业综合经营的企业，其名称可以不含行业或者经营特点。

（3）除了以内部服务为主的招待所、食堂、小卖部和按规定设立的劳动服务公司外，企业法人的名称中不得含有其他法人的名称。在私营和外资企业的名称中，可用自然人的姓名作字号。

（4）企业名称冠以"中国""中华""中央""全国""国家"等字词，应当按照有关规定从严审核，并报国务院批准。企业名称中间含有"中国""中华""中央"、"全国""国家"等字词的，该字词应当是行业限定语。使用外国投资者字号的外商独资或者控股的外商投资企业，企业名称中可以含有"（中国）"字样。

（5）企业名称应当使用规范汉字，不得使用汉语拼音（外文名称中除外）和数字，民族自治地方的企业名称可以同时使用本民族自治地方通用的民族文字。

（6）企业名称中不得含有损害国家尊严或者利益、损害社会公共利益或者妨碍社会公共秩序；使用或者变相使用政党、党政军机关、群团组织名称及其简称、特定称谓和部队番号；使用外国国家（地区）、国家组织名称及其通用简称、特定称谓；含有淫秽、色情、赌博、迷信、恐怖、暴力的内容，含有民族、种族、宗教、性别歧视的内容；违背公序良俗或者可能有其他不良影响；可能使公众受骗或者产生误解等的情形。企业的名称不得与同一登记机关所辖区域内已登记的同行业企业名称相同或者近似。

（7）企业名称中不得单独使用"发展""开发"等字样；使用"实业"字样，须拥有三个以上的生产、科技型企业。

企业分支机构名称应当冠以其所属企业的名称，并缀以"分公司""分厂""分店"等字词。境外企业分支机构还应当在名称中标明该企业的国籍及责任形式。企业集团名称应当与控股企业名称的行政区划名称、字号、行业或者经营特点一致。

控股企业可以在其名称的组织形式之前使用"集团"或者"（集团）"字样。

除此之外，新修订的《企业名称登记管理规定》建立了企业名称自主申报制度，明确企业登记机关的职责，明确企业自主申报的具体要求。

8.6.2　名称登记管理制度的特点

我国企业名称登记管理制度具有如下特点：

（1）我国对企业名称的登记注册一般不单独进行（只对公司和外商投资企业实行名称单独预先注册），而世界上多数国家设单独的企业名称登记。这就决定了我国企业名称登记注册制度是我国企业法人登记管理制度的重要组成部分。

（2）我国对企业名称专用权的保护是在同一地域、同一行业范围内的保护，而从世界各国情况看，西方国家一般均规定，除独资、合伙企业外，公司一律在中央登记注册机关登记注册，其名称在全国的范围内予以保护，并且这种保护不限于同行业之间。

（3）我国具体规定了规范性企业名称的组成要素，而西方国家在名称规范上仅有一些原则性规定。

现行的企业名称登记管理法规，是在我国由计划经济体制向市场经济体制的转轨过程中形成的。随着我国市场经济的发展和改革的深化，我国企业名称管理法规也需要进一步健全和完善。

第一，需要拓宽企业名称专用权的保护范围。我国目前对企业名称专用权的保护是在同一地域、同一行业范围内的保护。而现代市场经济不是一个封闭的经济，市场经济的发展必然要突破地区、行业的界限。同时，企业竞争意识、信誉、自我保护意识的增强，也必然促使更多的企业要求其名称在全国范围内予以保护。拓宽企业名称专用权的保护范围，有利于企业创名牌，有利于促进我国商品经济的发展和国际贸易往来。

第二，必须加大保护企业名称专用权的力度，在立法上，应当参照国际惯例，提高企业名称登记管理法规的立法层次，将目前的企业名称登记管理规定上升为企业名称登记法。这有利于促使企业乃至全国人民都重视对企业名称专用权的保护，也有利于加大行政机关和司法机关执法的力度。

第三，修改名称法规部分条款，使之更适应国际惯例。工业产权制度已成为一种国际化的法律制度。商号作为工业产权的一个重要组成部分，其法律规范也具有国际化的趋势。从我国企业名称法规的总体看，在名称专用权保护以及侵权处罚上，须参照国际惯例增加有关条款。

现代企业制度的建立使我国企业名称登记管理进入了一个新的发展阶段。在新形势下，进一步充实、完善企业名称管理法规，增强保护企业名称专用权的力度势在必行。

8.7　企业信息公示制度

8.7.1　企业信息公示的目的和意义

企业信息公示制度，即企业应当按年度在规定的期限内，通过市场主体信用信息公示系统向工商机关报送年度报告，并向社会公示，任何单位和个人均可查询。

市场监督管理机关对企业信息进行监督的主要法规、规章依据有：《中华人民共和国企业法人登记管理条例》及其施行细则、《中华人民共和国公司登记管理条例》，以及《企业信息公示暂行条例》、《企业经营异常名录管理暂行办法》和《个体工商户年度报告暂行办法》。

根据《企业信息公示暂行条例》，市场监督管理部门应当通过企业信用信息公示系统，公示其在履行职责过程中产生的企业信息。这些信息包括注册登记、备案信息，动产抵押登记信息，股权出质登记信息，行政处罚信息以及其他依法应当公示的信息。对这些企业信息，市场监督管理部门应当自产生之日起 20 个工作日内予以公示。

企业应当于每年 1 月 1 日至 6 月 30 日，通过企业信用信息公示系统向市场监督管理部门报送上一年度年度报告，并向社会公示。当年设立登记的企业，自下一年起报送并公示年度报告。企业年度报告内容包括企业通信地址、邮政编码、联系电话、电子邮箱等信息，企业开业、歇业、清算等存续状态信息，企业投资设立企业、购买股权信息等。年度报告需要覆盖的内容还包括企业从业人数、资产总额、负债总额、对外提供保证担保、所有者权益合计、营业总收入、主营业务收入、利润总额、净利润、纳税总额等信息。这一类信息是否向社会公示由企业决定。

个体工商户应当于每年 1 月 1 日至 6 月 30 日，通过企业信用信息公示系统或者直接向负责其登记的市场监督管理部门报送上一年度年度报告。当年开业登记的个体工商户，自下一年起报送。个体工商户的年度报告包括下列内容：行政许可取得和变动信息，生产经营信息，开设的网站或者从事网络经营的网店的名称、网址等信息，联系方式等信息。个体工商户可以自主选择其年度报告内容是否公示。个体工商户选择公示年度报告的，应当通过企业信用信息公示系统报送年度报告并公示。个体工商户决定不公示年度报告内容的，应当向负责其登记的市场监督管理部门报送纸质年度报告。市场监督管理部门应当自收到纸质年度报告之日起 10 个工作日内通过企业信用信息公示系统公示该个体工商户已经报送的年度报告。

企业信息公示制度，意在促进企业诚信自律，扩大社会监督，营造公平竞争市场环境。同时，这也是推进政府简政放权、放管结合的重大举措，是建设服务型政府的内在要求，是中国第一次在现代商事登记管理制度构建上走在了世界的前列，它将成为中国社会信用体系建设的里程碑。

1）企业信息公示制度对工商登记制度改革具有重要意义

《企业信息公示暂行条例》规定的企业信息公示制度，从法律上规范了"宽进严管"的事后监管，是进一步深入推进工商登记制度改革的重中之重，对改革的顺利开展具有重要意义。同时，企业信息公示制度对加快社会诚信体系建设具有重要意义。市场经济的健康发展要靠信用手段来实现。通过行政法规构建统一的企业信息公示体系，明确企业信息公示范围，实现信息资源的共享，能够有效扩大社会监督，强化企业信用约束，促进企业诚信自律。因此《企业信息公示暂行条例》的制定，为全社会对企业信用状况进行评价和监督提供了制度保障，对加快社会诚信体系建设具有积极作用。

2）企业信息公示制度对推进政府转变职能具有重要意义

处理好政府与市场的关系，使市场在资源配置中起决定性作用和更好地发挥政府作用，是党的十八届三中全会的重要内容，也是市场监督管理部门转变职能的基本原则。理论和实践都证明，市场配置资源是最有效率的形式。只有按照这样的规律，才能解决市场体系不完善、政府干预过多和监管不到位等问题。长久以来，政府部门对于市场主体的监管方式、方法是相对简单的。传统以登记注册、上门检查为主的监管模式，需要花费大量的行政资源，也无形中增加企业成本，行政监管的效率不够高。《企业信息公示暂行条例》的出台，将带动一系列新制度的实施，既是对全国工商系统履职能力的重大考验，也为优质、高效服务各类市场主体提供了良好机遇。企业信息公示制度要求市场监管部门必须在进一步提高登记注册和监管执法水平上下功夫，转变监管理念，构建新型监管机制，统一执法标准，优化工作流程，加强执法监督，提高办案质量，确保公示信息的准确性。

3）企业信息公示制度有利于营造守法经营的良好市场氛围

党的十八届三中全会《中共中央关于全面深化改革若干重大问题的决定》明确提出"改革市场监管体系""加快完善现代市场体系"，要求"必须加快形成企业自主经营、公平竞争，消费者自由选择、自主消费，商品和要素自由流动、平等交换的现代市场体系"；要实现企业的自主经营、公平竞争，消费者的自由选择、自主消费，首要的条件就是企业、消费者获得信息的途径和渠道应该是公平的。正是因为有了企业信息公示这一制度，企业的行为、市场的交易才能真正置于市场交易各参与方的监督之下，公平公正的市场秩序才能得以维护，市场在配置资源中的决定性作用才能实现，以市场决定资源配置为核心的现代市场体系才能完善。伴随着《企业信息公示暂行条例》的颁行，企业信用信息都将通过企业信用信息公示系统向社会公示，企业守法、违法经营状况一目了然，其信用状况由全社会来评判，其行为由全社会来监督，使得企业高度重视本身的信用，促进企业自觉守法经营，从而推动社会诚信水平的提高，有利于市场经济的健康发展。

8.7.2 对违反企业信息公示有关规定的处理

1）企业经营异常情形的具体表现

根据国家工商行政管理总局（目前已更名为国家市场监督管理总局）于2014年8月19日公布的《企业经营异常名录管理暂行办法》第四条规定，县级以上市场监督管理部门应当将有下列情形之一的企业列入经营异常名录：

（1）未按照《企业信息公示暂行条例》第八条规定的期限公示年度报告的；

（2）未在市场监督管理部门依照《企业信息公示暂行条例》第十条规定责令的期限内公示有关企业信息的；

（3）公示企业信息隐瞒真实情况、弄虚作假的；

（4）通过登记的住所或者经营场所无法联系的。

市场监督管理机关吊销企业营业执照，必须严格遵守《行政处罚法》的程序进行。

2）对列入异常经营目录企业的处理

（1）市场监督管理部门将企业列入经营异常名录的，应当作出列入决定，将列入经营异常名录的信息记录在该企业的公示信息中，并通过企业信用信息公示系统统一公示。列入决定应当包括企业名称、注册号、列入日期、列入事由、作出决定机关。

（2）企业未依照《企业信息公示暂行条例》第八条规定通过企业信用信息公示系统报送上一年度年度报告并向社会公示的，市场监督管理部门应当在当年年度报告公示结束之日起10个工作日内作出将其列入经营异常名录的决定，并予以公示。

（3）企业未依照《企业信息公示暂行条例》第十条规定履行公示义务的，市场监督管理部门应当书面责令其在10日内履行公示义务。企业未在责令的期限内公示信息的，市场监督管理部门应当在责令的期限届满之日起10个工作日内作出将其列入经营异常名录的决定，并予以公示。

（4）市场监督管理部门依法开展抽查或者根据举报进行核查，查实企业公示信息隐瞒真实情况、弄虚作假的，应当自查实之日起10个工作日内作出将其列入经营异常名录的决定，并予以公示。

（5）市场监督管理部门在依法履职过程中通过登记的住所或者经营场所无法与企业取得联系的，应当自查实之日起10个工作日内作出将其列入经营异常名录的决定，并予以公示。

（6）市场监督管理部门应当在企业被列入经营异常名录届满3年前60日内，通过企业信用信息公示系统以公告方式提示其履行相关义务；届满3年仍未履行公示义务的，将其列入严重违法企业名单，并通过企业信用信息公示系统向社会公示。

（7）企业对被列入经营异常名录有异议的，可以自公示之日起30日内向作出决定的市场监督管理部门提出书面申请并提交相关证明材料，市场监督管理部门应当在5个工作日内决定是否受理。予以受理的，应当在20个工作日内核实，并将核实结果书面告知申请人；不予受理的，将不予受理的理由书面告知申请人。

市场监督管理部门通过核实发现将企业列入经营异常名录存在错误的，应当自查实之日起5个工作日内予以更正。

（8）市场监督管理部门未依照本办法的有关规定履行职责的，由上一级市场监督管理部门责令改正；情节严重的，对负有责任的主管人员和其他直接责任人员依照有关规定予以处理。

8.7.3　企业公示信息抽查

1）企业公示信息抽查的概念

企业公示信息抽查，是指市场监督管理部门随机抽取一定比例的企业，对其通过企业信用信息公示系统公示信息的情况进行检查的活动。

2014年8月19日，国家工商行政管理总局（目前已更名为国家市场监督管理总局）印发《企业公示信息抽查暂行办法》，就抽查定义、抽查的管辖分工、抽查内容、抽查分类、实施检查的方式、抽查比例、检查名单的确定、实地检查的规范要求、抽查结果的处理等方面内容，作了明确规定。此举意在从法律上规范和固定"宽进严管"的事后监管制度，旨在落实国务院《注册资本登记制度改革方案》中对市场主体"宽进严管"的政策，做好《企业信息公示暂行条例》贯彻落实工作，围绕企业信息公示及信用约束，加强对企业的事中事后监管，为营造公平竞争的市场环境，实现"一处违法，处处受限"提供制度保障和法律支撑。

2）企业公示信息抽查的内容和方法

（1）国家市场监督管理总局和省、自治区、直辖市市场监督管理局应当按照公平规范的要求，根据企业注册号等随机摇号，抽取辖区内不少于3%的企业，确定检查名单。

（2）抽查分为不定向抽查和定向抽查。不定向抽查是指市场监督管理部门随机摇号确定检查企业名单，对其通过企业信用信息公示系统公示信息的情况进行检查。定向抽查是指市场监督管理部门按照企业类型、经营规模、所属行业、地理区域等特定条件随机摇号确定检查企业名单，对其通过企业信用信息公示系统公示信息的情况进行检查。市场监督管理部门在监管中发现或者根据举报发现企业公示信息可能隐瞒真实情况、弄虚作假的，也可以对企业进行检查。

（3）市场监督管理部门应当于每年年度报告公示结束后，对企业通过企业信用信息公示系统公示信息的情况进行一次不定向抽查。

（4）市场监督管理部门抽查企业公示的信息，可以采取书面检查、实地核查、网络监测等方式。抽查中可以委托会计师事务所、税务师事务所、律师事务所等专业机构开展审计、验资、咨询等相关工作，依法利用其他政府部门作出检查、核查结果或者专业机构作出专业结论。

（5）市场监督管理部门对被抽查企业实施实地核查时，检查人员不得少于两人，并出示执法证件。检查人员应当填写实地核查记录表，如实记录核查情况，并由企业法定代表人（负责人）签字或者企业盖章确认。无法取得签字或者盖章的，检查人员应当注明原因，必要时可邀请有关人员作为见证人。

（6）市场监督管理部门依法开展检查，企业应当配合，接受询问调查，如实反映情况，并根据检查需要，提供会计资料、审计报告、行政许可证明、行政处罚决定书、场所使用证明等相关材料。企业不予配合情节严重的，市场监督管理部门应当通过企业信用信息公示系统公示。

复习思考题

1. 市场主体具有哪些特征？
2. 市场主体在市场经济中的作用如何？
3. 各级市场监督管理部门应具有哪些登记管理职责？
4. 简述公司登记审批的程序。
5. 国家法律对企业名称管理有哪些规定？
6. 什么是企业年检？企业年检有什么作用？

第 9 章

市场运行管理

学习目标

了解市场的概念和特点；掌握市场运行的基础，了解市场运行结构、社会主义市场运行评价标准；掌握市场管理的概念及必要性，了解市场管理体制、管理方法；掌握市场管理职能、市场管理原则；掌握市场监督管理的主要内容。

9.1 市场运行概述

9.1.1 市场的概念

市场作为一个复杂的、广泛的、动态发展的社会经济现象，有着极为丰富的内涵。它是在一定生产关系基础上，以商品交换为核心内容，包含商品交换场所、商品交换活动及商品交换关系的集合体。

1）市场是商品交换的场所

这是人们对市场最基本、最直观的理解，也可以说是狭义的市场。它反映了简单商品经济条件下人们对市场的一般认识。在市场产生和发展的最初阶段，商品生产和商品交换都很不发达，人们相互之间的交换活动总要依托一定的空间场所，即市场载体。即使在现代商品经济的条件下，市场的运行同样离不开一定数量、规模和形式的交换场所。交换场所的建设是培育市场体系的内容之一，也是衡量市场发育程度的重要标志。

2）市场是商品交换活动的全过程

随着商品经济的发展，商品交换活动开始突破有形场所的限制，不再局限于一定的空间范围内完成，出现了跨越时间和空间的商品交易活动，如远期合约交易、期货交易、跨地区交易、跨国界交易，交易过程和环节越来越复杂，交易行为发生的地点也具有随机性和不固定性。从交易对象看，交易行为发生的地点也具有随机性和不固定性。从交易对象看，不仅有有形物品，而且大量的无形物也越来越多地进入了流通过程，如劳动力、技术、信息等。这些无形物的交易显然也不会完全局限于一定的空间场所。于是，市场的含义大为拓展，不再限于狭义的商品交换场所，而是指商品交换活动的全过程，即商品流通过程，也就是商品从生产者开始，经过若干中间环节，流向最终消费者的整个过程。

3）市场是商品交换关系的总和

从本质上看，市场不仅反映了物与物之间的交换关系，更重要的是反映了隐藏在商品、货币背后的商品所有者即人与人之间的关系。因为商品不会自己跑到市场上去同别的商品相交换，这种交换关系要靠具体的人来完成。在这里，市场作为一种经济现象，体现了不同商品所有者之间的相互联系及其错综复杂的经济利益关系，并由此折射出社会活动中多方面的矛盾。因此，广义的市场体现了商品生产者、经营者和消费者之间的密切联系、相互制约关系及其多重经济利益矛盾，包含了商品交换关系的总和。

9.1.2 市场运行的基础

作为一种社会现象，市场的运行离不开一定的社会基础，主要表现为社会经济、法律、文化等方面。

1）市场运行的经济基础

社会分工以及与之相适应而形成的一定所有制关系是市场运行的经济基础。

（1）社会分工

市场运行的核心内容是商品交换，商品交换必须以一定的社会分工为前提。如果没有社会分工所带来的专业化协作，就不可能出现商品交换。而如果没有社会分工所构造的各自独立又相互依赖的商品所有者，就没有必要进行商品交换，从而也不会形成市场。

从技术方面看，适应市场要求的分工把整体劳动分割成彼此独立又相互联系的若干部分，从而使劳动二重化，即一方面是劳动的专业化，另一方面是劳动的协作化。这就产生了劳动交换的必然性，只有通过劳动交换才能使各种专业化劳动从技术上成为协作化的劳动，这是市场运行和发展的基本前提。

从分工的社会特征来看，以物的依赖性为基础的分工形态，构造了各个相互依赖又彼此独立的劳动主体，使不同劳动者之间的劳动交换关系表现为一种以物为媒介的商品交换关系。这种交换关系与历史发展过程中的一定生产力水平相适应，从而成为市场体系赖以运行的基础。

（2）所有制关系

任何商品交换都离不开一定的交换主体，即拥有不同商品所有权的商品所有者，他们是具有平等权利的财产主体，具有各自独立的经济利益。为了实现自身利益，他们必须通过相互交换其拥有的商品和要素，积极参与市场活动，并对各种市场信号及时作出合理的反应。事实上，市场的功能就在于通过众多平等市场主体的积极活动，促进物品和要素的充分流动，从而不断优化资源配置。因此，由众多具有平等经济权利的财产主体组成的所有制结构模式就构成了市场运行的所有制基础。

2）市场运行的法律基础

市场运行离不开完善的市场经济法律体系。完善的市场经济法律体系包括以下内容：

（1）市场主体制度

市场主体，即市场活动的当事人或参加者，包括自然人、法人和其他经济组织。市场主体制度，就是指调节这些市场当事人参加市场活动的权利能力和行为能力等方面的法律规范，包括市场主体资格的确立、市场主体进入与退出市场的程序和条件、市场主体在市场活动中的权利义务等内容。市场主体制度确立了市场当事人在法律上的独立地位和平等关系，是市场体系得以形成的基础。

（2）市场客体制度

市场客体，即作为交换对象的各种商品，包括有形商品和无形商品。它是市场主体的权利和义务所指向的对象、目标，是市场当事人发生经济关系的媒介。市场客体制度，就是从法律上赋予市场客体一定的性质和特征，规定市场客体进入市场的范围、条件和要求等方面的法律规范，如产品质量制度、食品卫生制度、商品检验制度、卫生检疫制度等。市场客体制度调节着市场客体的运行状态，对市场运行有重要影响。

（3）市场契约制度

市场契约，是指两个或两个以上市场当事人之间关于设立、变更或终止民事权利义务关系的协议。它体现了契约当事人之间的一种市场信用关系。市场契约制度，是指确认这些市场信用关系的合理性及法律效力，保证市场信用关系顺利实现的法律规范。市场契约制度有效地调节了平等民事主体之间契约关系，保证了市场信用关系的稳定性、安全性，维护了市场主体的合法权益，推动了市场的发展。

（4）市场竞争制度

市场竞争，就是市场主体为争取各自的经济利益和有利的市场条件而展开相互较量的过程。市场竞争制度，就是制定竞争的原则、范围和各项竞争规则，明确正当竞争与不正当竞争的法律规范，包括反不正当竞争法律规范、反对限制竞争法律规范、反垄断法律规范等。市场竞争制度的主要功能在于明确市场竞争规则，约束市场竞争行为，维护市场竞争秩序，从而促进市场体系的完善和市场功能的发挥。

（5）市场调控制度

市场调控制度，是指国家运用一定手段对市场主体和市场活动实施调控的法律规范的总称。它规定了市场调控的主体、对象、范围、程度、手段和程序等，是政府调控市场的法律依据。市场调控制度既要保障政府对市场关系的有效调节，又要防止政府对市场活动的任意干预，只有这样，才能引导市场体系的健康运行。

3）市场运行的文化基础

任何社会经济体制，都会有与其相适应的文化基础，市场运行同样离不开一定的文化基础。从市场运行的角度考察，市场文化是由市场价值准则贯穿其中的市场观念体系和市场心理承受力所构成的。其中市场价值准则是市场文化的灵魂，市场观念体系是市场文化的内层次，市场心理承受力是市场文化的表层次。

（1）市场价值准则

市场价值准则，是指对市场活动过程及其后果作出是非善恶判断的标准。根据这个标准，人们能够说明哪些市场行为是"好的""应该的"，哪些市场行为是"不好的""不应该的"。这种对市场活动与市场行为价值上的肯定或否定，直接决定着人们对理性观念和道德规范的选择。社会主义市场经济的价值准则，应该以平等与效率的适度选择为标准。效率即市场效率，是指市场机制调节下的资源合理配置和充分利用。平等即社会主义平等，是建立在财产权利平等、市场机会平等前提下的机会平等。生产资料公有制为平等的实现提供了可能性，而市场机制的建立则有助于达到尽可能高的市场效率。根据这一准则，凡是体现了平等与效率适度选择的市场行为就是"好的""应该的"；反之，就是"不好的""不应该的"。

（2）市场观念体系

市场观念体系，是指根据一定的市场价值准则对各种市场行为形成的社会评价和自我意识的总和。在市场经济运行的过程中，市场观念体系具体由以下几个部分构成：

①以追求利益最大化为核心形成的市场利益观念，包括价值观念、利润观念、效益观念、成本观念、交换观念等。

②以权利平等、地位平等为核心形成的市场权利观念，包括自主经营观念、平等交易观念、自愿让渡观念、等价交换观念等。

③以改善各自生存条件为核心形成的市场竞争观念，包括信誉观念、公关观念、开拓观念、时间观念、信息观念、科技观念、人才观念等。

（3）市场心理承受力

市场心理承受力，是指人们承担由市场刺激所造成心理压力的心理素质水平。随着我国社会主义市场经济体制的建立，价值准则和市场观念正在发生深刻转变和全面更新，市场处于转轨动荡时期，因此从以下三方面提高人们的市场心理承受力尤为必要：

①提高市场竞争的心理承受力，培养市场参与者敢于竞争、善于竞争、不甘落后、在竞争中求进取的心理素质。

②提高市场风险的心理承受力，培养市场参与者不畏风险、处变不惊、在风险中寻求机会的心理素质。

③提高收入差别的心理承受力，破除平均主义、大锅饭的心理障碍，培养市场参与者按劳取酬、多劳多得、奋发追赶、勇于争先的心理素质。

9.1.3　市场运行的结构

市场体系作为一个由多要素构成的有机整体，是在一定的结构维系下运行的。其具体包括主体、客体、行为和秩序结构。

1）市场运行的主体结构

市场运行主体，是指拥有商品所有权，能够按照自己的意志从事商品交换活动，以实现其经济目的的当事人。我国的市场运行主体呈多元异质结构，从法律地位上看，有自然人、法人和其他经济组织；从所有制看，有国有制、集体所有制、私人所有制、混合所有制；从组织形式看，有企业、事业单位、社会团体和特殊形式（机关、家族、个人等）。

2）市场运行的客体结构

市场运行客体，是指作为交换对象的各种商品。按照不同商品的属性，可把市场客体结构分为商品市场和要素市场。

商品市场，一般是指具有价值和使用价值及实物形态的、用于满足人们生产或生活消费需要的商品所构成的市场。其中，满足人们生产需要的市场为生产资料市场，满足人们生活需要的市场为消费品市场。我国的商品市场具有商流与物流交织并存，交易活动分散而又繁杂，市场组织结构和形式多样化、多层次等特点。

要素市场，是指作为社会再生产活动的基本构成要素，具有价值和使用价值的特殊形态（如货币形态、智力形态、法权形态等）的商品所构成的市场。按照社会化大生产的要求，生产要素由资金、劳动力、房地产、技术、信息、产权等构成，因而要素市场结构体系主要包括金融市场、劳动力市场、房地产市场、技术市场、信息市场、产权市场。其中劳动力市场是市场经济运行的动力，金融市场是市场经济运行的枢纽，它们与商品市场一起共同构成了现代市场经济体系的三大支柱，分别决定着经济活动中人财物的运动。房地产市场、技术市场、信息市场、产权市场等则形成了三大市场的辅助体系和必要补充，从而使商品交换关系得到更加完善和充分的体现。

3）市场运行的行为

市场行为是市场主体有目的、有意识的主动活动，它反映着不同商品所有者之间的商品交换关系和经济利益关系。市场行为的内容十分丰富，包括购买行为、销售行为、价格行为、计量行为、质量行为、商标行为、广告行为、公关行为等。各种具体的市场行为又可以归纳为市场交易行为与市场竞争行为两种基本类型。

市场交易行为，是指市场主体建立直接的商品交换关系所实施的行为。这是市场行为的最基本内容。它包括购销行为和契约行为。

市场竞争行为，是指市场主体为了建立商品交换关系、争取有利的市场条件和更大的经济利益所展开的一系列活动。这些活动本身虽不是建立商品交换关系，但它们为商品交换的顺利实现创造了更好的条件。由此可见，市场竞争行为的实现是一种间接的商品交换活动。

4）市场运行的秩序结构

市场秩序是维系市场有序运行的重要保证，它构成对市场主体行为的制约。这种制约来自两个方面：一是来自市场经济活动的内在调节机制，即市场机制；二是来自市场经济活动的外部约束条件，即市场规则。市场机制和市场规则共同构成了市场运行的秩序结构。

市场机制是指市场经济活动中，影响商品交换关系建立的各要素之间互相适应、互相制约、互相协调、互为因果的联系和作用。市场机制体系的灵魂包括价格机制、供求机制、竞争机制、风险机制等。

市场规则是由市场管理主体根据市场运行的客观要求制定的、用来约束市场经济活动的当事人行为的各种规范和准则，如法律、法规、条例、规章等。市场规则是市场运行的外部约束，它有利于协调解决市场上的各种矛盾和纠纷，合理调节各方利益关系，促进市场的健康运行。市场规则由市场进入规则、市场行为规则和市场退出规则组成。

9.2 市场监督管理体制、职能、原则和方法

9.2.1 市场监督管理的概念和必要性

1）市场监督管理的概念

市场监督管理是指国家通过设立专门的市场监督管理机构，运用必要的行政手

段和一定的法律手段及有关的社会监督机制，对进入市场的当事人及其交易活动与行为依法监督的过程。

市场监督管理是市场经济发展对国家经济行政管理职能的客观要求。随着传统的行政计划协调的经济体制的瓦解，新的市场对资源起决定性的配置作用机制的确立，市场监督管理将日益强化，在国家经济管理活动中占据非常重要的地位。

2）市场监督管理的必要性

（1）市场监督管理是国家经济管理职能的必然体现

在以经济建设为中心和大力发展商品经济、市场经济的当代中国，以社会管理为主导的国家职能应以社会经济管理为主导，而市场经济条件下的社会经济管理应以市场管理为核心。因此，市场管理是国家职能在当代中国社会经济条件下的直接体现。只要有国家和市场存在，就必然有国家对市场的监督管理。

（2）市场监督管理是确立和完善社会主义市场经济体制的客观要求

我国正处在旧体制瓦解、新体制确立的关键时期，尤其在旧的体制尚未彻底瓦解、新的体制尚未确立之时，新旧体制同时并存，共同作用，形成从旧秩序到新秩序过渡中特有的无序状态，市场运行（包括具体的市场交易行为、市场经营活动）难免出现带有这一时期特点的紊乱，因此，加强市场监督管理尤为重要。

（3）市场监督管理是培育市场体系的需要

市场经济条件下的市场不是单一的，而是由各类市场构成的市场体系。由于受传统的产品经济体制和观念等因素的影响，我国的市场体系发育起点和发育状况很不平稳。总体来说，消费品市场发育的状况最好，市场化程度最高；生产资料市场的发育程度次于消费品市场的培育。这离不开国家的支持、扶植、引导、整治和规范，是市场监督管理的艰巨任务。

（4）市场监督管理是维护市场秩序的要求

任何一种经济形态都有其自身的运行结构与规则，也就是经济运行秩序。市场秩序对于市场经济的运行结构与规则是至关重要的。市场的宏观调控侧重在市场宏观秩序的建设与调整，市场微观监督则侧重于市场交易秩序的建设与维护，而要实现这些良好的秩序要求，就必须通过法律程序和行政力量设立权威性的行政执法和监督机构，从管理体制、管理手段等方面保证国家对市场的有效管理。

9.2.2　市场监督管理体制

市场监督管理体制属于国家经济行政管理体制的范畴，它是按市场经济的要求和国家经济管理体制改革的方向所设置和构成的市场监督管理机构体系及其组织制度，相互之间、上下级之间的职责划分，管理手段和管理方式等。

市场监督管理部门是行政执法机关。在我国，这些机构分为两类：一类是市场监督管理专门机关，即各级市场监督管理部门；另一类是市场监督管理专业机关，如发展改革委、商务部门、海关、卫生防疫部门、税务稽查等，它们从某一专业方面对市场行为进行规范、监督和查处，但它们对市场的监督管理只是其职责的一部分，而不是全部。

市场监督管理部门是市场的主管机关，是专司市场监督职能的机关，在市场监督管理体制中充当主角。随着经济体制改革的深入，市场监督管理部门在市场监督管理中的地位将更加突出，从而形成以市场监督管理为代表的、有特色的管理体制。目前这一体制已经成形，表现在：

（1）市场监督管理部门作为主管市场的行政执法机关的地位已经确立。

（2）经过多年的努力，市场监督管理部门的市场监督执法体系已经建立，并日趋完善。

（3）随着地位的巩固、法律体系的健全，以及显著的工作成效，市场监督管理部门市场监督的权威性日益提高。

（4）市场监督管理部门自身的管理体制逐步得到完善，如系统中公平交易执法体系的建立，大中城市局改分局体制、集贸市场管办分离等项改革取得了突破性进展。

以上这些都直接强化了市场监督管理部门的市场监督职能，巩固和提高了其行政执法地位，树立了市场监督管理的权威性。

9.2.3　市场监督管理职能

市场监督管理职能，是国家市场监督管理部门在实施监督管理活动中作用于管理客体的客观功能。市场监督管理职能贯穿于市场监督管理活动的全过程，具体包括：

（1）规范职能，是在调查研究的基础上，制定出科学、有效的法律规范体系，用以指导、约束市场主体及其交易、竞争行为。法律规范既是市场监督管理主体实施管理的依据，也是实施管理的手段，又是市场主体实施市场行为的准则，其预见、指引、评价功能在市场监督管理中发挥重要的作用。因此，市场监督管理应当重视规范职能的建设，使市场监督管理的法律、法规、规章等齐全配套，详细可操作，把大量的可能出现的违法行为控制在事前，这应当是更积极的市场监督管理。

（2）监督职能，即管理者以法律准则、指标体系等为依据，检查、监测经营者行为，对有偏离准则倾向或已开始发生偏离的行为人，给予提醒、指导，督促其采取防范措施或及时纠正偏差，使违法行为在即将发生或刚刚发生时就得到避免或制止。强化监督职能，重要的是建立、健全监督手段、监督体系和网络，以便市场行为的信息迅速、准确、全面地传递给管理系统，有效地纳入监督视野。

（3）查处职能，是对案件的调查、处理职能。对于规范职能、监督职能未能避免和阻止的违法行为，市场管理者将对此进行调查，给予严肃认真的处理，以便强制纠正越轨行为，并对越轨行为产生的后果加以补救，同时，维护法律的严肃性和权威性，警示市场经营者守法经营。查处职能是市场监督管理职能的集中体现，是市场规范职能、监督职能发挥作用的保证。

9.2.4　市场监督管理的原则

市场监督管理的原则是开展市场管理工作，完成市场监督管理任务必须严格遵守的准则。它包括市场监督管理活动指导思想和国家意志对市场监督管理过程的基本要求。

1）"活而不乱，管而不死"的原则

首先要正确理解"活""乱""管""死"的含义。"活"即市场繁荣，交易活跃；"乱"即违法现象严重，市场秩序混乱；"管"即依法管理，保护合法，取缔非法，保证良好的交易秩序；"死"即市场萧条，死气沉沉。

贯彻这一原则的关键在于科学管理，处理好"管"与"活"的关系。"活"是核心，是目的，"管"是手段，管理必须有利于搞活。为此，在管理中要避免两种倾向，既要防止以搞好为动机，结果搞乱了市场；又要防止以治乱为动机，结果统死了市场。这就更加需要严格依法管理，坚持以事实为依据，以法律为准绳，同时也要讲求科学方法，坚持生产力标准和有利于市场及宏观经济长远发展的标准。

2）法治原则

市场监督管理的法治原则，是指市场监督管理部门及其管理人员必须按照有关法律、法规的要求，对市场主体及其所从事的经济活动进行监督管理。在市场监督管理中坚持法治原则，既是促进市场交易规范化、交易行为合法化，防止不正当竞争，防止垄断封锁，维护市场经济秩序的重要保证，也是防止市场监督管理中以权代法、滥用职权现象发生的重要途径。坚持法治原则，要求市场监督管理部门做到有法可依、有法必依、执法必严、违法必究，杜绝在对管理对象的监督管理中及对违法违章案件处理过程中的主观随意性。坚持法治原则，还要求市场监督管理部门明确自己的职责范围和管理权限，做到在自己的职权范围内各司其职，充分发挥自己的职责，又不超越自己的权限。同时还要求市场监督管理干部廉洁奉公、无私无畏，超然于经济利益之外，不牟私利，真正做到依法管理。

3）统一监督原则

统一监督，首先，是指对同一市场领域实施统一的管理办法与制度；其次，是指市场监督管理由国家依法授权和确立的监督机关进行；最后，统一监督必须把监督职能与市场组织、市场建设、市场经营相分离。

统一监督是统一市场的要求，是体现监督的权威性和国家意志的要求，有利于保证市场活动的公平、公正、公开。

4）保护国家、企业和消费者利益的原则

维护公平竞争是市场监督管理的主要内容。不正当竞争行为和垄断行为必然损害相关企业的利益，同时，对消费者的利益也构成威胁。市场是企业购销商品、消费者购买商品的场所，但是，市场功能的发挥必须以公平竞争和保护消费者权益为前提，这是市场监督管理的一项重要原则，也是市场监督管理的立足点。

9.2.5　市场监督管理的方法

国家对国民经济的宏观管理，可以综合运用经济手段、行政手段和法律手段，这是国家职能所决定的。各级市场监督管理部门，是国家授权监督管理市场的行政执法机关，管理内容主要是市场主体的资格及其市场交易行为，与此相适应的管理手段主要是行政手段和法律手段等。

1）行政手段

运用行政手段管理市场，主要可以通过以下途径：

（1）发布政令。由国家市场监督管理总局按照客观经济规律和市场监督管理任务的要求，根据国内外市场发展变化情况，制定相应的方针、政策、规章制度，发布有关的命令、条例等，对市场如何发展，如何结合各种经济成分，如何协调商品生产、交换、分配和消费方式，市场交易活动如何进行，以及对各类市场主体如何监管等问题予以规定、调控和引导。一般来说，行政命令、政策等行政手段，都是以令行禁止的形式实现其市场监督管理职能的，它们对解决市场上出现的那些突发性的或需要立即采取措施的问题、矛盾，容易收到速效。

（2）行政监督。市场监督管理部门通过行政监督促使各市场主体贯彻执行国家的方针、政策，督促商品生产者、经营者和消费者在国家方针、政策允许的范围内从事经济活动。市场监督管理部门应经常向市场主体宣传、解释国家的有关方针、政策，使之被他们理解和自觉接受，这样，监督才会收到更好的效果。

（3）行政处罚。在市场交易活动中，行政管理机关对一些单位和个人无视国家方针、政策、法律的行为要进行严格查处，给予必要的行政处罚，以督导市场主体的市场行为，维护市场的正常秩序。行政处罚包括通报批评、限价出售商品、强制收购商品、没收非法所得、没收销货款、处以罚款、责令停业整顿以及吊销营业执照等。

2）法律手段

市场监督管理的法律手段主要包括市场立法和市场执法两方面的内容。

（1）市场立法。运用法律手段管理市场，必须就影响市场交易活动的主要方面健全市场立法，具体包括：

①有关市场主体的法律规范，如《公司法》《合伙企业法》《股份合作企业法》等，规定市场主体的法律地位及其权利义务关系。

②有关市场交易的法律规范，即对市场主体交易行为的法律规定。除现有的《中华人民共和国反不正当竞争法》（简称《反不正当竞争法》）、《中华人民共和国反垄断法》（简称《反垄断法》）、《中华人民共和国票据法》（简称《票据法》）之外，还应制定商品交易法、经纪人法等，以保护合法交易，禁止非法交易。

③有关市场保障的法律规范，包括完善市场保障法，颁布就业法、工资法、待业保险法、职工养老保险法和社会救济法等。

④有关市场行为的法律规范，包括《广告法》《商标法》《专利法》《消费者权

益保护法》等。

总之，市场监督管理的法律规范应构成完备的体系。

（2）市场执法。即使建立了完备的市场法律体系，如果"有法不依，执法不严"的不良现象继续存在，势必使市场法律、法规成为一纸空文，市场法律、法规的权威性也会受到影响，造成市场参与者法治观念淡薄。这种观念又将进一步助长"有法不依、执法不严"的现象，造成恶性循环。所以，各级市场监督管理部门要严格履行执法职责，并接受有关部门和人民群众的监督。同时，也要加强市场执法队伍的建设，提高市场执法人员的素质和执法水平。

3）双随机、一公开

在市场监管领域全面推行"双随机、一公开"监管，是市场监管理念和方式的重大创新，是深化"放管服"改革、加快政府职能转变的内在要求，是减轻企业负担、优化营商环境的有力举措，是加快信用体系建设、创新事中事后监管的重要内容。为持续深化"放管服"改革，推行部门联合"双随机、一公开"监管，实现市场监管领域全覆盖。

（1）双随机、一公开的概念及特点

双随机、一公开，是指在监管过程中随机抽取检查对象，随机选派执法检查人员，抽查情况及查处结果及时向社会公开。其具有以下特点：

①改革以"列清单""适度查"等具体措施，防范了监管部门对市场活动的过度干预。具体而言，为杜绝权力滥用，监管部门需依法制定随机抽查事项清单，凡法律、法规没有规定的，一律不得开展随机抽查。为避免执法扰民，监管部门需根据当地经济社会、行业企业实际情况，合理确定随机抽查比例和频次。为减少"多头执法"，基层政府须协调组织相关部门开展联合抽查，对同一市场主体的多个检查事项，原则上一次性完成。

②"双随机"抽查机制极大压缩了监管部门与市场主体双向寻租空间，降低了"监管俘获"发生概率。具体而言，监管部门先建立健全市场主体名录库和执法检查人员名录库，再通过摇号等方式，从市场主体名录库中随机抽取检查对象，从执法检查人员名录库中随机选派执法检查人员。这样一来，监管人员再不能"选择执法"，企业也不能心存侥幸、冒险违规。

③"一公开"机制将加快我国监管信息系统建设，助力克服市场监管的"信息瓶颈"。"一公开"机制不仅强调将抽查情况及时向社会公布，推动社会监督，将抽查结果纳入市场主体的社会信用记录，加大惩处力度，还强调在相关部门联合执法过程中打破部门间的信息数据壁垒，形成统一的市场监管信息平台，这将大大加快我国监管信息系统建设，有助于克服市场监管的"信息瓶颈"。

（2）双随机、一公开的具体内容

①统筹建设监管工作平台。

规范计划制订、名单抽取、结果公示、数据存档等各项抽查检查工作程序，做到全程留痕、责任可追溯。

②实行抽查事项清单管理。

③要依照法律、法规、规章规定，建立随机抽查事项清单，明确抽查依据、主体、内容、方式等。

④随机抽查事项分为重点检查事项和一般检查事项。要严格控制重点检查事项的数量和一般检查事项的抽查比例。随机抽查事项清单应根据法律、法规、规章立改废释和工作实际情况等进行动态调整，并及时通过相关网站和平台向社会公开。

⑤建立健全随机抽查"两库"制度。

要根据法律、法规和部门职责分工，按照"谁审批、谁监管，谁主管、谁监管"的原则，通过分类标注、批量导入等方式，在省级平台分别建立与部门职责相对应的检查对象名录库，避免出现监管真空。检查对象名录库既可以包括企业、个体工商户等市场主体，也可以包括产品、项目、行为等。

执法检查人员名录库应包括所有相关的行政执法类公务员、具有行政执法资格的工作人员和从事日常监管工作的人员，并按照执法资质、业务专长进行分类标注，提高抽查检查专业性。对特定领域的抽查，可在满足执法检查人数要求的基础上，吸收检测机构、科研院所和专家学者等参与，通过听取专家咨询意见等方式辅助抽查，满足专业性抽查需要。要根据检查对象和执法检查人员变动情况，对"两库"进行动态管理。

9.3　建设高标准市场体系

9.3.1　建设高标准市场体系的重要意义

市场是最稀缺的战略资源，是构建以国内大循环为主体、国内国际双循环相互促进新发展格局的重要优势与关键支撑。市场体系是社会主义市场经济体制的重要组成部分和有效运转基础。

（1）建设高标准市场体系是构建新发展格局的基础支撑。构建新发展格局必须利用大国经济纵深广阔的优势，把我国巨大的市场潜力转化为实际需求，为我国经济发展增添动力。建设高标准市场体系，只有破除妨碍生产要素市场化配置和商品服务流通的体制机制障碍，畅通市场循环，疏通政策堵点，打通流通大动脉，推进市场提质增效，才能充分发挥大国经济规模效应与集聚效应，贯通生产、分配、流通、消费各环节，促进国内供需有效对接，实现内部可循环，并提供强大国内市场和供给能力，支撑并带动外循环，为构建新发展格局提供有力的制度支撑。

（2）建设高标准市场体系是推动经济高质量发展的重要动力。经济高质量发展要求推动实现质量变革、效率变革、动力变革，市场体系的基础制度、运行效率、开放程度、监管体制等都要与之相匹配。建设高标准市场体系，坚持平等保护各类所有制经济产权，健全产权执法司法保护制度，强化竞争政策基础地位，有利于形成市场主体公平竞争的市场环境，充分激发市场主体活力和创造力，实现企业优胜劣汰，提高经济质量效益和核心竞争力，持续增强发展动力和活力。

（3）建设高标准市场体系是构建高水平社会主义市场经济体制的内在要求。改革开放以来，我国市场体系建设取得长足进展。市场规模体量快速增长，市场结构持续优化，市场环境不断改善，市场运行更加规范，国内市场的对外吸引力明显增强。但同时也要看到，市场体系的基础制度仍不健全，要素市场发展滞后，市场竞争环境还不够完善，市场内外开放广度和深度仍需继续拓展，市场监管还不适应经济社会发展需要等。以更高的标准建设市场体系，是构建更加成熟、更加定型的高水平社会主义市场经济体制的内在要求。

建设高标准市场体系是一项基础性改革，是落实党的十九届五中全会精神的一项重大部署，也是新时代构建高水平社会主义市场经济体制的又一具有标志性意义的重要成果，必将对推动高质量发展、构建新发展格局起到重要的支撑作用。

9.3.2　高标准市场体系的内涵和要求

1）高标准市场体系的内涵

市场体系是在社会化大生产充分发展的基础上，由各类市场组成的有机联系的整体，包括生活资料市场、生产资料市场、劳动力市场、金融市场、技术市场、信息市场、产权市场、房地产市场等，它们相互联系、相互制约，推动整个社会经济的发展。培育和发展统一、开放、竞争、有序的市场体系，是建立社会主义市场经济体制的必要条件。

高标准市场体系是统一开放、竞争有序、制度完备、治理完善的市场体系。党的十八大以来，市场体系建设一直摆在突出位置。习近平总书记在2018年中央政治局集体学习时发表重要讲话，明确把建设现代市场体系作为现代化经济体系的六大体系之一，强调："建设统一开放、竞争有序的市场体系。"党的十九届四中、五中全会明确建设高标准市场体系，为新时代推进市场体系建设明确了目标和方向。要通过一段时间的努力，基本建成统一开放、竞争有序、制度完备、治理完善的高标准体系，是对现代市场体系的延续和升级，更加强调制度的完备性、公平竞争、政府维护市场秩序弥补市场失灵的重要性。建设高标准市场体系不仅要充分发挥市场在资源配置中的决定性作用，还要更好发挥政府作用，将市场经济与社会主义充分结合，推动有效市场和有为政府更好结合，强化市场立规建制能力，积极对接和影响国际市场规则，全面提升市场规则的吸引力和竞争力。"高标准"可以从以下几个方面理解：

（1）高标准的市场体系基础制度。它是市场体系有效运行的基础。严格的产权保护是激发各类市场主体活力的原始动力。实施全国统一的市场准入负面清单制度，加大力度破除各种市场准入隐形壁垒，是形成全国统一市场，发挥全国超大市场规模优势的前提条件。公平竞争是有效的市场运行机制，可以促进市场主体充分竞争、优胜劣汰，实现资源优化配置。

（2）高标准的要素市场体系。深化要素市场化配置体制机制改革是建设高标准市场体系的重点和难点。与商品和服务市场相比，土地、劳动力、资本、技术、数据等要素市场发育不足，市场决定要素配置范围有限，要素流动存在体制机制障碍，新型要素快速发展但相关市场规则建立滞后等，成为高标准市场体系的短板。建设要素市场体系，推动经营性土地要素市场化配置，推动劳动力要素有序流动，促进资本市场健康发展，发展知识、技术和数据要素市场，形成生产要素从低质低效领域向优质高效领域流动的机制，提高要素质量和配置效率，是高标准市场体系建设的紧迫任务。

（3）高标准的市场环境和质量。提升市场环境和质量是建设高标准市场体系的重要任务。要全面提升产品和服务质量，使产品和服务质量安全可靠，消费者可以自由选择、放心消费。加强消费者权益保护，严厉打击各种"坑蒙拐骗"现象，大幅降低消费者权益受侵害后的维权难度和维权成本，通过建设高标准的市场环境和质量，使各类市场主体获得感更强。

（4）高标准的市场基础设施。市场基础设施是建设高标准市场体系的重要支撑。高标准市场基础设施升级，既是扩大内需，建设强大国内市场的重要抓手，又是我国提升竞争力和规则影响力的重要举措。要强化市场基础设施建设，培育发展能源商品交易平台。推动市场基础设施互联互通，形成高效联通的物流、资金流、信息流通道。与虚拟市场崛起为代表的市场形态变化相适应，建设智能大市场，引导平台企业健康发展。

（5）高标准的市场开放。推进高水平开放是建设高标准市场体系的内在要求。高标准的市场开放不仅体现在国内外开放领域的持续扩大，更体现在开放深度的持续拓展上。要坚持深化市场化改革，扩大服务业市场准入，完善外商投资准入负面清单。深化竞争规则领域开放合作，实现市场交易规则、交易方式、标准体系的国内外融通，推动制度开放。

（6）高标准的现代市场监管机制。提升监管水平是建设高标准市场体系的重要前提。必须将该放的权放足、放到位，该管的事管好、管到位，完善市场监管机制，推进综合协同监管，加强重点领域监管，健全社会监督机制，加强对监管机构的监管，维护市场安全和稳定，提高市场监管的科学性和有效性。

2）高标准市场体系的具体要求

（1）基础制度方面，完善平等保护产权的法律、法规体系，健全产权执法司法保护制度，健全市场准入负面清单制度，全面落实"全国一张清单"管理模式，加强平台经济、共享经济等新业态领域反垄断和反不正当竞争规制等。

（2）要素市场方面，推动经营性土地要素市场化配置，推动劳动力要素有序流动，促进资本市场健康发展，发展知识、技术和数据要素市场等。

（3）环境质量方面，完善质量管理政策、措施，提升商品和服务质量，加强消费维权制度建设，强化消费者权益保护，推动市场基础设施互联互通，引导平台企业健康发展，实施智能市场发展示范工程等。

（4）市场开放方面，有序扩大金融服务业、社会服务业市场开放，完善外商投资准入前国民待遇加负面清单管理制度，深化竞争规则领域开放合作，推动消费品国内外标准接轨等。

（5）市场监管方面，推进综合协同监管，健全依法诚信的自律机制和监管机制，大力推进信用分级分类监管，发挥行业协会、商会作用，发挥公众和舆论监督作用，健全社会监管机制，维护市场安全和稳定等。

9.3.3　完善现代化市场监管体制机制

加强市场监管是更好发挥政府作用的重要体现，是保障市场体系有效运转的内在要求。建设高标准市场体系，需要构建与之相适应的市场监管体系，完善现代化市场监管体制机制：

（1）进一步完善监管体制。要深化市场监管体制改革，进一步完善统一的市场监管体制，提升市场综合监管能力。深化行政执法体制改革，最大限度减少不必要的行政执法事项。

（2）进一步完善监管机制。党的十八大以来，我国不断探索完善市场监管机制，基本建立了以"双随机、一公开"监管为基本手段、以重点监管为补充、以信用监管为基础的新型监管机制。要进一步深化市场监管改革创新，进一步健全监管机制。"双随机、一公开"是完善事中、事后监管的关键环节，要建立健全行业监管部门和综合监管部门的协调配合机制，推进部门协同监管常态化。社会信用体系是规范市场秩序的治本之策，要完善市场主体信用承诺、失信行为认定、失信联合惩戒、失信主体信用修复等机制，大力推进信用分级分类监管。保障市场安全是市场监管的底线，要围绕食品药品、特种设备、重要工业产品质量安全，健全统一权威的全过程监管体系。

（3）进一步完善监管规则。构建健全的规则体系，是规范市场行为、维护市场秩序的关键所在。要围绕市场规则缺失、滞后等问题，完善重点领域的市场规则。适应经济数字化趋势，完善网络市场监管规则，促进网络市场健康发展。强化消费者权益保护，建立消费者集体诉讼制度，简化消费争议处理程序。完善公平竞争法律、法规，推动社会信用法律建设，完善公平竞争法治环境。

（4）进一步加大监管力度。当前，假冒伪劣、侵犯知识产权等违法行为还时有发生，扰乱市场秩序，影响经济运行。要针对突出问题，严格市场监管、质量监管、安全监管，加大违法惩戒力度。加强反垄断、价格、广告等重点领域监管，强化要素市场监管。坚持包容审慎原则，守住安全底线，营造促进新经济健康发展的监管环境。健全完善质量政策措施，提升商品和服务质量。健全社会监督机制，充分发挥行业协会、新闻媒体、社会公众和市场专业化服务组织的监督作用，构建市场监管社会共治格局。

复习思考题

1.市场具有哪些特点?

2.市场运行的基础是什么?

3.市场监督管理的方法有哪些?

4.市场管理的原则有哪些?

5.高标准市场体系的具体要求有哪些?

第

*10*章

合同监督管理

学习目标

掌握合同的概念及法律特征、《民法典合同编》的基本原则；了解合同的分类、订立合同的一般条款、合同的订立方式；掌握合同的效力、合同担保的主要方法及合同履行的原则及在履行中的抗辩权；了解合同的变更、转让、终止；掌握合同违约责任；掌握合同监督管理的内容。

10.1　合同概述

10.1.1　合同的概念与特征

合同，又称契约，是指当事人之间设立、变更、终止某种权利义务关系的协议。合同是市场主体之间的交易关系在法律上的反映，是推动实现资源优化配置的法律形式。在合同概念之下，可以容纳财产、身份、行政、劳动等不同性质的多种法律关系。

改革开放以来，我国曾先后制定了三部合同法，即《中华人民共和国经济合同法》《中华人民共和国涉外经济合同法》《中华人民共和国技术合同法》。这三部合同法律曾在我国的法治建设方面发挥了重大作用，促进了商品交换和市场经济体制的确立。三部专门的合同立法规范各自不同的领域和关系，相互之间存在不一致和不协调，且法律规定较为粗疏，可操作性不强。1999 年 3 月 15 日，第九届全国人民代表大会第二次会议通过了《中华人民共和国合同法》。这部统一的合同法，结束了三法分立的局面，实现了交易规则的统一。2020 年 5 月 28 日，十三届全国人大三次会议表决通过了《中华人民共和国民法典》，自 2021 年 1 月 1 日起施行。由此，这部统一的合同法成为民法典的合同编，《中华人民共和国合同法》同时废止。

《中华人民共和国民法典》合同编（以下简称《民法典合同编》）中所指的合同，是指民事主体之间设立、变更、终止民事法律关系的协议。而同属民事法律领域的婚姻、收养、监护等有关身份的协议，适用有关该身份关系的法律规定；没有规定的，可以根据其性质适用《民法典合同编》规定。

根据我国《民法典合同编》的规定，合同具有以下法律特征：

（1）合同是平等主体之间的民事法律关系。合同当事人的法律地位平等，一方不得凭借行政权力、经济实力等将自己的意志强加给另一方。

（2）合同是双方或多方当事人的法律行为。合同的主体必须有两个或两个以上，合同的成立是各方当事人意思表示一致的结果。

（3）合同是以明确民事权利、义务关系为内容和目的的民事法律行为。任何民事法律行为均有其内容和目的，合同以设立、变更、终止民事权利义务关系为内容和目的。

（4）合同是具有相应法律效力的协议。合同依法成立以后，当事人各方都必须全面正确履行合同中规定的义务，不得擅自变更或者解除。当事人不履行合同中规定的义务，要依法承担违约责任。对方当事人可以通过诉讼、仲裁，请求强制违约方履行义务，追究其法律责任。

10.1.2　合同的分类

根据不同的标准，可将合同分为不同的种类。合同的分类有助于当事人正确地理解法律，订立和履行合同，有助于正确地适用法律，解决合同纠纷，还可对合同法律的完善起到促进作用。通常对合同做以下分类：

（1）有名合同和无名合同。根据法律是否对合同规定有确定的名称与调整规则，可将合同分为有名合同与无名合同。有名合同是指立法上规定有确定名称与规则的合同；无名合同是指立法上尚未规定有确定名称与规则的合同。对有名合同，可直接适用《民法典合同编》中对于该种合同的具体规定；对无名合同，则只能在适用《民法典合同编》通则中规定的一般规则的同时，参照该编分则或者其他法律最相类似的规定执行。

（2）单务合同与双务合同。根据合同当事人是否互相享有权利、负有义务，可将合同分为单务合同与双务合同。单务合同是指仅有一方当事人承担义务的合同，如赠与合同；双务合同是指双方当事人相互享有权利、承担义务的合同，如买卖合同。这种分类的法律意义在于因两种合同义务承担的不同，从而使它们的法律适用不同，如单务合同履行不存在同时履行抗辩权等。

（3）有偿合同与无偿合同。根据合同当事人是否为从合同中得到的利益中支付代价，可将合同分为有偿合同与无偿合同。有偿合同是指当事人为从合同中得到利益要支付相应代价的合同，如买卖合同；无偿合同是指当事人不需为从合同中得到利益支付相应代价的合同，如赠与合同。

（4）诺成合同与实践合同。根据合同是当事人意思表示一致时成立，还是在当事人意思表示一致后，仍须有实际交付标的物的行为才能成立，可将合同分为诺成合同和实践合同。诺成合同是指在当事人意思表示一致时即告成立的合同；实践合同是指在当事人意思表示一致后，仍须有实际交付标的物的行为才能成立的合同。

（5）要式合同与不要式合同。根据法律是否要求符合一定的形式才能成立，可将合同分为要式合同和不要式合同。要式合同是指必须按照法律规定的特定形式方可成立的合同；不要式合同是指法律对合同成立未规定特定形式的合同。

（6）主合同与从合同。根据合同是否必须以其他合同的存在为前提而存在，可将合同分为主合同和从合同。主合同是指无须以其他合同的存在为前提即可独立存在的合同；从合同是指必须以其他合同存在为前提才可存在的合同。主合同的存在与效力直接影响从合同的成立与效力。

10.2　合同的订立

10.2.1　合同的形式

合同订立是指两个或两个以上的当事人依法就合同的主要条款，经过协商一致，达成协议的法律行为。合同当事人可以是自然人，也可以是法人或者其他组织，但都应当具有与订立合同相应的民事权利能力和民事行为能力。当事人也可以依法委托代理人订立合同。

《民法典合同编》规定，当事人订立合同有书面形式、口头形式和其他形式。口头形式的合同方便易行，但缺点是发生争议时难以举证确认责任，不够安全。所以，重要的合同不宜采用口头形式。对法律、行政法规规定采用书面形式的合同，当事人应当采用书面形式。当事人自行约定合同采用书面形式的，也应当采用书面形式。书面形式是合同书、信件、电报、电传、传真等可以有形地表现所载内容的形式。以电子数据交换、电子邮件等方式能够有形地表现所载内容，并可以随时调取查用的数据电文，视为书面形式。

10.2.2　合同的内容

合同的内容，是指合同当事人订立合同的各项意思表示，具体体现为合同的条款。根据我国《民法典合同编》的规定，在不违反法律强制性规定的情况下，合同的内容由当事人约定，一般包括以下条款：①当事人的名称或者姓名和住所。②标的，即合同当事人权利义务所共同指向的对象。③数量。④质量。⑤价款或者报酬。⑥履行期限、地点和方式。⑦违约责任。⑧解决争议的方法。

为使合同订立时更加严谨，保护当事人的合法权益，当事人可以参照各类合同的示范文本订立合同。

10.2.3　合同订立的方式

根据《民法典合同编》的规定，当事人订立合同，可以采取要约、承诺或者其他方式。合同的订立是当事人对合同的内容经过协商、达成一致意见的过程，而这一过程是通过要约、承诺完成的。要约与承诺制度的规定，使合同的订立有一个较为具体的标准，可以更好地分清各方当事人的责任，正确而恰当地确定合同的成立，充分保护当事人的合法权益，鼓励交易，减少与解决纠纷，使合同当事人和司法机关都有所遵循。

1）要约

要约是指希望与他人订立合同的意思表示。当一方当事人向对方提出合同条件作出签订合同的意思表示时，称为"要约"。发出要约的当事人称为要约人，要约所指向的对方当事人则称为受要约人。要约在不同的情况下还可以称之为发盘、出盘、发价、出价或报价等。根据《民法典合同编》的规定，该意思表示应当符合下列条件：

（1）内容具体确定。发出要约的目的在于订立合同，要约人必须是能够确定的；受要约人一般也是特定的，但在一些场合，要约人也可以向不特定人发出要约。要约的内容必须具有足以使合同成立的主要条件，包括主要条款，如标的、数量、质量、价款或者报酬、履行期限、地点和方式等，一经受要约人承诺，合同即成立。如果要约内容含混不清，内容不具备一个合同的最根本的要素，即使受要约人承诺，也会因缺乏合同成立的主要条件而使合同无法成立。

（2）表明受要约人承诺，要约人即受该意思表示约束。在此，要注意将要约与要约邀请相区别。要约邀请是希望他人向自己发出要约的意思表示，不属于订立合同的行为。寄送的价目表、债券募集办法、基金招募说明书、拍卖公告、招标公告、招股说明书、商业广告等都属于要约邀请。但如商业广告和宣传的内容符合要约的条件，则构成要约。

要约生效的时间适用《民法典》第一百三十七条的规定：以对话方式作出的意思表示，相对人知道其内容时生效。以非对话方式作出的意思表示，到达相对人时生效。以非对话方式作出的采用数据电文形式的意思表示，相对人指定特定系统接收数据电文的，该数据电文进入该特定系统时生效；未指定特定系统的，相对人知道或者应当知道该数据进入系统时生效。当事人对采用数据电文形式的意思表示的生效时间另有约定的，按照其约定。

要约可以撤回。撤回要约的通知应当在要约到达受要约人之前或者与要约同时到达受要约人。

要约可以撤销。撤销要约的意思表示以对话方式作出的，该意思表示的内容应当在受要约人作出承诺之前为受要约人所知道；撤销要约的意思表示以非对话方式作出的，应当在受要约人作出承诺之前到达受要约人。但有下列情形之一的，要约不得撤销：

第一，要约人以确定承诺期限或者其他形式明示要约不可撤销。

第二，受要约人有理由认为要约是不可撤销的，并已经为履行合同做了合理准备工作。

有下列情形之一的，要约失效：

第一，要约被拒绝；

第二，要约被依法撤销；

第三，承诺期限届满，受要约人未作出承诺；

第四，受要约人对要约的内容作出实质性变更。

2）承诺

承诺是指受要约人同意要约的意思表示。承诺应具备以下条件：第一，承诺由受要约人或其合法代理人发出。第二，承诺必须向要约人发出。第三，承诺的内容必须与要约的内容相一致。第四，承诺必须在有效时期内作出。

（1）承诺的方式。承诺应当以通知的方式作出。通知的方式可以是口头的，也可以是书面的。根据交易习惯或当事人之间的约定，承诺也可以不以通知的方式，而是通过实施一定的行为或以其他的方式作出。如果要约人在要约中规定承诺需用特定方式的，只要该种方式不为法律所禁止或不属于在客观上根本不可能，承诺人在作出承诺时，就必须符合要约人规定的承诺方式。

（2）承诺的期限。承诺应当在要约确定的期限内到达要约人。要约没有确定承诺期限的，承诺应当依照下列规定到达：①要约以对话方式作出的，应当即时作出承诺。②要约以非对话方式作出的，承诺应在合理的期限到达。所谓合理期限，是指依通常情形可期待承诺到达的期间。

要约以信件或者电报作出的，承诺期限自信件载明的日期或者电报交发之日开始计算。信件未载明日期的，自投递该信件的邮戳日期开始计算。要约以电话、传真、电子邮件等快速通信方式作出的，承诺期限自要约到达受要约人时开始计算。

（3）承诺的撤回。与要约相同，承诺也可以被撤回。撤回承诺的通知应当在承诺通知到达要约人之前或者与承诺通知同时到达要约人。

10.3　合同的效力

合同的效力即合同的法律效力，是指已经成立的合同在当事人之间产生的一定的法律约束力。有效合同对当事人具有法律约束力，国家法律予以保护，无效合同不具有法律约束力。《民法典合同编》就合同的效力问题规定了有效合同、无效合同、可撤销合同和效力待定合同四种情况。

10.3.1　合同的生效

依法成立的合同，自成立时生效，但是法律另有规定或者当事人另有约定的除外。依照法律、行政法规的规定，合同应当办理批准等手续的，依照其规定。未办理批准等手续影响合同生效的，不影响合同中履行报批等义务条款以及相关条款的效力。应当办理申报批准等手续的当事人未履行义务的，对方可以请求其承担违反该义务的责任。合同生效后，其效力主要体现在以下几个方面：①在当事人之间产生法律效力。合同一旦成立，当事人应当依合同的规定，享受权利、承担义务。②对当事人以外的第三人产生法律约束力。合同生效成立后，任何单位或个人都不得侵犯当事人的合同权利，不得非法阻挠当事人履行义务。

当事人对合同的效力可以约定附条件，即所谓附条件的合同。附条件的合同是指合同的双方当事人在合同中约定某种事实状态，并以其将来发生或不发生作为合同生效的限制条件。附生效条件的合同，自条件成就时生效。附解除条件的合同，自条件成就时失效。当事人为自己的利益不正当地阻止条件成就的，视为条件已成就；不正当地促成条件成就的，视为条件不成就。所附的条件必须是由双方当事人约定的，并且作为合同的一个条款列入合同中。条件应当是将来可能发生的事实。过去的、现存的、将来必定发生的或必定不能发生的事实都不能作为所附条件，法律规定的事实也不能作为所附条件；所附条件是当事人用来限制合同法律效力的附属意思表示，是合同的附属内容；所附条件必须是合法的事实。

当事人对合同的效力可以约定附期限，即附期限的合同。附期限的合同是指附有将来确定到来的期限作为合同的条款，并在该期限到来时合同效力发生或终止。附生效期限的合同，自期限届至时生效。附终止期限的合同，自期限届满时失效。该期限可以是一个具体的日期，如某年某月某日；也可以是一个期间，如"合同成立之日起 6 个月"。需要特别注意的是，合同中所附的期限与合同的履行期限是两个完全不同的概念。

10.3.2　无效合同

无效合同是指合同虽然成立但属于不具有法律约束力和不发生履行效力的合同。无效合同自始没有法律约束力，国家不予承认和保护。

根据《民法典》第五百零六条规定，合同中的下列免责条款无效：

（1）造成对方人身损害的

一方以欺诈、胁迫的手段订立合同，损害国家利益。欺诈是指故意隐瞒真相或故意告知对方假象，欺骗对方，诱使对方作出错误的意思表示而与之订立合同；胁迫是指行为人以将要发生的损害或者以直接实施损害相威胁，使对方产生恐惧而与之订立合同。

（2）因故意或者重大过失造成对方财产损失的

另外，根据《民法典》相关规定，有下列情形的合同无效：当事人以虚假意思表示订立的合同无效；违反法律、行政法规强制性规定的合同无效；违背公序良俗的合同无效。

10.3.3　可撤销合同

可撤销合同是指当事人在订立合同时，因意思表示不真实，经有撤销权的当事人行使撤销权，使已生效的合同归于无效的合同。可撤销合同与无效合同相比，具有如下特征：可撤销合同在未被撤销前是有效的合同，而无效合同自始无效；可撤销合同一般因意思表示不真实而引起，而无效合同不只限此原因；可撤销合同的撤销或变更由有撤销权的当事人通过行使撤销权来实现，而无效合同在内容上具有明显的违法性，因此，对无效合同的确认不能由当事人选择，即使当事人对合同不主张无效，人民法院也应主动干预，宣告合同无效。

根据《民法典》的规定，可撤销合同有以下几种情形：

1）因重大误解订立的合同

重大误解是指当事人对合同性质，对方当事人，标的物种类、质量、数量等涉及合同后果的重大事项存在错误认识，违背其真实意思表示订立合同，并因此受到较大损失或者达不到误解者订立合同的目的的行为。对重大误解范围应严格限制，如对订立合同后能否得到经济利益及商业风险的大小产生的错误认识并不属于重大误解。

2）显失公平的合同

显失公平的合同，是指一方当事人在紧迫或者缺乏经验的情况下订立的使当事人之间的权利义务严重不对等的合同。这种合同使当事人在经济利益上严重失衡，违反了公平、等价有偿原则。一方以欺诈或胁迫手段，使对方在违背真实意思的情况下订立合同的，受欺诈方、受胁迫方有权请求人民法院或者仲裁机构予以撤销。一方利用对方处于危困状态、缺乏判断能力等情形，致使合同成立时显失公平的，受损害方有权请求人民法院或者仲裁机构予以撤销。

被撤销的合同，同无效合同一样，自始没有法律约束力。

合同被撤销后，因该合同取得的财产，应当予以返还；不能返还或者没有必要返还的应当折价补偿。有过错的一方应当赔偿对方因此造成的损失；双方都有过错的，应当各自承担相应的责任。

撤销权的行使是有时效和限制的。有下列情形之一的，撤销权消灭：具有撤销权的当事人自知道或者应当知道撤销事由之日起 90 日内没有行使撤销权；当事人受胁迫，自胁迫行为终止之日起 1 年内没有行使撤销权；当事人知道撤销事由后明确表示或者以自己的行为明确放弃撤销权；当事人自民事行为发生之日 5 年内没有行使撤销权的。

10.3.4　效力待定合同

效力待定合同是指某些方面虽不符合合同生效要件，但并不属于上述无效合同或可撤销合同，法律允许根据情况予以补救的合同。

一个有效的合同一般应具备三个条件：①主体合格，即合同当事人具有相应的民事权利能力和民事行为能力；②意思表示真实；③不违反法律和社会公共利益。三个条件缺一不可，否则，就可能导致合同无效或者可撤销。

但在以下情况下，法律允许采取补救措施，使之成为有效合同：

（1）限制民事行为能力人订立的合同，经法定代理人同意或追认后，该合同有效。但如果是纯获利益的合同或者是与其年龄、智力、精神健康状况相适应而订立的合同，不必经法定代理人作出追认，该合同当然有效。

为避免限制民事行为能力人订立的合同长期处于不确定状态而影响相对人的利益，《民法典》规定了相对人的催告权。相对人可以催告法定代理人在 30 日内予以追认。法定代理人未做表示的，视为拒绝追认，合同被追认前善意相对人有撤销的权利。撤销应以通知的方式作出。

（2）行为人没有代理权、超越代理权或者代理权终止后以被代理人的名义订立的合同，未经被代理人追认，对被代理人不发生效力，由行为人承担责任。

相对人可以催告法定代理人在 30 日内予以追认。法定代理人未做表示的，视为拒绝追认，合同被追认前善意相对人有撤销的权利。撤销应以通知的方式作出。

（3）行为人没有代理权、超越代理权或者代理权终止后以被代理人的名义订立的合同，相对人有理由相信行为人有代理权的，该代理行为有效。这是关于表见代理的规定。表见代理，是指客观上存在使相对人相信无权代理人的行为有代理权的情况和理由，且相对人主观上为善意时，代理行为有效。

（4）法人的法定代表人或者非法人组织负责人超越权限订立的合同，除相对人知道或应当知道其超越权限外，该代表行为有效，订立的合同对法人和非法人组织发生效力。

（5）无处分权人处分他人财产，经权利人追认或无处分权的人订立合同后取得处分权的，该合同有效。

10.4 合同的担保和履行

10.4.1 合同的担保

1) 合同担保的概念

合同的担保是指依照法律规定，或由当事人双方经过协商一致而约定的，为保障合同债权实现的法律措施。设定合同担保的根本目的是保证合同的切实履行，即合同债权人实现其债权，也促使合同债务人履行其债务。根据《中华人民共和国民法典》关于担保物权的规定，在借贷、买卖、货物运输、加工承揽等经济活动中，债权人需要以担保方式保障其债权实现的，可以设定保证、抵押、质押、留置和定金等五种方式的担保。

担保活动遵循平等、自愿、公平、诚实信用的原则，以维护参加担保各方当事人的合法权益。合同的担保，一般在订立合同的同时成立，既可以是主合同中的担保条款，也可以是单独订立的书面合同，包括当事人之间具有担保性质的信函、传真等。担保合同是主合同的从合同，担保合同的法律效力取决于主合同的法律效力，主合同无效，担保合同无效，但法律另有规定的除外。

2) 合同担保的主要方式

（1）保证

保证，是指第三人为债务人的债务作担保，由第三人和债权人约定，当债务人不履行债务时，第三人按照约定履行债务或者承担责任的行为。该第三人为保证人。

①保证和保证人。按照《民法典合同编》关于保证合同的规定，具有代为清偿债务能力的法人、其他组织或者公民，可以作保证人。机关法人不得为保证人，但是经国务院批准为使用外国政府或者国际经济组织贷款进行转贷的除外。以公益为目的的非营利法人、非法人组织不得为保证人。企业法人的分支机构有法人书面授权的，可以在授权范围内提供保证。

②保证内容和保证方式。保证的内容应当由保证人与债权人在以书面形式订立的保证合同中加以确定，一般包括被保证的主债权的种类、数额，债务人履行债务的期限，保证的方式、范围和期间等条款。

保证的方式，包括一般保证与连带责任保证。当事人在合同中约定，在债务人不能履行债务时，由保证人承担保证责任的，为一般保证。一般保证的保证人在主合同纠纷未经审判或者仲裁，并就债务人财产依法强制执行仍不能履行债务前，有权拒绝向债权人承担保证责任，但是有下列情形之一的除外：债务人下落不明，且无财产可供执行；人民法院已经受理债务人破产案件；债权人有证据证明债务人的财产不足以履行全部债务或者丧失债务履行能力；保证人书面表示放弃权利。当事人在保证合同中约定保证人与债务人对债务承担连带责任的，为连带责任保证。连带责任保证的债务人不履行到期债务或者发生当事人约定的情形时，债权人可以请求债务人履行债务，也可以请求保证人在其保证范围内承担保证责任。当事人对保证方式没有约定或者约定不明确的，按照一般保证承担保证责任。

③保证责任。保证的范围包括主债权及其利息、违约金、损害赔偿金和实现债权的费用。当事人另有约定的，按照其约定。

保证期间是确定保证人承担保证责任的期间，不发生中止、中断和延长。债权人与保证人可以约定保证期间，但是约定的保证期间早于主债务履行期限或者与主债务履行期限同时届满的，视为没有约定；没有约定或者约定不明确的，保证期为主债务履行期限届满之日起6个月。债权人与债务人对主债务履行期限没有约定或者约定不明确的，保证期间自债权人请求债务人履行债务的宽限期届满之日起计算。

债权人和债务人未经保证人书面同意，协商变更主债权债务合同内容，减轻债务的，保证人仍对变更后的债务承担保证责任；加重债务的，保证人对加重的部分不承当保证责任。债权人和债务人变更主债权债务合同的履行期限，未经保证人同意的，保证期间不受影响。债权人转让全部或者部分债权，未通知保证人的，该转让对保证人不发生效力。保证人与债权人约定禁止债权转让，债权人未经保证人书面同意转让债权的，保证人对受让人不再承担保证责任。债权人未经保证人书面同意，允许债务人转移全部或者部分债务的，保证人对未经同意转移的债务不再承担保证责任，但是债权人和保证人另有约定的除外。第三人加入债务的，保证人的保证责任不受影响。

一般保证的债权人未在保证期间对债务人提起诉讼或者申请仲裁的，保证人不再承担保证责任。连带责任保证的债权人未在保证期间请求保证人承担保证责任的，保证人不再承担保证责任。一般保证的保证人在主债务履行期限届满后，向债权人提供债务人可供执行财产的真实情况，债权人放弃或者怠于行使权利致使该财产不能被执行的，保证人在其提供可供执行财产的价值范围内不再承担保证责任。

同一债务人有两个以上保证人的，保证人应当按照保证合同约定的保证份额，承担保证责任。没有约定保证份额的，债权人可以请求任何一个保证人在其保证范围内承担保证责任。

保证人承担保证责任后，除当事人另有约定外，有权在其承担保证责任的范围内向债务人追偿，享有债权人对债务人的权利，但是不得损害债权人的利益。保证人可以主张债务人对债权人的抗辩。债务人放弃抗辩的，保证人仍有权向债权人主张抗辩。债务人对债权人享有抵销权或者撤销权的，保证人可以在相应范围内拒绝承担保证责任。

（2）抵押

抵押，是指债务人或者第三人不转移对其确定的财产的占有权，将该财产作为债权的担保。债务人不履行债务时，债权人有权依照法律规定，以该财产折价或者以拍卖、变卖该财产的价款优先受清偿。该债务人或者第三人为抵押人，债权人为抵押权人，提供担保的财产为抵押物。

①抵押和抵押物。抵押人只能以法律规定可以抵押的财产提供担保；法律规定不可以抵押的财产，抵押人不得用于抵押。根据《民法典》的规定，可以用于抵押的财产有：建筑物和其他土地附着物；建设用地使用权；海域使用权；生产设备、原材料、半成品、成品；正在建造的建筑物、船舶、航空器；交通运输工具；法律、行政法规未禁止的其他财产。上述财产也可以一并抵押。不得用于抵押的财产有：土地所有权；宅基地、自留地、自留山等集体所有的土地使用权（但法律另有规定的除外）；学校、幼儿园、医疗机构等为公益目的成立的非营利法人的教育设施、医疗卫生设施和其他社会公益设施；所有权、使用权不明或者有争议的财产；依法被查封、扣押、监管的财产；依法不得抵押的其他财产。

此外，乡镇、村企业的建设用地使用权不得单独抵押。以乡镇、村企业的厂房等建筑物抵押的，其占用范围内的建设用地使用权同时抵押。同样，以依法取得的国有土地上的房屋抵押的，该房屋占用范围内的国有土地使用权同时抵押。以出让方式取得国有土地使用权抵押的，应当将抵押时该国有土地上的房屋抵押。

②抵押合同和抵押物登记。抵押人和抵押权人应当以书面形式订立合同。抵押合同一般包括下列条款：被担保债权的种类和数额；债务人履行债务的期限；抵押财产的名称、数量等情况；抵押担保的范围，包括主债权及利息、违约金、损害赔偿金和实现抵押权的费用；当事人认为需要约定的其他事项。

当事人以法律规定的需要办理抵押物登记的财产作抵押的，应当向有关部门办理抵押物登记，抵押合同自登记日起生效。以其他财产抵押的可以自愿办理抵押物登记，抵押合同自签订之日起生效。抵押期间抵押人转让已办理登记的抵押物的，应当通知抵押权人并告知受让人转让物已经抵押的情况；抵押人未通知抵押权人或者未告之受让人的转让行为无效。转让抵押物的价款明显低于其价值的抵押权人可以要求抵押人提供相应担保；抵押人不提供的，不得转让抵押物。

③抵押权的实现。债务履行期满，债务人未履行债务即抵押权人未受清偿的，抵押权人可以与抵押人协议以抵押物折价或者以拍卖、变卖该抵押物所得的价款受偿。协议不成的抵押权人可以向人民法院提起诉讼。抵押物折价或者拍卖变卖后，其价款超过债权数额的部分归抵押人所有；不足部分由债务人清偿；抵押权因抵押物灭失而消失；因灭失所得的赔偿金，应当作为抵押财产。

（3）质押

质押，是指为了担保债权的履行，债务人或第三人将其动产或权利交债权人占有，当债务人不履行债务时，债权人有就其占有的财产优先受偿的权利。质押的当事人是质权人和出质人。质权人即质押所担保债权的债权人。出质人即提供质物的人，一般是债务人自己，但第三人也可以用自己的财产为他人设定质押。

①质押的分类。质押包括动产质押和权利质押。动产质押是指债务人或第三人将其动产移交债权人，将该动产作为债权的担保。权利质押是指以汇票，本票，支票，债券，存款单，提单，仓单，依法可转让的基金份额、股权，依法可以转让的

注册商标专用权、专利权、著作权中的财产权，现有的以及将有的应收账款，依法可以质押的其他权利等作为质押标的的担保。

②质押合同的内容及生效。出质人和质权人应当以书面形式订立质押合同。质押合同一般包括下列条款：被担保债权的种类、数额；债务人履行债务的期限；质物的名称、数量、质量、状况；质押担保的范围，包括主债权及利息、违约金、损害赔偿金、质物的保管费用和实现质权的费用；质物的移交时间、方式，以及当事人认为需要约定的其他事项。质押合同不完全具备以上规定内容的，可以补正。

质押合同自质物移交与质权人占有时生效。以汇票、本票、支票、债券、存款单、提单、仓单出质的，质押合同自权利凭证交付之日起生效；没有权利凭证的，质权自办理出质登记时设立。以基金份额、股权出质的，以注册商标专用权、专利权、著作权等知识产权中的财产权出质的，以应收账款出质的，质权自办理出质登记时设立。

③质权的实现。债务履行期届满债务人履行债务的或者出质人提前清偿所担保的债权的，质权人应当返还质押财产。债务履行期届满质权人未受清偿的，可以与出质人协议以质押财产折价，也可以依法拍卖、变卖质押财产。质押财产折价或拍卖、变卖后，其价款超过债权数额的部分归出质人所有，不足部分由债务人清偿。为债务人质押担保的第三人在质权人实现质权后，有权向债务人追偿；质权因质物的灭失而消灭；因灭失所得的赔偿金，应当作为出质的财产。

（4）留置

留置，是指债权人按照合同的约定占有债务人的动产，在债务人不按照合同的约定的期限履行债务时，有权留置该财产并就该财产优先受偿。

因保管合同、运输合同、承揽合同以及法律规定可以留置的其他合同发生的债权，债务人不履行债务的，债权人有留置权。但当事人可以在合同中约定不得留置的物。留置的财产为可分物的，留置物的价值应当相当于债务的金额。留置权人负有妥善保管留置物的义务，因保管不善致使留置物灭失或者毁损的，留置权人应当承担赔偿责任。

留置担保的范围包括主债权及利息、违约金、损害赔偿金、留置物的保管费用和实现留置权的费用。

留置权人与债务人应当约定留置财产后的债务履行期限；没有约定或者约定不明确的，留置权人应当给债务人60日以上履行债务的期限，但是鲜活易腐等不易保管的动产除外。债务人逾期未履行的，留置权人可以与债务人协议以留置物折价，也可以依法拍卖、变卖留置物。留置物折价或者拍卖、变卖后，其价款超过债权数额的部分归债务人所有，不足部分由债务人清偿。

（5）定金

定金，是指合同当事人一方向对方给付一定数额的货币作为债权的担保。定金与预付款不同，预付款是合同一方当事人为履行付款义务而预先向对方当事人支付一定的款项，无担保作用。

债务人履行债务后，定金抵作价款或收回。给付定金的一方不履行债务或者履行债务不符合约定，致使不能实现合同目的的，无权请求返还定金；收受定金的一方不履行债务或者履行债务不符合约定，致使不能实现合同目的的，应当双倍返还定金。

定金应当以书面形式约定。定金的数额由当事人约定，但不得超过主合同的标的额的20%，超过部分不产生定金的效力。实际交付的定金数额多于或者少于约定数额的，视为变更约定的定金数额。当事人在定金合同中应当约定交付定金的期限。定金合同从实际交付定金时成立。

10.4.2　合同履行

1）合同的履行规则

合同的履行是指合同生效后，双方当事人按照合同规定的各项条款，完成各自承担的义务和实现各自享受的权利，使合同双方当事人的合同目的得以实现的行为。

合同当事人应当按照约定全面履行各自的义务。当事人应当遵循诚信原则，根据合同的性质、目的和交易习惯履行通知、协助、保密等义务。当事人在履行合同过程中，应当避免浪费资源、污染环境和破坏生态。

合同的履行应当遵循下列规则：

（1）当事人就有关合同内容约定不明确时的履行规则

合同生效后，当事人就质量、价款或者报酬、履行地点等内容没有约定或约定不明确的，可以协议补充；不能达成补充协议的，按照合同有关条款或者交易习惯确定。仍不能确定的，适用下列规定：

①质量要求不明确的，按照强制性国家标准履行；没有强制性国家标准的，按照推荐性国家标准履行；没有推荐性国家标准的，按照行业标准履行；没有国家标准、行业标准的，按照通常标准或者符合合同目的的特定标准履行。

②价款或报酬不明确的，按照订立合同时履行地的市场价格履行；依法应当执行政府定价或政府指导价的，依照规定履行。

③履行地点不明确，给付货币的，在接受货币一方所在地履行；交付不动产的，在不动产所在地履行；其他标的，在履行义务一方所在地履行。

④履行期限不明确的，债务人可以随时履行，债权人也可以随时请求履行，但应当给对方必要的准备时间。

⑤履行方式不明确的，按照有利于实现合同目的的方式履行。

⑥履行费用的负担不明确的，由履行义务一方负担；因债权人原因增加的履行费用，由债权人负担。

（2）执行政府定价或者政府指导价的合同的履行规则

执行政府定价或者政府指导价的，在合同约定的交付期限内政府价格调整时，按照交付时的价格计价。逾期交付标的物的，遇价格上涨时，按照原价格执行；价格下降时，按照新价格执行。逾期提取标的物或者逾期付款的，遇价格上涨时，按照新价格执行；价格下降时，按照原价格执行。

（3）涉及第三人的合同的履行

①向第三人履行的合同，又称利他合同。它是指合同双方当事人约定，由债务人向第三人履行债务，第三人直接取得请求权的合同。债权人与债务人订立向第三人履行的合同，债权人可以事先征得第三人的同意，也可以不告知第三人，但债务人按照合同向第三人履行时，应当通知第三人。当事人约定由债务人向第三人履行债务的，债务人未向第三人履行债务或者履行债务不符合约定，应当向债权人承担违约责任。法律规定或者当事人约定第三人可以直接请求债务人向其履行债务，第三人未在合理期限内明确拒绝，债务人未向第三人履行债务或者履行债务不符合约定的，第三人可以请求债务人承担违约责任；债务人对债权人的抗辩，可以向第三人主张。

②由第三人履行的合同。当事人约定由第三人向债权人履行债务的，第三人不履行债务或者履行债务不符合约定，债务人应当承担违约责任。

③债务人不履行债务，第三人对履行该债务具有合法利益的，第三人有权向债权人代为履行；但是，根据债务性质、按照当事人约定或者按照法律规定只能由债务人履行的除外。债权人接受第三人履行后，其对债务人的债权转让给第三人，但是债务人和第三人另有约定的除外。

2）合同履行中的抗辩权

抗辩权是指在双务合同中一方当事人在对方不履行或履行不符合约定时，依法对抗对方的请求权或否认对方权利主张的权利。《民法典合同编》规定了同时履行抗辩权、后履行抗辩权和不安抗辩权三种。这些履行抗辩权的设置，使当事人在法定情况下可以对抗对方的请求权或否认对方权利主张，使当事人的拒绝履行行为不构成违约，可以更好地维护当事人的合法权益。

（1）同时履行抗辩权

①同时履行抗辩权的概念。同时履行抗辩权是指在双务合同中应当同时履行的一方当事人有证据证明另一方当事人在同时履行的时间不能履行或不能适当履行，到履行期时其享有相应的不履行或部分履行的权利。

《民法典》第五百二十五条规定，当事人互负债务，没有先后履行顺序的，应当同时履行。一方在对方履行之前有权拒绝其履行请求。一方在对方履行债务不符合约定时，有权拒绝其相应的履行请求。

②同时履行抗辩权的行使条件。行使同时履行抗辩权须同时具备以下条件：A.须基于同一双务合同。双方当事人因同一合同互负债务，在履行上存在关联性，而且因同一双务合同产生两项给付，形成对价关系。这是同时履行抗辩权成立的前提条件。单务合同因只有一方有履行义务，无法形成抗辩权。B.两项给付没有先后履行顺序，即当事人没有约定，法律也没有规定哪一方先履行义务。C.双方债务已届清偿期。当事人行使同时履行抗辩权必须双方债务都已到清偿期，否则，不存在同

时履行抗辩权的问题。D.一方当事人有证据证明应同时履行义务的对方当事人未履行或未适当履行合同。E.对方有履行的可能性。

③同时履行抗辩权的效力。同时履行抗辩权只是暂时阻止对方当事人请求权的行使，而不是永久地终止合同。当对方当事人完全履行了合同义务，同时履行抗辩权即告消灭，主张抗辩权的当事人就应当履行自己的义务。当事人因行使同时履行抗辩权致使合同迟延履行的责任由对方当事人承担。

（2）后履行抗辩权

①后履行抗辩权的概念。根据《民法典》第五百二十六条规定，后履行抗辩权是指"合同当事人互负债务，有先后履行顺序，先履行一方未履行的，后履行一方有权拒绝其履行请求。先履行一方履行债务不符合约定的，后履行一方有权拒绝其相应的履行请求"。

②后履行抗辩权行使的条件。后履行抗辩权的行使有四个条件：A.当事人基于同一双务合同，互负债务。B.当事人的履行有先后顺序。C.应当先履行的当事人不履行合同或履行合同不符合约定。D.后履行抗辩权属于履行义务顺序在后的一方当事人。

③后履行抗辩权的效力。后履行抗辩权不是永久性的，它的行使只是暂时阻止了当事人请求权的行使。先履行一方的当事人如果完全履行了合同义务，则后履行抗辩权消灭，后履行当事人就应当按照合同的约定履行自己的义务。

（3）不安抗辩权

①不安抗辩权的概念。不安抗辩权又称先履行抗辩权，是指当事人互负债务，有先后履行顺序，先履行的一方有证据证明另一方丧失履行能力时，在对方没有履行或没有提供担保之前，有中止合同履行的权利。

②中止履行的条件。《民法典》第五百二十七条规定，应当先履行债务的当事人，有确切证据证明对方有下列情形之一的，可以中止履行：A.经营状况严重恶化；B.转移财产、抽逃资金，以逃避债务；C.丧失商业信誉；D.有丧失或者可能丧失履行债务能力的其他情形。

当事人没有确切证据中止履行的，应当承担违约责任。

③不安抗辩权的效力。A.中止合同，即先履行合同的当事人停止履行或延期履行合同。先履行合同的当事人行使中止权时，应当及时通知对方，以免给对方造成损害。如果对方当事人恢复了履行能力或提供了相应的担保后，先履行一方当事人的"不安"消除，应当恢复合同的履行。B.解除合同。中止履行合同后如果对方在合理的期限内未恢复履行能力并且未提供担保的，视为以自己的行为表明不履行主要债务，中止履行合同的一方可以解除合同并可以请求对方承担违约责任。

3）合同的保全措施

合同的保全措施是指为了防止债务人财产的不当减少而给债权人的债权带来损害，法律允许债权人为保全其债权的实现而采取的法律措施。合同的保全措施包括代位权和撤销权两种。

（1）代位权

①代位权的概念。代位权，是指当债务人怠于行使其权利而危及债权人的利益时，债权人为保全债权，可以以自己的名义代债务人行使债权的权利。《民法典》第五百三十五条规定："因债务人怠于行使其债权或者与该债权有关的从权利，影响债权人的到期债权实现的，债权人可以向人民法院请求以自己的名义代位行使债务人对相对人的权利，但该权利专属于债务人自身的除外。"

②代位权的行使条件。代位权的行使应当同时符合下列条件：A.债权人对债务人的债权合法。B.债务人怠于行使其权利或者与该债权有关的从权利，影响债权人的到期债权实现。C.债务人的债权已到期。D.债务人的债权不是专属于债务人自身的债权。专属于债务人自身的债权，是指基于抚养关系、赡养关系、继承关系产生的给付请求权和劳动报酬、退休金、抚恤金、安置费、人寿保险、人身伤害赔偿请求权等权利。

③代位权的行使范围及费用承担。代位权的行使范围以债权人的到期债权为限。债权人行使代位权的必要费用，由债务人承担。债权人行使代位权，虽以自己的名义进行，但只能要求第三人向债务人履行债务，不能要求第三人向自己履行债务，也无优先受偿的权利。

（2）撤销权

①撤销权的概念。撤销权是指债权人对债务人实施的危及债权人利益的滥用财产处分权行为，可以请求人民法院予以撤销的权利。《民法典》第五百三十八条规定："债务人以放弃其债权、放弃债权担保、无偿转让财产等方式无偿处分财产权益，或者恶意延长其到期债权的履行期限，影响债权人的债权实现的，债权人可以请求人民法院撤销债务人的行为。债务人以明显不合理的低价转让财产、以明显不合理的高价受让他人财产或者为他人的债务提供担保，影响到债权人的债权实现，债务人的相对人知道或者应当知道该情形的，债权人也可以请求人民法院撤销债务人的行为。"

②债权人行使撤销权的事由。具备下列任何情形之一的，债权人均可行使撤销权：A.债务人放弃到期债权；B.放弃债权担保；C.债务人无偿转让财产；C.恶意延长其到期债权的履行期限；D.债务人以明显不合理的低价转让财产；E.债务人以明显不合理的高价受让他人财产或者为他人的债务提供担保，债务人的相对人知道或者应当知道该情形的。

③撤销权的行使范围及费用承担。撤销权的行使范围以债权人的债权为限。债权人行使撤销权的必要费用由债务人承担。行使撤销权的债权人并无优先受偿权。

④撤销权的除斥期间。撤销权的除斥期间是指撤销权的存续期间，即在此期间内债权人享有撤销权，该期间过后撤销权归于消灭。《民法典》第五百四十一条规定："撤销权自债权人知道或应当知道撤销事由之日起一年内行使。自债务人的行为发生之日起五年内没有行使撤销权的，该撤销权消灭。"

10.5　合同的变更、转让和终止

10.5.1　合同的变更

依法成立的合同，受法律保护，对当事人具有法律约束力。任何一方都应当按照合同约定履行自己的义务，不得擅自变更和解除合同。但在合同履行过程中，由于主、客观情况的变化，也可能发生一些当事人订立合同时未及预料的情况，影响到当事人订立合同目的的实现，需要依法对当事人权利义务关系重新进行调整和规定，因此，便出现了合同变更、转让和终止。

合同的变更是指合同成立后，当事人双方根据客观情况的变化，依照法律规定的条件和程序，对原合同内容的修改和补充。合同的变更是在合同的主体不改变的前提下对合同内容的变更，合同的性质并不改变，如标的物数量的增减，质量标准的调整，履行时间、履行地点的变动等。合同是由当事人协商一致而订立的，经当事人协商一致，也可以变更合同。但法律、行政法规规定变更合同应当办理批准、登记等手续的，应依照其规定办理。合同变更后，变更后的内容就取代了原合同的内容，当事人就应当按照变更后的内容履行合同。为了减少在合同变更时可能发生的纠纷，当事人对合同变更的内容应做明确约定。当事人对合同变更的内容约定不明确的，推定为未变更。

合同变更后，当事人应当按照变更后的合同履行。合同的变更仅对变更后未履行的部分有效，已履行的部分无溯及力。因合同的变更而使一方当事人受到经济损失的，受损害的一方可向另一方当事人要求赔偿损失。

10.5.2　合同的转让

合同的转让，即合同主体的变更，是指当事人将合同的权利和义务全部或者部分地转让给第三人，合同内容并未发生变化。合同的转让，一般由当事人自主决定。合同的转让有三种情况：合同权利转让、合同义务转让、合同权利义务一并转让。

1）合同权利转让

（1）合同权利转让的概念。合同权利转让是指不改变合同的内容，由债权人将合同的权利的全部或者部分转让给第三人。《民法典》第五百四十五条规定，债权人可以将债权的全部或者部分转让给第三人。

（2）禁止转让的法定事由。合同权利原则上是可以转让的，但在特殊情况下也不能转让。《民法典》第五百四十五条规定了禁止转让的法定事由：

①根据债权性质不得转让的。这主要是指合同是基于具有人身属性或者人身信任关系而订立的，如果转让给第三人，将会使合同的内容发生变更，从而使转让后的合同内容与转让前的合同内容失去联系性和同一性，且违反了当事人订立合同的

目的，因此，这类权利不能转让。例如，委托合同、雇佣合同、以特定演员出场为条件的演出合同、以某个作家的创作活动为基础订立的出版合同、赠与合同等。

②按照当事人的约定不得转让的。根据合同自由的原则，当事人可以在订立合同或在订立合同后特别约定禁止债权人将合同权利转让给第三人。这种约定只要是当事人真实的意思表示并且不违反法律的禁止性规定和社会公德，那么对当事人就有法律约束力。任何一方违反此种规定而转让合同权利，将构成违约行为。

③依照法律规定不得转让的。法律规定不得转让的合同权利，当然不能转让。但是，法律禁止债权人转让权利的现象非常少见。

(3) 合同权利转让的程序。《民法典》第五百四十六条规定，债权人转让债权，未通知债务人的，该转让对债务人不发生效力。债权人转让权利的通知不得撤销，但经受让人同意的除外。

2）合同义务转让

(1) 合同义务转让的概念及分类。合同义务转让，又称合同义务的转移，是指经债权人同意，债务人将合同的义务全部或者部分转让给第三人。合同义务转让也是合同内容不变而合同主体的变更。合同义务转让可分为全部转让和部分转让。全部转让是指第三人受让债务人的全部债务，第三人取代债务人的地位而成为合同的债务人；部分转让是指第三人受让债务人的部分债务，原债务人仍然承担债务，但其中的部分债务已转让给第三人即新债务人。

(2) 合同义务转让的程序。债务人将合同的义务全部或者部分转移给第三人，应当经债权人同意，否则，债务人的转移合同义务的行为对债权人不发生效力，债权人有权拒绝第三人向其履行，同时有权要求债务人履行义务并承担不履行或迟延履行合同的法律责任。

(3) 第三人的权利和义务。债务人全部转移合同义务时，第三人即新债务人完全取代了原债务人的地位，承担全面履行合同义务的责任，享有债务人所应享有的抗辩权，可以主张原债务人对债权人的抗辩。同时，与所转移的主债务有关的从债务，也应当由新债务人承担，但该从债务专属于原债务人自身的除外。合同义务部分转让时，新债务人加入到原债务中，和原债务人一起向债权人履行义务。

3）合同权利义务一并转让

合同权利义务一并转让，也称合同权利义务的概括移转，是指当事人一方经对方同意，将自己在合同中的权利和义务一并转让给第三人。这种转让与权利转让、义务转让不同之处在于，它不是单纯的转让债权或债务，而是一并转让债权和债务。

合同一方当事人将权利和义务一并转让时，除了应当征得另一方同意外，还应当遵守《民法典》有关权利和义务转让的其他规定：不得转让法律禁止转让的权利；转让合同权利和义务时，从权利和从义务也一并转让，但该从权利和从义务专属于让与人自身的除外；转让合同权利和合同义务不得影响第三人抗辩权、抵销权的行使；法律、行政法规规定应当办理批准、登记手续的，应当按照其规定办理。

《民法典》同时对当事人订立合同后发生合并、分立的情况进行了规定，当事人订立合同后合并的，由合并后的法人或者其他组织行使合同权利，履行合同义务。当事人订立合同后分立的，除债权人和债务人另有约定的以外，由分立的法人或者其他组织对合同的权利和合同的义务享有连带债权，承担连带债务。

10.5.3　合同的终止

1）合同终止的概念

合同终止是指依法生效的合同，因发生法律规定或当事人约定的情况，使当事人之间的权利义务关系消灭，合同不再具有法律效力。

2）合同终止的具体情形

根据《民法典》第五百五十七条规定，有下列情形之一的，合同的权利义务终止：

（1）债务已按照约定履行

债务已按照约定履行，是指债务人已经按照合同约定的标的、质量、数量、价款或酬金、履行期限、履行地点和履行方式全面履行，债权人的权利得以实现的行为。

（2）合同的解除

合同的解除，是指已经生效的合同因发生法律规定或当事人约定的情况，而使合同关系终止。合同解除有约定解除和法定解除两种：

①约定解除。约定解除是指根据当事人事先约定的情况或经当事人协商一致而解除合同。当事人约定解除合同包括约定解除权和协商解除两种情况。

约定解除权，是指当事人在合同中约定，合同履行过程中出现某种情况时，当事人有解除合同的权利。解除权可以在合同订立时约定，也可以在合同履行过程中约定；可以约定由一方行使，也可以约定由双方行使。解除合同的条件成立时，解除权人可以解除合同。由于约定解除也是当事人之间订立合同的内容，因此应当符合合同生效要件，不得违反法律，损害国家利益和社会公共利益。法律规定必须经有关部门批准才能解除的合同，当事人不得自行约定解除。

协商解除，是指合同生效后未履行或未完全履行之前，当事人经协商一致订立一个解除原来合同的协议。协商解除也属于法律行为，应当遵守法律规定，不得损害国家利益和社会公共利益。

②法定解除。法定解除是指在合同生效后，当事人没有履行或没有完全履行之前，在法律规定的解除条件出现时，当事人依法行使解除权而使合同关系消灭。

合同解除的法定条件。《民法典》第五百六十三条规定，有下列情形之一的，当事人可以解除合同：

A.因不可抗力致使不能实现合同目的的；

B.在履行期限届满之前，当事人一方明确表示或者以自己的行为表明不履行主要债务；

C.当事人一方迟延履行主要债务，经催告后在合理期限内仍未履行；

D.当事人一方迟延履行债务或者有其他违约行为致使不能实现合同目的的；

E.法律规定的其他情形。

以持续履行的债务为内容的不定期合同，当事人可以随时解除合同，但是应当在合理期限之前通知对方。

合同解除的程序。当事人一方主张解除合同时，应当通知对方。合同自通知到达对方时解除；通知载明债务人在一定期限内不履行债务则合同自动解除，债务人在该期限内未履行债务的，合同自通知载明的期限届满时解除。对方对解除合同有异议的，任何一方当事人均可以请求人民法院或者仲裁机构确认解除行为的效力。法律、行政性法规规定解除合同应当办理批准、登记等手续的，应按规定办理。

合同解除的效力。合同解除后尚未履行的，终止履行；已经履行的，根据履行情况和合同性质，当事人可以请求恢复原状或者采取其他补救措施，并有权请求赔偿损失。合同因违约解除的，解除权人可以请求违约方承担违约责任，但是当事人另有约定的除外。合同解除后，担保人对债务人应当承担担保责任，但是担保合同另有约定的除外。合同的权利义务的终止，不影响合同中结算和清理条款的效力。

（3）债务相互抵销

债务相互抵销是指当事人互负到期债务，又互享债权，以自己的债权充抵对方的债权，使自己的债务与对方的债务等额内相互消灭。

抵销分为法定抵销和约定抵销。法定抵销是指依法律规定的抵销条件抵销。《民法典》第五百六十八规定，当事人互负到期债务，该债务的标的物种类、品质相同的，任何一方可以自己的债务与对方的到期债务抵销；但是，根据债务性质、按照当事人约定或者依照法律规定不得抵销的除外。当事人主张抵销的，应当通知对方。通知自到达对方时生效。抵销不得附条件或者附期限。约定抵销是指由当事人自行达成协议的抵销。《民法典》第五百六十九条规定，当事人互负债务，标的物种类、品质不相同的，经协商一致，也可以抵销。

（4）债务人依法将标的物提存

提存是指由于债权人的原因，债务人无法向其交付合同标的物而将标的物交给提存机关，从而消灭合同的制度。债务的履行与债权人的协助密不可分，如果债权人无正当理由拒绝受领或者因客观障碍不能受领，债务人的债务不能得到及时消灭，对债务人不利。为解除债务人的履行负担，法律规定在一定情形下债务人可以通过提存标的物终止合同。

《民法典》第五百七十条规定，有下列情形之一，难以履行债务的，债务人可以将标的物提存：①债权人无正当理由拒绝受领。②债权人下落不明。③债权人死亡未确定继承人、遗产管理人，或者丧失民事行为能力未确定监护人。④法律规定的其他情形。

标的物不适于提存或者提存费用过高的，债务人依法可以拍卖或者变卖标的物提存所得的价款。

标的物提存后合同终止，债务人应当及时通知债权人或者债权人的继承人、遗产管理人、监护人、财产代管人。

标的物提存后，毁损、灭失的风险由债权人承担。提存期间，标的物的孳息归债权人所有，提存费用由债权人负担。

标的物提存后，债权人可以随时领取提存物，但债权人对债务人负有到期债务的，债权人未履行债务或者提供担保之前，提存部门根据债务人的要求应当拒绝其领取提存物。债权人领取提存物的权利，自提存之日起五年内不行使而消灭，提存物扣除提存费用后归国家所有。但是，债权人未履行对债务人的到期债务，或者债权人向提存部门书面表示放弃领取提存物权利的，债务人负担提存费用后有权取回提存物。

（5）债权人依法免除债务

债权人依法免除债务，是指债权人依法自愿放弃债权，债务人的债务被解除。债权人免除债务人部分或者全部债务的，债权债务部分或全部终止，但是债务人在合理期限内拒绝的除外。

（6）债权债务同归于一人

这是由于合同当事人合并等原因，使合同中原本由一方当事人享有的债权和另一方当事人负担的债务同归于一方当事人。债权和债务同归于一人的，债权债务终止，但损害第三人利益的除外。

（7）法律规定或者当事人约定终止的其他情形

这是一种概括性规定，是对前六种列举性规定的补充。

10.6　违约责任

10.6.1　违约责任的概念

违约责任是指合同当事人不履行合同义务或者履行合同义务不符合约定所应当承担的民事责任。依法订立的有效合同，对合同当事人双方都具有法律约束力。如果不履行义务或者履行义务不符合合同约定，就要承担违约责任。

一般来说，违约责任的追究，要在合同履行期限届满时才能行使，但在合同生效后，履行期限届满前，当事人一方明确表示或者以自己的行为表明不履行合同义务的，对方可以在履行期限届满之前要求其承担违约责任。

10.6.2　违约责任的承担方式

《民法典》规定的承担违约责任的方式主要有继续履行、采取补救措施、赔偿损失、支付违约金等。

1）继续履行

继续履行，又称实际履行、强制实际履行，是指债权人在债务人不履行合同义务时，请求人民法院或者仲裁机构强制债务人实际履行合同义务。

当事人一方未支付价款、报酬、租金、利息，或者不履行其他金钱债务的，对方可以要求其支付价款或者报酬。当事人一方不履行非金钱债务或者履行非金钱债务不符合约定的，对方可以请求履行，但有下列情形之一的除外：

（1）法律上或者事实上不能履行；

（2）债务的标的不适于强制履行或者履行费用过高；

（3）债权人在合理期限内未请求履行。

有上述除外情形之一，致使不能实现合同目的的，人民法院或者仲裁机构可以根据当事人的请求终止合同权利义务关系，但是不影响违约责任的承担。

2）采取补救措施

《民法典》第五百八十二条规定，履行不符合约定的，应当按照当事人的约定承担违约责任。对违约责任没有约定或者约定不明确，依据《民法典》第五百一十条的规定仍不能确定的，受损害方根据标的性质以及损失的大小，可以合理选择请求对方承担修理、更换、重做、退货、减少价款或者报酬等违约责任。

3）赔偿损失

当事人一方不履行合同义务或者履行合同义务不符合约定，造成对方损失的，在履行义务或者采取补救措施后，对方还有其他损失的，应当赔偿损失。损失赔偿额应当相当于因违约所造成的损失，包括履行合同后可以获得的利益，但不得超过违反合同一方订立合同时预见到或者应当预见到的因违反合同可能造成的损失。当事人可以在合同中约定因违约产生的损失的计算办法。

当事人一方违约后，对方应当采取适当措施防止损失的扩大；没有采取适当措施致使损失扩大的，不得就扩大的损失要求赔偿。当事人因防止损失扩大而支出的合理费用，由违约方承担。

4）支付违约金

违约金是指按照当事人的约定或者法律的规定，一方当事人违约时应当根据违约情况向对方支付的一定数额的货币。

违约金具有惩罚性，即不论违约方是否给对方造成损失，都应当支付。当事人就迟延履行约定违约金的，违约方支付违约金后，还应当履行债务。同时，违约金还具有补偿性，约定的违约金视为违约的损害赔偿，损害赔偿额应相当于违约造成的损失。约定的违约金低于造成的损失的，当事人可以请求人民法院或仲裁机构予以增加；约定的违约金过分高于造成的损失的，当事人可以请求人民法院或仲裁机构予以适当减少。

当事人在合同中既约定违约金，又约定定金的，一方违约时，对方可以选择适用违约金或者定金条款。定金不足以弥补一方违约造成的损失的，对方可以请求赔偿超过定金数额的损失。

10.6.3 违约责任的免除

通常在合同订立后，如果一方当事人发生违约行为，不论是自己的原因，还是第三人原因，都应当向对方承担违约责任。但是，当违约方违约是由于某些无法防止的客观原因造成的，则可以根据情况免除违约方的违约责任。无法防止的客观原因主要指不可抗力。不可抗力是指不能预见、不能避免并且不能克服的客观情况，如地震、火山爆发、洪水、雪崩、台风等。

《民法典》规定，因不可抗力不能履行合同的，根据不可抗力的影响，部分或者全部免除责任，但法律另有规定的除外。当事人迟延履行发生不可抗力的，不能免除责任。当事人一方因不可抗力不能履行合同的，应当及时通知对方，以减轻可能给对方造成的损失，并应当在合理的期限内提供证明。当事人迟延履行后发生不可抗力的，不免除其违约责任。

10.7 合同监督管理

10.7.1 合同监督管理的概念和意义

1）合同监督管理的概念

合同监督管理，是指国家授权的市场监督管理部门和其他有关行政主管部门，依法对合同行为进行监督管理的活动。

2）合同监督管理的意义

合同关系主要属于当事人意思自治范畴，国家一般并不强制干预。但是，合同制度也不是当事人可以随心所欲、为所欲为的工具。如果当事人通过合同搞欺诈，实施了危害国家利益、社会公共利益的违法行为，就不再属于当事人意思自治、合同自由的问题，法律必须予以干涉。

现阶段，加强合同监督管理，仍具有重要意义，具体表现在以下几个方面：

（1）我国的市场经济以公有制为基础，与西方的市场经济不同。公有制企业代表国家或集体对公有财产进行经营管理，企业间的合同关系不是普通的民事关系。公有制在一定程度上还存在着个人利益与企业利益的矛盾，放弃对合同的行政监督管理为时过早。

（2）我国市场经济的法律体系尚不完备，经营者的法律意识不高，在合同行为方面的自我规范、自我保护能力差，盲目签约、受骗上当等情况屡见不鲜，在一定程度上导致企业的损失较大，国有资产流失严重。因此，对企业的合同行为需要行政部门进行监督指导。

（3）由于合同行为违法情况严重，量多而复杂，仅仅依靠司法部门是不够的，坚持和加强合同的行政管理可以在很大程度上弥补司法救济的不足。

10.7.2 合同监督管理的主体

依据《民法典》第五百三十四条的规定，合同行政监管的主体是"市场监督管理和其他有关行政主管部门"。目前，合同的行政监管涉及企业业务的主管部门、有关职能部门。但是，很显然，市场监督管理部门是主要的行政监管部门。这是因为，市场监督管理部门不仅有着多年监管合同的经验，有着一支高素质的监管合同的队伍，有着相应的合同的监管机构，而且是国家监管市场和行政执法的职能部门，合同的监管和执法属于市场监管和行政执法的一部分。

10.7.3 市场监督管理部门对合同监督管理的方式

市场监督管理部门对合同的监督管理要以建设有中国特色的社会主义理论为指导思想，以服务于建立社会主义市场经济体制为目标，克服部门主义和地方保护主义，改革和完善合同监管办法，建立防范、监督与调解相结合的管理模式。具体有以下几种方式：

（1）引导自律。一是引导企业建立合同自律组织，如重合同守信用促进会。宣传合同法律、法规，制定一些交易规则，规范合同行为。二是引导企业加强内部管理，健全规章制度，减少漏洞。三是与有关部门配合，制定和推行示范合同文本，引导企业重合同守信用，增强合同法律意识，提高自律能力，减少合同纠纷。

（2）鉴证、登记、备案。合同自愿鉴证与强制鉴证相结合。在基本遵循自愿鉴证的前提下，对一些重要的、易发生纠纷且发生纠纷后会给国家带来较大损失的合同，可以实行强制鉴证。按照《民法典》规定，在抵押合同中，以五种财产作抵押的，必须办理抵押登记合同方能生效。这一规定，可以促使合同当事人履行合同，保护合同当事人尤其是抵押权人的合法权益。为了便于监督，防止国有资产流失，对一定金额的国有企业的合同，可以实行备案制度。

（3）执法检查。对国有、集体企业的合同行为进行必要的执法检查，堵塞漏洞，防止国有资产和集体企业财产流失。

（4）制止和纠正。对流失国有资产的合同行为，配合有关部门发出整改通知书，予以制止和纠正。

（5）调解。根据合同当事人的意愿，对合同纠纷进行调解。

（6）查处。依照有关法律、法规，对尚未构成犯罪的违法合同行为和当事人不愿诉讼的违法合同行为，作出行政处罚决定。

复习思考题

1.什么是合同？合同具有哪些特点？

2.合同是怎样分类的？

3.合同法的基本原则是什么？

4.什么是同时履行抗辩权、后履行抗辩权、不安抗辩权、代位权、撤销权？

5.合同转让有几种情况？

6.合同终止的具体情形是什么？

7.合同有几种担保形式？

8.什么是违约责任？

第11章

商标管理

学习目标

掌握商标的概念和特征；了解商标的分类、商标申请注册的程序；掌握商标注册的原则；掌握商标法规定的不得作为商标使用和注册的情形；掌握商标专用权的内容，注册商标的续展、转让和使用许可；了解商标专用权的取得及终止；掌握对注册商标和未注册商标的使用管理；掌握商标侵权行为的表现形式，了解商标侵权行为的法律责任；掌握驰名商标的新规定。

11.1　商标的概念与分类

11.1.1　商标的概念与特征

1）商标的概念

商标是经营者在其生产、制造、加工、拣选、经销的商品或者提供的服务上采用的，能够与他人的商品或者服务区别开的显著标志。

根据《中华人民共和国商标法》（简称《商标法》）的规定，商标是指由文字、图形、字母、数字、三维标志、颜色组合和声音等，以及上述要素的组合，使用于一定的商品或者服务项目，用以区别商标使用者与同类商品的生产者或者同类服务经营者的显著标记。

2）商标的特征

（1）商标的构成要素具有多样性。商标是随着商品的出现而出现的，随着商品经济的发展，商标的构成要素也日益多样化。在我国，除了文字、图形、字母、数字可以成为商标的构成要素外，三维标志、颜色组合和声音等同样可以成为商标的构成要素。

（2）商标与商品或服务密不可分。商标是代表商品生产者、经营者或者服务提供者的专用符号。商标依附于商品或者服务而存在。在与具体的商品或者服务结合之前，任何由文字、图形、字母、数字等要素组成的标志仅仅是一个标志，它可以是一种智力劳动成果，但不是法律意义上的商标。换言之，离开了商品或者服务的标志不是商标，如绿色和平组织的标志、红十字会的标志、禁烟的标志等。上述标志与商品本身没有直接联系。

（3）商标是借以识别商品或者服务的显著标记。商标是用以区别商品的生产者、销售者或者区别服务的提供者的标志，具有显著的识别性功能。商标的这种功能，可以使消费者通过商标来选择或者区分生产者、销售者或服务的提供者所提供的商品或服务。

（4）商标的价值与使用有关。随着商标在特定商品上的使用以及对商标的各种宣传，就会在消费者心目中建立特定商标与特定商品之间的联系。当使用特定商标的商品质量得到消费者的认可时，这一商标就会在相关消费群体中产生有益的影响，该商标的价值就会升值；反之，该商标的价值就会下降。也就是说，商标的价值并不是恒定的，而是与商标的使用有着密切关系。

3）商标与其他商业标志的联系及区别

（1）商标与商品名称

商标与商品名称既紧密联系，又有本质区别。

商标只有附着在商品包装或者商品上，与商品名称同时使用，才能使消费者区别该商品的来源，而商品名称是用来区别商品的不同原料、不同用途的，可以独立使用。商标是专用的、独占的，而商品名称通常是公用的。

注册商标与商品的通用名称在一定条件下可以相互转化。依据《商标法》第十一条的规定，仅有本商品的通用名称、图形、型号的；仅直接表示商品的质量、主要原料、功能、用途、重量、数量及其他特点的；其他缺乏显著特征的，不得作为商标注册，但经过使用取得显著特征，并便于识别的，可以作为商标注册。同样的，注册商标在实践中长期使用，可以逐渐转化为商品的通用名称。

（2）商标与商号

商标与商号有密切联系。有些商号由于历史悠久，影响广泛，商号名称被作为注册商标，如"张小泉""同仁堂"。有些商标由于知名度高，企业就将商标用在企业名称上。如美国"波音公司"，原名为"太平洋航空产品公司"，"波音"商标出名后，就将"波音"商标用于企业名称。

但是，从法律角度看，商标与商号有着本质的不同：第一，从使用对象来看，商标的适用范围以商品为核心，商号是以企业为核心或依托来使用的。第二，从两者的功能来看，商标的作用是将不同企业的商品或服务区分开，商号则使用在企业名称中，用以区分不同的市场主体。第三，权利产生的法律依据不同，商标是依据《商标法》的规定取得专用权的标志，商号是依据《企业法人登记管理条例》的规定取得的，在法定范围内享有专用权的名称。第四，商号均由文字构成，而商标既可由文字，也可以由图形、数字、三维标志、颜色组合、声音等或上述要素组合构成。

（3）商标与商业共用标记

一些在商品上使用的标记，只用于反映某些商品的特殊性质，如剧毒标记、防潮湿标记、防火标记等，称为商业共用标记。与商标不同，这些标记不能为企业或个人所有，而是一种公用的符号。

（4）商标与域名

域名是指国际互联网上数字地址的一种转换形式，通过一定的注册制度就可用于网络地址和电子邮件地址。

商标与域名存在一定的联系。当商标所有人（或域名所有人）将与其商标（或域名）相同的标志同时注册为域名（或商标）时，商标与域名就是一致的。

商标与域名也存在显著的差异：首先，从识别对象来看，商标的基本功能是将不同企业的商品或服务区分开，域名则是网络地址和电子邮件地址的识别标志。其次，在同一注册商标制度下，不同商品或服务上的相同或近似的商标可以由不同的所有人拥有，而在国际互联网上，域名必须是独一无二的，这样才能识别不同的网络地址和电子邮件地址。

11.1.2　商标的分类

根据不同的角度和标准，商标可以有多种不同的分类方式。

（1）根据商标的结构，可将商标分为文字商标、图形商标、字母商标、数字商标、三维商标、颜色组合商标、声音商标以及组合商标。文字商标是以文字为主组成的商标，如"雀巢"咖啡等。图形商标是指用平面或立体图形构成的商标。如上海老城隍庙工艺品商店就是以城隍庙的图形作为商标。字母商标是指用拼音文字或注音符号的最小书写单位，包括拼音文字、外文字母如英文字母、拉丁字母等所构成的商标，如"KFC"等。数字商标是以阿拉伯数字组成的商标，如"555"等。三维商标即立体商标，即以占据一定空间的立体实物，如产品的造型、产品的实体包装物等组成的商标。颜色组合商标是由两种或两种以上颜色，以一定的比例、按照一定的排列顺序组合而成的商标。"金霸王"电池的古铜色与黑色的颜色组合商标，按照阳极古铜色、阴极黑色的顺序排列，这一颜色组布满整个电池，它的形状是由电池形状决定的。声音商标指足以使相关消费者区别商品或服务来源的声音。如"中国国际广播电台广播节目开始曲"，是我国经核准注册的首个声音商标。组合商标是以文字、图形、字母、数字、三维标志和颜色组合等要素组合而成的商标。组合商标可以是上述全部要素的组合，也可以是其中两个或几个要素的组合。

（2）根据商标的用途，可将商标分为商品商标和服务商标。商品商标是用在商品上标明商品来源的商标。商品商标是数量最多、用途最广的商标。商品商标的作用是为了把不同企业生产的同类商品加以区别，也可以把同一企业生产的不同品种、质量的商品加以区分，因此企业可以拥有多种商品商标。服务商标是指使用于向社会提供的服务项目上、用于区分服务的提供者的商标。

（3）根据商标的作用和功能，可将商标分为证明商标、集体商标、防御商标和联合商标。证明商标是指由对某种商品或者服务具有监督能力的组织所控制，而由该组织以外的单位或者个人使用于其商品或者服务，用以证明该商品或者服务的原产地、原料、制造方法、质量或者其他特定品质的标志。证明商标具有一定的特殊性，它不具有区分商品或者服务的提供者的作用。使用证明商标的目的就是要向公众表明商品的品质。集体商标是指以团体、协会或者其他组织名义注册，供该组织成员在商事活动中使用，以表明使用者在该组织中的成员资格的标志。集体商标一般不能转让。防御商标是指商标所有人将一具有独创性或已为公众知晓的商标，在该商标核定使用的商品和服务类别之外的不同类别的商品和服务上注册若干相同的商标，以防止他人在不同商品或者服务上使用该商标可能给消费者造成的混淆。一般情况下只有驰名商标才有权注册防御商标，这实际上是对驰名商标所采取的一种特殊的、有效的保护形式。联合商标是指同一个商标所有人在同一种或者类似的商品和服务中注册两个或两个以上近似的商标，其中主要使用的商标是主商标，其余的是为了防止他人注册造成混淆而注册的，用于积极防卫。例如，"全聚德"烤鸭店同时注册了"德聚全""聚德全""德全聚""全德聚"等商标，这些都属于联合商标。

（4）根据商标在相关市场的知名度，可将商标分为驰名商标、著名商标和知名商标。驰名商标是指由商标局、商标评审委员会及最高人民法院指定的人民法院认定的在中国为相关公众广为知晓并享有较高声誉的商标。著名商标是指由省级市场监督管理部门认可的，在该行政区划范围内具有较高声誉和市场知名度的商标。知名商标是指由市级市场监督管理部门认可的，在该行政区划范围内具有较高声誉和市场知名度的商标。

11.1.3 商标的作用

在市场经济中商标扮演着重要的角色，对于经济的发展起重要作用，为社会所重视。从商标使用者、商标管理者以及商品消费者的角度来看，商标的作用可以概括如下：

（1）商标的识别作用。商标的基本作用是将不同企业的商品或者服务区分开，以便于消费者在众多同类商品或者服务中作出选择。在现代商品市场上，商品种类繁多，且生产同种产品的厂家竞争激烈。在这种情况下，由于商标总是同特定的生产经营者联系在一起因而成为区别同一种商品或者服务的显著标识。

（2）商标的广告宣传作用。对于商品或者服务的宣传既包括经营者有目的的广告宣传，也包括消费者的口碑。商标是进行商品或者服务广告宣传的主要内容，通过商标的广告宣传，使消费者把特定的商品或者服务与特定的商标联为一体；通过商标的广告宣传，使消费者对某一品牌的商品或者服务产生兴趣，诱发其消费欲望。当商标建立起一定的信誉后，还能刺激消费者再次消费同一品牌的商品或服务，从而增加商品或服务的销售量。

（3）商标的质量标示作用。商标的主要作用是使消费者识别那些凭借他们已有的经验对其品质特性有所了解的商品，这将保证他们下次购买带有同样商标的商品时，也会具有同样的特性。因此，商品或者服务的商标就与其质量自然而然地联系在一起，成为商品或服务质量的一种表征。对于消费者而言，某一商标与其相对应的商品或者服务的质量、档次、售后服务等有固定的联系，它担保商品或服务能够符合消费者的期望。

（4）商标的强化企业竞争力的作用。商标是商品的面孔，在商品市场上消费者主要通过商标识别和区分商品。因此，好的商标能吸引更多消费者的注意力，刺激消费者的购买商品或服务的欲望，这对企业产品或服务竞争力的作用是显而易见的。

11.2 商标法概述

11.2.1 商标法的概念和内容

1）商标法的概念和作用

商标法是调整因商标注册、使用、管理和保护而产生的各种社会关系的法律规范的总和。

商标法有广义和狭义之分。狭义的商标法是指由国家立法机关制定的商标法，在我国指《中华人民共和国商标法》。广义上的商标法不仅包括由国家立法机关制定的商标法，还包括其他规范商标关系的法律规范。

在我国，商标法的作用体现在以下两个方面：

（1）保护商标专用权，维护公平竞争，促进社会经济发展。商标专用权是商标法律制度的核心和基础，我国《商标法》对商标专用权的取得规定了严格的法律程序，并通过对实施与商标有关的侵权行为的法律责任的规定，切实保护了商标权人的合法权益。同时，商标法对于商标违法行为的规范，有利于创造和维护公平有序的竞争环境，促进经济发展。

（2）保护消费者的合法权益。我国《商标法》明确规定了维护消费者利益的条款，要求商标使用人应当对其使用商标的商品质量负责，对于使用注册商标但其商品粗制滥造、以次充好，欺骗消费者的行为，商标法规定了严厉的制裁措施。可以说，维护商标信誉、保护消费者的利益，是我国商标立法的一项重要职能。

2）商标法的主要内容

商标法一般包括以下内容：

（1）商标权的主体。商标权的主体包括商标注册申请人、商标权所有人、商标使用人、商标的利害相关人。

（2）商标权的客体。商标权的客体是指已核准注册的商标。

（3）商标权的内容。商标权的内容包括专有使用权、禁用权、许可使用权、转让权、续展权等。

（4）商标获得注册的条件。商标获得注册的条件包括形式条件和实质条件。

（5）商标的注册申请、审查和核准程序。商标的注册申请、审查和核准程序包括申请、退回、补正、审查、驳回、公告、复审、撤销、核准等。

（6）商标的续展、转让和使用许可、争议裁定。

（7）商标使用的管理。

（8）注册商标专用权的驳回。

（9）商标代理。

（10）涉外商标注册。

（11）费用。

11.2.2 我国《商标法》适用的范围和基本原则

1）我国《商标法》适用的范围

法律的适用范围，是指法律在适用对象、适用事项、时间、空间等方面的效力范围。在我国，《商标法》的适用范围包括：

（1）《商标法》适用的主体包括商标注册申请人、商标权所有人、商标使用人、商标的利害相关人。

（2）《商标法》的适用事项主要是商标的注册。

（3）《商标法》适用的地域范围是，凡在中华人民共和国境内从事与商标有关的活动，但香港特别行政区和澳门特别行政区除外。

（4）从时间效力看，我国《商标法》第六十四条规定："本法自1983年3月1日起施行。"此外，全国人大常委会分别于1993年2月22日、2001年10月27日、2013年8月30日通过了《关于修改〈中华人民共和国商标法〉的决定》，生效的时间分别为1993年7月1日、2001年12月1日和2014年5月1日。2019年4月23日通过的《关于修改〈中华人民共和国建筑法〉等8部法律的决定》，完成了《商标法》的第4次修正，已于2019年11月1日开始实施。

2）我国《商标法》的基本原则

（1）注册原则

注册原则是指商标专用权通过注册取得，不管该商标是否使用，只要符合《商标法》的规定，经商标专管机关核准注册，申请人即取得该商标的专用权，并受到法律保护。

我国对商标专用权的确定，采取的就是注册原则。《商标法》第三条规定：经商标局核准注册的商标为注册商标，包括商品商标、服务商标和集体商标、证明商标；商标注册人享有商标专用权，受法律保护。未注册的商标原则上不受法律保护。

（2）自愿注册原则

自愿注册原则是指商标使用人可以自行决定是否将其商标予以申请注册。我国《商标法》第四条规定：自然人、法人或者其他组织在生产经营活动中，对其商品或者服务需要取得商标专用权的，应当向商标局申请商标注册。不以使用为目的的恶意商标注册申请，应当予以驳回。在我国，除烟草制品实施强制注册外，均实行自愿注册原则。

（3）诚实信用原则

诚实信用原则是当事人在进行"民事活动"中应当遵循的基本原则，也是市场经济的道德准则。我国《商标法》第七条明确规定：申请注册和使用商标，应当遵循诚实信用原则。新修订的《商标法》也新增了关于以非使用为目的的恶意商标注册申请，应予驳回的条款，通过从商标注册申请人的主观方面出发，进一步规制有意囤积商标或以商标作为竞争工具的注册现象。

（4）申请在先原则

申请在先原则是指在商标权的确立采取注册原则的国家，对于不同的申请人提出的相同或近似的商标申请，以提出申请日期的先后决定商标权的归属。我国《商标法》第三十一条规定：两个或者两个以上的商标注册申请人，在同一种商品或者类似商品上，以相同或者近似的商标申请注册的，初步审定并公告申请在先的商标；同一天申请的，初步审定并公告使用在先的商标，驳回其他人的申请，不予公告。可见，我国在商标注册时实行申请在先的原则，辅之以使用在先原则。这既贯彻了申请在先原则，又顾及了先使用人的利益，比较公平，也易于确定商标专用权的归属。

（5）国民待遇原则

国民待遇原则是根据《保护工业产权巴黎公约》（简称《巴黎公约》）所确立的国际工业产权保护制度的一项重要原则，我国于1985年3月19日正式成为《巴黎公约》成员国。国民待遇原则意味着一个成员国的法律，像适用于本国国民一样，也同样适用于其他成员国的国民，并且这种适用不要求任何对等的保护。我国《商标法》第十七条规定：外国人或者外国企业在中国申请商标注册的，应当按其所属国和中华人民共和国签订的协议或者共同参加的国际条约办理，或者按对等原则办理。这是商标领域实行国民待遇原则在国内法上的依据。

（6）优先权原则

优先权原则是《巴黎公约》所确立的国际工业产权保护制度的一项重要原则。优先权是指任何一个公约成员国国民，向任何一个公约成员国就工业产权保护提出正式申请以后的一定期限内，这一申请的日期在其他所有成员国都享有优先的地位。我国《商标法》第二十五条规定：商标注册申请人自其商标在外国第一次提出商标注册申请之日起六个月内，又在中国就相同商品以同一商标提出商标注册申请的，依照该外国同中国签订的协议或者共同参加的国际条约，或者按照互相承认优先权的原则，可以享有优先权。第二十六条规定：商标在中国政府主办的或者承认的国际展览会展出的商品上首次使用的，自该商品展出之日起六个月内，该商标的注册申请人可以享有优先权。

11.3　商标权

11.3.1　商标权的概念

商标权是指法律商标所有人对其注册商标所享有的支配性权利。商标权由商标主管机关依法授予商标所有人并受到国家法律的保护。我国《商标法》使用"商标专用权"一词来指代通常意义上的商标权。

商标是商品经济的产物，商标权则是立法者为适应保护商标的客观需要，采取立法形式所确立的一种权利。随着商品经济的发展，商标的使用越来越普遍，商标的作用显得愈加重要。随着市场竞争的加剧，仿冒商标的现象也日益增多。在这种情况下，商标所有人为维护其商标给自己带来的利益，使其商标免受侵害，迫切要求得到法律的保护。在我国社会主义市场经济条件下，以立法的形式确认和保护商标注册人的商标权，是从社会主义国家和广大人民群众的根本利益出发，把国家利益、企事业单位利益和消费者利益有机地结合起来，增强我国商品在国际市场上的竞争力。同时，国家依法保护外商在我国取得的商标权，以作为我国出口商品建立对等原则的基础，有利于我国商标在国外取得法律保护，促进我国对外经济贸易事业的发展。

11.3.2 商标权的特征

商标权属于知识产权的范围。作为人们脑力劳动所创造的智力成果，经国家主管机关依法确认并予以保护的知识产权，是一种无形财产权。商标权作为无形财产权，它既有一般财产权的属性，又不同于有形财产权。其主要特征有：

1）商标权的取得须经国家商标主管机关确认

在世界绝大多数国家，商标注册是取得商标权的唯一途径。商标使用人要想取得商标权，必须依照法定的条件和程序，提出商标注册申请，经国家商标主管机关审查、核准注册，方能确认其商标权；商标权的转让、变更等也须经过法定程序才能发生效力。而有形财产，只需当事人的作为或不作为，便可使其拥有或丧失财产权，一般不须经国家主管机关批准。

2）具有独占性，又称专有性

商标权所有人对其注册商标享有独占排他使用的权利。商标权一经取得就具有独占性，商标权所有人独家享有该注册商标的使用权。任何人未经商标权所有人同意，不得使用，擅自使用就是侵权行为。

独占性，主要表现在对注册商标的使用权和对他人的禁止权两个方面。

（1）商标权所有人享有使用权。使用权是指注册商标所有人在核定的商品范围内，享有使用该商标的权利，他人不得非法加以干涉。但是商标权所有人使用注册商标，应符合法律的规定，不得乱用或滥用；若乱用或滥用其注册商标，必须承担相应的法律责任。

（2）商标权所有人享有禁止权。禁止权是指注册商标所有人有排除和禁止他人擅自使用其商标的权利。如果没有这种权利，听任他人将与商标权所有人的注册商标相同或近似的商标使用于同一种商品或类似商品上，必然会造成商品出处的混淆，妨碍注册商标的使用，损害商标权所有人和消费者的利益。因此，我国《商标法》禁止他人未经商标权所有人的同意，在同一种或类似商品上使用与注册商标相同或近似的商标，并认定这是一种侵犯商标权的行为，商标权所有人有权要求市场监督管理机关或司法机关予以制止或制裁。

商标权不同于有形财产权，一个商标的独占专有权只能授予一次，其他人在同一种或类似商品上再提出相同或近似的商标，则不能得到国家商标主管机关的确认。有形财产则不同，完全相同或相似的两个以上的有形财产，可以分别为不同的人所有，其所有权没有互相排斥的问题。如完全一样或相似的多所房屋，可以各归其主，其房主的财产所有权均可成立，互不相干。

3）具有时间性

时间性是指商标权的有效期限。在有效期限之内，商标权受到法律保护，超过有效期限，商标权不再受到法律保护。

各国商标法一般都规定了商标权的有效期限，只是期限长短不同，有 7 年、20 年，多数为 10 年，我国规定为 10 年。规定了有效期限的国家，同时也规定了有效期满可以申请续展其有效期限，而且可以不受次数限制申请续展。从上述规定来看，商标权的法律保护又似乎没有时间期限，其实，商标注册如果到期不提出续展申请或续展申请被驳回，则丧失其商标权。

有形财产权与商标权不同，它一般不受时间的限制，只要财产客体还存在，所有人的权利就受到法律保护。

4）具有地域性

商标权具有严格的地域性，即商标权人所享有的商标权，只能在授予该项权利的国家的领土内受到保护，在其他国家则不发生法律效力。如果需要在其他国家受到保护，还必须按规定的法律程序在其他国家申请注册。因此，出口商品的商标，只在国内注册还不行，还必须按规定及时到商品出口国申请注册。

涉外商标权的确认和保护方面，尽管签订了一系列有关的国际公约，但商标权的地域性这一特征并未改变。一个国家即便参加了保护商标权的国际公约，其涉外商标能否确认和得到缔约国的保护，仍完全取决于缔约国本国的国内法，处理有关商标问题，所适用的法律依据也仍然是本国的法律规范。

有形财产则不同，它不存在地域性的问题。一个人由此国到彼国携带的有形财产，其所有权也会得到彼国法律的承认和保护。比如电视机、服装等随其所有者到某国，无须该国重新确认财产所有权关系，所有者的财产权便可得到该国的保护。

11.3.3　商标权的构成要素

商标权的构成要素包括商标权的主体、客体和内容三个方面。

1）商标权的主体

商标权的主体是指通过法定程序，在自己生产、制造、加工、拣选、经销的商品或者提供的服务上享有商标专用权的人。根据《商标法》的规定，商标权的主体范围包括自然人、法人或者其他组织。

两个以上自然人、法人或者其他组织可以共同向商标局申请注册同一商标，共同享有和行使该商标专用权。

2）商标权的客体

商标权的客体是指经商标局核准注册的商标，即注册商标。没有核准注册的商标，不能作为商标权的客体。

3）商标权的内容

在我国只有注册商标才享有商标权，商标权的内容通常包括商标的使用权、禁用权、转让权、许可使用权、续展权等权利。

（1）商标使用权

商标使用权即商标专有使用权，是指商标权人在核定使用的商品上专有使用核准注册的商标、取得合法利益的权利。商标权人有权将其注册商标使用在注册时所核准的商品和包装上，有权用商标做广告，独占使用。商标权人依法行使商标使用权，他人无权干涉。商标使用权是商标的各项权利中最基本的一项权利，占据核心地位，其他权利均从商标使用权衍生而来。

（2）商标禁用权

商标禁用权，是指商标权人有权禁止他人未经其许可，在同种或者类似商品上使用与其注册商标相同或近似的商标。当商标权人的商标权受到侵犯时，有权诉诸法律，要求停止侵权和赔偿损失。我国《商标法》第五十七条规定了商标权人所享有的禁用权，即未经商标注册人的许可，在同一种商品或者近似商品上使用与其注册商标相同或近似的商标的，属侵犯注册商标专用权。

（3）商标转让权

商标转让权是指商标权人依据法律规定，享有将其注册商标转让给他人的权利。商标权人行使商标转让权后，其商标专用权随之消失，而受让人取得了该注册商标的专用权。我国《商标法》第四十二条规定：转让注册商标的，转让人和受让人应当签订转让协议，并共同向商标局提出申请。受让人应当保证使用该注册商标的商品质量。转让注册商标的，商标注册人对其在同一种商品上注册的近似的商标，或者在类似商品上注册的相同或者近似的商标，应当一并转让。对容易导致混淆或者有其他不良影响的转让，商标局不予核准，书面通知申请人并说明理由。转让注册商标经核准后，予以公告。受让人自公告之日起享有商标专用权。

（4）商标许可使用权

商标许可使用权是指商标权人依据法律的规定，许可他人使用其注册商标的权利。注册商标可由商标权人自己使用，也可以与他人签订商标使用许可合同，许可他人使用其注册商标。许可人只是将注册商标的使用权有条件有期限地转移给被许可人使用，注册商标的所有权仍然属于许可人。由于商标具有标示商品或者服务质量的功能，被许可人在使用被许可使用的商标时应当保证其商品或服务的质量。我国《商标法》第四十三条规定：商标注册人可以通过签订商标使用许可合同，许可他人使用其注册商标。许可人应当监督被许可人使用其注册商标的商品质量。被许可人应当保证使用该注册商标的商品质量。

（5）商标续展权

商标的续展权是指商标权的保护期限届满时，商标权人有依法定程序延展其注册商标有效期的权利。商标权的保护期是有限的，但商标的使用却具有不间断性，商标续展权就是为解决这一矛盾而由法律赋予商标权人的权利。我国《商标法》第四十条规定：注册商标有效期满，需要继续使用的，商标注册人应当在期满前十二个月内按照规定办理续展手续；在此期间未能办理的，可以给予六个月的宽展期。每次续展注册的有效期为十年，自该商标上一届有效期满次日起计算。期满未办理续展手续的，注销其注册商标。商标局应当对续展注册的商标予以公告。

11.3.4　商标权的取得、争议和终止

1）商标专用权的取得

各国商标法的规定不尽相同，多数国家采取注册在先的原则，即谁先注册谁就

获得使用权，有的采取使用在先原则，还有的采取混合原则等。

根据我国《商标法》的有关规定，在我国取得注册商标专用权有以下几种情况：

（1）经申请并获准注册取得商标专用权。这是采取注册在先原则，即两个以上商标使用人，在同种或类似商品上以相同或近似商标申请注册的，谁先获准注册，谁就能获得商标专用权。因此，只有先提出注册申请才有可能获得商标专用权。

（2）通过签订注册商标转让合同，依法受让则获得商标专用权。我国是实行注册商标转让制度的国家。商标权人有权通过签订转让合同，将其注册商标转让给他人，受让人依法取得商标专用权及注册商标。

（3）私营企业及个体工商户的继承人可依法继承而获得商标专用权。

2）注册商标争议

注册商标争议的裁定是指商标评审委员会对已经注册的商标发生的争议进行裁定的活动。

根据《商标法》的规定，除以下两种情形外，对已经注册的商标有争议的，可以向商标评审委员会申请裁定：

（1）已经注册的商标，违反《商标法》不得作为商标使用的标志的规定、不得作为商标注册的标志的规定、不得以三维标志申请注册商标情形的规定的，或者是以欺骗手段或者其他不正当手段取得注册的，由商标局宣告该注册商标无效；其他单位或者个人可以请求商标评审委员会宣告该注册商标无效。商标局作出宣告注册商标无效的决定，应当书面通知当事人。当事人对商标局的决定不服的，可以自收到通知之日起15日内向商标评审委员会申请复审。商标评审委员会应当自收到申请之日起9个月内作出决定，并书面通知当事人。有特殊情况需要延长的，经国务院市场监督管理部门批准，可以延长3个月。当事人对商标评审委员会的决定不服的，可以自收到通知之日起30日内向人民法院起诉。

（2）已经注册的商标，违反《商标法》有关不予注册并禁止使用的规定的，或者违反《商标法》有关申请商标注册不得损害他人现有的在先权利、不得以不正当手段抢先注册他人已经使用并有一定影响的商标的规定的，商标所有人或者利害关系人可以请求商标评审委员会宣告注册商标无效。

商标评审委员会收到裁定申请后，应当通知有关当事人，并限期提出答辩。商标评审委员会应当自收到申请之日起9个月内作出维持注册商标或者宣告注册商标无效的裁定，并书面通知当事人。有特殊情况需要延长的，经国务院工商行政管理部门批准，可以延长3个月。当事人对商标评审委员会的裁定不服的，可以自收到通知之日起30日内向人民法院起诉。人民法院应当通知商标裁定程序的对方当事人作为第三人参加诉讼。

3）商标权终止

商标权终止，是指商标权人因法定原因出现导致其商标权丧失，注册商标不再受法律保护。根据我国《商标法》的有关规定，导致商标专用权终止的原因主要有：

（1）因注册商标法定有效期届满，并且不再续展的。

（2）因商标权人自动申请注销注册，导致商标专用权提前终止。其主要是商标权主体因发生企业关闭、转产等情况，不再使用注册商标。

（3）因商标争议成立被宣告无效，而导致商标专用权终止。

（4）因注册不当，注册商标被撤销，导致商标专用权终止。

（5）因商标权人违反《商标法》被撤销，导致商标专用权终止。

另外，若商标权人使用注册商标的商品粗制滥造，以次充好，欺骗消费者而被撤销的，则商标权人丧失其专用权。

11.4 商标注册制度

11.4.1 商标注册制度的概念

商标注册制度是指商标使用人为了取得商标专用权，将其使用的商标依照法定程序向国家商标主管机关申请，经主管机关审核予以注册的制度。

对于商标使用人而言，商标注册是取得注册商标专用权的一种必要的法律行为；对于商标主管机关而言，商标注册是对商标予以管理的一种法律措施。我国是实行商标注册制度的国家，商标注册是确定商标专用权的法律依据，只有经商标局核准注册的商标，才受法律保护，注册人才对其注册商标享有专用权。根据我国《商标法》的规定，商标注册制度主要包括商标的注册申请、审查和核准程序等内容。

11.4.2 商标注册的申请

商标注册的申请是取得注册商标专用权的前提。对此，我国《商标法》和《商标法实施条例》都做了明确规定。

1）商标注册申请人

我国《商标法》第四条规定："自然人、法人或者其他组织在生产经营活动中，对其商品或者服务需要取得商标专用权的，应当向商标局申请商标注册。不以使用为目的的恶意商标注册申请，应当予以驳回。"第五条规定："两个以上的自然人、法人或者其他组织可以共同向商标局申请注册同一商标，共同享有和行使该商标专用权。"可见，我国《商标法》在确定申请人资格时，强调商标与使用相结合，商标申请人通常应为意图将商标使用在其商品或服务上的人。我国《商标法》在确定商标注册申请人资格方面的规定与国际知识产权公约也是相符的。

2）商标注册申请的代理

我国《商标法》第十八条规定："申请商标注册或者办理其他商标事宜，可以自行办理，也可以委托依法设立的商标代理机构办理。外国人或者外国企业在中国申请商标注册和办理其他商标事宜的，应当委托依法设立的商标代理机构办理。"这体现了我国实行自愿委托代理制。自愿委托代理制既符合我国《民法典》关于民事代理的规定，又符合国际惯例。

商标代理组织是指经国家市场监督管理总局认定资格的，设在各省、自治区、直辖市的商标事务所。外国人可在中国委托任意一家有条件从事涉外代理业务的中国商标代理组织办理商标事务。

3）商标注册申请文件

申请人申请注册商标，应向商标局提交"商标注册申请书"1份、商标图样5份，指定颜色的，并应当提交着色图样5份，黑白稿1份。商标图样必须清晰，便于粘贴，用光洁耐用的纸张印制或用照片代替，长度和宽度应不大于10厘米，不小于5厘米，还要附送有关证明文件，缴纳申请费用。

4）商标注册申请的方法

（1）按规定的商品分类表填报使用商标的商品类别和商品名称。

（2）商标注册申请人在不同类别的商品上申请注册同一商标的，应当按商品分类表提出注册申请。

（3）注册商标需要在同一类的其他商品上使用的，应当另行提出注册申请。

（4）注册商标需要改变其标志的，应当重新提出注册申请。

（5）注册商标需要变更注册人的姓名、地址或者其他注册事项的，应当提出变更申请。

11.4.3　申请注册商标必备的条件

申请注册的商标应当具备以下条件：①商标的构成要素必须具有显著特征，便于识别。商标的显著特征是指商标的构成要素应具有独特特征和便于识别性，要立意新颖、风格独特，便于人们区分同种或同类商品。商标的显著特征通常借助其构成要素的特色反映出来。②商标应当符合可视性要求。《商标法》第八条规定，任何能够将自然人、法人或者其他组织的商品与他人的商品区别开的标志，包括文字、图形、字母、数字、三维标志、颜色组合和声音等，以及上述要素的组合，均可以作为商标申请注册。

根据《商标法》第十条规定，下列标志不得作为商标使用：

（1）同中华人民共和国的国家名称、国旗、国徽、国歌、军旗、军徽、军歌、勋章等相同或者近似的，以及同中央国家机关的名称、标志、所在地特定地点的名称或者标志性建筑物的名称、图形相同的；

（2）同外国的国家名称、国旗、国徽、军旗等相同或者近似的，但经该国政府同意的除外；

（3）同政府间国际组织的名称、旗帜、徽记等相同或者近似的，但经该组织同意或者不易误导公众的除外；

（4）与表明实施控制、予以保证的官方标志、检验印记相同或者近似的，但经授权的除外；

（5）同"红十字""红新月"的名称、标志相同或者近似的；

（6）带有民族歧视性的；

（7）带有欺骗性，容易使公众对商品的质量等特点或者产地产生误认的；

（8）有害于社会主义道德风尚或者有其他不良影响的。

县级以上行政区划的地名或者公众知晓的外国地名，不得作为商标。但是，地名具有其他含义或者作为集体商标、证明商标组成部分的除外；已经注册的使用地名的商标继续有效。

根据《商标法》第十一条规定下列标志不得作为商标注册：

（1）仅有本商品的通用名称、图形、型号的；

（2）仅直接表示商品的质量、主要原料、功能、用途、重量、数量及其他特点的；

（3）其他缺乏显著特征的。

前述所列标志经过使用取得显著特征，并便于识别的，可以作为商标注册。

此外，根据《商标法》的规定，以三维标志申请注册商标的，仅由商品自身的性质产生的形状、为获得技术效果而须有的商品形状或者使商品具有实质性价值的形状，不得注册。为相关公众所熟知的商标，持有人认为其权利受到侵害时，可以依照本法规定请求驰名商标保护。就相同或者类似商品申请注册的商标是复制、摹仿或者翻译他人未在中国注册的驰名商标，容易导致混淆的，不予注册并禁止使用。就不相同或者不相类似商品申请注册的商标是复制、摹仿或者翻译他人已经在中国注册的驰名商标，误导公众，致使该驰名商标注册人的利益可能受到损害的，不予注册并禁止使用。未经授权，代理人或者代表人以自己的名义将被代理人或者被代表人的商标进行注册，被代理人或者被代表人提出异议的，不予注册并禁止使用。商标中有商品的地理标志，而该商品并非来源于该标志所标示的地区，误导公众的，不予注册并禁止使用；但是，已经善意取得注册的继续有效。

在同种或者是类似商品上申请注册的商标不得使用与他人注册商标或者初步审定的商标相同或近似的文字、图形或者其组合。

注册商标被撤销或者期满不再续展的，自撤销或者注销之日起一年内，与该商标相同或者近似的商标不能被核准。

11.4.4　商标注册的审查核准

商标注册的审查核准，是商标主管机关就申请注册的商标是否符合商标法的规定所进行的一系列活动，主要包括形式审查、实质审查、公告核准等阶段。对于有争议的商标，还可能发生复审或者裁定。

1）形式审查

商标局收到商标注册申请文件后，应当首先进行形式审查。形式审查的内容主要包括：申请手续是否齐备；申请人是否具备申请资格；申请文件是否齐全，填写是否正确；是否按规定缴纳了申请注册费用等。经过形式审查，凡符合规定的，商标局予以受理，编定申请号，发给受理通知书。对于申请手续和申请文件基本符合规定，但需要补正的，通知予以补正，在规定期限内补正的，保留申请日期；未在规定期限内补正的，予以退回，申请日期不予保留。

2）实质审查

商标局对受理的申请，依照《商标法》的规定进行实质审查。实质审查的内容主要包括：申请注册的商标是否具有显著特征，便于识别；申请注册的商标是否与已注册在相同或类似商品或服务上的商标相同或近似；申请注册的商标是否违背商标法的禁止规定等。

3）公告核准

对申请注册的商标，商标局应当自收到商标注册申请文件之日起9个月内审查完毕，符合《商标法》有关规定的，予以初步审定公告。在审查过程中，商标局认为商标注册申请内容需要说明或者修正的，可以要求申请人作出说明或者修正。申请人未作出说明或者修正的，不影响商标局作出审查决定。对于两个或者两个以上的商标注册申请人，在同一种商品或类似商品上，以相同或者近似的商标申请注册的，初步审定并公告申请在先的商标；同一天申请的，初步审定并公告使用在先的商标，驳回其他人的申请，不予公告。申请商标注册不得损害他人现有的在先权利，也不得以不正当手段抢先注册他人已经使用并有一定影响的商标。申请注册的商标，凡不符合《商标法》规定的，由商标局驳回申请，不予公告。对初步审定公告的商标，自公告之日起3个月内，在先权利人、利害关系人认为违反《商标法》第十三条第二款和第三款、第十五条、第十六条第一款、第三十条、第三十一条、第三十二条规定的，或者任何人认为违反《商标法》第四条、第十条、第十一条、第十二条、第十九条第四款规定的，可以向商标局提出异议。公告期满无异议的，予以核准注册，发给商标注册证，并予公告。

4）复审或者裁定

对驳回申请、不予公告的商标，商标局应当书面通知商标注册申请人。商标注册申请人不服的，可以自收到通知之日起15日内向商标评审委员会申请复审。商标评审委员会应当自收到申请之日起9个月内作出决定，并书面通知申请人。有特殊情况需要延长的，经国务院市场监督管理部门批准，可以延长3个月。当事人对商标评审委员会的决定不服的，可以自收到通知之日起30日内向人民法院起诉。

对初步审定公告的商标提出异议的，商标局应当听取异议人和被异议人陈述事实和理由，经调查核实后，自公告期满之日起12个月内作出是否准予注册的决定，并书面通知异议人和被异议人。有特殊情况需要延长的，经国务院市场监督管理部门批准，可以延长6个月。

商标局作出准予注册决定的，发给商标注册证，并予公告。异议人不服的，可以依照《商标法》第四十四条、第四十五条的规定向商标评审委员会请求宣告该注册商标无效。

商标局作出不予注册决定，被异议人不服的，可以自收到通知之日起 15 日内向商标评审委员会申请复审。商标评审委员会应当自收到申请之日起 12 个月内作出复审决定，并书面通知异议人和被异议人。有特殊情况需要延长的，经国务院市场监督管理部门批准，可以延长 6 个月。被异议人对商标评审委员会的决定不服的，可以自收到通知之日起 30 日内向人民法院起诉。人民法院应当通知异议人作为第三人参加诉讼。

商标评审委员会在依照前款规定进行复审的过程中，所涉及的在先权利的确定必须以人民法院正在审理或者行政机关正在处理的另一案件的结果为依据，可以中止审查。中止原因消除后，应当恢复审查程序。法定期限届满，当事人对商标局作出的驳回申请决定、不予注册决定不申请复审或者对商标评审委员会作出的复审决定不向人民法院起诉的，驳回申请决定、不予注册决定或者复审决定生效。经审查异议不成立而准予注册的商标，商标注册申请人取得商标专用权的时间自初步审定公告 3 个月期满之日起计算。自该商标公告期满之日起至准予注册决定作出前，对他人在同一种或者类似商品上使用与该商标相同或者近似的标志的行为不具有追溯力。但是，因该使用人的恶意给商标注册人造成的损失，应当给予赔偿。

11.5　注册商标的续展、转让和使用许可

11.5.1　注册商标的保护期限和续展

1）注册商标的保护期限

注册商标的保护期限，是指注册商标所有人享有的商标专用权及注册商标具有法律效力的有效期限。世界各国的商标法对其本国注册商标的有效期均做了规定，如美国规定注册商标的有效期限为 20 年，欧洲大陆一些国家则规定为 10 年。

我国《商标法》第三十九条规定："注册商标的有效期为 10 年，自核准注册之日起计算。"

2）注册商标的续展

注册商标的续展是指注册商标所有人在商标注册有效期限届满前后的一定时间内，依法办理一定手续延长其注册商标有效期的制度。商标所有人可通过商标的续展延长注册商标专用权的保护期限，也可以通过不续展的方式自动放弃某些价值不大的商标专用权。对商标管理机关而言，也可以借此加强对注册商标的保护。

我国《商标法》第四十条规定："注册商标有效期满，需要继续使用的，商标注册人应当在期满前十二个月内按照规定办理续展手续；在此期间未能办理的，可以给予六个月的宽展期。每次续展注册的有效期为十年，自该商标上一届有效期满次日起计算。期满未办理续展手续的，注销其注册商标。"该规定表明，在我国注册商标保护期限届满前后，注册商标所有人均可申请续展注册，而且不受次数限制。续展申请应当在注册商标专用权的保护期届满前六个月内提出续展申请。每次

续展的有效期为十年，续展次数不限。续展手续比较简单，商标局核准后予以公告。不符合《商标法》规定的，不予核准，予以驳回。

11.5.2　注册商标的转让

1）注册商标转让的概念

注册商标的转让是指商标注册人将其所有的注册商标，依照法定程序移转给他人的法律行为。原注册商标所有人为转让人，接受注册商标的一方为受让人。注册商标的转让必须在自愿原则下进行，转让人和受让人应当签订转让协议，并共同向商标局提出申请。

2）注册商标转让的形式

注册商标的转让一般有合同转让和继受转让两种形式。合同转让是指转让人与受让人通过签订合同的方式转让其注册商标。双方通过合同，规定转让的内容、相互间的权利与义务和违约责任等。这种形式的转让大多是有偿的，转让人收取转让费。继受转让是指受让人通过法律上的继承关系而依法继承，享有注册商标，一般有两种情况：一是企业合并、兼并或拍卖出售，注册商标连同企业一同转让；另一种是原注册商标所有人为自然人，死亡时由法定的继承人继承其注册商标。

3）注册商标转让的限制

注册商标的转让涉及商标权的取得、管理和保护的法律问题，也涉及转让的当事人双方和消费者的利益。所以《商标法》在允许注册商标转让的同时对转让做了限制性规定，其包括以下几个方面：

（1）类似商品使用同一注册商标的不得分割转让。注册商标在类似商品上使用的，其专用权应全部转让而不能分开转让。如果注册商标所有人仅转让一部分商品上的注册商标专用权，则会形成两个以上主体对类似商品上使用的同一商标享有专用权的局面，会导致消费者的误认，引起市场混乱。因此，《中华人民共和国商标法实施条例》（简称《商标法实施条例》）规定："转让注册商标的，商标注册人对其在同一种或类似商品上注册的相同或近似的商标，必须一并办理。"《商标法》第四十二条第二款规定，转让注册商标的，商标注册人对其在同一种商品上注册的近似的商标，或者在类似商品上注册的相同或者近似的商标，应当一并转让。

（2）已经许可他人使用的商标不得随意转让。已经许可他人使用的商标关系到被许可人的利益，若允许原注册商标所有人随意转让，则可能引起被许可人与受让人之间的矛盾，损害被许可人的利益，因此，只有在征求被许可人同意的情况下，才能把注册商标转让给他人。

（3）集体商标不得转让。我国《商标法实施条例》第六条规定，经商标局核准注册的集体商标、证明商标受到法律保护。

（4）联合商标不得分开转让。如果允许联合商标分开转让，则会导致两个以上的注册商标所有人的注册商标使用在同种或类似商品上，且彼此近似的后果，发生权利冲突，因此联合商标不得分开转让。

（5）共同所有的商标，任何一个共有人或部分共有人不得私自转让。我国《商标法》及其有关法规没有规定对共同所有的商标转让的限制，但根据民法理论可知，共同所有的商标为共同财产，共有人对其享有共同的权利，承担共同的义务。在共有关系存续期间，部分共有人擅自处分共有财产的，一般认定为无效。所以，共有商标所有人擅自转让其注册商标的行为无效。

对容易导致混淆或者有其他不良影响的转让，商标局不予核准，书面通知申请人并说明理由。

11.5.3　注册商标的使用许可

1）注册商标使用许可的概念

注册商标的使用许可，是指商标权人通过订立许可使用合同，许可他人使用其注册商标并收取使用费的法律行为。商标权人为许可人，获得注册商标使用权的人为被许可人，许可人仅将注册商标的使用权移转给被许可人，而不发生注册商标所有权的转移。

许可使用后，许可人并不丧失商标权，被许可人只取得使用权。许可使用权是从商标专用权中派生出来的一项重要的从属权利，商标权人可以行使，也可以不行使。商标许可制度是国际上通行的一种法律制度。

2）注册商标使用许可的条件

注册商标使用许可应当符合下列条件：

（1）许可人是被许可的注册商标的所有人或有充分处分权人。

（2）许可人有生产使用许可的商品的资格。

（3）使用许可的商标在法律保护的期限内，且使用许可期限不得超过该注册商标的有效期限。

（4）使用许可的商品在该注册商标核定使用的商品的范围内。

（5）使用许可的商标与注册商标一致。

3）注册商标使用许可的形式

注册商标使用许可的形式主要有三种：排他许可、普通许可、独占许可。

排他许可，是指许可人允许被许可人按合同约定在一定期限、一定地区和指定的商品上使用注册商标的同时，在合同约定的范围内，不再允许包括自己在内的任何人使用其注册商标。因此，若他人实施了侵犯注册商标专用权的行为，则被许可人不仅可以要求停止，还可以要求赔偿损失。

普通许可，是指许可人可以允许不同的人同时使用某一注册商标的使用许可。在此类合同中，同一注册商标可以同时为不同的主体所使用。享有普通使用权的被许可人，在发现他人侵犯注册商标专用权时，可以协助许可人查明事实并寻求司法保护。

独占许可，是指许可人在合同约定的时间和地区内，仅将该注册商标许可一个被许可人使用，且许可人也不能使用该注册商标。在许可合同有效期内，被许可人可以作为商标权利人主张合法权益。只有等到许可合同到期后许可人才能再次使用该商标。

11.6　商标管理

11.6.1　商标管理概述

1）商标管理的概念和意义

商标管理是指国家有关主管机关依法对商标的注册、使用、转让等行为进行监督、检查等活动的总称。

商标管理的内容主要包括商标的注册管理、商标的使用管理和商标的印制管理。企业本身对商标使用的内容管理，也应符合《商标法》的规定。关于商标的注册管理，前面已经介绍了，这里不再赘述。

由于商标的使用广泛，涉及市场秩序，关系到人民生活和消费者利益，也密切关系到企业自身的信誉和经济效益，因此，国家和企业都应加强对商标的管理。具体而言，建立商标管理制度，具有以下几个方面的重要意义：

（1）规范商标行为，发挥商标功能，保护消费者的利益。进行商标管理，可以规范商标的注册、使用等行为，发挥商标的识别功能，确保商品的质量，维护消费者的利益，促进社会主义市场经济的规范化、秩序化发展。

（2）可以增强企业对商标使用的法治观念，维护商标注册人的合法利益，避免和减少侵犯商标专用权的案件。通过加强管理，可以督促企业树立商标意识，实行名牌商标战略。同时，加强商标管理，可以减少和制止侵犯商标权的行为，保护商标所有人的合法利益。

（3）有利于规范商标执法，完善商标法律制度。我国利用法律手段管理商标的时间还不长，通过对商标管理的依法执行，可以规范商标管理机关的行为，完善商标使用市场，促进商标法律制度的完善。

2）商标管理机关

根据我国《商标法》第二条的规定，国务院工商行政管理部门商标局主管全国商标注册和管理的工作。国务院工商行政管理部门设立商标评审委员会，负责处理商标争议事宜。该法还明确规定了各级工商行政管理部门对商标进行管理的职责。由此可见，国家市场监督管理总局所属的商标局是全国性商标管理机关，地方各级工商行政管理部门是地方上的各级商标管理机关。我国商标管理体制采取的是集中管理和分级管理的两级管理体制。国家市场监督管理总局从宏观上制定相应的商标政策、商标法规，审定商标注册，指导并协调地方各级工商行政管理机关进行商标管理。商标评审委员会归口管理商标争议事宜。地方各级工商行政管理机关统一安排和部署本地区商标管理工作。

商标局的职权有：受理商标的申请注册；办理注册商标的转让、变更、注销和续展工作；对商标异议作出裁定；撤销注册商标；宣告注册商标无效；办理商标使用许可的备案手续；指导全国商标管理工作及宣传教育；编辑出版《商标公告》；建立商标档案制度，保存全国的商标档案，负责商标查阅工作；负责国际商标使用事宜。

地方各级市场监督管理部门的职权有：对辖区内注册商标和未注册商标的使用进行经常性的管理；制止、制裁商标的侵权行为；通过商标管理监督商品质量；对粗制滥造、以次充好、欺骗消费者的行为，予以制止或行政处罚；管理商标印制活动；对国家规定必须使用注册商标的商品而未使用注册商标的行为及其他违反商标法规的行为予以处理；宣传商标法规。

商标评审委员会隶属于国家市场监督管理总局，是与商标局平行的独立机构。商标评审委员会受理就下列事宜提出的评审申请：①对商标局驳回商标注册申请不服的复审；②对商标局异议裁定不服的复审；③对商标局驳回注册商标转让申请不服的复审；④对商标局驳回注册商标续展申请不服的复审；⑤对商标局宣告注册商标无效不服的复审；⑥对商标局撤销或者不予撤销注册商标的决定不服的复审；⑦对注册商标提出争议的；⑧法律、法规规定的其他商标评审事宜。商标评审委员会依法对商标评审事宜独立行使裁决权。

11.6.2　商标使用的管理

商标使用管理是指商标局对注册商标、未注册商标的使用进行监督管理，并对违反商标法规定的侵权行为予以制裁的活动。

1）对注册商标使用的管理

经商标局核准注册的商标为注册商标，商标注册人依法享有商标专用权，受法律保护。根据《商标法》的规定，商标行政管理部门对注册商标的使用依法实行管理。具体管理工作包括以下内容：

（1）对使用注册商标的管理

商标注册人在使用注册商标的过程中，自行改变注册商标、注册人名义、地址或者其他注册事项的，由地方工商行政管理部门责令限期改正；期满不改正的，由商标局撤销其注册商标。

（2）对被撤销或者注销的商标的管理

注册商标被撤销、被宣告无效或者期满不再续展的，自撤销、宣告无效或者注销之日起一年内，商标局对与该商标相同或者近似的商标注册申请，不予核准。

（3）对必须使用注册商标的商品的管理

对按照国家规定必须使用注册商标的商品未申请注册，由地方工商行政管理部门责令限期申请注册，违法经营额 5 万元以上的，可以处违法经营额 20% 以下的罚款，没有违法经营额或者违法经营额不足 5 万元的，可以处 1 万元以下的罚款。

2）对未注册商标使用的管理

未注册的商标不享有商标专用权，但由于我国对商标注册采取自愿原则，除国家规定必须使用注册商标的商品外，允许商品生产者、经营者或者服务提供者合法使用未注册商标。未注册商标的使用同样涉及商标专用权的保护、商品或者服务质量的保证和消费者利益的保障，因而商标管理工作也包括未注册商标使用的管理。

根据《商标法》的规定，将未注册商标冒充注册商标使用的，或者使用未注册商标违反本法第十条规定的，由地方工商行政管理部门予以制止，限期改正，并可以予以通报，违法经营额 5 万元以上的，可以处违法经营额 20% 以下的罚款，没有违法经营额或者违法经营额不足 5 万元的，可以处 1 万元以下的罚款。

11.6.3　商标印制的管理

1）商标印制管理的概念和意义

商标印制管理是指商标管理机关依法对商标印制行为进行监督和检查，并对非法印制商标标识的行为予以查处的活动的总称。

商标的印制与注册商标专用权的保护息息相关。最近几年，一些印制企业唯利是图，未经批准擅自承接商标印刷业务，甚至非法印制、销售其他企业已经注册的商标标识，致使市场上涌现大量假冒伪劣商品。这一日益猖獗的行为不仅给广大消费者人身、财产造成损失，而且严重损害了一批名优企业的经济利益，甚至使它们被迫关、停、并、转。因此，只有加强商标印制管理，才能规范商标印制行为，制止假冒注册商标的违法行为，才能保护商标专用权，保护广大消费者利益，维护社会经济秩序。为此，国家市场监督管理总局发布了新的《商标印制管理办法》，对商标印制活动做了更严格的规范。

2）商标印制单位的商标印制管理制度

（1）核查制度。在承印商标印制业务时，印制单位的商标印刷业务管理人员应当严格核查委托人提供的有关证明文件及商标图样，凡手续齐全符合法定条件的，可予以承印，否则应拒印。

（2）商标印制存档制度。商标标识印制完毕，商标印制单位应当在 15 天内提取标识样品，连同"商标印制业务登记表""商标注册证"复印件、商标使用许可合同复印件、商标印制授权书复印件等一并造册存档。商标印制档案应当存档备查，存查期为两年。

（3）商标标识出入库制度。商标印制单位应当建立商标标识出入库制度，商标标识出入库应当登记台账。商标标识出入库台账应当存档备查，存查期为两年。

（4）废次商标标识销毁制度。废次商标标识销毁制度是指对印刷中产生的废次标识应当集中进行销毁，不得使其流入社会。

3）商标印制的承印和拒印

商标的承印是指商标印制单位依法对商标使用人交付的有关证明文件及商标图样进行审查，认为其符合法律规定的条件时，方可承印。这些条件包括：

（1）商标印制委托人提供的有关证明文件齐全。

（2）所要印制的商标样稿应当与商标注册证上的商标图样相同。

（3）印制未注册商标的，不得违反《商标法》第十条的规定，不得标注"注册商标"字样或者使用注册标记。

（4）被许可人印制商标的，有明确的授权书或者其出示的《商标使用许可合同》含有许可人允许其印制商标标识的内容，其商标标识样稿应当标明被许可人的企业名称和地址；其注册标记的使用符合《商标法实施条例》的有关规定。

商标的拒印是指商标印制单位对于不符合法定要求的商标印制要求予以拒绝印制。凡是不符合商标承印条件的商标印制业务，商标印制单位均应要求委托人补正，不予补正的应当拒印。

4）违反商标印制管理规定的法律责任

违反商标印制管理规定的行为主要有以下几种：①商标印制单位未对商标印制委托人提供的证明文件和商标图样进行核查；②商标印制业务管理人员未按规定填写"商标印制业务登记表"，或未按要求对"商标印制业务登记表"中的图样加盖骑缝章；③商标标识印制完毕后不按规定造册存档；④商标印制档案及商标标识出入库台账没有按两年存查期进行存档备查。

对于上述情形，由所在地市场监督管理部门责令其限期改正，并视其情节予以警告，处以非法所得额三倍以下的罚款，但最高不超过三万元，没有违法所得的，可以处以一万元以下的罚款。商标印制单位的违法行为构成犯罪的，所在地或者行为地市场监督管理部门应及时将案件移送司法机关追究刑事责任。

11.7 商标权的保护

11.7.1 商标权的保护范围及保护意义

1）保护商标专用权的范围

商标权的保护范围以核准注册的商标和核定使用的商品为限。《商标法》第五十六条规定："注册商标专用权，以核准注册的商标和核定使用的商品为限。"经商标局核准注册的商标为注册商标，包括商品商标、服务商标和集体商标、证明商标；商标注册人享有商标专用权，受法律保护。可见，《商标法》把商标专用权的保护限制在上述范围内，有利于正确划分侵权与非侵权的界限，制裁真正的商标侵权行为，保护注册商标所有人的合法权益。

2）保护商标专用权的意义

绝大多数国家都承认和保护商标权，而商标权的核心是专有使用权和禁用权。禁用权的行使，就是以国家强制力为后盾，运用法律手段，禁止他人对自己的商标专用权造成侵害，维护商标专用权。因此，对于商标权的保护，只能依靠法律。只有严格依法保护注册商标专用权，才能制止不正当竞争，保护公平竞争；只有保护注册商标专用权，才能制裁侵权行为，保护商标权人的合法利益；只有保护注册商标专用权，才能充分发挥企业活力，保住名牌，促进市场经济的发展；只有保护注册商标专用权，才能有力促进我国外贸经济的发展。

11.7.2　商标侵权行为的构成要件和种类

1）商标侵权行为的构成要件

商标侵权行为，是指侵犯他人注册商标专用权的行为。其构成要件为：

（1）商标侵权应有损害事实发生，可能是物质损害，也可能是精神损害，或兼有。对于无形损害的赔偿，应以侵权人的非法获得或被侵权人的实际损失额计算。

（2）商标侵权行为应是实施了侵害他人商标权的不法行为。商标权人对其注册商标享有专有使用权，任何人都是其不特定的义务人，都不得侵犯其商标权，而实施了积极行为就可能构成侵权。

（3）行为与损害事实之间存在着因果关系，即侵权人所实施的不法行为造成了商标权人的实际损失。此行为系行为人主观有过错，有的情形为推定过错。

2）商标侵权行为的种类

商标侵权行为主要表现为以下几种形式：

（1）未经商标注册人的许可，在同一种商品上使用与其注册商标相同的商标的。

我国《商标法》第四十三条规定，商标注册人可以通过签订商标使用许可合同，许可他人使用其注册商标。经许可使用他人注册商标的，必须在使用该注册商标的商品上标明被许可人的名称和商品产地。许可他人使用其注册商标的，许可人应当将其商标使用许可报商标局备案，由商标局公告。商标使用许可未经备案不得对抗善意第三人。如果未经许可，实施此种行为，无论是出于故意或过失，均构成对他人注册商标专用权的侵犯。

（2）未经商标注册人的许可，在同一种商品上使用与其注册商标近似的商标，或者在类似商品上使用与其注册商标相同或者近似的商标，容易导致混淆的。

（3）销售侵犯注册商标专用权的商品的。

（4）伪造、擅自制造他人注册商标标识或者销售伪造、擅自制造的注册商标标识。

商标标识是指附着于商品之上的商标图案组成的物质实体。伪造他人注册商标标识是指仿造他人的商标图案及物质实体伪造出的商标标识。擅自制造他人注册商标标识，是指未经注册商标所有人的同意而制造其注册商标标识，用于自己生产的同种或者类似商品上，以达到欺骗消费者的目的。销售伪造、擅自制造的注册商标标识，是指以上述商标标识为对象进行买卖。

由于此类行为均会使消费者对产品出处产生混淆，损害注册商标所有人的利益，因此我国《商标法》将此类行为视为侵权行为。

（5）未经商标注册人同意，更换其注册商标并将该更换商标的商品又投入市场的。

（6）故意为侵犯他人商标专用权行为提供便利条件，帮助他人实施侵犯商标专用权行为的。

（7）给他人的注册商标专用权造成其他损害的。

根据《商标法实施条例》的规定，给他人的注册商标专用权造成其他损害的行为包括：①在同一种商品或者类似商品上将与他人注册商标相同或者近似的标志作为商品名称或者商品装潢使用，误导公众的；②故意为侵犯他人注册商标专用权行为提供仓储、运输、邮寄、印制、隐匿、经营场所、网络商品交易平台等便利条件的。

11.7.3　商标侵权行为的法律责任

1）商标侵权案件的处理机关

根据我国《商标法》第六十条的规定，处理商标侵权案件的机关有工商行政管理部门和人民法院。由侵犯注册商标专用权行为引起纠纷的，由当事人协商解决；不愿协商或者协商不成的，商标注册人或者利害关系人可以向人民法院起诉，也可以请求工商行政管理部门处理。

根据我国《商标法》第六十二条的规定，县级以上工商行政管理部门根据已经取得的违法嫌疑证据或者举报，对涉嫌侵犯他人注册商标专用权的行为进行查处时，可以行使下列职权：

（1）询问有关当事人，调查与侵犯他人注册商标专用权有关的情况。

（2）查阅、复制当事人与侵权活动有关的合同、发票、账簿以及其他有关资料。

（3）对当事人涉嫌从事侵犯他人注册商标专用权活动的场所实施现场检查。

（4）检查与侵权活动有关的物品；对有证据证明是侵犯他人注册商标专用权的物品，可以查封或者扣押。

工商行政管理部门依法行使前款规定的职权时，当事人应当予以协助、配合，不得拒绝、阻挠。

在查处商标侵权案件过程中，对商标权属存在争议或者权利人同时向人民法院提起商标侵权诉讼的，工商行政管理部门可以中止案件的查处。中止原因消除后，应当恢复或者终结案件查处程序。

2）对商标侵权行为的处理

（1）责令立即停止销售。如果侵权人正在销售或者将要销售侵犯他人注册商标专用权的商品，或者销售擅自制造他人注册商标标识或者销售明知是假冒他人注册商标的商品，或者经销明知或应知是侵犯他人注册商标专用权的商品的，工商行政管理机关有权责令侵权人立即停止销售。

（2）收缴并销毁侵权商标标识。《商标法》禁止任何人伪造、擅自制造他人的注册商标标识，也禁止销售伪造或者擅自制造的注册商标标识。如果发现此种侵权行为，工商行政管理机关有权收缴并销毁侵权的商标标识。

（3）消除现存商品上的侵权商标。如果有人将侵权商标用于商品上，则工商行政管理机关有权责令当事人去除现存商品上的侵权商标。假冒注册商标的商品不得在仅去除假冒注册商标后进入商业渠道。

（4）收缴直接专门用于商标侵权的模具、印版和其他作案工具。为了防止侵权，工商行政管理机关对于主要用于商标侵权人继续侵权的作案工具应予以收缴。

（5）采取前4项措施不足以制止侵权的，或者侵权商标与商品难于分离的，工商行政管理机关有权责令并监督销毁侵权物品。

（6）罚款。对于尚未构成犯罪的侵犯注册商标专用权的行为，工商行政管理机关可以处以罚款。违法经营额5万元以上的，可以处违法经营额5倍以下的罚款，没有违法经营额或者违法经营额不足5万元的，可以处25万元以下的罚款。对5年内实施两次以上商标侵权行为或者有其他严重情节的，应当从重处罚。

（7）赔偿损失。侵犯商标专用权的赔偿数额，按照权利人因被侵权所受到的实际损失确定；实际损失难以确定的，可以按照侵权人因侵权所获得的利益确定；权利人的损失或者侵权人获得的利益难以确定的，参照该商标许可使用费的倍数合理确定。对恶意侵犯商标专用权，情节严重的，可以在按照上述方法确定数额的1倍以上5倍以下确定赔偿数额。赔偿数额应当包括权利人为制止侵权行为所支付的合理开支。人民法院为确定赔偿数额，在权利人已经尽力举证，而与侵权行为相关的账簿、资料主要由侵权人掌握的情况下，可以责令侵权人提供与侵权行为相关的账簿、资料；侵权人不提供或者提供虚假的账簿、资料的，人民法院可以参考权利人的主张和提供的证据判定赔偿数额。权利人因被侵权所受到的实际损失、侵权人因侵权所获得的利益、注册商标许可使用费难以确定的，人民法院可以根据侵权行为的情节判决，给予500万元以下的赔偿。

销售不知道是侵犯注册商标专用权的商品，能证明该商品是自己合法取得并说明提供者的，由工商行政管理部门责令停止销售。

3）侵犯注册商标专用权的刑事责任

对于严重侵犯他人注册商标专用权的行为，我国《商标法》和新刑法都做了规定，在以后章节中将对此进行专门论述。

11.7.4　驰名商标相关条款的完善

驰名商标是指为相关公众所熟知的商标。对驰名商标进行特殊保护是非常必要的。建立驰名商标特殊保护制度，不仅是商标法的一项重要任务，也是禁止不正当竞争和保护消费者权益的一个重要组成部分。

2001年修改商标法时，为履行我国参加的有关国际公约的义务，在商标法中增加了关于驰名商标保护的规定。但是实践中，存在将驰名商标作为一种荣誉称号的误区，盲目追求驰名商标认定，甚至出现弄虚作假的情况。

2013年修订的商标法按照"个案认定、被动保护"的原则，明确规定，持有人认为其权利受到侵害时，可以依照本法规定请求驰名商标保护；驰名商标应当作为处理涉及商标案件需要认定的事实进行认定。

认定驰名商标应当考虑下列因素：

（1）相关公众对该商标的知晓程度。

（2）该商标使用的持续时间。

（3）该商标任何宣传工作的持续时间、程度和地理范围。

（4）该商标作为驰名商标受保护的记录。

（5）该商标驰名的其他因素。

同时，对驰名商标认定机关、认定环节等作出明确限定。在商标注册审查、工商行政管理部门查处商标违法案件过程中，当事人依照《商标法》第十三条规定主张权利的，商标局根据审查、处理案件的需要，可以对商标驰名情况作出认定。

在商标争议处理过程中，当事人依照《商标法》第十三条规定主张权利的，商标评审委员会根据处理案件的需要，可以对商标驰名情况作出认定。

在商标民事、行政案件审理过程中，当事人依照《商标法》第十三条规定主张权利的，最高人民法院指定的人民法院根据审理案件的需要，可以对商标驰名情况作出认定。同时，认定结果仅对该案件有效。

生产、经营者不得将"驰名商标"字样用于商品、商品包装或者容器上，或者用于广告宣传、展览以及其他商业活动中。

《商标法》还规定，禁止以"驰名商标"的名义进行广告宣传，避免误导消费者。规定生产、经营者不得将"驰名商标"字样用于商品、商品包装或者容器上，或者用于广告宣传、展览以及其他商业活动中。违反上述规定，由地方工商行政管理部门责令改正，处 10 万元罚款。

复习思考题

1.什么是商标？商标具有哪些特征？

2.在市场经济条件下，商标具有哪些作用？

3.法律规定哪些标志不得作为商标使用和注册？

4.商标专用权的内容有哪些？

5.侵犯商标专用权的表现形式有哪些？

6.什么是驰名商标？新商标法对驰名商标条款有哪些完善？

第 12 章

广告监督管理

学习目标

掌握广告的概念及广告的特征；了解广告的产生和发展历史，掌握特种广告及管理规定；掌握广告在社会主义市场经济条件下的作用及功能，国家对各种商业广告管理的内容；了解违反广告管理规定的法律责任。

12.1 广告概述

12.1.1 广告的概念

广告是社会分工的体现，是商品经济的产物。人们对广告的认识是随着社会发展的进程、商品生产和商品交换程度的提高而逐渐建立起来的。

我们现在所称的广告一词源于古拉丁语 "adverture"，其含义为 "引诱"；中古时期此词传入欧洲演化为英语的 "advertise"，其含义为 "引起人们注意"；直至产业革命后，大规模的商业活动开始，"广告" 一词才普遍流行并被广泛使用。

现在，"广告" 一词已被赋予了许多现代社会的内容，但就其本质而言，广告那 "引诱""引起人们注意" 的原始内涵，依然是能使它充满魅力的原因所在。

有关现代广告的定义很多，如：

"广告是一种牟利的手段。"

"广告是一种有助于商品和劳务销售的公开宣传。"

"广告是为了促进企业的市场活动而使用的信息交流方式。"

"广告是由一个可被识别的广告客户支付费用，为这个广告客户所做的任何形式的思想、产品、服务的介绍和宣传。"

"广告是传播信息的一种方式，其目的在于推销商品、劳务，影响舆论，博得政治支持，推进一种事业，或引起刊登广告者所希望的其他反应。"（1985年版的《简明不列颠全书》）

"所谓广告，是一位被确认的广告主，在有偿的原则下，进行的观念或劳务方面的非人员的提示以及促销活动。"（美国销售协会的定义）

可见，由于语言产生的时代不同，研究者所处的立场和角度不同，广告所含有的意思以及对广告定义的描述也不尽相同。实际上，人们对广告一词的理解是随着广告活动的不断深化而日渐完善起来的。因此，从现代社会条件出发理解广告，离不开现代社会的广告活动，它应该包括以下几个方面：

第一，广告是一种宣传方式；第二，这种宣传方式必须有被传播的信息内容；第三，这种宣传方式的使用必须通过有偿的形式实现；第四，这种宣传方式的使用是一种有目的的行为；第五，这种宣传方式的使用者是谁；第六，这种宣传方式的使用必须借助一定的媒介才能实现。

所以，广告的定义可以表述为：客户有偿地利用某种媒介向公众传播某种信息，以达到特定目的的宣传方式。

12.1.2 广告的分类

广告的分类方法和分类标准很多，从不同角度按不同的标准，可以做不同的划分。正确、科学的广告分类便于掌握各类广告的特点，使广告监督管理的工作顺利进行。同时，选择适当的分类标准对广告事业的发展情况进行统计和分析，对于监督和指导广告经营活动也具有十分重要的意义。

按广告的发布目的，可以把广告分为营利性广告和非营利性广告两大类。非营利性广告是指发布目的不具有商业追求的广告。如政府公告，即国家采用广告的形式来公布政府法令、政策、告示等；公益、防止环境污染、计划生育等方面的广告；节日民俗广告，即节假日的宣传活动；个人广告，即个人启事、寻人征婚、讣告等。营利性广告则是指发布目的具有商业追求，即不管广告行为最终是否为广告主带来实际的商业利益，只要广告主发布广告的目的在主观上是想获得某种商业利益，就应该属于营利性广告的范畴，如商品广告、劳务广告等。这也是我们为什么常把营利性广告称为商业广告的原因所在。以往所说的广义广告，既包括营利性广告，也包括非营利性广告。而狭义广告则单指商业广告。广告法所对应的广告也是商业广告。由于上述原因，本书重点阐述有关商业广告的各类问题。

按广告所传播的信息内容，可以把广告分为商品广告、劳务广告和企业广告。商品广告是指以介绍商品的品牌、商标、性质、特点、功能为主，以达到促进商品销售目的的广告；劳务广告是指由饭店、旅游、修理、银行、保险等行业制作，旨在提供服务信息的广告；企业广告是指以建立企业商业信誉，进而间接获取其经济利益为目的的广告。它往往通过对企业历史、职工福利、经营业绩、售后服务和社会责任等方面的介绍，增强消费者对企业的好感和信任。

按广告的覆盖范围，可以把广告分为国际性广告、全国性广告和国内区域性广告。国际性广告是指具有国际性影响力的媒介所发布的广告，如跨国发行的报纸、杂志或国际广播电台等发布的广告；全国性广告是指利用全国性媒介在全国范围内发布的广告；国内区域性广告则是指区域性媒介发布的广告。

按广告内容表达方式的不同，可以把广告分为报道广告、劝说广告和提醒广告。报道广告是指通过向消费者介绍商品的性质、用途、价格等方面的内容，促使消费者产生消费需要，故又称开拓广告；劝说广告是指以说服为内容，使消费者对某种品牌的商品加深印象，刺激其选择的广告，故又称竞争性广告；提醒广告是指消费者已有使用习惯和购买习惯的商品的广告宣传。

按广告受众划分，可以把广告分为消费者广告、工业用户广告和商业批发广告。消费者广告是指直接向最终消费者发布的广告，广告宣传的商品多为生活资料，因此也称为零售广告；工业用户广告是指主要由工农业生产部门或商业批发部门发布，对象是其产品的工业企业，广告宣传的商品多为机器设备、原材料、零配件和其他工业用品等；商业批发广告是指由生产企业向商业批发和零售企业发布的广告或批发商之间、批零之间的广告，它的受众对象是商业企业。

按广告的媒介，可以把广告划分为印刷广告、电子广告、邮寄广告、户外广告和交通工具广告等。印刷广告是指利用印刷物进行宣传的广告，主要包括报纸广告、杂志广告、画册广告、挂历广告、招贴广告、书籍广告等；电子广告是指利用电波讯号进行宣传的广告，主要包括电视广告、广播广告等；邮寄广告是指利用邮政渠道进行宣传的广告；户外广告是指利用各种户外媒介进行宣传的广告，主要包括路牌广告、橱窗广告、旗帜广告等；交通工具广告是指利用交通工具的空间所做的广告，如车身广告、地铁车厢广告等。

广告分类的标准还有很多，如按广告时机划分，按广告效益产生的速度划分，按广告宣传商品所处的市场周期阶段划分等，但最基本的分类标准还是以是否以营利为目的为依据。由于绝大多数广告都是以营利为目的的商业广告，所以，从广告监督管理的角度出发，大量的、以营利为目的的商业广告，自然就成为监督管理的主要对象。

12.1.3　广告的作用

1）加速商品流通，节约流通费用

社会再生产分为四个阶段，即生产、交换、分配、消费。以货币为媒介的商品交换被称为流通过程。流通过程将生产和由生产所决定的分配与消费联结起来，使社会再生产各个环节在时间上连续、在空间上继续地进行。由于资本在流通过程中不产生使用价值，因而不可能产生增值，所以资本在流通过程中停留的时间越长，在生产过程中产生增值的时间就相对越短。因此，节约流通时间是加速资本周转和扩大再生产规模的必要条件。而作为沟通生产和消费中介的广告，恰恰能加速商品流通速度，节约流通费用，并能克服人为的和自然的障碍。广告及相关的活动一方面促进了消费；另一方面又指导了生产。如果没有广告作用的发挥，不仅会使流通费用支出过大，而且会因信息不畅导致流通过程的中断和停滞，从而影响社会再生产的正常进行。

2）促进生产，满足消费

广告对生产的促进作用表现在两个方面：首先是生产者运用广告向市场发出商品信息，开拓市场，扩大销路；其次是生产者收集市场上的广告信息，制定生产决策，使生产企业生产的产品更能适应市场的需要，从而进一步满足消费的需求。广告在促进生产和满足消费两方面充分体现了其对整个社会经济活动的积极影响。

广告是生产与消费联系的媒介。广告向消费者提供商品信息，使消费者有可能对不同生产者所生产的商品进行比较和选择，更合理地安排生活。每个社会成员的消费需求最后凝聚成为社会需求，给企业生产以改进和扩大的动力。生产的扩大使新产品更加丰富，再一次通过广告向消费者提供自由选择的机会，使得消费水平进一步提高。如此周而复始，良性循环，推动社会生产的发展和加速人民生活水平的提高。

3）有利于开展竞争

在商品经济中，商品生产者个别劳动时间转化为社会必要劳动时间要通过竞争来实现。竞争促使商品生产者改进技术，缩短生产和流通时间，降低产品成本，提高产品质量，注意和掌握市场信息。而广告由于它内在的功能，就自然成了商品生产者从事竞争活动的武器。广告主利用广告向消费者推出产品、提出保证，以求建立信誉和长期占领市场。广告的成功预示着竞争的胜利。在当今社会化大生产的条件下，竞争不能没有广告，广告推动竞争，并在竞争活动中发挥越来越大的影响作用。

4）促进对外贸易的发展

国际贸易是社会生产力发展到一定阶段的产物，而广告活动在国际贸易过程中发挥着重要作用。中国要在国际市场中站住脚，没有广告参与的促销活动是很难成功的。特别是目前的国际市场，商品种类繁多，竞争异常激烈，行情瞬息万变，更需要通过广告了解情况，通过广告宣传商品，通过广告展示中国企业的形象。

5）有利于社会主义精神文明的建设

现代广告在传播各类信息的过程中，必然要借助于一定表现形式，如语言、画面、色彩、图案、人物活动等，但不管是哪一种表现形式，总是有一定实际内容的，总是要渗透着一定社会条件下的某种意识形态、某种观念和某种价值取向的东西。所以，在现代广告的传播过程中，同时也在传播着某种思想、某种观念和某种价值观。如果我们能注意到广告信息传播中的这种作用，尽量赋予广告健康、文明、美好的表现形式，那么无疑会极大地促进精神文明的建设。所以，广告既要讲求经济效益，又要讲求社会效益，要杜绝精神污染和各种消极现象，使广告事业在我国社会主义现代化建设中发挥更大作用。

12.2　广告监督管理

12.2.1　广告监督管理概述

1）广告监督管理的概念

广告监督管理有广义和狭义之分。广义的广告监督管理是指对广告全方位的管理，包含以下几个层次：

（1）政府管理。国家广告监督管理机关依照广告法律、法规和有关规定，对广告发布和经营活动实行监督管理，保护合法经营者，对广告违法行为进行处罚。

（2）行业自律。《广告法》第七条规定："广告行业组织依照法律、法规和章程的规定，制定行业规范，加强行业自律，促进行业发展，引导会员依法从事广告活动，推动广告行业诚信建设。"

（3）自我管理。广告经营者、发布者依照广告管理法规从事广告发布、经营活动。

（4）企业广告管理。工商企业在组织生产、经营活动中，对广告战略的制定和实施的管理。

（5）广告审查机构的管理。相关行政主管部门依据法律、法规，对发布前的广告内容进行审查，实施监督管理。

（6）群众监督。对于各种违法广告，群众可以直接向广告监督管理机关举报或向广告协会及消费者协会投诉，以便及时予以查处，保护消费者利益。

狭义的广告监督管理是指国家广告监督管理机关依据有关法律、法规、规章和有关规定，代表国家对广告活动进行监督管理的全过程，是国家维护市场经济秩序采取的重要措施。

2）广告监督管理的内容

广告监督管理机关对广告实施的监督行为是全过程、全方位的，其内容包括：

（1）对广告市场准入标准的管理。广告业是一个知识密集、人才密集、技术密集的高新技术产业，专业性较强。不同的经营项目，要求有不同的技术、设备和人才条件。申请成立广告经营、发布主体必须符合《公司法》和相关法规。

（2）对各类广告发布标准的管理。广告发布标准是广告主、广告经营者、广告发布者必须遵守的准则，而制定、解释、修改广告发布标准是广告监督管理的一项重要内容。广告监管机关依据《广告法》《广告管理条例》等的要求制定了与人民生命、财产安全密切相关的行政规章，严格规定了发布标准。

（3）对广告主的管理。广告主是广告信息的发出者和广告活动主体，是广告监管的基础和起点。对广告主的管理，主要是引导广告主进行合法、有效的宣传，保护广告主在广告宣传活动中的合法权益，严肃查处广告宣传中的违法行为。

（4）对广告内容审查的管理。根据广告管理法规的规定，广告经营者和广告发布者负有在广告发布前对广告内容进行审查的义务，监督检查广告经营者、广告发布者是否履行了法定的审查义务是广告监督管理的一项重要内容。

（5）对广告经营行为的管理。广告市场是社会主义市场体系的重要组成部分，广告经营行为必须遵守市场规则，对广告经营行为的监督检查是维护社会主义市场经济秩序的具体体现，在广告监督管理中占重要地位。

（6）对特殊广告媒介或形式的管理。国家市场监督管理总局对临时性广告、户外、印刷品广告发布了管理规定，包括备案登记、发布标准和经营规范。

（7）查处广告违法行为。依照广告管理法律、法规的规定，追究广告活动主体违反广告管理法规的责任，严肃查处违法广告行为，并对不服下一级广告监管机关行政处罚决定的复议申请，依法审议，作出裁决。

3）广告监督管理机关及其职能

（1）广告监督管理机关。广告监督管理机关是市场监督管理部门，包括国家市场监督管理总局和地方市场监督管理部门。

（2）广告监督管理机关的职能。市场监督管理部门的广告监管职能，由其内设的职能部门具体负责。该职能部门的设置，以市场监督管理部门的设置为基础。根据国家市场监督管理总局的"三定"方案，即《国家市场监督管理总局职能配置、内设机构和人员编制规定》的规定，国家市场监督管理总局内设广告监督管理司，负责广告监督管理工作。其主要职责是：拟定广告业发展规划、政策并组织实施；拟定实施广告监督管理的制度措施，组织指导药品、保健食品、医疗器械、特殊医学用途配方食品广告审查工作；组织监测各类媒介广告发布情况；组织查处虚假广告等违法行为；指导广告审查机构和广告行业组织的工作。

12.2.2　广告监督管理的原则

1）以法律为准绳的原则

以法律为准绳的原则是市场监督管理部门对广告实施管理的基本原则。在广告管理中，工商行政管理机关要严格而准确地执行法律和法规。《宪法》是国家的根本大法，广告的监督管理必须以《宪法》为依据，不得违反。《广告法》是国家颁布的广告基本法，必须严格遵守和贯彻执行。

《广告法》是调整广告经营者、广告发布者、广告客户以及消费者之间的经济关系的法律规范。《广告法》集中地把发展社会主义的广告事业的方针、政策、任务和管理措施程序化、具体化，成为中央和地方各部门、各种经济成分的企事业单位和个人在设计、制作、经营、发布、管理广告等方面所必须遵循的基本法律。《广告法》是我国经济法的组成部分。它在发挥法律效力时，不是孤立的，而是与国家颁布的其他各项经济法规相互配合、相互制约、相互联系的。例如：《中华人民共和国药品管理法》（简称《药品管理法》）不仅对药品生产做了法律规定，还对药品在销售和宣传方面做了明确规定；《广告法》对药品广告宣传问题也作出了相应的规定。国民经济是一个复杂的有机整体，国民经济各个部门、各企业之间存在着密切的联系。广告涉及的范围非常广泛，它与国民经济的各部门、各企业事业单位和广大人民群众有着直接或间接的关系。因此，《广告法》的实施，还有赖于其他有关法律的实施。例如：对于违反广告管理法规，造成严重后果的，要由司法机关依照《中华人民共和国刑法》（简称《刑法》）予以处罚；对于涉及广告的合同纠纷，就要由广告管理机关依照《民法典》予以处理。

2）以政策为指导的原则

在广告监督管理工作中，除了按《广告法》行使广告管理的职权外，还要执行党和国家的有关政策，以政策为广告管理工作的指导方针。

广告监督管理要以法律为准绳，同时又要以政策为指导，这两者并不矛盾，而是相辅相成的。要理解这一点，就要认识政策与法律的关系。中国共产党是领导中国人民的核心力量，是执政党。坚持党的领导是我们国家必须坚持的四项基本原则之一，而且是四个坚持的核心。党的政策是党对国家实行领导的手段。它对国家机关的一切活动起着指导作用。政策是一个多层次的结构体系。政策有总政策和具体政策之分。具体政策又分为若干层次。例如，我国新的历史时期全党的总任务和总政策是，团结各族人民，自力更生，艰苦奋斗，逐步实现工业、农业、国防和科学技术的现代化，把我国建设成为高度文明、高度民主的社会主义国家。具体政策是某一方面为贯彻执行总政策而制定的行动准则，它由总政策决定，从属于总政策，如经济政策、外交政策、宣传政策、民族政策等。它们对各方面的工作具有指导作用。我国对外开放的方针政策，搞活经济的政策，党的宣传政策等，都对广告管理工作有决定性的影响。

3）教育与处罚相结合的原则

法是靠国家强制力来保证的，但这种强制是与教育密切联系、相互渗透的。法律的施行必须教育人们自觉遵守，法律又是人民用于保护自己，打击危害人民和国家利益行为的有力武器。

《广告法》等广告监督管理法规的实施，首先要求广告客户和广告经营者自觉遵守；若有违反就予以处罚。这就是社会主义法律的强制性和遵守法律的自觉性相结合的方法。教育与处罚相结合是广告监督管理的原则，处罚是主要的手段，法制教育是必要的方法，处罚所表现的强制是集中反映绝大多数人利益和意志的强制，是在维护大多数人利益的基础上对违法者的制裁和处罚，也包含着深刻的法制教育的意义。同时，对广大人民群众来讲，社会主义的法律，通过说服教育能够使绝大多数公民认识到自身的利益是与《广告法》联系在一起的，从而自觉地遵守和维护《广告法》。因此，对广大人民群众进行法制教育而开展广告管理法规的宣传工作，也是市场监督管理部门的重要管理工作之一。

4）协调与服务的原则

广告监督管理的目的，是为了充分地发挥广告在促进生产、扩大流通、指导消费、活跃经济、方便人民生活以及发展国际经济贸易等方面的作用。为达到这一目的，除了依法监督和处罚违法者以外，市场监督管理部门还要协调广告客户和广告经营者之间的关系，为发展广告事业服务。

我国经济的性质决定了市场监督管理部门行使协调与服务权责的可能性。我国经济是生产资料公有制条件下的社会主义市场经济，各级政府有权代表人民的利益，对主要的社会经济活动进行宏观调控上的平衡协调。为了保障广告事业的健康发展，政府职能部门之一——市场监督管理部门担负起协调与服务的重任。尽管各个广告经营者都是独立的经济实体，但它们都要服从于社会主义市场经济的要求。而在资本主义社会中，生产资料所有制的私人性决定了广告商按自己的意志经营广告，政府无权协调各广告商之间的关系。

广告经营活动的复杂性和不平衡性决定了协调与服务的必要性。广告经营活动多种多样，各地区广告事业的发展也极不平衡。随着我国广告事业的发展，各个广告经营者之间相互依存、相互协调、相互制约的关系越来越密切。为了使我国的广告事业顺利发展，既要协调各个广告经营者之间的关系，又要开展经验和业务交流。

因为市场监督管理部门是政府管理广告的职能机关，所以，它责无旁贷和理所当然地担负起了协调与服务的责任。

几年来，市场监督管理部门在贯彻协调与服务的原则方面做了大量的工作，在国家工商行政管理总局（目前已更名为国家市场监督管理总局）的指导下，于1983年12月建立了中国广告协会，并通过广告协会指导广告行业的各种活动。

5）综合治理的原则

广告活动是一种较为复杂的经济活动，涉及国民经济的各个部门。单靠市场监督管理部门的广告监督管理机关是难以完成广告管理重任的。广告管理机关要与有关单位和部门密切配合，开展综合治理，才能进行行之有效的管理，才能准确、全面地执行和完成法律所赋予的任务。

综合治理分为两个方面：一是市场监督管理部门与其他有关部门的协同配合、交叉管理；二是市场监督管理部门内部各有关部门的协同配合、交叉管理。在市场监督管理部门内部，有许多与广告活动有关的职能工作，如企业登记主管机关负责核发广告公司的营业执照，个体管理机关负责核发个体工商户经营广告的营业执照，市场管理机关有权查处市场上的虚假广告等。市场监督管理部门内部的广告管理机关要与企业登记主管机关、个体管理机关、市场管理机关、商标主管机关有机配合，开展交叉的管理。

在市场监督管理部门外部，有许多部门的管理工作涉及广告活动，如司法部门对广告犯罪活动进行查处，交通部门和环卫部门对交通广告和户外广告进行管理，城建部门对广告路牌的设置予以管理等。另外，许多经济主管部门对本系统内的广告进行管理。例如：教育部门对招生办学广告予以管理，卫健部门对医药广告方面实行的管理办法，财政部门对企业广告费用的开支进行监督管理，文旅部门对文化广告发布进行管理等。广告涉及范围广，内容庞杂丰富，仅仅依靠市场监督管理部门的广告管理机关是不可能做到全面、周到的管理的。所以，市场监督管理部门要与其他部门配合，对广告开展综合治理，才能保证我国广告业的正常发展。

12.3　广告管理制度

广告管理制度是以广告活动为对象的一系列关于管理广告活动主体和客体行为规范的总和。这些制度是在广告管理活动的实践中逐步产生、发展和完善的。广告管理制度往往通过有关的法律、法规条文固定下来，成为广告监督管理机关实施广告管理活动的依据，对广告业的健康发展和广告管理工作的顺利实施，起着基础性的保障作用。

12.3.1　广告审查制度

广告审查，是指在广告发布之前，确认广告所表达的意思是否符合广告发布标准的行为。我国的广告审查制度包括：部分商品广告发布前的行政审查和广告经营者、广告发布者对广告内容进行的审查。

1）部分商品广告发布前的行政审查制度

《广告法》第四十六条规定：发布医疗、药品、医疗器械、农药、兽药和保健食品广告，以及法律、行政法规规定应当进行审查的其他广告，应当在发布前由有关部门（以下称广告审查机关）对广告内容进行审查；未经审查，不得发布。

（1）行政审查制度的依据

为使广告审查机关、广告主、广告经营者、广告发布者明确审查的步骤和程序，国家市场监督管理总局制定了《药品、医疗器械、保健食品、特殊医学用途配方食品广告审查管理暂行办法》《农药广告审查发布规定》《兽药广告审查发布规定》等。

（2）广告发布前行政审查的范围

广告审查的范围分为两个层次：第一个层次是《广告法》中直接规定的发布医疗、药品、医疗器械、农药、兽药和保健食品广告。第二个层次是"法律、行政法规规定应当进行审查的其他广告"。《中华人民共和国中医药条例》规定中医医疗服务广告在发布前应当经过中医药主管部门的审查；《营业性演出管理条例》规定广告应当经过文化主管部门的审查；《中华人民共和国民办教育促进法》规定广告应当经过教育行政主管部门的审查等。

（3）广告审查的内容

这里主要介绍对药品、医疗器械、农药、兽药四种商品的审查内容。根据规定，上述四种商品广告应当共同遵守以下标准：第一，不得含有表示功效、安全性的断言或者保证。第二，不得含有说明有效率的内容。第三，不得利用科研单位、学术机构、技术推广机构、行业协会或者专业人士、用户的名义或者形象做推荐、证明。第四，不得贬低同类产品，不得与其他产品进行功效和安全性对比。第五，不得含有"最先进技术""最先进制法"等绝对化语言和表示。第六，不得含有无效退款、保险公司保险等内容。第七，药品、医疗器械、兽药广告中不得含有直接显示疾病症状和病理的画面；药品、医疗器械广告不得令人感到已患有某种疾病，不得使人误解不使用该药品（器械）会患有某种疾病或加重病情。

另外，在上述四种商品的《广告审查标准》中，还有一些其他具体的发布标准规定。

（4）广告审查的程序

广告审查机关在同级广告监督管理机关的指导下，对广告进行审查。审查机关应将审查通过的"广告审查表"送同级广告监督管理机关备查。

①国家和省两级审查机关的分工

重点媒介发布的广告，境外生产的产品和新药、新兽药广告，由国家级审查机关审查；其他广告，由生产者所在省审查；在异地（外省）发布药品、兽药广告，须向当地审查机关申请换发批准文号；发布医疗器械、农药的广告，须向当地审查机关备案。

②当事人申请发布广告的

当事人申请发布广告的应当向广告审查机关提出申请，填写"广告审查表"并提交证明文件。这里的证明文件包括主体资格证明文件和产品合法性的证明文件。这是《广告法》第二十一条原则规定在药品、医疗器械、农药、兽药广告中的具体体现。

③广告审查机关的审查分为初审、终审

广告审查机关对广告申请人提供的证明文件的真实性、有效性、合法性、完整性和广告制作人和前文稿的真实性、合法性进行审查，并于受理申请之日起十日内作出初审决定，发给"广告初审决定通知书"。广告申请人凭广告初审合格决定，将制作的广告作品送交原广告审查机关，原审查机关在受理申请之日起十日内作出终审决定。对终审合格者，签发"广告审查表"，并发给广告审查批准文号；对终审不合格者，应当通知广告申请人，并说明理由。广告申请人也可以直接申请终审。广告审查机关应当在受理申请之日起十日内作出终审决定。广告审查机关发出的"广告初审决定通知书"和"广告审查表"，应当由广告审查机关的负责人签字，并加盖广告审查专用章。

广告审查批准文号的有效期一般为一年。

④广告审查机关的复审

复审的适用情况是：广告审查依据发生变化；上级认为下级的审查决定不妥；同级的广告监督管理机关提出复审建议的；产品在使用中发生新问题；广告审查机关认为应当调回复审的其他情况。

复审中，如果广告须修改，应换发新文号，视为重新审查。复审期间，广告停止发布。

⑤广告审查机关的重新审查

其适用的情况有：批准文号有效期届满；广告内容需要改动。

2）广告经营者、广告发布者对广告内容的审核制度

广告经营者、发布者依据法律、行政法规检验有关证明文件，核实广告内容。对于证明不全或内容不实的广告，广告经营者就不得为该广告提供设计、制作、代理服务；广告发布者对此类广告，也不得提供发布服务，否则广告经营者、广告发布者要对此承担相应的法律责任。

3）广告主自行或者委托他人设计、制作、发布广告，应当具有或者提供真实、合法、有效的证明文件

广告主所提供的证明文件主要分为两类：一类是对一般广告所要求提供的证明文件；另一类是对特定商品广告所要求提供的证明文件。

（1）一般广告要求提供的证明文件

①主体资格证明；

②质量证明；

③其他确认广告内容真实性的证明。

（2）特定商品广告要求提供的证明文件

如药品、医疗器械、农药、兽药等商品广告，广告主除具有或提供上述证明外，还应提供该商品经过有关行政部门审查的批准文件。

12.3.2　广告监测制度

1996年7月11日，国家工商行政管理局发出《关于规范广告监测工作的通知》，正式开始对广告监测工作提出规范化要求。2001年4月26日，国家工商行政管理总局（目前已更名为国家市场监督管理总局）发出《关于定期统一发布广告监测信息的通知》，明确广告监测工作是广告监管工作的重要内容，要求对于普遍违法并呈上升趋势的商品或者服务广告，及时提醒社会注意识别，同时加强重点监测和监督执法，遏制违法广告蔓延势头；在有关媒介定期公布广告监测结果；对于严重违法的广告，要在全国范围内停止发布，部署统一查处；对于严重欺骗和误导消费者，情节恶劣的违法广告，查处后予以曝光。

12.3.3　案情通报制度

对于检查发现严重和典型的违法广告，广告监管机关在实施行政处罚后，应当在一定时间内将案情和决定书报上级机关，上级机关除依法准备行政复议事宜外，根据情况及时向全国或者有关地区进行通报，接到案情通报的广告监管机关依法对本辖区的同一违法广告进行处罚。在某一特定的广告违法案件中，不同的广告活动主体不在一地的情况下，依法做了处罚决定的广告监管机关可根据管辖规定，将案情向有关地区广告监管机关通报，以对违法者实施有效处罚。案情通报制度的目的是解决广告违法案件中异地办案和同一违法广告不同地区处理不一致而引起的执法标准不统一等问题。

12.3.4　行政告诫制度

行政告诫制度是对广告活动主体法律执行情况的警示，包括两种情况：一是对发布违法广告，但对市场经济秩序和消费者权益危害性不大，主动配合广告监管机关工作，并确有悔改表现的违法当事人，予以告诫；二是对广告发布者多次发布违法广告，在取消其资格之前，对其进行告诫。行政告诫是广告监管的行政措施，不是行政处罚。行政告诫的同时，必须停止违法广告的发布，责令修改。行政告诫应当以"行政告诫通知书"等书面形式进行。

12.3.5　暂停发布制度

暂停发布是广告监管机关对广告违法或者广告活动主体发布违法广告而在一定时间、一定范围内暂时停止发布或者停止发布资格的制度，包括两种情况：一是某一特定的明显违反广告发布标准的广告，在行政处罚决定之前，暂时停止发布，目的是将对社会和消费者的侵害减少到最低程度；二是某一特定的广告活动主体因发布的全部或者某类广告违法严重，在行政处罚决定之前，暂时停止其一定时间或者一定经营范围广告活动的资格。暂停发布是广告监管的行政措施，不是行政处罚。暂停发布应当以书面形式进行。

12.3.6　广告审查员制度

广告审查员制度的制定基础是广告审查制度，即大量的广告由广告经营者、广告发布者查验证明，核实广告内容。因此，广告发布的最后一道关口主要由广告发布者来把关，它最终决定广告发布标准能否得到有效的实施。根据《行政许可法》的规定，市场监督管理部门不再核准广告审查员资格。对广告审查员不再核发《广告审查员证书》。各级广告监管机关应当继续加强对广告审查员的管理与审查工作的指导，特别加强广告法律培训工作。

12.3.7 广告合同制度

1）广告合同的含义及分类

合同的概念十分广泛，凡是当事人之间协商确立权利、义务关系的协议，均可称之为合同。据我国《民法典》的规定，合同是当事人之间设立、变更、终止民事关系的协议；合同是平等民事主体的法人、其他经济组织、个体工商户、农村承包经营户相互之间为实现一定经济目的，明确相互权利义务关系而订立的协议。广告合同，是指广告主、广告经营者、广告发布者之间为确立、变更、终止广告承办或代理关系而订立的协议。广告合同可以按照不同的标准进行分类。一般来说，按照广告活动中的广告设计、制作、发布、代理这四个主要环节和内容，可以将广告合同分为四类，即：广告设计合同、广告制作合同、广告发布合同和广告代理合同。

2）广告合同的特征

广告合同除具备经济合同的一般法律特征外，还具有以下主要特征：

（1）广告合同的当事人是指广告活动中依法订立广告合同的广告主、广告经营者、广告发布者。其中广告经营者因其在广告活动中的核心作用而成为各种广告合同的特定当事人。因此，广告合同的一方当事人必须是在市场监督管理机关登记注册的广告经营者，否则，双方签订的广告合同无效。

（2）广告合同的标的是特定的。广告合同的标的可以分为两类：一类是广告经营者按照广告客户的要求完成的工作成果；另一类是广告经营者接受广告主或广告发布者的委托，为其完成有关广告业务的代理行为。

（3）广告合同是明确当事人之间权利、义务关系的协议。广告合同当事人之间的具体权利、义务是广告合同的主要内容。签订广告合同的目的正是在于明确作为广告合同当事人的广告主、广告经营者、广告发布者之间的权利、义务关系。广告合同一经成立，合同中确立的当事人的权利便受法律保护，当事人的义务则受法律约束，当事人违反广告合同的约定，将依法承担相应的法律责任。

（4）广告合同必须采用书面的形式。书面合同相对于口头合同而言，是指当事人以文字表述广告协议内容的合同。按照《广告法》的要求，广告主、广告经营、广告发布者之间在广告活动中应当依法订立书面合同。因此，书面合同是广告合同的法定表现形式。凡在广告活动中订立口头合同的，则广告合同因缺乏必要的形式要件而不能成立。广告合同采用书面的形式，便于主管机关和广告合同管理机关监督检查，在发生广告纠纷时，当事人举证方便，易于分清责任。

12.4 特殊商品（服务）广告监督管理

国家市场监督管理总局依据《广告法》的原则规定，对涉及消费者的生命安全和生活质量的商品（服务）广告制定了针对性更强的发布、管理细则。这些商品（服务）包括医疗服务、药品、医疗器械、保健食品、农药、兽药、烟草、房地产等。

12.4.1 广告内容监督管理概述

对广告内容进行管理，是广告管理的主体部分。管理好广告内容直接关系到广告业的健康发展以及对消费者利益的保护。由于广告内容包罗万象、千变万化，这就决定了对广告内容的管理既是广告管理的重点，也是广告管理的难点所在。

1）广告内容真实性的含义和基本要求

广告内容的真实性，是指广告应当真实、客观地传播有关商品或者服务的信息，对其功能、价值、特点、效果不吹嘘夸大，不弄虚作假。

广告内容真实性的基本要求：

第一，广告所介绍的商品或服务是真实、客观存在的。

第二，广告内容能够被科学的依据所证实。

第三，广告内容与实际相一致。《广告法》第八条所涉及的内容因素，在广告中必须与实际完全相符。

第四，广告中使用的艺术夸张，应能被公众接受和识别，不得使人产生误解，并一般不应针对产品的实质内容。

2）广告内容合法性的含义和基本要求

广告内容的合法性，是指广告所宣传的商品或者服务，广告所宣传的内容以及采取的形式，必须符合国家法律、法规的规定。

广告内容合法性的基本要求包括：

第一，广告主主体资格符合规定。

第二，被宣传的产品或服务应是国家许可的。

法律、法规禁止生产、销售的商品或提供的服务，以及禁止发布广告的商品或服务，不得做广告。国家禁止发布广告的商品或者服务主要包括：①麻醉药品、精神药品、医疗用毒性药品、放射性药品等特殊药品，药品类易制毒化学品，以及戒毒治疗的药品、医疗器械和治疗方法；②禁止刊播工商企业和单位、个人有奖募捐的广告；③禁止刊播"电子自卫器"等保安防卫器械广告；④禁止刊播有关性生活产品广告；⑤禁止淘汰产品做广告；⑥其他法律、法规禁止生产、销售的商品或者提供的服务，以及禁止发布广告的商品或者服务，不得做广告。如《食品安全法》规定禁止生产经营的食品就不得做广告。

第三，广告的表现形式和内容，如语言、文字和画面等应符合法律规定，具体应符合以下要求：一是在内容上要符合社会主义精神文明建设的要求，不得违反《广告法》等法律、法规对广告内容的一切规范；二是在广告内容的表现形式方面：①关于比较性广告。广告法规定广告不得贬低其他生产者、经营者的商品或服务，因此禁止用比较的形式贬低他人的比较性广告。如"统一"方便面曾针对其竞争对手"康师傅"方便面做过"师傅的面不如我的面好"的广告，这则广告的内容明显是将自己的方便面与"康师傅"方便面进行对比，并宣称自己的产品强于对手，因而被取缔。但并非所有的比较性广告均被禁止。②关于新闻广告。广告法规定广告应当具有可识别性，能够使消费者辨明其为广告。大众传播媒介不得以新闻报道形式发布广告。通过大众传播媒介发布的广告应当有广告标记，与其他非广告信息相区别，不得使消费者产生误解。

3）广告内容科学性的含义和基本要求

广告内容的科学性，是指广告内容所涉及的观点、方法具有科学的依据。其基本要求包括：

第一，广告中的专业内容应经过规定程序的科学鉴定、审定。广告中的专业理论、观点、断言等，或为科学鉴定，或为学术理论界共识，否则不可使用。

第二，广告中使用的术语、产品成分名称，应符合我国国家标准。

第三，广告内容不应使普通消费者由于缺少专门知识而产生误解和错觉。

4）广告内容思想性的含义和基本要求

广告内容的思想性，是指广告的宣传内容和表现形式要积极健康，要有利于社会主义两个文明建设的需要。其具体要求包括：

第一，广告的内容应当健康有益，积极向上，体现中华民族优秀传统文化与时代精神的有机结合，具体内容包括：①有利于引导消费者健康消费，积极倡导符合我国人民共同理想的价值观和生活方式；②有利于弘扬中华民族精神和民族文化，增强民族自信心和民族自豪感；③有利于普及科学知识，破除封建迷信，反对伪科学；④有利于促进国民教育、文化、体育等事业的健康发展；⑤有利于全国各族人民的团结和睦。

第二，广告内容应符合有关禁止性条款的规定，具体包括：①不得使用或者变相使用中华人民共和国的国旗、国歌、国徽，军旗、军歌、军徽；②不能使用或者变相使用国家机关、国家机关工作人员的名义或者形象；③不得使用"国家级""最高级""最佳"等用语；④不得损害国家的尊严或者利益，泄露国家秘密；⑤不得妨碍社会安定，损害社会公共利益；⑥不得危害人身、财产安全，泄露个人隐私；⑦不得妨碍社会公共秩序或者违背社会良好风尚；⑧不得含有淫秽、色情、赌博、迷信、恐怖、暴力的内容；⑨不得含有民族、种族、宗教、性别歧视的内容；⑩不得妨碍环境、自然资源或者文化遗产保护等。

12.4.2　烟草广告的监督管理

烟草广告监管的依据是《广告法》。

《广告法》第二十二条对烟草广告发布做了明确的规定：禁止在大众传播媒介或者公共场所、公共交通工具、户外发布烟草广告。禁止向未成年人发送任何形式的烟草广告。禁止利用其他商品或者服务的广告、公益广告，宣传烟草制品名称、商标、包装、装潢以及类似内容。烟草制品生产者或者销售者发布的迁址、更名、招聘等启示中，不得含有烟草制品名称、商标、包装、装潢以及类似内容。

在国家禁止范围以外的媒介或者场所发布烟草广告，必须经省级以上广告监督管理机关或者其授权的省辖市广告监督管理机关批准。烟草经营者或者其被委托人直接向商业、服务业的销售点和居民住所发送广告品，须经所在地县级以上广告监督管理机关批准。

烟草广告发布的具体标准有：吸烟形象，未成年人形象，鼓励、怂恿吸烟，表示吸烟有利人体健康、解除疲劳、缓解精神紧张的情形不得在烟草广告中出现。烟草广告中必须标明"吸烟有害健康"的忠告语。忠告语必须清晰、易于辨认，所占面积不得少于全部广告面积的10%。在执法实践中要注意的是，首先，烟草广告的忠告语不同于广告批准文号，忠告语本身就是烟草广告的必备内容，不得缺少；其次，忠告语必须与该广告内容同时告诉给广告受众，应当清晰、易于辨认，不标明忠告语或者不按规定标明忠告语，属于违法烟草广告。

当其他商品、服务的商标名称及服务项目名称与烟草制品商标名称相同的，该商品、服务的广告必须以易于辨认的方式，明确表示商品名称、服务种类，并不得含有该商品、服务与烟草制品有关的表示。

广告主发布前款规定的广告，应当提供下列证明文件：由政府有关部门出具的该企业生产或者经营该商品、服务的资格证明文件；该商品或者服务在我国取得的商标注册证；该企业在我国境内实际从事该商品、服务的生产或者经营活动的证明；广告管理法律、法规规定的其他证明文件。

在各类临时性广告经营活动中，凡利用烟草经营者名称、烟草制品商标为活动冠名、冠杯的，不得通过广播、电影、电视、报纸、期刊发布带有冠名、冠杯内容的赛事、演出等广告。烟草经营者利用广播、电视、电影、报纸、期刊发布下列广告时，不得出现烟草制品名称、商标、包装、装潢。出现的企业名称与烟草商标名称相同时，不得以特殊设计的办法突出企业名称：社会公益广告；迁址、换房、更名等启示广告；招工、招聘、寻求合作、寻求服务等企业经营广告；广播、电视、电影节目首尾处出现的鸣谢单位或者赞助单位名称；报纸、期刊报花、栏头上标明的协办单位名称。

吸烟有害健康，推进烟草控制，是我国的基本政策，在依法治国成为常态的今天，加强烟草控制同样需要在法治的轨道上进行。事实上，早在2007年4月，国务院就批准成立了"烟草控制框架公约履约工作部际协调领导小组"（以下简称"领导小组"），从完善法律、法规，健全政策体系开始，我国的履约工作迈出了实质性步伐。从《中华人民共和国烟草专卖法》《未成年人保护法》《公共场所卫生管理条例》等全国性法律、法规到《关于在公共交通工具及其等候室禁止吸烟的规定》

《公共场所卫生管理条例实施细则》等部门规章，我国不断完善相关法律、法规，健全政策体系。

12.4.3　医疗广告的监督管理

对医疗广告管理的依据是《广告法》《医疗广告管理办法》。

《医疗广告管理办法》对广告监督管理机关与卫生行政部门之间的职责分工问题，做了明确的规定。市场监督管理部门负责医疗广告的监督管理。卫生健康行政部门、中医药管理部门负责医疗广告的审查，并对医疗机构进行监督管理。

对医疗广告中禁止出现的内容，《医疗广告管理办法》第六条作出了明确规定：表示功效、安全性的断言或者保证；说明治愈率或者有效率；与其他药品、医疗器械的功效和安全性或者其他医疗机构比较；利用广告代言人作推荐、证明；涉及医疗技术、诊疗方法、疾病名称、药物的；淫秽、迷信、荒诞的；使用解放军和武警部队名义的；利用患者、卫生技术人员、医学教育科研机构及人员以及其他社会社团、组织的名义、形象作证明的；法律、行政法规规定禁止的其他情形。

《医疗广告管理办法》第五条对医疗机构是否具备发布广告的资格问题作出了规定，医疗机构是否具备发布广告的条件和资格，应当由省级卫生行政部门决定，即只有取得省级卫生行政部门出具的《医疗广告审查证明》才有资格发布医疗广告。

《医疗广告管理办法》第八条、第九条对此作出了规定，医疗机构首先应当向其所在地省级卫生行政部门提交申请，并按规定提交有关证明材料。中医、中西医结合、民族医疗机构发布医疗广告，应当向其所在地省级中医药管理部门申请。省级卫生行政部门、中医药管理部门应当自受理之日起20日内对医疗广告成品样件内容进行审查。卫生行政部门、中医药管理部门需要请有关专家进行审查的，可延长10日。对审查合格的医疗广告，省级卫生行政部门、中医药管理部门发给《医疗广告审查证明》，并将通过审查的医疗广告样件和核发的《医疗广告审查证明》向社会公布；对审查不合格的医疗广告，应当书面通知医疗机构并告知理由。省级卫生行政部门、中医药管理部门应在核发《医疗广告审查证明》之日起5个工作日内，将《医疗广告审查证明》抄送本地同级市场监督管理机关。《医疗广告审查证明》的有效期为1年。到期后仍需继续发布医疗广告的，应重新提出审查申请。

12.4.4　药品、医疗器械、保健食品、特殊医学用途配方食品广告的监督管理

1）药品、医疗器械、保健食品、特殊医学用途配方食品四种商品的定义及四种商品广告的管理依据

药品，指用于预防、治疗、诊断人的疾病，有目的地调节人的生理机能并规定有适应症、用法和用量的物质，包括中药材、中药饮品、中成药、化学原料药及其制剂、抗生素、生化药品、放射性药品、血清疫苗、血液制品和诊断药品等。医疗

器械，指用于人体疾病诊断、治疗、预防，调节人体生理功能或者人体器官的仪器、设备、器械、装置、器具、植入物、材料及其他相关物品。保健食品是指声称具有特定保健功能或者以补充维生素、矿物质为目的的食品，即适宜于特定人群食用，具有调节机体功能，不以治疗疾病为目的，并且对人体不产生任何急性、亚急性或者慢性危害的食品。特殊医学用途配方食品，是指为满足进食受限、消化吸收障碍、代谢紊乱或者特定疾病状态人群对营养素或者膳食的特殊需要，专门加工配制而成的配方食品，包括适用于 0 月龄至 12 月龄的特殊医学用途婴儿配方食品和适用于 1 岁以上人群的特殊医学用途配方食品。该类产品必须在医生或临床营养师指导下，单独食用或与其他食品配合食用。

特殊医学用途配方食品属于特殊膳食用食品。当目标人群无法进食普通膳食或无法用日常膳食满足其营养需求时，特殊医学用途配方食品可以作为一种营养补充途径，起到营养支持作用。此类食品不是药品，不能替代药物的治疗作用，产品也不得声称对疾病的预防和治疗功能。

《广告法》第四十六条规定：发布医疗、药品、医疗器械、农药、兽药和保健食品广告，以及法律、行政法规规定应当进行审查的其他广告，应当在发布前由有关部门（以下称广告审查机关）对广告内容进行审查；未经审查，不得发布。根据上述原则规定，2020 年国家市场监督管理总局制定了《药品、医疗器械、保健食品、特殊医学用途配方食品广告审查管理暂行办法》

2）药品、医疗器械、保健食品、特殊医学用途配方食品广告的审查标准

药品、医疗器械、保健食品、特殊医学用途配方食品广告不得违反《中华人民共和国广告法》第九条、第十六条、第十七条、第十八条、第十九条的规定，不得包含下列情形：

（1）使用或者变相使用国家机关工作人员、军队单位或者军队人员的名义或者形象，或者利用军队装备、设施等从事广告宣传。

（2）使用科研单位、学术机构、行业协会或者专家、学者、医师、药师、临床营养师、患者等的名义或者形象作推荐、证明。

（3）违反科学规律，明示或者暗示可以治疗所有疾病、适应所有症状、适应所有人群，或者正常生活和治疗疾病所必需等内容。

（4）引起公众对所有健康状况和所患疾病产生不必要的担忧和恐惧，或者使公众误解不使用该产品会患某种疾病或者加重病情的内容。

（5）含有"安全""安全无毒副作用""毒副作用小"；明示或者暗示成分为"天然"，因而安全性有保证等内容。

（6）含有"热销、抢购、试用""家庭必备、免费治疗、赠送"等诱导性内容，"评比、排序、推荐、制定、选用、获奖"等综合性评价内容，"无效退款、保险公司保险"等保证性内容，怂恿消费者任意、过量使用药品、保健食品和特殊医学用途配方食品的内容。

（7）含有医疗机构的名称、地址、联系方式、诊疗项目、诊疗方法以及有关义诊、医疗咨询电话、开设特约门诊等医疗服务的内容。

（8）法律、行政法规规定不得含有的其他内容。

下列药品、医疗器械、保健食品和特殊医学用途配方食品不得发布广告：

（1）麻醉药品、精神药品、医疗用毒性药品、放射性药品、药品类易制毒化学品，以及戒毒治疗的药品、医疗器械。

（2）军队特需药品、军队医疗机构配制的制剂。

（3）医疗机构配制的制剂。

（4）依法停止或者禁止生产、销售或者使用的药品、医疗器械、保健食品和特殊医学用途配方食品。

（5）法律、行政法规禁止发布广告的情形。

12.4.5　农药广告的监督管理

1）农药的定义

农药指用于防治农、林、牧业病，虫、草、鼠害和其他有害生物（包括病媒虫害）以及调节植物、昆虫生长的物质。

发布农药广告，应当遵守《广告法》及国家有关农药管理的规定。

未经国家批准登记的农药不得发布广告。

农药广告内容应当与《农药登记证》和《农药登记公告》的内容相符，不得任意扩大范围。

2）农药广告不得含有的内容

（1）表示功效、安全性的断言或者保证。

（2）利用科研单位、学术机构、技术推广机构、行业协会或者专业人士、用户的名义或者形象作推荐、证明。

（3）说明有效率；

（4）违反安全使用规程的文字、语言或者画面。

（5）法律、行政法规规定禁止的其他内容。

3）《农药广告审查发布规定》对农药广告的具体规定

（1）农药广告不得贬低同类产品，不得与其他农药进行功效和安全性对比。

（2）农药广告中不得含有评比、排序、推荐、指定、选用、获奖等综合性评价内容。

（3）农药广告中不得使用直接或者暗示的方法，以及模棱两可、言过其实的用语，使人在产品的安全性、适用性或者政府批准等方面产生误解。

（4）农药广告中不得滥用未经国家认可的研究成果或者不科学的词句、术语。

（5）农药广告中不得含有"无效退款""保险公司保险"等承诺。

12.4.6　兽药广告的监督管理

1）兽药的定义

兽药，指用于预防、治疗、诊断禽兽等动物疾病，有目的地调节其生理机能并规定作用、用途、用法、用量的物质（含饲料药物添加剂）。

发布兽药广告，应当遵守《中华人民共和国广告法》及国家有关兽药管理的规定。

2）下列兽药不得发布广告

（1）兽用麻醉药品、精神药品以及兽医医疗单位配制的兽药制剂。

（2）所含成分的种类、含量、名称与兽药国家标准不符的兽药。

（3）临床应用发现超出规定毒副作用的兽药。

（4）国务院农牧行政管理部门明令禁止使用的，未取得兽药产品批准文号或者未取得"进口兽药注册证书"的兽药。

3）兽药广告不得含有的内容

（1）表示功效、安全性的断言或者保证。

（2）利用科研单位、学术机构、技术推广机构、行业协会或者专业人士、用户的名义或者形象作推荐、证明。

（3）说明有效率。

（4）违反安全使用规程的文字、语言或者画面。

（5）法律、行政法规规定禁止的其他内容。

4）《兽药广告审查发布规定》对兽药广告的具体规定

（1）兽药广告不得贬低同类产品，不得与其他兽药进行功效和安全性对比。

（2）兽药广告中不得含有"最高技术""最高科学""最进步制法""包治百病"等绝对化的表示。

（3）兽药广告中不得含有评比、排序、推荐、指定、选用、获奖等综合性评价内容。

（4）兽药广告不得含有直接显示疾病症状和病理的画面，也不得含有"无效退款""保险公司保险"等承诺。

（5）兽药广告中兽药的使用范围不得超出国家兽药标准的规定。

（6）兽药广告的批准文号应当列为广告内容同时发布。

12.4.7　房地产广告的监督管理

对房地产广告监管的依据是《广告法》和《房地产广告发布规定》。

房地产广告是指房地产开发企业、房地产权利人、房地产中介服务机构发布的房地产项目预售、预租、出售、出租、项目转让以及其他房地产项目介绍的广告。居民私人及非经营性售房、租房、换房广告，不适用本规定。

有下列情形的不得发布房地产广告：

（1）在未经依法取得国有土地使用权的土地上开发建设的；

（2）在未经国家征用的集体所有的土地上建设的；

（3）司法机关和行政机关依法裁定、决定查封或者以其他形式限制房地产权利的；

（4）预售房地产，但未取得该项目预售许可证的；

（5）权属有争议的；

（6）违反国家有关规定建设的；

（7）不符合工程质量标准，经验收不合格的；

（8）法律、行政法规规定禁止的其他情形。

房地产广告发布前必须具有或者提供相应真实、合法、有效的证明文件：

（1）房地产开发企业、房地产权利人、房地产中介服务机构的营业执照或者其他主体资格证明；

（2）建设主管部门颁发的房地产开发企业资质证书；

（3）土地主管部门颁发的项目土地使用权证明；

（4）工程竣工验收合格证明；

（5）发布房地产项目预售、出售广告，应当具有地方政府建设主管部门颁发的预售、销售许可证明；出租、项目转让广告，应当具有相应的产权证明；

（6）中介机构发布所代理的房地产项目广告，应当提供业主委托证明；

（7）确认广告内容真实性的其他证明文件。

发布房地产广告时必须注意：不得含有风水、占卜等封建迷信内容，对项目情况进行的说明、渲染，不得有悖社会良好风尚；涉及所有权或者使用权的，所有或者使用的基本单位应当是有实际意义的完整的生产、生活空间；价格表示，应当清楚表示为实际的销售价格，明示价格的有效期限；项目位置示意图，应当准确、清楚，比例恰当；涉及的交通、商业、文化教育设施及其他市政条件等，如在规划或者建设中，应当在广告中注明；涉及内部结构、装修装饰的，应当真实、准确；不得利用其他项目的形象、环境作为本项目的效果；使用建筑设计效果图或者模型照片的，应当在广告中注明；不得出现融资或者变相融资的内容；涉及贷款服务的，应当载明提供贷款的银行名称及贷款额度、年期；不得含有广告主能够为入住者办理户口、就业、升学等事项的承诺；涉及物业管理内容的，应当符合国家有关规定；涉及尚未实现的物业管理内容，应当在广告中注明；涉及房地产价格评估的，应当注明评估单位、估价师和评估时间；使用其他数据、统计资料、文摘、引用语的，应当真实、准确，注明出处。

另外，预售、销售房地产广告中，必须载明以下事项：

（1）开发企业名称；

（2）中介服务机构代理销售的，载明该机构名称；

（3）预售或者销售许可证书号。

但广告中仅介绍房地产项目名称的，不必载明上述事项。

复习思考题

1.什么是广告？广告具有哪些特征？

2.什么是商业广告？

3.广告管理的原则是什么？

4.广告管理制度有哪些？

5.什么是特种广告？

6.法律规范对烟草广告，农药、兽药广告是如何规定的？

第13章

反不正当竞争与反垄断

学习目标

掌握不正当竞争的概念，反不正当竞争法的调整对象和范围，认识和判别不正当竞争行为的表现形式和特征；了解不正当竞争行为的监督管理机构、不正当竞争的法律责任；掌握垄断及其特征、反垄断法的调整范围、反垄断法的执法机构等。

13.1 反不正当竞争

13.1.1 反不正当竞争法概述

1）不正当竞争

19世纪末期，西欧各国由于市场经济的迅猛发展，激烈的竞争也随之而来。特别是在商标领域中仿冒行为以及产品名称、包装和装潢等方面的混淆行为尤为严重，自由、公平竞争的市场环境遭到破坏。为了制止市场竞争中的不正当行为，1900年年底，《保护工业产权巴黎公约》（简称《巴黎公约》）各成员国在布鲁塞尔对《巴黎公约》进行了修订。在该公约中明确地规定了不正当竞争行为的定义："凡在工商业事务中违反诚实惯例的竞争行为即构成不正当竞争的行为。"1896年德国首先在其国内颁布了《反不正当竞争法》。该法在1909年修正案中把不正当竞争行为定义为："行为人在营业中为竞争的目的而违背善良风俗的行为。"在我国，不正当竞争是指经营者在生产经营活动中违反《反不正当竞争法》规定，扰乱市场竞争秩序，损害其他经营者或者消费者的合法权益的行为。从不正当竞争的定义可以概括出不正当竞争具有以下特征：

（1）不正当竞争行为的主体是经营者。这里的"经营者"，根据我国《反不正当竞争法》第二条第二款的规定："是指从事商品生产、经营或者提供服务（以下所称商品包括服务）的自然人、法人和非法人组织"。与经营者相对的消费者不是不正当竞争行为的主体。因为消费者是为生活消费的需要而购买、使用商品或服务的人，消费者是经营者的服务对象，是经营者服务的最终目的。竞争主要是经营者之间的竞争，而非消费者之间的竞争。

（2）不正当竞争行为是一种违法行为。所谓的违法，是指违反了《反不正当竞争法》的有关规定，属于我国《反不正当竞争法》明确禁止的行为。我国《反不正当竞争法》列举了不正当竞争行为，同时为避免列举容易出现的一些问题，在该法第二条又规定了基本的原则："经营者在市场交易中，应当遵循自愿、平等、公平、诚实信用的原则，遵守法律和商业道德。"正确理解该原则对我们准确理解和适用该法有很大帮助。

（3）不正当竞争行为侵害的客体是其他经营者的或者消费者的合法权益和正常的市场竞争秩序。在市场经济活动中，任何的不正当竞争行为都可能损害其他合法竞争者的利益。任何通过不正当手段获取的竞争优势，对于市场中的其他诚实经营者而言都是不公平的。同时，市场的发展有赖于公平的竞争环境，因为只有通过公平的竞争，通过优胜劣汰才能实现价值机制的作用，达到资源的优化配置，促进商品和服务质量的提高以及技术的进步。而不正当的竞争往往打击了正当竞争者的积极性，妨碍竞争机制功能的发挥，破坏了正常的社会经济秩序。

2）反不正当竞争法

反不正当竞争法，是调整在制止不正当竞争行为过程中发生的社会关系的法律规范的总称。1993年9月2日第八届全国人大常委会第三次会议通过了《中华人民共和国反不正当竞争法》，2017年11月4日第十二届全国人民代表大会常务委员会第三十次会议修订，2018年1月1日实施。2019年4月23日第十三届全国人民代表大会常务委员会第十次会议修正。

我国反不正当竞争法的宗旨是：①保障社会主义市场经济的健康发展。竞争机制是市场经济最基本和最重要的运行机制，是其他市场机制规律赖以发挥作用的基础。反不正当竞争法的首要目标就是保护竞争机制，使整个社会经济能够有序运行。②鼓励和保护公平竞争，制止不正当竞争。③保护经营者和消费者的合法权益。

反不正当竞争法中体现了两项基本的原则：①自愿、平等、公平的原则。自愿指竞争者不得强迫、胁迫和利诱交易对方同自己进行交易或不与竞争对手进行交易。平等指竞争者应相互尊重对方的独立地位，不得为了自己利益而损害竞争对手的利益。公平原则要求市场应该是自由开放的，竞争者参加的机会是均等的，同时要求竞争者不得以大欺小，以强凌弱，不当利用自己的竞争优势。公平原则同时要求竞争者只能以合法手段进行竞争，不得从事幕后的交易。②诚实信用、遵守法律和商业道德的原则。经营者无论进行任何经济活动必须出于正常的商业动机，以正当的、符合商业道德的手段，实现其经济目的。

13.1.2 不正当竞争行为

《反不正当竞争法》规定的不正当竞争行为包括：

1）混淆行为

混淆行为，是指相关公众对商品生产者、经营者或者商品生产者、经营者存在特定联系产生误认。

经营者不得实施下列混淆行为，引人误认为是他人商品或者与他人存在特定联系：

（1）擅自使用与他人有一定影响的商品名称、包装、装潢等相同或者近似的标识；

（2）擅自使用他人有一定影响的企业名称（包括简称、字号等）、社会组织名称（包括简称等）、姓名（包括笔名、艺名、译名等）；

（3）擅自使用他人有一定影响的域名主体部分、网站名称、网页等；

（4）其他足以引人误认为是他人商品或者与他人存在特定联系的混淆行为。

上述行为属于经营者盗用他人劳动成果的行为，根据《关于禁止仿冒知名商品特有的名称、包装、装潢的不正当竞争行为的若干规定》，擅自将他人知名商品特有的商品名称、包装、装潢做相同或近似使用，造成与他人的知名商品相混淆，使购买者误认为或者足以使购买者误认为是该知名商品的行为，属于仿冒知名商品特有的名称、包装、装潢的不正当竞争行为。对使用与知名商品相近似的名称、包装、装潢，应根据主要部分和整体印象，一般购买者加以注意即会发生误认等综合因素认定。这种交易危害了竞争机制。竞争机制有效发挥作用的关键在于经营者在竞争压力下努力依靠自己劳动，改进技术和经营管理来争取竞争优势，从而促进社会经济的发展。欺骗性交易方法通过不当利用他人劳动成果进行竞争，不仅不会促进社会进步，反而会破坏经济秩序，阻碍经济发展，损害了竞争对手合法权益，使消费者上当受骗，损害消费者利益。

2）商业贿赂行为

商业贿赂是指经营者向交易对方或者可能影响交易的第三方，给付或者承诺给付经济利益，诱使其为经营者牟取交易机会或者竞争优势。给付或者承诺给付经济利益的，是商业行贿；收受或者同意收受经济利益的，是商业受贿。

商业贿赂的表现方式主要有：①回扣，即在经济活动和商品交易中，为争取交易机会通过秘密方式由经营者的一方向另一方给付现金回扣、高档财物、名贵产品等。②提供高级服务招待，即为获取高额利益，为交易对方提供高级招待、免费度假、旅游、高档宴请等各种高级服务。③提供高报酬的其他方式，即在经济活动和商品交易中，为推销商品或者其他经营目的，为经营者对方秘密提供其他高报酬，如装修房屋、购买房产，为子女入学和解决就业提供各种经费、方便等。

商业贿赂行为具有许多弊端和危害：①商业贿赂行为损害了竞争者的利益。公平的市场竞争应当是实力竞争，优胜劣汰，而商业贿赂的盛行，使得具有优势的经营者失去交易机会，不具优势的经营者却获得交易机会，严重地扭曲了市场竞争机制，破坏了公平竞争秩序。②市场竞争是商品竞争，而在商业贿赂盛行的情况下，交易相对人不是根据对经营者商品质量、价格、服务等的客观比较来决定与哪位经营者发生交易，而是看谁给的好处多就同谁发生交易。③商业贿赂行为损害了消费者的利益。商业贿赂中所采用的财物最终都要转嫁到消费者身上，由消费者承担，损害了消费者的利益。④商业贿赂的对象大多是公职人员和企业管理人员，从而引发社会腐败，毒化社会风气。⑤商业贿赂行为使国家税收和国有资产大量流失。在商业贿赂中，所收或支出的财物一般不入账或以假发票入账，使得税务机关及国家其他有关部门无从查账。

由于商业贿赂行为是一种严重的不正当竞争行为，因此我国《反不正当竞争法》第七条规定：经营者不得以财物或者其他手段贿赂下列单位或者个人，以谋取交易机会或者竞争优势：

（1）交易相对方的工作人员；

（2）受交易相对方委托办理相关事务的单位或者个人；

（3）利用职权或者影响力影响交易的单位或者个人。

经营者在交易活动中，可以以明示方式向交易相对方支付折扣，或者向中间人支付佣金。经营者向交易相对方支付折扣、向中间人支付佣金的，应当如实入账。接受折扣、佣金的经营者也应当如实入账。

经营者的工作人员进行贿赂的，应当认定为经营者的行为；但是，经营者有证据证明该工作人员的行为与为经营者牟取交易机会或者竞争优势无关的除外。

3）虚假商业宣传行为

经营者不得对其商品的性能、功能、质量、销售状况、用户评价、曾获荣誉等作虚假或者引人误解的商业宣传，欺骗、误导消费者。

经营者不得通过组织虚假交易等方式，帮助其他经营者进行虚假或者引人误解的商业宣传。

4）侵犯商业秘密行为

商业秘密，是指不为公众所知悉、具有商业价值并经权利人采取相应保密措施的技术信息和经营信息。

商业秘密一般不能通过公开渠道取得，具有商业价值，权利人为此建立保密措施。商业秘密包括设计、程序、产品配方、制作工艺、制作方法、管理方法、客户名单、进货渠道、营销政策、招标或投标的标底及标书等技术经营信息。但并不是所有的技术信息和经营信息都是商业秘密，根据《反不正当竞争法》和国家工商行政管理总局（目前已更名为国家市场监督管理总局）1995年11月23日发布的《关于禁止侵犯商业秘密行为的若干规定》，只有符合下列三个条件的技术信息和经营信息才是商业秘密：①这些信息必须是不为公众所知悉的，即不是已经公开的或普遍为公众所知悉的信息、资料、方法等。如该信息已经公开，能够为公众通过正常的渠道所获得，即使其标明具有一定的秘密性，也不再属于商业秘密。②具有商业价值。如果该信息不具有商业价值，即使为其掌握，也不能称之为商业秘密。③权利人为这些信息采取了保密措施。如经营者将有关的资料放在易为他人得到的地方，而不是妥善保管，严格保密，那么这些信息虽然很有经济价值，但也不是商业秘密，因为经营者并未保护这些信息。可见，构成商业秘密必须具备不为公众所知悉、具有商业价值、权利人采取保密措施三个方面。

侵犯商业秘密包括下列行为：

（1）以盗窃、贿赂、欺诈、胁迫或者其他不正当手段获取权利人的商业秘密；

（2）披露、使用或者允许他人使用以前项手段获取的权利人的商业秘密；

（3）违反约定或者违反权利人有关保守商业秘密的要求，披露、使用或者允许他人使用其所掌握的商业秘密。

（4）教唆、引诱、帮助他人违反保密义务或者违反权利人有关保守商业秘密的要求，获取、披露、使用或者允许他人使用权利人的商业秘密。

经营者以外的其他自然人、法人或者非法人组织实施前款所列违法行为的，视为侵犯商业秘密。

第三人明知或者应知商业秘密权利人的员工、前员工或者其他单位、个人实施第一项所列违法行为，仍获取、披露、使用或者允许他人使用该商业秘密的，视为侵犯商业秘密。

5）不正当有奖销售行为

所谓有奖销售，根据国家工商行政管理总局（目前已更名为国家市场监督管理总局）发布的《关于禁止有奖销售活动中不正当竞争行为的若干规定》，是指经营者销售商品或者提供服务，附带性地向购买者提供物品、金钱或者其他经济利益的行为。其具体包括奖励所有购买者的附赠式有奖销售和奖励部分购买者的抽奖式有奖销售。有奖销售是商品营销的普遍做法，根据《反不正当竞争法》及上述规定，我国以允许有奖销售为原则，禁止有奖销售是例外。之所以如此规定，是因为在现实市场竞争过程中，一些经营者存在不当有奖销售行为。不当有奖销售使经营者不注重产品质量，激发购买者的投机赌博心理，对购买者形成一种有效的利益诱惑，使购买者作出非理性的购物决策，造成社会资源的浪费。所以，我国《反不正当竞争法》第十条规定：经营者进行有奖销售不得存在下列情形：①所设奖的种类、兑奖条件、奖金金额或者奖品等有奖销售信息不明确，影响兑奖；②采用谎称有奖或者故意让内定人员中奖的欺骗方式进行有奖销售；③抽奖式的有奖销售，最高奖的金额超过5万元。

6）诋毁竞争对手的商业信誉与商品声誉行为

诋毁商誉行为，是指经营者捏造、散布虚伪事实，损害其竞争对手的商业信誉和商品声誉，从而达到排挤竞争对手占领市场目的的行为。诋毁商誉行为是一种严重地损害竞争对手的不正当竞争行为，历来为各国法律所禁止。我国《反不正当竞争法》第十一条规定："经营者不得编造、传播虚假信息或者误导性信息，损害竞争对手的商业信誉、商品声誉。"构成诋毁商业信誉行为必须是经营者故意编造、传播虚假信息或者误导性信息，对竞争对手的商誉进行诋毁、贬低，给其造成或可能造成一定的损害后果。如果经营者所说的情况属实，则不构成不正当竞争行为。

诋毁商誉行为在现实生活中有各种各样的表现，归纳起来主要有下列几种：①利用散发公开信，召开新闻发布会，刊登对比性广告、声明性广告等形式，制造、散布贬损竞争对手商业信誉、商品声誉的虚假事实。②在对外经营过程中，向业务客户及消费者散布虚假事实，以贬低竞争对手的商业信誉，诋毁其商品或服务的质量声誉。③利用商品的说明书，吹嘘本产品质量上乘，贬低同业竞争对手生产、销售的同类产品。④唆使他人在公众中造谣并传播、散布竞争对手所售的商品质量有问题，使公众对该商品失去信赖，以使自己的同类产品取而代之。⑤组织人员，以顾客或者消费者的名义，向有关经济监督管理部门作关于竞争对手产品质量低劣、服务质量差、侵害消费者权益等情况的虚假投诉，从而达到贬损其商业信誉的目的。

商业诋毁行为是一种损害竞争对手合法权益的行为，不仅给竞争对手的名誉造成损害，而且会给竞争对手带来经济上的损失。同时，这种行为欺骗了其他经营者与消费者，最终必然破坏市场公平竞争的秩序。

7）网络不正当竞争行为

《反不正当竞争法》第十二条规定："经营者利用网络从事生产经营活动，应当遵守本法的各项规定。"

经营者不得利用技术手段，通过影响用户选择或者其他方式，实施下列妨碍、破坏其他经营者合法提供的网络产品或者服务正常运行的行为：

（1）未经其他经营者同意，在其合法提供的网络产品或者服务中，插入链接，强制进行目标跳转；

（2）误导、欺骗、强迫用户修改、关闭、卸载其他经营者合法提供的网络产品或者服务；

（3）恶意对其他经营者合法提供的网络产品或者服务实施不兼容；

（4）其他妨碍、破坏其他经营者合法提供的网络产品或者服务正常运行的行为。

13.1.3　对涉嫌不正当竞争行为的调查

1）监督检查机关

从国外对监督检查机关的立法情况看，由立法直接创设反不正当竞争行政主管机关的方式较为普遍，如美国的联邦贸易委员会、日本的公平交易委员会、德国的联邦卡特尔局等。由于我国正处于经济体制改革的关键时期，政企分离虽已基本完成，但部分行业协会的行政色彩过于浓厚，如果将不正当竞争的监督检查职责分散到各行业部门，将无法保证各相关部门执法的一致性和严肃性。因此，我国需要设立一个权力相对集中的机关作为监督检查部门。根据《反不正当竞争法》第三条、第四条、第五条的规定：各级人民政府应当采取措施，制止不正当竞争行为，为公平竞争创造良好的环境和条件。

国务院建立反不正当竞争工作协调机制，研究决定反不正当竞争重大政策，协调处理维护市场竞争秩序的重大问题。

县级以上人民政府履行工商行政管理职责的部门对不正当竞争行为进行查处；法律、行政法规规定由其他部门查处的，依照其规定。

国家鼓励、支持和保护一切组织和个人对不正当竞争行为进行社会监督。

国家机关及其工作人员不得支持、包庇不正当竞争行为。

行业组织应当加强行业自律，引导、规范会员依法竞争，维护市场竞争秩序。

除市场监督管理部门外，我国法律、行政法规规定了有权进行监督检查的其他部门。例如：知识产权局有权对有关知识产权的不正当竞争行为进行监督等。

2）监督检查机关的职权和职责

各监督检查部门监督检查不正当竞争行为，必须依法被赋予和行使相应的职权。《反不正当竞争法》规定监督检查部门享有和行使以下职权：

（1）检查权。《反不正当竞争法》第十三条第一款规定：监督检查部门可以进入涉嫌不正当竞争行为的经营场所进行检查。

（2）询问权。《反不正当竞争法》第十三条第二款规定：询问被调查的经营者、利害关系人及其他有关单位、个人，要求其说明有关情况或者提供与被调查行为有关的其他资料。

（3）查询复制权。《反不正当竞争法》第十三条第三款、第五款规定："查询、复制与涉嫌不正当竞争行为有关的协议、账簿、单据、文件、记录、业务函电和其他资料""查询涉嫌不正当竞争行为的经营者的银行账户"。

（4）查封扣押权。《反不正当竞争法》第十三条第四款规定："查封、扣押与涉嫌不正当竞争行为有关的财物。"

采取查封、扣押与涉嫌不正当竞争行为有关的财物措施的，应当向监督检查部门主要负责人书面报告，并经批准。

采取查封、扣押与涉嫌不正当竞争行为有关的财物、查询涉嫌不正当竞争行为经营者的银行账户措施的，应当向设区的市级以上人民政府监督检查部门主要负责人书面报告，并经批准。

监督检查部门调查涉嫌不正当竞争行为，应当遵守《中华人民共和国行政强制法》和其他有关法律、行政法规的规定，并应当将查处结果及时向社会公开。

（5）处罚权。监督检查部门对查证属实、确认为不正当竞争行为的行为人，有权依据本法的有关规定进行处罚。处罚的具体形式包括：责令停止违法行为，没收违法所得，消除违法后果或者影响，并可根据情节给予罚款、责令停业整顿或者吊销营业执照等行政处罚。

监督检查部门调查涉嫌不正当竞争行为时，被调查的经营者、利害关系人及其他有关单位、个人应当如实提供有关资料或者情况。

监督检查部门及其工作人员对调查过程中知悉的商业秘密负有保密义务。

对涉嫌不正当竞争的行为，任何单位和个人有权向监督检查部门举报，监督检查部门接到举报后应当依法及时处理。

监督检查部门应当向社会公开受理举报的电话、信箱或者电子邮件地址，并为举报人保密。对实名举报并提供相关事实和证据的，监督检查部门应当将处理结果告知举报人。

13.1.4 不正当竞争行为的法律责任

我国《反不正当竞争法》就不正当竞争行为规定了三种法律责任：民事责任、行政责任、刑事责任。

1）民事责任

经营者违反《反不正当竞争法》的规定，给他人造成损害的，应当依法承担民事责任。

经营者的合法权益受到不正当竞争行为损害的，可以向人民法院提起诉讼。

因不正当竞争行为受到损害的经营者的赔偿数额，按照其因被侵权所受到的实际损失确定；实际损失难以计算的，按照侵权人因侵权所获得的利益确定。经营者恶意实施侵犯商业秘密行为，情节严重的，可以按照上述方法确定数额的一倍以上五倍以下确定赔偿数额。赔偿数额还应当包括经营者为制止侵权行为所支付的合理开支。

经营者违反本法第六条、第九条规定，权利人因被侵权所受到的实际损失、侵权人因侵权所获得的利益难以确定的，由人民法院根据侵权行为的情节判决给予权利人 500 万元以下的赔偿。

2) 行政责任

经营者违反本法第六条规定实施混淆行为的，由监督检查部门责令停止违法行为，没收违法商品。违法经营额 5 万元以上的，可以并处违法经营额 5 倍以下的罚款；没有违法经营额或者违法经营额不足 5 万元的，可以并处 25 万元以下的罚款。情节严重的，吊销营业执照。

经营者登记的企业名称违反本法第六条规定的，应当及时办理名称变更登记；名称变更前，由原企业登记机关以统一社会信用代码代替其名称。

经营者违反本法第七条规定贿赂他人的，由监督检查部门没收违法所得，处 10 万元以上 300 万元以下的罚款。情节严重的，吊销营业执照。

经营者违反本法第八条规定对其商品作虚假或者引人误解的商业宣传，或者通过组织虚假交易等方式帮助其他经营者进行虚假或者引人误解的商业宣传的，由监督检查部门责令停止违法行为，处 20 万元以上 100 万元以下的罚款；情节严重的，处 100 万元以上 200 万元以下的罚款，可以吊销营业执照。

经营者违反本法第八条规定，属于发布虚假广告的，依照《中华人民共和国广告法》的规定处罚。

经营者以及其他自然人、法人和非法人组织违反本法第九条规定侵犯商业秘密的，由监督检查部门责令停止违法行为，没收违法所得，处 10 万元以上 100 万元以下的罚款；情节严重的，处 50 万元以上 500 万元以下的罚款。

经营者违反本法第十条规定进行有奖销售的，由监督检查部门责令停止违法行为，处 5 万元以上 50 万元以下的罚款。

经营者违反本法第十一条规定损害竞争对手商业信誉、商品声誉的，由监督检查部门责令停止违法行为、消除影响，处 10 万元以上 50 万元以下的罚款；情节严重的，处 50 万元以上 300 万元以下的罚款。

经营者违反本法第十二条规定妨碍、破坏其他经营者合法提供的网络产品或者服务正常运行的，由监督检查部门责令停止违法行为，处 10 万元以上 50 万元以下的罚款；情节严重的，处 50 万元以上 300 万元以下的罚款。

经营者违反本法规定从事不正当竞争，有主动消除或者减轻违法行为危害后果等法定情形的，依法从轻或者减轻行政处罚；违法行为轻微并及时纠正，没有造成危害后果的，不予行政处罚。

经营者违反本法规定从事不正当竞争，受到行政处罚的，由监督检查部门记入信用记录，并依照有关法律、行政法规的规定予以公示。

经营者违反本法规定，应当承担民事责任、行政责任和刑事责任，其财产不足以支付的，优先用于承担民事责任。

妨害监督检查部门依照本法履行职责，拒绝、阻碍调查的，由监督检查部门责令改正，对个人可以处5 000元以下的罚款，对单位可以处5万元以下的罚款，并可以由公安机关依法给予治安管理处罚。

当事人对监督检查部门作出的决定不服的，可以依法申请行政复议或者提起行政诉讼。

监督检查部门的工作人员滥用职权、玩忽职守、徇私舞弊或者泄露调查过程中知悉的商业秘密的，依法给予处分。

3）刑事责任

《反不正当竞争法》规定了对某些不正当竞争行为可以追究刑事责任。

违反本法规定，构成犯罪的，依法追究刑事责任。

13.2 反垄断

13.2.1 垄断的含义及类型

1）垄断的含义

垄断是竞争的对立物，也是竞争发展的必然结果。在竞争的环境中，由于追逐利润最大化、规模经济或产品特性、政治等因素，人类社会在进入了资本主义社会后出现了垄断。关于垄断，有经济学上的含义与法学上的含义之分。在经济学领域，垄断是指少数大公司、企业或者若干企业联合占领生产和市场，控制一个甚至几个生产部门的生产和流通，在该部门取得统治地位，从而操纵这些部门产品的销售价格，以获取高额的垄断利润。在法学领域，对于垄断的含义各国的理解并不相同。由于各国的市场条件不同，对垄断所采取的相应对策各异，因此，要对垄断做统一的法学界定是困难的。日本的《禁止私人垄断及确保公平竞争的法律》中称垄断是"事业者不论单独或利用与其他事业者的结合、通谋及以其他任何方法，排除或控制其他事业者的事业活动，违反公共利益，实际上限制一定交易领域内的竞争"的行为。根据各国反垄断法的特点以及立法目的，可以将垄断定义为：应受法律（反垄断法）所规制的具有违法性和危害性的经济垄断及其他限制竞争的行为。可见，经济意义上的垄断与法律意义上的垄断在含义上有一定的差别。反垄断法中既以一部分经济意义上的垄断为规制对象，同时又将其他限制竞争行为纳入调整的范围。

2）垄断的类型

（1）依据垄断产生的原因，可以将垄断分为经济性垄断、国家垄断、行政性垄断和自然垄断。经济性垄断，又称市场垄断。经济性垄断是市场主体通过自身资本、技术、管理等优势资源的积累而形成限制竞争的能力或者状态。资本主义国家的垄断大多是经济性垄断。国家垄断是由国家对某一产业的生产、销售等进行直接控制，不允许其他市场主体进入该市场领域。实行计划经济体制的国家的国民经济绝大部分是国家垄断。行政性垄断是指政府机关滥用行政权，参与微观经济活动，排斥和限制竞争的行为，主要表现为部门垄断和地区垄断。在计划经济向市场经济转轨过程中，地方和部门保护主义就是典型的行政性垄断。自然垄断是由于市场的自然条件原因而产生的垄断经营，这些部门如果竞争经营，则可能导致社会资源的浪费或市场秩序的混乱。如公用企业绝大多数是自然垄断企业。除此之外，还包括其他因素形成的各种垄断，如知识产权垄断，其市场进入障碍既非由垄断者自身的力量形成的，也不是行政力量形成的，而是由法律所赋予的权利。

（2）根据垄断的是否符合法律规定，可以将垄断分为合法的垄断和非法的垄断。合法的垄断是指法律允许的垄断。典型的合法垄断包括但不限于国家垄断和权力垄断，往往在反垄断法中以适用的例外来规定。自然垄断也是法律允许的一种垄断形式，但这种垄断企业的一些非法行为仍然要受到反垄断法的规制。非法垄断是指合法垄断之外的具有社会危害性的应受法律禁止的垄断，如滥用经济优势、联合限制竞争等。

（3）根据垄断者占有市场的情况，可以将垄断分为独占垄断、寡头垄断和联合垄断。独占垄断，又称为完全垄断。它是指一家企业对整个行业的生产、销售和价格有完全的排他性的控制能力，即在该企业所在的行业内，不存在任何竞争。这是典型意义上的垄断，也为各国法律所严格规制。寡头垄断是指市场上只有为数不多的企业生产、销售某种特定的产品或者服务的状况。每个企业都在市场上占有一定的份额，对产品或服务的价格实施了排他性的控制，但它们之间又存在一定的竞争。联合垄断是指多个相互间有竞争关系并有相当经济实力的企业，通过一定的形式（如限制竞争协议等），联合控制某一产业的市场或销售的状态。

（4）根据经济垄断的具体组织形式，可以将垄断分为短期价格垄断、卡特尔、辛迪加、托拉斯、康采恩等。短期价格垄断指大企业之间通过口头或书面形式，规定在一定时间内共同控制某类商品价格，从而获取高额利润。卡特尔指生产同类商品的企业通过以协定的方式划分市场、规定商品产量、确定商品价格等一个或几个方面，而形成的垄断性联合。辛迪加指同一生产部门的企业，为统一采购原料和销售商品，通过订立协定，构成垄断性联合。托拉斯指生产同类商品或在生产上有密切联系的企业，为了获得高额利润，从生产到销售全面合并，构成垄断组织。康采恩指不同部门的企业以实力最为雄厚的企业为核心结成的垄断联合，是一种更为高级也更为复杂的垄断组织。

（5）根据垄断是否在一国境内发生，可以将垄断分为国内垄断和国际垄断。国内垄断指在一国发生作用的垄断。国际垄断是现代经济国际化的产物。随着国际经济的发展，跨国公司、多国公司等垄断组织相继产生形成国际垄断。国际垄断要受到各国反垄断法的限制。近年来，规制国际垄断的国际行动已经展开但尚未建立起有效制约机制。

13.2.2 反垄断法及立法宗旨

对于反垄断法的定义，各国虽在该法的内容上没有大的差别，但名称却各不相同。如反垄断法在日本被称为《关于禁止私人垄断和确保公平交易法》（简称《禁止垄断法》），在美国被称为《反托拉斯法》，在德国称《反限制竞争法》，在澳大利亚称《贸易行为法》等。总之，从各国的立法来看，反垄断法是以反对窒息市场活力、维护自由竞争为目的的法律规范的总称。

垄断行为侵害了自由竞争的机制和社会公众利益，反垄断法正是以公众利益为出发点，以维护公平的市场竞争为己任，通过谴责、打击种种取消和限制竞争的行为，来保证经济主体平等参与竞争的自由权利和保护消费者的权益，从而维护社会的经济民主和政治民主。因此，反垄断法是现代经济法的重要组成部分，其立法宗旨具体表现在以下几个方面：

1）保护市场主体的自由权利

反垄断法对社会竞争机制的保护体现在保护各类市场主体，特别是中小企业自由参与社会经济生活的权利不受强力阻碍。在存在垄断的情况下，大公司和小企业之间已不是平等和自由的竞争关系，而是大公司对小企业的排挤、掠夺和控制关系。中小企业的生存无时不受到垄断大公司的竞争压力。垄断组织滥用垄断优势对中小企业自由权利的侵犯和合法权益侵害是反垄断法出台的直接动因。反垄断法通过限制企业合并、价格协议、歧视性定价等行为，把垄断企业对市场弱小企业的不公平交易降低到最低程度。

2）保护消费者权益

在反垄断立法的历史发展中，对消费者利益的考虑日益成为主要的原因。垄断组织利用其优势，不正当地抬高市场价格，强加不合理的交易条件，掠夺性地获取超额利润，一定是以消费者的利益受损为基础的。20世纪中叶以来，各主要发达国家在制定反垄断法或修正这些法律时，都伴有消费者对垄断力量所恣意妄为加以抵制的高潮。可见广大消费者的利益得到保护，是反垄断法作用的又一方面。

3）维护社会财富分配的正义

在一个理想的社会里，人们应当通过自身的合法行为获得财富，但垄断者仅仅通过设置市场进入的障碍就获得了垄断利润，这与社会的正义和公平要求相违背。故而反垄断法的法律规范，实际取得了维护社会财富公平、正义地分配的作用。

4）维护社会的政治民主

反垄断法在一些发达国家被称为"自由经济的大宪章"或"经济宪法"以及"经济自由的圣经"是有一定的政治含义的。美国在20世纪30年代大萧条时曾经一度放宽对垄断的管制，随后却发现经济情况更趋于恶化，民众对政府施加了很大的压力，以致罗斯福总统不得不检讨放宽管制的不适当性。经当时临时全国经济委员会研究后指出："除非能再次规范已经主宰我们生活的资本大量集中现象，否则将无法防止恶性垄断持续恶化的可能，也没有希望贯彻与维持一个在民主政治庇护下存在的自由经济体系。"可以看出，在这段话中，政治上的考虑成为反垄断法的理由之一。事实上，一个缺乏经济民主的社会也不可能建设成政治民主的社会。因此，为保障政治民主社会的运行，反垄断立法是不可或缺的。

13.2.3　我国《反垄断法》规定的垄断行为的表现形式

根据我国《反垄断法》的规定，垄断行为主要有以下几种形式：

1）经营者达成垄断协议的行为

垄断协议，是指排除、限制竞争的协议、决定或者其他协同行为。

《反垄断法》第十三条规定，禁止具有竞争关系的经营者达成下列垄断协议：一是固定或者变更商品价格；二是限制商品的生产数量或者销售数量；三是分割销售市场或者原材料采购市场；四是限制购买新技术、新设备或者限制开发新技术、新产品；五是联合抵制交易；六是国务院反垄断执法机构认定的其他垄断协议。

《反垄断法》第十四条规定，禁止经营者与交易相对人达成下列垄断协议：一是固定向第三人转售商品的价格；二是限定向第三人转售商品的最低价格；三是国务院反垄断执法机构认定的其他垄断协议。

与此同时，《反垄断法》第十五条规定，经营者的下列行为不属于垄断法所禁止的垄断协议的范畴：一是为改进技术、研究开发新产品的；二是为提高产品质量、降低成本、增进效率，统一产品规格、标准或者实行专业化分工的；三是为提高中小经营者经营效率，增强中小经营者竞争力的；四是为实现节约能源、保护环境、救灾救助等社会公共利益的；五是因经济不景气，为缓解销售量严重下降或者生产明显过剩的；六是为保障对外贸易和对外经济合作中的正当利益的；七是法律和国务院规定的其他情形。

2）经营者滥用市场支配地位的行为

所谓市场支配地位，是指经营者在相关市场内具有能够控制商品价格、数量或者其他交易条件，或者能够阻碍、影响其他经营者进入相关市场能力的市场地位。

《反垄断法》第十七条规定，禁止具有市场支配地位的经营者从事下列滥用市场支配地位的行为：一是以不公平的高价销售商品或者以不公平的低价购买商品；二是没有正当理由，以低于成本的价格销售商品；三是没有正当理由，拒绝与交易相对人进行交易；四是没有正当理由，限定交易相对人只能与其进行交易或者只能与其指定的经营者进行交易；五是没有正当理由搭售商品，或者在交易时附加其他不合理的交易条件；六是没有正当理由，对条件相同的交易相对人在交易价格等交易条件上实行差别待遇；七是国务院反垄断执法机构认定的其他滥用市场支配地位的行为。

3）具有或者可能具有排除、限制竞争效果的经营者集中的行为

《反垄断法》第二十条规定，经营者集中是指下列情形：一是经营者合并；二是经营者通过取得股权或者资产的方式取得对其他经营者的控制权；三是经营者通过合同等方式取得对其他经营者的控制权或者能够对其他经营者施加决定性

影响。

对于经营者集中的行为，《反垄断法》第二十一条规定：经营者集中达到国务院规定的申报标准的，经营者应当事先向国务院反垄断执法机构申报，未申报的不得实施集中。

与此同时，《反垄断法》第二十二条规定，经营者集中有下列情形之一的，可以不向国务院反垄断执法机构申报：一是参与集中的一个经营者拥有其他每个经营者50%以上有表决权的股份或者资产的；二是参与集中的每个经营者50%以上有表决权的股份或者资产被同一个未参与集中的经营者拥有的。

13.2.4 反垄断法的调整对象及适用范围

经济法调整一定范围的经济关系，反垄断法作为经济法的一个部门法学，也以一定范围的经济关系为其调整对象。从各国立法看，反垄断法调整企业和企业联合组织之间的特定竞争关系以及国家对这些特定竞争关系的管理关系。反垄断法调整的竞争关系具有下列特征：①这种竞争关系只限于市场竞争关系，是各个主体为争夺市场权力而发生的互相排斥的关系，而不包括为其他目的而发生的竞争关系。②反垄断法调整的竞争关系只是一部分竞争关系，即围绕垄断和限制竞争行为而发生的关系。其他的市场竞争关系由反不正当竞争法调整。③反垄断法除调整市场竞争关系之外，还调整国家在管理市场竞争中发生的关系，即与垄断相关的竞争管理关系。在各国的反垄断法中都无一例外地规定专门的垄断执法机关、执法程序等。

与其调整对象相适应，各国的反垄断法大都规定有下列内容：

1）联合限制竞争

联合限制竞争是指各独立竞争主体通过文字协定或口头协定，密谋或联合一致的行为共同限制市场竞争，以达到限制竞争、控制市场、增大利润的目的。其表现形式有横向联合和纵向联合。横向联合是指处于同一经济层次上的企业之间通过协议或非协议的方式限制竞争的行为，通常的方式有划分市场、限制产量、串通投标、交换信息、联合固定价格、联合抵制等；纵向联合是指处于不同经济层次上的企业之间通过协议或其他共谋实施的，旨在限制纵向企业所在经济层次上的竞争的违法行为。纵向限制的主要形式有固定转售价格、搭售、独家经营与独占地区等。

2）行政性垄断

行政性垄断是国家各级各类行政机关（国务院除外）滥用行政权力，排斥、限制竞争，破坏社会主义市场经济竞争关系的一种非法行为。行政性垄断阻碍了我国政治体制改革和经济体制改革的进程，滋长了社会的腐败行为和其他一些不正之风，产生了新的社会不公，破坏了社会主义法治，腐蚀了人民的思想等。因此，各国的反垄断法都把反行政垄断作为其基本任务之一。

3）滥用经济优势

滥用经济优势是指具有规模垄断或是优势地位的大企业在市场竞争中，凭借自己的优势对其他企业特别是中小企业采取的不正当、不公平行为，限制市场竞争。

经济优势的滥用主要表现为滥用市场支配地位和滥用交易中的优势地位。

4）企业合并

企业合并是指两家或两家以上的企业之间，一家企业吸收了其他企业而成为存续企业的合并形式。企业合并的形式主要有横向合并、纵向合并和混合合并。

5）适用除外

适用除外是指通过立法规定某些企业或者企业的某些特殊行为、特殊组织不受反垄断法的限制或者不适用反垄断法。适用除外主要包括：①特定行业，如保险业、银行业、体育业、农业和公用事业（电力、煤、天然气、自来水、铁路等）。②特定的组织和人员，如工会、特定企业组合等。③特定行为，如企业联合的某些类型、转售价格维持的特定情形、小企业的特定行为等。④知识产权的行使行为，如行使著作权、专利权、特许权等知识产权法所承认的行为。

6）垄断管理关系

垄断管理关系是指国家在管理市场竞争中所发生的关系。各国的反垄断法都规定有反垄断的执法机关、执法的程序等。

13.2.5　对垄断行为的监督检查

垄断是对自由竞争的扭曲和对经济民主的损害。无论是国家垄断、自然垄断，还是经济性垄断与行政性垄断，其共同的特点都是垄断者对一定市场的独占和对其他竞争者构成阻碍。因此，任何国家要发展市场经济，都对垄断行为进行严格的监督检查。

我国《反垄断法》第九条规定：国务院设立反垄断委员会，负责组织、协调、指导反垄断工作，履行下列职责：一是研究拟定有关竞争政策；二是组织调查、评估市场总体竞争状况，发布评估报告；三是制定、发布反垄断指南；四是协调反垄断行政执法工作；五是国务院规定的其他职责。

《反垄断法》第十条规定：国务院规定的承担反垄断执法职责的机构，负责反垄断执法工作。国务院反垄断执法机构根据工作需要，可以授权省、自治区、直辖市人民政府相应的机构，依照刑法规定负责有关反垄断执法工作。反垄断执法机构依法对涉嫌垄断行为进行调查。

对涉嫌垄断行为，任何单位和个人有权向反垄断执法机构举报。反垄断执法机构应当为举报人保密。

反垄断执法机构调查涉嫌垄断行为，可以采取下列措施：

（1）进入被调查的经营者的营业场所或者其他有关场所进行检查。

（2）询问被调查的经营者、利害关系人或者其他有关单位或者个人，要求其说明有关情况。

（3）查阅、复制被调查的经营者、利害关系人或者其他有关单位或者个人的有关单证、协议、会计账簿、业务函电、电子数据等文件、资料。

（4）查封、扣押相关证据。

（5）查询经营者的银行账户。

采取前款规定的措施，应当向反垄断执法机构主要负责人书面报告，并经批准。

反垄断执法机构调查涉嫌垄断行为，执法人员不得少于两人，并应当出示执法证件。

执法人员进行询问和调查，应当进行笔录，并由被询问人或者被调查人签字。

反垄断执法机构及其工作人员对执法过程中知悉的商业秘密负有保密义务。

被调查的经营者、利害关系人或者其他有关单位或者个人应当配合反垄断执法机构依法履行职责，不得拒绝、阻碍反垄断执法机构的调查。

被调查的经营者、利害关系人有权陈述意见。反垄断执法机构应当对被调查的经营者、利害关系人提出的事实、理由和证据进行核实。

反垄断执法机构对涉嫌垄断行为调查核实后，认为构成垄断行为的，应当依法作出处理决定，并可以向社会公布。

对反垄断执法机构调查的涉嫌垄断行为，被调查的经营者承诺在反垄断执法机构认可的期限内采取具体措施消除该行为后果的，反垄断执法机构可以决定中止调查。中止调查的决定应当载明被调查的经营者承诺的具体内容。

反垄断执法机构决定中止调查的，应当对经营者履行承诺的情况进行监督。经营者履行承诺的，反垄断执法机构可以决定终止调查。

有下列情形之一的，反垄断执法机构应当恢复调查：

（1）经营者未履行承诺的。

（2）作出中止调查决定所依据的事实发生重大变化的。

（3）中止调查的决定是基于经营者提供的不完整或者不真实的信息作出的。

复习思考题

1.《反不正当竞争法》中规定的不正当竞争行为有哪些？

2.侵犯商业秘密的具体情形有哪些？

3.不当有奖销售行为有哪些？

4.《反不正当竞争法》与《反垄断法》有何关系？

5.《反垄断法》执法机构的设置及利弊分析。

6.如何划分不正当竞争与垄断？

第 *14* 章

消费者权益保护

学习目标

理解、掌握消费者的概念、消费者的法律特征；了解保护消费者运动过程；掌握消费者的权利和经营者的义务；了解消费者组织的性质；掌握我国消费者组织的职责、消费争议解决的途径。

14.1 消费者概述

14.1.1 消费者的概念

所谓消费者，是指为满足生活需要而购买、使用商品和接受服务的个体社会成员。

把消费者限于个体社会成员，这是国际上通行的做法。从国外的情况看，在消费者保护法产生之初，消费者权利的主体构成，就是所谓"经济上的弱者"，即个人生活消费者。从20世纪60年代以后，随着消费者运动的发展，许多国家在法律上进一步明确了只有个人生活消费者才是消费者的权利主体。1974年英国《消费者信用法》规定，消费者是指非因自己经营业务而接受由供货商在日常营业中向他或要求为他提供商品或劳务的个人。美国权威的《布莱克法律词典》认为，消费者是区别于制造商、批发商和零售商而言的，它包括购买、使用商品和服务的个人。《牛津法律大辞典》也认为，消费者是指那些购买、取得和使用各类物品和服务（包括住房）的个人。国际标准化组织消费者政策委员会1978年5月10日在日内瓦召开的第一届年会上，把"消费者"一词定义为"为个人目的购买或使用商品和服务的个体社会成员"。我国国家标准局1985年6月29日颁布的《国家标准消费品使用说明总则》也明确规定"消费者——为满足个人或家庭的生活需要而购买、使用商品和接受服务的个体社会成员"。

14.1.2 消费者的法律特征

《中华人民共和国消费者权益保护法》（以下简称《消费者权益保护法》）规定消费者具有下述四个基本的法律特征。不具备这些法律特征的公民个人和单位，不属于消费者的范畴。

1）消费者的消费性质属于生活消费

消费是人类社会客观存在的经济现象，有广义和狭义之分。广义的消费包括生产消费和生活消费；狭义的消费仅指生活消费。生产消费是为商品的再生产而消耗物质资料和劳动力的行为和过程，其结果是创造出新产品，实际上还属于生产过程本身。生活消费是人们为了生存与发展的需要而消耗物质产品和精神产品的行为和过程，它与人们的日常生活密切相关。生活消费的结果是劳动力的再生产，与生产消费有本质的不同。

在实践中，人们通常所称的消费除有特殊说明外，一般就是指生活消费。《消费者权益保护法》规定的消费也专指生活消费，不包括生产消费。消费者的生活消费又包括两种类型：一是物质资料的消费，如衣、食、住、行、用等方面的消费；二是精神消费，主要是接受各种服务，如旅游、文化教育等方面的消费。随着生产的发展和社会的进步，后者在生活消费中的比重将会越来越大。

2）消费者的消费客体是商品和服务

商品和服务有用于生活消费的，也有用于生产消费的，并非所有的商品和服务都能成为消费者生活消费的客体。由于商品和服务存在着复杂多样性，国内外只有少数保护消费者权益的立法对此做了界定。我国《消费者权益保护法》对商品和服务也未做具体界定，但从立法的宗旨看，本法规定的商品和服务应包括可以用于生活消费的所有商品和服务。

关于商品，我国地方保护消费者权益立法中有的称之为生活消费品，其中包括工业产品和农产品。国外保护消费者权益立法中对商品的界定也不一概而论，如芬兰《消费者保护法》规定，商品包括消费性货物及消费性服务，消费性服务包括修理业、旅游业、文化业、运输业、货物贮藏及保险业等。泰国《消费者保护法》规定，商品是指为买卖而生产的物品或用于买卖的物品。

从我国《消费者权益保护法》的规定看，商品应指与生活消费有关的并通过流通过程推出的那部分商品；不论是否为经加工制作的产品或天然产品，也不论是否为成品、半成品或原料，更不论是否为动产或不动产。这里的商品有两个特点：一是经流通过程推出的，未经流通过程推出的产品不包括在内。二是与生活消费有关的。在社会生活中常常把商品分为生产资料和生活资料，但从实践上看，有很多商品既可以作为生产资料消费，也可以作为生活资料消费，因此不能将其绝对划分为生产消费品和生活消费品。本法上的商品包括可以用于生活消费的所有商品。

服务，也是一个广泛使用的但又难以界定的概念。目前还未看到我国关于"服务"的法律意义上的界定。国外有的保护消费者权益的专门立法中对此有规定，如印度《1986年消费者保护法》规定，服务系指可供潜在用户利用的任何种类的服务，包括提供与银行业、筹资、保险、运输、加工、供应电力或其他能源、食或宿或食宿兼备、娱乐、消遣或提供新闻或其他信息有关的便利与设施，但不包括免费提供服务或根据一项个人服务合同提供的任何服务。

3）消费者的消费方式包括购买、使用（商品）和接受（服务）

《消费者权益保护法》规定的消费者的消费方式包括商品的购买、使用和服务的接受。关于商品的消费，购买是直接获得商品的手段，在实践中，有时商品的购买者与使用者是一致的，即购买商品是供自身在商品消费中使用；有时商品的购买者与使用者并不一致，如购买商品供家庭成员使用或赠予他人使用。在购买者与使用者不一致的情况下，商品的使用者都是商品的实际消费者。因此，该法规定的商品的消费方式，包括消费者购买商品用于自身生活消费，也包括使用他人购买的商品。关于服务的消费，该法只规定了"接受"这种消费方式，但服务的消费也存在支付服务费用者与服务的直接利用者相分离的情况。这里的"接受"服务，既包括自己付费自己接受服务，也包括他人付费自己接受服务。

考察人们的行为是否为法律意义上的生活消费，即是否为该法上的消费者，关键是看其有偿获得的商品和接受的服务是否用于满足物质或文化生活的消费，如果是用于满足生活消费，不论是满足自身的生活消费还是他人的生活消费，也不论商品和服务的购买者还是商品的使用者或服务的接受者，都是消费者；其对商品的购买和使用，对服务的自己付费自己接受和他人付费自己接受，都是生活消费的方式。如果有偿获得商品和服务不是用于生活消费，或者商品和服务不是有偿获得的，那么这种行为就不是法律意义上的消费。

4）消费者的主体包括公民个人和进行生活消费的单位

公民个人从出生到死亡都离不开生活消费，因此公民个人不分年龄、种族、性别、职业、家庭出身、宗教信仰、教育程度、财产状况、居住期限等因素，都属于消费者的范围。由于生活消费主要是公民个人（含家庭）的消费，并且其在生活消费中处于弱者的地位，因此《消费者权益保护法》的重点是保护公民个人的生活消费权益，《消费者权益保护法》的有些条款也主要适用于公民个人。

单位的消费主要是生产消费，但生活消费也是存在的。一般情况下，单位购买生活资料最后都是由个人使用，有时单位还为个人进行生活消费而购买商品或服务。单位进行生活消费也经常受到损害，并且与公民个人的健康和安全关系密切。因此，《消费者权益保护法》也未将进行生活消费的单位排除在消费者的范畴之外。虽然进行生活消费的单位也属于消费者，但无论从《消费者权益保护法》的规定看，还是从实践看，消费者主要还是指自然人。

14.2　消费者的权利

14.2.1　消费者权利的性质

什么是权利？自古以来，这个问题就是法学家们争论不休的焦点。对此，主要有资格说、利益说及法利说三种学说，其中以利益说为通说。依利益说，权利乃受法律保护之利益。据此，我们可给消费者的权利作如下定义：消费者的权利就是消费者在购买、使用商品或接受服务时依法享有的受法律保护的利益。

需要指出的是，对于消费者权利，我们不能只简单地理解为是一种民法上的民事权利，因为民事权利是平等当事人之间基于法律的规定或者约定而产生的，他们之间在法律上不存在弱者与强者的区分；民事关系的一方主体对另一方主体造成的损害，通常是通过等价有偿的原则获得补救的，而消费者保护法上所谓的消费者权利则呈现出下列特征：

（1）消费者的权利是消费者所享有的权利，也就是说，消费者的权利是与消费者的身份联系在一起的。这一方面表现为，只有在以消费者的身份购买、使用商品或接受服务时才能享有这些权利，因此，购买机器设备从事生产经营活动的人，就不能享有消费者保护法规定的各项权利。消费者的权利是以消费者资格的存在为必要条件的。另一方面，它表明，凡消费者，他们在购买、使用商品或接受服务时，都享有这种权利，即消费者的权利又是以消费者身份的存在为充分条件的，一旦人们以消费者的身份出现时，他就毫无例外地享有这些权利。

（2）消费者的权利通常是法定的权利，按照权利发生的依据不同，可以将权利分为法定权利和约定权利。前者是由法律直接规定而产生的，如选举权、诉权、劳动权等；后者则是由当事人依法约定而产生的，如合同中当事人所享有的各项权利等。消费者的权利是法定权利，作为法定权利，它具有强制性，任何人不得剥夺，经营者以任何方式剥夺消费者的权利的行为无效。我国《消费者权益保护法》第二十六条规定，经营者不得以格式合同、通知、声明、店堂告示等方式作出对消费者不公平、不合理的规定或减轻、免除其损害消费者合法权益应当承担的民事责任。同时，作为法定权利，其内容是由法律直接规定的，消费者依法享有这些权利，任何人对其权利行使都不得限制。

（3）消费者的权利是法律基于消费者的弱者地位而特别赋予的权利。从历史演化的角度来看，他们能够按照个人意愿和需要作出具体的选择，获得消费知识，提供有效的消费者组织赔偿办法，有组织消费者及其他有关团体或组织的自由，这种组织对于可能影响他们利益的决策过程有表达意见的权利。

国际消费者组织联盟则提出了消费者的8项权利，即消费者有权得到必需的物品和服务借以生存，应该得到公平的价格和选择，应当得到安全，应有足够的资料，应该得到公平的赔偿和法律援助，应该获得消费知识，应当享受一个健康的环境。

综上所述，我们可以看出，从消费者权利提出以来，消费者权利的内容不断地得到充实和完善，从一般的保障安全、交易公平等领域逐步扩大到消费者的教育、消费者组织设立、消费环境改善及政府决策参与等各个方面。这种发展趋势表明，消费者权利已不再仅仅是涉及具体消费者与经营者的利益平衡问题，而是一个重要的社会问题，消费者权利正在作为一个社会问题而得到社会各方面的关注。同时，从性质上来看，消费者的权利发展还经历了从一般的口号到政府的认可，再到由法律明确规定的法定权利这样一个渐进发展的过程，消费者权利正在以法定权利的形式为越来越多的国家法律所确认。此外，消费者权利的实现保障亦越来越严密，保护消费者权利已被视为国家和有关社会组织的基本职责。

我国1993年颁布的《消费者权益保护法》在广泛吸取各国消费者保护立法经验的基础上，规定消费者享有9项权利。概括地说，这些权利包括：安全权、知悉权、选择权、公平交易权、索赔权、结社权、受教育权、受尊重权、监督权。其具体内容我们将在下一节做详细讨论。

14.2.2　我国消费者的权利

1）消费者的安全权

消费者的安全权是指消费者在购买使用商品或接受服务时所享有的人身和财产安全不受侵害的权利。这是消费者最重要的权利。安全权包括以下两个方面的内容：一是人身安全权。它又包括：①消费者的生命安全权，即消费者的生命不受危害的权利。如因食品有毒而致消费者死亡，即侵犯了消费者的生命权。②消费者的健康安全权,即消费者的身体健康状况不受损害的权利。如食物不卫生而使消费者中毒或因电器爆炸致消费者伤残等均属侵犯消费者健康安全权。二是财产安全权,即消费者的财产不受损失的权利。财产损失有时表现为财产在外观上发生损毁,有时则表现为价值的减少。

2) 消费者的知悉权

知悉权是指消费者依法享有的了解与其购买、使用的商品和接受的服务有关的真实情况的权利。

消费者的知悉权具有两方面的基本内涵:①消费者有了解商品和服务真实情况的权利,即经营者向消费者提供的各种信息应为客观的而不是虚假的。虚假的信息不仅不会给消费者带来利益,反而会影响消费者作出正确的判断,导致消费者上当受骗,蒙受损失。②消费者有充分了解有关信息的权利。一般地说,对商品和服务中与消费者利益相关的一切信息消费者都有权了解,但是,与消费者利益没有直接联系的信息以及国家法律保护的技术、经营信息除外,如商品加工制作的具体工艺过程、食品饮料的具体配方、经营者的商业秘密等。《消费者权益保护法》第八条第二款规定,消费者有权了解的信息范围一般包括商品的价格、产地、生产者、用途、性能、规格、费用等有关情况。由于商品服务的具体形态不同,对有些商品以上各类信息没有必要面面俱到,而对另一些商品和服务其应披露的信息则可能会超出以上范围,其具体内容应当根据不同商品和服务的具体情况决定。总之,凡与消费者正确的判断、选择、使用等有直接联系的信息,消费者都有权了解。

3) 消费者的选择权

消费者的选择权是指消费者享有根据自己的意愿自主地选择其购买的商品及接受的服务的权利。消费者购买商品和接受服务是在不同的动机驱动下进行的,他或者是为了满足自己的生理需要,或是为满足自己的发展需求,或为满足他人的需要。因此,必须让消费者根据其需要对其意欲购买的商品或接受的服务作出选择。同时,每一个消费者都具有自己的品位、爱好和特殊的要求,如果其不能自主地选择,那么,购买的商品或接受的服务就不能充分地满足消费者的需求。

消费者的选择权具有以下几个方面的内容:

(1)消费者有权根据自己的意愿和需要选择商品和服务,其他人不得干涉。消费者需要购买何种商品和服务应由消费者自己决定,不得强迫消费者接受他不需要的商品和服务。

(2)消费者有权自主地选择作为其交易对象的经营者,购买其商品或接受其服务,任何经营者不得强迫消费者接受其提供的商品或服务。

(3)消费者对经营者经营的商品和服务有权进行比较、鉴别、挑选,购买自己满意的商品或服务。

(4)消费者有权自主地作出决定,可以在比较鉴别的基础上,根据自己的意愿决定接受或不接受某种商品或服务,只要在挑选过程中未对经营者的商品造成损害,经营者就不得强迫其接受。经营者可以为消费者正确地行使选择权提供各种信息和咨询意见，但不得代替消费者作出决定或以暴力、威胁等手段强迫消费者作出决定。

4）消费者的公平交易权

公平交易的权利是指消费者在购买商品或者接受服务时享有的公正、合理地进行市场交换行为的权利，简称公平交易权。

消费者购买商品或者接受服务是一种市场交易行为，应当遵循市场交易的基本原则，从而保证公平交易的实现。客观地讲，消费者和经营者发生了交易行为，双方都享有公平交易的权利，但从消费活动的全过程看，消费者购买商品或者接受服务，往往由于多种因素的影响而处于弱势地位，因此更需要突出强调其公平交易权，以便给予其特殊保护。

消费者的公平交易权主要表现在以下两方面：

（1）有权获得质量保障、价格合理、计量正确等公平交易条件。质量是指商品或者服务的优劣程度，它反映商品或者服务的使用价值。质量保障则要求商品或者服务符合国家规定的标准，没有标准的应符合社会普遍公认的要求。价格是商品或者服务的货币表现，价格合理则要求商品或者服务的价格与其价值相符，对有国家定价的必须按照定价执行，对国家没有定价的由交易双方按价值规律合理确定。另外，计量是否正确，直接关系到消费者的经济利益，因为商品或者服务的量、质大多是借助计量器具确定的，交易双方则根据计量器具的示值进行结算，这就要求商品或者服务的计量必须准确无误。

（2）有权拒绝经营者的强制交易行为。在消费领域，消费者因购买、使用商品或者接受服务而与经营者建立的消费关系是平等主体之间的民事法律关系，应当体现平等、自愿的民事活动的基本原则。强制交易行为违背了民事活动的这一基本原则，它是在违背消费者真实意愿的基础上建立的一种买卖关系，损害了消费者自主选择商品或者服务的权利，分割了消费者的经济利益，因此是违法的，也是无效的，消费者有充分的法律依据拒绝这种交易行为。

5）消费者的索赔权

消费者的索赔权是消费在其购买、使用商品或接受服务过程中受到人身或财产损害时，所享有的依法获得赔偿的权利。消费者在购买、使用商品或接受服务的过程中，人身及财产遭受损害时，其损害来源于经营者，因而经营者负有不可推卸的责任。同时，根据利益衡量原则，经营者销售商品、提供服务，从中获得利益，而消费者却没有得到利益，因而，由经营者依法对消费者的损害予以赔偿，也是理所当然的。

6）消费者的结社权

消费者的结社权是指消费者为了维护自身的合法权益而享有的依法组织社会组织的权利。

我国宪法规定，公民有结社自由，《消费者权益保护法》中规定的消费者的结社权，正是宪法中这一公民基本权利在特定领域中的具体体现。此外，消费者行使结社权是为了维护自己的利益，通过成立自己的组织对经营者的行为进行监督，对消费者提供各种帮助、支持，代表消费者参与消费政策决策，反映消费者呼声，加强消费者教育，为消费者提供各种服务等。

7）消费者的受教育权

消费者的受教育权是指消费者享有的获得有关消费和消费者权益保护方面的知识的权利。

消费者教育的内容主要包括两个方面：一是消费知识教育，消费知识包括与消费者正确地选购、公平交易、合理地使用消费品、接受服务有关的知识，如关于选购商品的方法、应当注意的问题、商品的一般价格构成、某种商品的正常功能效用、使用某种商品应当注意的问题、在发生突发事故时应如何处置等内容。二是有关消费者保护方面的知识，主要指消费者如何保护自己权益的法律知识，包括消费者的权利，经营者的义务，消费者在其权益受到侵害时应如何维护，消费者在行使权利过程中应该注意的问题等。

8）消费者的受尊重权

消费者的受尊重权是指消费者在购买、使用商品，接受服务时享有的人格尊严、民族风俗习惯受到尊重的权利。

9）消费者的监督权

消费者的监督权是指消费者享有对于商品和服务以及消费者保护工作进行监察和督导的权利。

消费者监督权主要包括两个方面：一是对商品和服务进行监督。任何消费者在日常消费中，发现经营者提供商品或服务不符合国家规定的要求，经营者进行出售假冒伪劣商品、漫天要价、虚假标志、欺骗性广告、掺杂使假、短斤少两、侵犯消费者人格等不法行为时，都有权向有关部门反映，并要求处理。二是对消费者保护工作的监督，主要是指消费者对国家机关及其工作人员在消费者保护工作中对违法失职行为进行的监督。

14.3　经营者的义务

14.3.1　经营者义务的种类和特征

1）经营者义务的种类

经营者是指以营利为目的从事商品生产和销售以及提供服务的组织和个人。在经营者与消费者的关系中，经营者的义务主要有两类：一是基于法律直接规定而产生的义务；二是基于合同而产生的约定义务。作为对消费者给予特殊保护的消费者保护法，其所规定的义务属于前一种义务，即法定义务。在经营者作为合同当事人时，当然可以合同约定各种义务，合同规定的义务，是其作为合同当事人应承担的义务。

2）经营者义务的特征

消费者保护法规定的经营者义务作为法定义务与约定义务相比，具有以下特征：

（1）法定性。经营者义务的法定性表现在两个方面：首先，这一义务的产生来源于法律的直接规定，而不是当事人约定；其次，经营者义务的内容由法律直接确定，而非由双方当事人协商确定。

（2）强制性和补充性。消费者保护法中规定的经营者义务具有强制性和补充性。对于强制性义务，其强制性表现在：第一，经营者不得以格式合同或其他契约声明排除这一义务；第二，经营者必须严格履行这些义务，不得违反，违反这一义务时，国家有关部门可以依法给予制裁。对补充性义务，当事人可以明示变更，若未做变更时，法律规定直接适用。

（3）基础性。法定义务是法律对经营者的基本要求，经营者与消费者之间没有对经营者义务做更为严格的约定时，则按这些规定进行处理，而在其有更严格的约定时，则按约定处理。

（4）直接约束性。法定经营者义务不通过合同而对经营者产生约束，当一定的法律事实出现时，经营者当然取得这种义务。例如，当经营者将自己的商品出卖给消费者时，他便对该消费者负有"三包"义务，当经营者进行广告宣传时，他就负有不得做引人误解的虚假宣传的义务。

经营者的义务是与消费者的权利相对应的，在法律中明确规定经营者的义务正是消费者权利得以实现的重要保障。

14.3.2　经营者义务的内容

经营者义务是指经营者在向消费者销售商品或者提供有偿服务时必须为一定行为或者不为一定行为的必要性。经营者的义务包括法定义务和约定义务。

经营者应当承担下列义务：

（1）依照法律、法规的规定和约定履行的义务。经营者向消费者提供商品或者服务应当依照《中华人民共和国产品质量法》和其他有关法律、法规的规定履行义务。经营者和消费者有约定的，应当按照约定履行义务。

（2）接受消费者监督的义务。经营者应当听取消费者对其提供的商品或者服务的意见，接受消费者的监督。

（3）保证商品和服务安全的义务。经营者应当保证其提供的商品或者服务符合保障人身、财产安全的要求。对可能危及人身、财产安全的商品和服务，应当向消费者作出真实的说明和明确的警示，并说明和标明正确使用商品或者接受服务的方法以及防止危害发生的方法。宾馆、商场、餐馆、银行、机场、车站、港口、影剧院等经营场所的经营者，应当对消费者尽到安全保障义务。经营者发现其提供的商品或者服务存在严重缺陷，即使正确使用商品或者接受服务，仍然可能对人身、财产安全造成危害的，应当立即向有关行政部门报告和告知消费者，并采取停止销售、警示、召回、无害化处理、销毁、停止生产或者服务等措施。采取召回措施的，经营者应当承担消费者因商品被召回支出的必要费用。

（4）提供商品和服务真实信息的义务。经营者应当向消费者提供有关商品或者服务的真实信息，不得作引人误解的宣传。经营者对消费者就其提供的商品或者服务的质量和使用方法等问题提出的询问，应当作出真实、明确的答复。商店提供商品应当明码标价。

（5）标明真实名称和标记的义务。经营者应当标明其真实名称和标记。租赁他人柜台或者场地的经营者，应当标明其真实名称和标记。

（6）出具购货凭证或者服务交易单据的义务。经营者提供商品或者服务应当按照国家有关规定或者商业惯例向消费者出具购货凭证或者服务单据。消费者索要购货凭证或者服务单据的，经营者必须出具。

（7）保证商品或者服务质量的义务。经营者应当保证在正常使用商品或者接受服务的情况下，其提供的商品或者服务应当具有的质量、性能、用途和有效期限，但消费者在购买该商品或者接受该服务前已经知道其存在瑕疵的除外。经营者以广告、产品说明、实物样品或者其他方式标明商品或者服务质量状况的，应当保证其提供的商品或者服务的实际质量与标明的质量相符。经营者提供的机动车、计算机、电视机、电冰箱、空调器、洗衣机等耐用商品或者装饰装修等服务，消费者自接受商品或者服务之日起6个月内发现瑕疵，发生争议的，由经营者承担有关瑕疵的举证责任。

（8）履行"三包"或者其他责任的义务。经营者提供商品或者服务，按照国家规定或者与消费者的约定，承担包修、包换、包退或者其他责任的，应当按照国家规定或者约定履行，没有国家规定和当事人约定的，消费者可以自收到商品之日起7日内退货；7日后符合法定解除合同条件的，消费者可以及时退货，不符合法定解除合同条件的，可以要求经营者履行更换、修理等义务。依照前款规定进行退货、更换、修理的，经营者应当承担运输等必要费用。经营者采用网络、电视、电话、邮购等方式销售商品，消费者有权自收到商品之日起7日内退货，且无须说明理由，但下列商品除外：消费者定做的；鲜活易腐的；在线下载或者消费者拆封的音像制品、计算机软件等数字化商品；交付的报纸、期刊。除前款所列商品外，其他根据商品性质并经消费者在购买时确认不宜退货的商品，不适用无理由退货。消费者退货的商品应当完好。经营者应当自收到退回商品之日起7日内返还消费者支付的商品价款。退回商品的运费由消费者承担；经营者和消费者另有约定的，按照约定。

（9）不得以格式合同等方式排除或限制消费者权利的义务。经营者不得以格式合同、通知、声明、店堂告示等方式作出对消费者不公平、不合理的规定，或者减轻、免除其损害消费者合法权益应当承担的民事责任，格式合同、通知、声明、店堂告示等含有前款所列内容的，其内容无效。

（10）不得侵犯消费者人格权的义务。经营者不得对消费者进行侮辱、诽谤，不得搜查消费者的身体及其携带的物品，不得侵犯消费者的人身自由。

（11）不得非法泄露消费者信息或利用消费者信息牟利的义务。经营者收集、使用消费者个人信息，应当遵循合法、正当、必要的原则，明示收集、使用信息的目的、方式和范围，并经消费者同意。经营者收集、使用消费者个人信息，应当公开其收集、使用规则，不得违反法律、法规的规定和双方的约定收集、使用信息。经营者及其工作人员对收集的消费者个人信息必须严格保密，不得泄露、出售或者非法向他人提供。经营者应当采取技术措施和其他必要措施，确保信息安全，防止消费者个人信息泄露、丢失。在发生或者可能发生信息泄露、丢失的情况时，应当立即采取补救措施。经营者未经消费者同意或者请求，或者消费者明确表示拒绝的，不得向其发送商业性信息。

14.4　消费者权益保护

14.4.1　消费者权益的行政保护

行政执法机关，特别是市场监督管理、质量技术监督、卫生监督，物价、食品药品监督、进出口检验检疫部门惩处生产、销售危害消费者人身、财产安全的假冒伪劣商品行为，惩处侵害消费者权益的服务行为，调解消费争议，督促经营者履行其法定义务，承担其法定的保护消费者合法权益的责任。有关行政部门在各自的职责范围内，应当定期或者不定期对经营者提供的商品和服务进行抽查检验，并及时向社会公布抽查检验结果。有关行政部门发现并认定经营者提供的商品或者服务存在缺陷，有危及人身、财产安全危险的，应当立即责令经营者采取停止销售、警示、召回、无害化处理、销毁、停止生产或者服务等措施。

具体地说，各部门的职责主要是：

1）市场监督管理机关的职责

市场监督管理机关是保护消费者合法权益的最主要的行政机关。其职责是：

（1）制止垄断和不正当竞争，为消费者创造公平的交易条件。

（2）对各类市场主体进行登记、监督和管理，保证经营者具备一定的资本金和必要的生产经营条件，保证商品和服务的质量，同时也能保证及时、有效地处理消费争议。

（3）进行市场规范管理，查处以次充好、以假充真、短斤少两等损害消费者合法权益的行为。

（4）进行广告监督管理，防止经营者利用违法广告欺骗或误导消费者。

（5）进行监督管理，一方面可以制止经营者假冒他人注册商标，欺骗消费者的行为；另一方面可以通过督促经营者创名牌、保名牌，为消费者提供优质的商品和服务。

（6）开展流通领域商品质量监督检查，查处生产、销售假冒伪劣商品的违法行为。

（7）组织开展"3·15"国际消费者权益日及有关消费者权益保护法规的宣传活动，增强消费者的自我保护意识。

（8）依据《消费者权益保护法》，查处损害消费者合法权益的行为，并做好消费争议的调解工作，对消费者协会进行指导。

2）物价机关对消费者合法权益进行保护的主要职责

（1）对消费品及服务价格进行宏观调控，根据市场供求关系及经济发展需要，制定作价标准和原则，督促经营者履行国家规定的价格义务，指导经营者正确定价。

（2）对消费品和消费服务市场进行检查，对滥收费用、牟取暴利等价格违法行为进行查处，以保证消费者获得公平的价格。

（3）通过价格信息网络，为消费者提供价格信息服务。

3）质量技术监督机关保护消费者合法权益的主要职责

（1）通过标准监督，对经营者提供的商品和服务提出强制性或指导性要求，以保证和提高商品和服务质量。

（2）通过计量监督保证消费交易中的计量正确，维护消费者的经济利益。

（3）通过产品质量监督，指导消费，提高我国商品的质量水平，维护消费者的利益。

4）食品药品监督机关保护消费者合法权益的主要职责

（1）进行食品卫生监督管理，保障消费者获得安全、卫生、营养丰富的食品。

（2）对化妆品卫生进行监督管理，保证化妆品的卫生质量和使用安全，保障消费者的健康。

5）卫生行政管理机关保护消费者合法权益的主要职责

对医疗机构进行监督管理，督促其进行行业规范，保障患者的利益。

6）进出口检验检疫机关保护消费者合法权益的主要职责

（1）确保进口商品在质量、安全、卫生方面符合法律、合同规定的标准和要求，保护我国消费者的利益。

（2）确保我国出口的商品具备一定的质量、安全、卫生水平，不致造成对其他国家和地区的消费者利益的损害，履行我国在保护消费者利益方面的国际义务，提高我国商品信誉，促进对外贸易的发展。

14.4.2　消费者权益的司法保护

在我国，司法机关包括行使法律监督权的各级检察机关和行使审判权的各级人民法院，它们在消费者权益保护方面也发挥着重要作用。

1）人民检察院在保护消费者合法权益方面的主要职责

（1）通过立案侦查活动，揭露严重侵犯消费者合法权益的犯罪行为，维护消费者利益。

（2）通过提起公诉、支持公诉，使严重侵犯消费者合法权益的行为受到刑事制裁。

（3）通过对审判活动的监督，维护法律的权威，保护消费者权益。

（4）通过对法律的监督活动，保证消费者保护法全面、正确的实施。

2）人民法院在保护消费者合法权益方面的主要职责

（1）通过对刑事案件的审理，惩处严重侵犯消费者合法权益的犯罪行为。

（2）通过对民事案件的审理，追究经营者的民事责任，使受害的消费者及其他人获得充分、及时的补偿。

（3）通过对行政案件的审理，督促行政机关履行保护消费者权益的职责，维护消费者的合法权益。

（4）通过司法解释、司法创制活动，阐释法律的含义，补救现行法律之不足，使消费者权益保护法律、法规得以正确实施，消费者权益获得更充分的保障。

14.4.3　消费者权益的社会保护

消费者权益的社会保护是指消费者组织履行对商品和服务的社会监督的职能而对消费者权益进行的保护。

1）消费者组织的特征

消费者组织包括消费者协会和其他消费者组织，是依法成立的对商品和服务进行社会监督的保护消费者合法权益的社会组织。消费者组织具有以下四个特征：

（1）消费者组织是社会组织。

（2）消费者组织的任务是对商品和服务进行社会监督。

（3）消费者组织的宗旨和直接目的是保护消费者的合法权益。

（4）消费者组织不得从事经营活动和营利性服务，不得以牟利为目的向社会推荐商品和服务。

消费者组织包括消费者协会和其他消费者组织两种形式。其他消费者组织应是消费者设立的，是消费者行使结社权的结果。经营者设立的各种团体以及为防止消费者权利受损而设立的机构，虽然具有消费者利益的保护功能，但它或是经营者的集合体或是其设立的分支机构，因而不应视为消费者组织。

2）消费者协会的职能

消费者协会是对商品和服务进行社会监督的保护消费者合法权益的社会组织，是我国消费者组织的主要形式，具有十分重要的地位和作用。消费者协会履行下列公益性职责：

（1）向消费者提供消费信息和咨询服务，提高消费者维护自身合法权益的能力，引导文明、健康、节约资源和保护环境的消费方式。

（2）参与制定有关消费者权益的法律、法规、规章和强制性标准。

（3）参与有关行政部门对商品和服务的监督、检查。

（4）就有关消费者合法权益问题，向有关行政部门反映、查询、提出建议。

（5）受理消费者的投诉，并对投诉事项进行调查、调解。

（6）投诉事项涉及商品和服务质量问题的，提请鉴定部门鉴定。

（7）就损害消费者合法权益的行为，支持受损害的消费者提起诉讼。

（8）就损害消费者合法权益的行为，通过大众传播媒介予以揭露、批评。

保护消费者合法权益是全社会的共同责任。除了国家和消费者组织对消费者权益进行保护外，大众媒介也有责任利用舆论工具宣传消费知识，介绍经营者情况，揭露典型的损害消费者合法权益案件，发挥舆论监督的作用。另外，一些社会组织也应通过各种形式和活动维护消费者合法权益，从而形成一个全方位、多形式的保护消费者合法权益的体系。

14.4.4　消费争议解决的途径

作为消费者，在购买商品和接受服务时受到损害或不公正待遇时，应该主动寻求解决争议的有效途径。我国目前规定了五种解决争议的途径，其中既有非诉讼的途径，也有诉讼的途径。这五种消费纠纷解决途径各有其特点，适用于不同条件下的消费纠纷解决。

（1）与经营者协调和解。这是指消费者权益争议发生后，消费者与经营者在自愿互谅的基础上，根据法律、法规的规定和约定，通过摆事实讲道理解决争议。这种途径是解决消费者权益争议最简便、最省事的途径。经协商，有的经营者能依法赔偿，有的经营者则不然，还需要消费者通过其他途径来解决。

（2）请求消费者协会或者依法成立的其他调解组织调解。消费者经与经营者协商不成后，可向本人所在地的消费者协会或被投诉单位所在地的消费者协会投诉，请求消费者协会调解。在消费者协会的主持下，当事人双方通过自愿协商达成协议，解决纠纷。如不能达成协议，还可以通过其他途径解决。

（3）向有关行政部门投诉。消费者权益受到损害经与经营者协商解决不成后，可向行政部门投诉，直接到经营者的行政主管部门或所在地的公平交易执法机关出示证据，陈述自己受损害的经过并依法提出赔偿要求，有关行政部门在调查了解、弄清事实的基础上，依法作出赔偿和处罚决定。消费者向有关行政部门投诉的，该部门应当自收到投诉之日起 7 个工作日内予以处理，并告知消费者。

（4）根据与经营者达成的仲裁协议提请仲裁机构仲裁。这种途径是在消费者与经营者有约在先或争议发生后双方和解或调解不能达成仲裁协议时，据此提请仲裁机构查明是非，分清责任，并作出具有法律约束力的裁决。仲裁既不同于调解，也不同于诉讼，而是一种兼有行政与司法两种性质的准司法活动。通过仲裁，可以采取强制措施解决消费者权益的争议。但消费者不可单方提请仲裁机构仲裁，如果未与经营者事先达成仲裁协议，仲裁机构不会受理消费者权益争议案。

（5）向人民法院提起诉讼。消费者在与经营者协商解决不成后就可直接向人民法院起诉，也可在消费者协会调解或行政部门作出赔偿决定后，消费者不服已作出的决定或经营者拒不执行已作出的决定时，向人民法院起诉。对侵害众多消费者合法权益的行为，中国消费者协会以及在省、自治区、直辖市设立的消费者协会，可以向人民法院提起诉讼。

14.4.5　损害消费者合法权益的法律责任

法律责任是指行为人对其违法行为所要承担的法律后果。经营者损害消费者合法权益，民事责任是其最基本的责任形式。但有些侵权行为超出了当事人之间的权利义务关系这一范畴，还给社会经济秩序造成了一定的危害，因此，还应承担行政责任，甚至刑事责任。

1）损害消费者合法权益的民事责任

（1）损害消费者人身财产的民事责任

①人身损害的民事责任

经营者提供商品或者服务造成消费者或其他人人身伤害、残疾的，消费者或其他受害人有权要求经营者赔偿由此支付的一切必要费用。消费者或其他受害人死亡的，由其近亲属提出。经营者明知商品或者服务存在缺陷，仍然向消费者提供，造成消费者或者其他受害人死亡或者健康严重损害的，受害人有权要求经营者依照《消费者权益保护法》第四十九条、第五十一条等法律规定赔偿损失，并有权要求所受损失二倍以下的惩罚性赔偿。

第一，造成消费者或其他受害人人身伤害的，经营者应支付医疗费、治疗期间的护理费、因误工减少的收入及其他如交通费等必要的费用。

第二，造成消费者或其他受害人残疾的赔偿金及由残疾者原抚养的人所必需的生活费用。

第三，造成消费者或其他人死亡的，经营者应支付丧葬费、死亡赔偿金、由死者生前抚养的人所必需的生活费。

第四，侵害消费者人格尊严或人身自由的，经营者应承担停止侵害、恢复名誉、消除影响、赔礼道歉及赔偿损失的民事责任。

②财产损害的民事责任

在《消费者权益保护法》中，对经营者在财产损害方面的民事责任做了具体规定，除经营者与消费者另有约定外，这些民事责任形式主要有以下几种：修理、重做、更换、退货、补足商品数量、退还货款和服务费用、赔偿损失。

（2）惩罚性赔偿金

惩罚性赔偿金是侵害人向受害人支付超过实际损失之外带有惩罚性的赔偿费。《消费者权益保护法》在我国立法史上首次确立了惩罚性赔偿法律制度，这是对我国民事法律制度的进一步完善。确立惩罚性赔偿法律制度的意义为：

第一，体现了《消费者权益保护法》对消费者给予特殊保护的立法宗旨。

第二，有利于鼓励消费者运用法律武器同经营者的违法经营行为作斗争。

第三，具有惩戒的功能，有利于惩罚经营者的违法经营行为。

从这项法律制度的具体规定来看，经营者提供商品或者服务有欺诈行为的，应当按照消费者的要求增加赔偿其受到的损失，增加赔偿的金额为消费者购买商品的价款或者接受服务的费用的3倍；增加赔偿的金额不足500元的，为500元。

①欺诈消费者行为的表现

欺诈消费者行为，是一种严重损害消费者合法权益的侵权行为，主要表现有：

第一，销售掺杂、掺假，以假充真，以次充好的商品的。

第二，采取虚假或其他不正当手段销售的商品分量不足的。

第三，销售"处理品""残次品""等外品"等商品而谎称是正品的。

第四，以虚假的"清仓价""甩卖价""最低价""优惠价"或者其他价格表示销售商品的。

第五，以虚假的商品说明、商品标准、实物样品等方式销售商品的。

第六，不以自己的真实名称和标记销售商品的。

第七，采取雇用他人等方式进行欺骗性的销售训导的。

第八，做虚假的现场演示和说明的。

第九，利用广播、电视、电影、报刊等大众传播媒介对商品做虚假宣传的。

第十，骗取消费者预付款的。

第十一，利用邮购销售骗取价款而不提供或者不按约定条件提供商品的。

第十二，以虚假的"有奖销售""还本销售"等方式销售商品的。

第十三，以其他虚假或不正当手段欺诈消费者的行为。

经营者有下列情形之一，且不能证明自己确非欺骗、误导消费者而实施此类行为的，应当承担欺诈消费者的法律责任。

第一，销售失效、变质商品的。

第二，销售侵犯他人注册商标权的商品的。

第三，销售伪造产地、伪造或冒用他人的企业名称或者姓名的商品的。

第四，销售伪造或者冒用他人商品特有的名称、包装、装潢的商品的。

第五，销售伪造或者冒用认证标志、名优标志等质量标志的商品的。

②惩罚性赔偿的要件

经营者承担惩罚性赔偿责任，必须具备以下要件：

第一，经营者客观上实施了欺诈行为。欺诈行为可以是积极的作为，也可以是消极的不作为。

第二，欺诈者必须具有主观上的故意。上述所列的十八种行为表现中，前十三种行为在主观上有直接故意，后五种行为则有可能是过失的，但经营者要承担举证责任，若无法证明并非故意，则可推定经营者的行为在主观上是故意的。

第三，经营者的欺诈行为与消费者的错误认识应有直接的因果关系，即消费者因为经营者的欺诈行为陷入错误的认识，并因此而实施了消费行为。

以上三个要件缺一不可，否则，经营者就不用承担惩罚性赔偿责任。

值得指出的是，惩罚性赔偿作为一种民事责任，主张惩罚性赔偿的权利在消费者一方，消费者可以放弃此项权利，但如果消费者要求经营者承担时，经营者应依照其要求增加赔偿。

2）损害消费者合法权益的行政责任

损害消费者合法权益的行政责任，是指经营者实施违反消费者权益保护法律、法规的行为，应承担的行政法律后果，表现为行政执法机关对侵犯消费者合法权益行为所作出的各种行政处罚。

（1）须承担行政责任的损害消费者合法权益的行为

《消费者权益保护法》规定了应承担行政责任的损害消费者合法权益的行为主要表现，这些行为有：

①生产、销售的商品不符合保障人身、财产安全要求的。

②在商品中掺杂、掺假，以假充真、以次充好或者以不合格商品冒充合格商品的。

③生产国家明令淘汰的商品或销售失效、变质的商品的。

④伪造商品的产地，伪造或者冒用他人的厂名、厂址，伪造或者冒用认证标志、名优标志等质量标志的。

⑤销售的商品应当检验、检疫而未检验、检疫或者伪造检验、检疫结果的。

⑥对商品或者服务做引人误解的虚假宣传的。

⑦对消费者提出的处理、重作、更换、退货、补足商品数量、退还货款和服务费用或者赔偿损失的要求，故意拖延或者无理拒绝的。

⑧侵犯消费者人格尊严或者侵犯消费者人身自由的。

⑨法律、法规规定的对损害消费者权益应当予以行政处罚的其他情形。

（2）对损害消费者合法权益的经营者实施行政处罚

在损害消费者合法权益应当予以行政处罚的行为中，大多数行为已在有关的法律、法规中做了行政处罚的规定，依照法律、法规的规定执行；法律、法规未作规定的，由工商行政管理部门或者其他有关行政部门责令改正，可以根据情节单处或者并处警告、没收违法所得、处以违法所得1倍以上10倍以下的罚款，没有违法所得的，处以50万元以下的罚款；情节严重的，责令停业整顿、吊销营业执照。

除此以外，依据《消费者权益保护法》进行处罚的主要有两种情形：

①上述第七项行为，即经营者对消费者提出的处理、重作、更换、退货、补足商品数量、退还货款和服务费用或者赔偿损失的要求，故意拖延或者无理拒绝的行为，由工商行政管理机关行使行政处罚权。对这种违法行为实施行政处罚，在很大程度上能保证行政管理部门对消费争议进行调解的有效性，使得行政调解能便捷、有效地进行，这对于保护消费者合法权益，减轻法院诉讼压力是很有意义的。

②其他法律、法规尚未作出规定而需要作出行政处罚的行为。这些行为主要存在于服务领域，另外还包括以后可能出现的损害消费者合法权益且应当予以行政处罚的行为。

3）损害消费者合法权益的刑事责任

刑事责任是指行为人实施刑事法律禁止的行为所必须承担的法律后果，也就是犯罪行为所要受到的刑事制裁。刑事责任是损害消费者权益行为承担的最为严厉的法律责任。

在损害消费者合法权益犯罪行为中，一类是侵犯了消费者作为公民的人身权利罪，如非法拘禁罪、非法搜查罪、伤害罪、侮辱罪等；另一类是侵犯财产权利的诈骗罪等犯罪；再一类是破坏社会主义市场经济秩序罪，如生产、销售假冒伪劣产品罪及假冒商标罪、强制交易罪、虚假广告罪等。

行政机关在查处损害消费者合法权益行为中，若发现该行为情节严重应追究刑事责任的，应当移交司法机关处理。

复习思考题

1.什么是消费者？消费者具有哪些特征？

2.消费者有哪些权利？

3.经营者有哪些义务？

4.我国消费者组织的职责是什么？

5.解决消费争议的途径有哪些？

第 15 章

违反工商行政管理秩序的犯罪

学习目标

了解犯罪行为的特征；掌握违反工商行政管理秩序犯罪的规律及分类、违反工商行政管理秩序犯罪的内容。

15.1 违反工商行政管理秩序犯罪概述

15.1.1 犯罪概述

根据《中华人民共和国刑法》（简称《刑法》）第十三条的规定，"一切危害国家主权、领土完整和安全，分裂国家、颠覆人民民主专政的政权和推翻社会主义制度，破坏社会秩序和经济秩序，侵犯国有财产或者劳动群众集体所有的财产，侵犯公民私人所有的财产，侵犯公民的人身权利、民主权利和其他权利，以及其他危害社会的行为，依照法律应当受刑罚处罚的，都是犯罪，但是情节显著轻微危害不大的，不认为是犯罪。"同时，根据罪刑法定原则，只有刑法明文规定为犯罪行为的，才能够依法定罪处刑，即法无明文规定不为罪，法无明文规定不处罚。对犯罪行为进行适当的处罚，可以起到预防犯罪发生、维护社会稳定的作用，同时也是保障犯罪者人权的必然要求。这是刑法法益保护机能和人权保障机能的有机结合。

1）犯罪行为的特征

犯罪具有三个基本特征，即严重社会危害性、刑事违法性和应受刑罚处罚性。

（1）犯罪行为是具有严重的社会危害性的行为。行为具有一定的社会危害性，是犯罪最基本的特征。社会危害性，是指行为对刑法所保护的社会关系造成或者可能造成实际损害或现实危险。在社会主义国家中，国家的利益和人民的利益是完全一致的，所以，犯罪的社会危害性也就是指对国家和人民利益的危害性。犯罪的本质就在于它危害了国家和人民的利益，危害了社会主义社会。如果某种行为根本不可能给社会带来危害，法律就没有必要把它规定为犯罪，也不会对其进行惩罚。某种行为虽然具有社会危害性，但是情节显著轻微，危害不大的，也不认为是犯罪。由此可见，没有社会危害性，就没有犯罪；社会危害性没有达到相当的程度，也不构成犯罪。

（2）犯罪行为的法律表现是具有刑事违法性。违法行为是多种多样的，表现为各种不同的情况：有的是违反民事法律、经济法规，称为民事违法行为、经济违法行为；有的是违反行政法规，称为行政违法行为。犯罪也是违法行为，但不是一般的违法行为，而是触犯刑律的行为，是刑事违法行为。违法并不都是犯罪，只有触犯刑法的才构成犯罪。只有当行为不仅具有社会危害性，而且违反了刑法，具有刑事违法性，才能被认定为犯罪。

（3）犯罪行为是应受刑罚处罚的行为。任何的违法行为，行为人都要承担相应的法律后果。民事违法行为要承担民事责任，工商行政管理的违法行为要承担相应的行政责任，如警告、吊销营业执照等。对于违反刑法构成犯罪的行为来说，行为人需要承担的是刑事责任。犯罪是适用刑罚的前提，刑罚是犯罪的法律后果，因此，应受刑罚处罚也是犯罪的一个基本特征。

不应受刑罚处罚与不需要惩罚是两个概念。前者是指行为人的行为根本不构成犯罪，因此不需要承担相应的法律后果；后者的意思是行为人所实施的行为已经构成了犯罪，本应惩罚，但考虑到具体情况，从而免予刑事处罚，如轻微犯罪中自首、立功等法定减轻情节的存在，使刑罚处罚成为不必要。二者具有不同的含义，在司法实践中绝对不能混淆。

2）构成犯罪的标准

犯罪的概念解决的是"什么是犯罪"的问题，表述的是犯罪的本质特征和法律特征，而犯罪的标准解决的是"具备哪些条件犯罪才能成立"的问题，说明的是构成犯罪必须具备的要件。然而，各种犯罪行为在客观上的表现却千差万别，欲确立一个对于所有犯罪行为都适用的标准，须对全部的犯罪行为进行抽象的概括，才能找出所有的犯罪行为所具备的某些共同性的要素，这些要素的总和，就是刑法学中研究的主要对象之一——犯罪构成。

犯罪构成，是指根据刑法的规定，决定某一行为的社会危害性及其程度而为该行为构成犯罪所必须具备的主客观要件的有机统一。在我国刑法学理论中，一个犯罪行为是由以下四个部分构成的：

（1）犯罪客体，是指为我国刑法所保护而为犯罪行为所侵犯的社会关系。按照犯罪客体所包含的社会关系的层次不同，犯罪客体可分为犯罪的一般客体、同类客体和直接客体。这三者之间存在着一般与特殊、整体与部分的关系。所谓犯罪的一般客体，又称犯罪的共同客体，是指一切犯罪行为所共同侵犯的客体，也就是我国刑法所保护的社会关系的整体。所谓同类客体，是指某一类犯罪所共同侵犯的客体，亦即刑法所保护的社会关系的某一部分或者某一方面。所谓犯罪的直接客体，是指某一特定犯罪所直接侵犯的客体，亦即某一特定犯罪所直接侵犯的某种具体的社会关系。

（2）犯罪的客观方面，是指犯罪行为的客观外在表现，具体包括犯罪行为，犯罪结果，犯罪行为与犯罪结果之间的因果关系，犯罪的时间、地点、手段等因素。

（3）犯罪主体，是指实施了犯罪行为并应当因此而承担法律后果的人。根据刑法的规定，犯罪主体包括自然人与单位。

（4）犯罪的主观方面，是指行为人对自己的危害行为及其危害结果所持的心理态度，其包括下列内容：罪过（即犯罪的故意或者犯罪的过失）以及犯罪的目的和动机。

犯罪构成是理论界及实践部门所掌握的构成犯罪的标准，是主客观要件的有机统一。在实际操作中，也应当坚持犯罪是主客观要件的有机统一这一标准。单纯地强调主观方面，只能导致主观归罪的结果；单纯地强调客观方面，最后结果只能是忽视了人的主观能动性的作用。因此，对于刑法分则中所规定每种具体犯罪的标准，立法及理论研究都没有确立一个精确的客观标准。只有严格地坚持主客观相结合的定罪标准，才能更为符合社会的发展，同时，也为刑事司法留下一定的自由裁量的空间，使刑法的有关规定在实际的执行中更具有可操作性。

3）我国的刑罚体系

刑罚体系，是指刑法所规定的并按照一定次序排列的各种刑罚方法的总称。我国刑法参考了世界各国的立法，根据我国同犯罪作斗争的刑罚功能和需要，有选择地确定了我国刑罚的种类，从而形成了具有中国特色的刑罚体系。我国刑法把刑罚的种类分为主刑和附加刑两种。各种刑罚方法均按由轻到重的顺序排列，形成了主次分明、轻重有序、类别齐全、衔接紧密、结构严谨的完整体系。

（1）主刑，是指只能独立适用，而不能作为其他刑罚的附加适用的刑罚方法。我国刑法中所规定的主刑种类有五种：管制、拘役、有期徒刑、无期徒刑和死刑。

（2）附加刑，是指既可以独立适用，也可以作为主刑的附加刑适用的刑罚。我国刑法中所规定的常用的附加刑有三种：罚金、剥夺政治权利和没收财产。《刑法》第三十五条又增加了对外国人犯罪可以独立适用或者附加适用驱逐出境，从而把驱逐出境确立为只对外国人犯罪时适用的附加刑。

15.1.2 违反工商行政管理秩序犯罪的概念及特征

1）违反工商行政管理秩序犯罪的概念

违反工商行政管理秩序的犯罪是指违反了工商行政管理机关对市场经济所进行管理和监督所依据的法规，具有严重的社会危害性而被刑法规定为犯罪的市场主体经济行为的总称。

违反工商行政管理秩序的犯罪不是我国刑法中的一个专有名词，也不是经济犯罪的全部内容，相关罪名主要集中在《刑法》第三章破坏社会主义市场经济秩序罪。其保护的法益主要是工商行政管理机关所依法维护的市场经济秩序。本书为了保持工商行政管理法学及运用机制的完整性，特别增加了这一章内容。

工商行政管理机关代表国家意志，依据国家有关的法律、法规，对个体工商户和工商企业等市场主体的经济行为及其有关内部经济行为进行监督管理，进行行政执法。而有关违反工商行政管理秩序的犯罪恰恰破坏的是国家的经济基础，动摇的是作为国家内涵的统治阶级在政治上的统治和经济上的利益，因此，打击和预防违反工商行政管理秩序的犯罪也是国家的当务之急。

2）违反工商行政管理秩序犯罪的特征

（1）违反工商行政管理秩序犯罪侵犯的客体是国家的经济制度

工商行政管理是国家对于市场经济进行宏观和微观的具体调控的重要手段，工商行政管理的正常秩序是国家调控经济秩序的合理与否的表现形式，也是国家中统治阶级在经济上的利益是否得到有效保护和适当扩大的标志。违反工商行政管理秩序的犯罪恰恰侵犯了国家正常的对工商企业和市场经济的有序控制，严重损害了统治阶级在经济上已经取得或者可能取得的利益，是统治阶级不允许的。

违反工商行政管理秩序的犯罪所侵犯的社会关系是国家对于市场经济活动进行调节的秩序，因此，此类犯罪的犯罪客体是国家的经济制度。

（2）违反工商行政管理秩序犯罪在客观方面表现为实施了违反行政管理法律、

法规，具有严重社会危害性的行为

第一，构成违反工商行政管理秩序的犯罪在客观上表现为行为，这是犯罪客观方面的前提要求。第二，构成违反工商行政管理秩序的犯罪在客观上表现为行为人实施的行为违反了工商行政管理法律、法规。第三，构成违反工商行政管理秩序的犯罪不仅表现为行为人实施了违反工商行政管理法律、法规的行为，而且这种行为已经造成了严重的后果或者可能造成严重的危害社会的后果。

（3）违反工商行政管理秩序犯罪的犯罪主体是经营者

违反工商行政管理秩序犯罪的犯罪主体，是指实施了违反工商行政管理法规与刑法中相互关联规定的行为而构成了犯罪并应当接受刑罚处罚的人。违反工商行政管理秩序犯罪的主体只能是市场经济活动的经营者。在违反工商行政管理秩序的一类犯罪中，行为人实施的行为已经严重侵犯了国家对市场经济秩序所进行的调控，因此，这类犯罪的行为人只能是参与市场活动的人，即经营者。

市场中的经营者，从不同的角度可以有不同的分类方式。从参与市场活动的人的法律属性来划分，违反工商行政管理秩序犯罪的犯罪主体可以由自然人和单位构成；从参与市场活动的主体是否合法的角度来划分，违反工商行政管理秩序犯罪的主体可以分为合法的市场主体与非法的市场主体；从市场主体的性质来划分，违反工商行政管理秩序犯罪的犯罪主体可以分为国有企业、集体企业、个体工商户、外商投资企业等。

（4）违反工商行政管理秩序犯罪的犯罪主观方面多数是故意

犯罪人实施了违反工商行政管理秩序犯罪，其目的是违背工商行政管理机关的正常管理秩序，从而实施一些非法营利的行为。因此，实施违反工商行政管理秩序犯罪的犯罪人主观方面都存在着犯罪目的——非法营利。

行为人主观上存在非法营利的目的，在该目的的支配下，行为人对于自己行为的结果持一种能够预见并且希望其发生的心理态度，因而，其在主观上绝大多数是直接故意，但对于间接故意和过失并不能排除。

对于已经构成犯罪的违反工商行政管理法律、法规的行为，行为人应该承担的是刑事责任，仅仅对其进行行政处罚是不够的，同时对工商行政管理部门来讲，也是越权处罚，是一种执法中的违法行为。违反工商行政管理秩序的犯罪的侦查、起诉分别由公安机关和人民检察院完成，因此，在发现违反工商行政管理法律、法规的行为已经符合某一种犯罪的构成条件时，应当及时移送司法机关进行必要的处理。

15.1.3　违反工商行政管理秩序犯罪的分类

我国刑法根据犯罪的同类客体不同，把犯罪行为分为十类：危害国家安全罪，危害公共安全罪，破坏社会主义市场经济秩序罪，侵犯公民人身权利、民主权利罪，侵犯财产罪，妨害社会管理秩序罪，危害国防利益罪，贪污贿赂罪，渎职罪，军人违反职责罪。在上述刑法分则所规定的十类犯罪中，存在一些涉及社会关系范围比较广的行为，刑法在设立的过程中根据其所侵犯的客体和未构成犯罪时调控的法律的不同，对这些涉及范围较大的犯罪进行了进一步的重新分类，这个标准称之为亚同类客体。如破坏社会主义市场经济秩序罪中，又包括生产、销售伪劣商品罪，走私罪，妨害对公司、企业的管理秩序罪，破坏金融管理秩序罪，金融诈骗罪，危害税收征管罪，侵犯知识产权罪以及扰乱市场秩序罪。

在违反工商行政管理秩序犯罪中，犯罪行为所共同侵犯的客体是国家对于市场主体及其经济活动进行的控制和调节，但这绝非刑法学中所倡导的破坏社会主义市场经济罪中刑法所保护的社会关系的全部。在市场经济的运行中，国家所进行的调节并不完全是由工商行政管理机关的日常管理工作来完成，而是通过所有的经济部门的统一行动争取预期的效果。违反工商行政管理秩序的犯罪并不是完全独立的一个刑法学类的罪名，也不是破坏社会主义市场经济秩序罪的全部，而是根据本书编写的需要以及工商行政管理部门实际工作的需要设立了本章内容。对于违反工商行政管理秩序罪进行分类，既要保持刑法应用体例的完整性，又要体现工商行政管理工作的专门性。因此，我们认为，违反工商行政管理秩序的犯罪按其侵犯的亚同类客体不同，可以分为以下几类：妨害产品质量管理秩序罪、违反企业登记管理秩序罪、侵犯商标权罪、扰乱市场秩序罪。

15.2　妨害产品质量管理秩序罪

15.2.1　妨害产品质量管理秩序罪概述

妨害产品质量管理秩序罪，是指违反中华人民共和国产品质量管理法规，实施了妨害产品质量管理制度并且情节严重或者危害较大的行为。

随着我国社会主义市场经济秩序的建立和逐步完善，社会主义市场经济发展所要求的法律环境不断优化，使得我国的经济获得了长足的发展，市场日益繁荣。然而，假冒伪劣商品充斥市场、泛滥成灾，已成为干扰和阻挠我国社会主义市场经济进一步发展的一个重要因素。我国政府一向重视产品质量问题，把提高产品质量、切实保护用户和消费者的合法权益作为一项基本政策。面对假冒伪劣商品泛滥成灾的严峻形势，我国《刑法》在第三章第一节做了专门规定，为惩治生产、销售假冒伪劣商品的犯罪行为提供了行之有效的法律保障。

妨害产品质量管理秩序罪具有以下的特征：

（1）该类犯罪侵犯的犯罪客体是社会主义市场经济秩序的广大用户及消费者的合法权益。为了规范商品市场的主体行为，维护广大消费者的合法权益，国家立法机关先后制定和颁布了一系列有关商品质量监督管理的法规，如《中华人民共和国产品质量法》《中华人民共和国食品安全法》《中华人民共和国食品卫生法》《中华人民共和国药品管理法》《中华人民共和国种子管理条例》等。目前，我国有关产品质量的监督管理制度已逐渐形成，并且日臻完善。妨害产品质量管理的行为人，故意违反国家对商品质量的法定标准和规范要求，生产、销售伪劣商品，从而破坏了国家对产品质量的监督管理制度，扰乱了社会主义市场经济秩序。

（2）犯罪的客观方面，表现为行为人违反国家对产品质量安全监督管理的法律、法规，生产、销售伪劣商品，严重侵害用户、消费者的合法权益，破坏社会主义市场经济商品市场秩序的行为。

（3）妨害产品质量管理秩序罪的犯罪主体为一般主体。无论生产者还是经营者，只要其是自然人或者法人，均可构成该类犯罪的犯罪主体。根据刑法的有关规定，自然人或者法人参与了产品的生产、销售活动，都可以构成本罪。至于一般主体是否具有合法经营的权利，不影响本罪的成立。

（4）本类犯罪的主观方面多数为故意犯罪。也就是在本类犯罪中，多数的情况下存在着以营利为目的，在营利目的的支配下，行为人积极地实施违反有关产品质量管理的法律、法规的犯罪行为。

妨害产品质量管理秩序罪是违反了有关产品质量的法律、法规，实施了生产、销售不符合国家或者行业标准的产品的行为，具体包括了《刑法》第一百四十条至第一百五十条规定的9个具体罪名：生产、销售伪劣产品罪，生产、销售假药罪，生产、销售劣药罪，生产、销售不符合安全标准的食品罪，生产、销售有毒、有害食品罪，生产、销售不符合标准的医用器材罪，生产、销售不符合安全标准的产品罪，生产、销售伪劣农药、兽药、化肥、种子罪，生产、销售不符合卫生标准的化妆品罪。

同时，《刑法》第一百四十九条对以上罪名的适用原则作出了规定：生产、销售本节第一百四十一条至第一百四十八条所列产品，不构成各该条规定的犯罪，但是销售金额在五万元以上的，依照本节第一百四十条的规定定罪处罚。

生产、销售本节第一百四十一条至第一百四十八条所列产品，构成各该条规定的犯罪，同时又构成本节第一百四十条规定之罪的，依照处罚较重的规定定罪处罚。

《刑法》第一百五十条对以上罪名的单位犯罪处罚标准作出了规定：单位犯本节第一百四十条至第一百四十八条规定之罪的，对单位判处罚金，并对其直接负责的主管人员和其他直接责任人员，依照各该条的规定处罚。

15.2.2　生产、销售伪劣产品罪

《刑法》第一百四十条规定：生产者、销售者在产品中掺杂、掺假，以假充真，以次充好或者以不合格产品冒充合格产品，销售金额五万元以上不满二十万元的，处二年以下有期徒刑或者拘役，并处或者单处销售金额百分之五十以上二倍以下罚金；销售金额二十万元以上不满五十万元的，处二年以上七年以下有期徒刑，并处销售金额百分之五十以上二倍以下罚金；销售金额五十万元以上不满二百万元的，处七年以上有期徒刑，并处销售金额百分之五十以上二倍以下罚金；销售金额二百万元以上的，处十五年有期徒刑或者无期徒刑，并处销售金额百分之五十以上

二倍以下罚金或者没收财产。

生产、销售伪劣产品罪的构成必须具备以下条件:

(1) 本罪的客体,是国家对产品质量的管理制度和广大用户、消费者的合法权益,同时对市场管理秩序也有一定程度的侵犯。

(2) 本罪的客观方面,主要表现为违反产品质量管理法规和工商行政管理法规,生产、销售伪劣产品,非法销售金额在5万元以上的行为。

本罪中生产、销售的对象是伪劣产品。所谓伪产品,是指以假产品冒充真产品。它包括两种情况:一是伪造产品的名称和伪产品,如用甲醇兑水冒充酒的假酒;二是材料名称、产品所含成分名实不符的产品,如生产的人参麦乳精中实际没有人参,则企业生产的产品是假产品。所谓劣产品,是指那些在产品中掺杂、掺假、以次充好或以不合格产品冒充合格产品。具体来说,就是不符合国家标准或行业标准的产品;不具备基本使用性能的产品;产品成分含量与产品采用的标准或者产品说明不符的产品;在产品中掺杂、掺假的劣质产品;以废、旧、弃产品冒充未使用过的产品等。

本罪中的行为是实施了生产、销售伪劣产品的行为。该行为在客观上须符合下列特征:首先,须违反产品质量管理法律、法规和工商行政管理法律、法规;其次,须有生产者、销售者在产品中掺杂、掺假、以假充真、以次充好或者以不合格产品冒充合格产品;最后,生产者、销售者生产、销售伪劣产品的销售金额在5万元以上。

(3) 本罪的主体,是一般主体。从事生产、销售伪劣产品的生产者、销售者,即为本罪的犯罪主体,可以是公民,如社会闲散人员、个体工商户等,也可以是企业、事业单位。

(4) 本罪的主观方面,行为人主观上只能是故意,一般都有营利目的,但是否有营利的目的,不影响本罪的成立。所谓故意,是指行为人明知自己生产、销售的是法律明文禁止的伪劣产品,而仍然生产、销售。主观上出于过失,不构成犯罪。

涉嫌下列情形之一的,应予立案追诉:伪劣产品销售金额5万元以上的;伪劣产品尚未销售,货值金额15万元以上的;伪劣产品销售金额不满5万元,但将已销售金额乘以3倍后,与尚未销售的伪劣产品货值金额合计15万元以上的。

15.2.3 生产、销售、提供假药罪

《刑法》第一百四十一条规定:生产、销售假药的,处三年以下有期徒刑或者拘役,并处罚金;对人体健康造成严重危害或者有其他严重情节的,处三年以上十年以下有期徒刑,并处罚金;致人死亡或者有其他特别严重情节的,处十年以上有期徒刑、无期徒刑或者死刑,并处罚金或者没收财产。

药品使用单位的人员明知是假药而提供给他人使用的,依照前款的规定处罚。

本罪在《刑法修正案(十一)》中有所修改,取消原罪名"生产、销售假药罪",新增"生产、销售、提供假药罪"。

删除"本条所称假药,是指依照《中华人民共和国药品管理法》的规定属于假

药和按假药处理的药品、非药品。"新增"药品使用单位的人员明知是假药而提供给他人使用的，依照前款的规定处罚。"

生产、销售、提供假药罪的构成必须具备以下条件：

（1）本罪的客体是复杂客体，即国家的药品管理制度和不特定多数人的生命、健康的安全。

（2）本罪的客观方面表现为违反刑法规定生产、销售、提供假药的行为。本罪的对象只限于假药。所谓假药，在《中华人民共和国药品管理法》第九十八条中有所规定，即有下列情形之一的，为假药：①药品所含成分与国家药品标准规定的成分不符；②以非药品冒充药品或者以他种药品冒充此种药品；③变质的药品；④药品所标明的适应症或者功能主治超出规定范围。

（3）本罪的主体是一般主体。从事生产、销售假药的生产者、销售者以及明知是假药而提供给他人使用的药品使用单位的人员为本罪的犯罪主体，包括个人和企业事业单位。至于生产者、销售者是否具有生产、销售药品的合法资格，不影响本罪的成立。

（4）本罪的主观方面只能是故意，是否具有非法牟利目的不影响本罪的成立。但在实务中，具有非法牟利目的的案件占比较高。

涉嫌下列情形之一的，应予立案追诉：含有超标准的有毒有害物质的；不含所标明的有效成分，可能贻误诊治的；所标明的适应症或者功能主治超出规定范围，可能造成贻误诊治的；缺乏所标明的急救必需的有效成分的；其他足以严重危害人体健康或者对人体健康造成严重危害的情形。

15.2.4 生产、销售、提供劣药罪

《刑法》第一百四十一条规定：生产、销售劣药，对人体健康造成严重危害的，处三年以上十年以下有期徒刑，并处罚金；后果特别严重的，处十年以上有期徒刑或者无期徒刑，并处罚金或者没收财产。

药品使用单位的人员明知是劣药而提供给他人使用的，依照前款的规定处罚。

《刑法》第一百四十二条之一规定：违反药品管理法规，有下列情形之一，足以严重危害人体健康的，处三年以下有期徒刑或者拘役，并处或者单处罚金；对人体健康造成严重危害或者有其他严重情节的，处三年以上七年以下有期徒刑，并处罚金：

（1）生产、销售国务院药品监督管理部门禁止使用的药品的；

（2）未取得药品相关批准证明文件生产、进口药品或者明知是上述药品而销售的；

（3）药品申请注册中提供虚假的证明、数据、资料、样品或者采取其他欺骗手段的；

（4）编造生产、检验记录的。

有前款行为，同时又构成本法第一百四十一条、第一百四十二条规定之罪或者其他犯罪的，依照处罚较重的规定定罪处罚。

本罪在《刑法修正案（十一）》中有所修改，取消原罪名"生产、销售劣药罪"，新增"生产、销售、提供劣药罪"。

删除"本条所称劣药，是指依照《中华人民共和国药品管理法》的规定属于劣药的药品。"新增"药品使用单位的人员明知是劣药而提供给他人使用的，依照前款的规定处罚。"

删除对于罚金上限的规定。

本罪在构成上具有以下特征：

（1）本罪侵犯的客体是国家的药品管理制度与他人的健康权、生命权。

（2）本罪的客观方面表现为生产、销售劣药，足以对人体健康造成严重危害的行为。所谓劣药，在《中华人民共和国药品管理法》第九十八条中有所规定：①药品成分的含量不符合国家药品标准；②被污染的药品；③未标明或者更改有效期的药品；④未注明或者更改产品批号的药品；⑤超过有效期的药品；⑥擅自添加防腐剂、辅料的药品；⑦其他不符合药品标准的药品。

（3）本罪的主体是一般主体，单位和个人均可构成本罪。

（4）本罪的主观方面只能由故意构成，过失不构成本罪。

15.2.5　生产、销售不符合安全标准的食品罪

《刑法》第一百四十三条规定：生产、销售不符合食品安全标准的食品，足以造成严重食物中毒事故或者其他严重食源性疾病的，处三年以下有期徒刑或者拘役，并处罚金；对人体健康造成严重危害或者有其他严重情节的，处三年以上七年以下有期徒刑，并处罚金；后果特别严重的，处七年以上有期徒刑或者无期徒刑，并处罚金或者没收财产。

本罪在构成上具有下述特征：

（1）本罪的犯罪客体是国家对食品安全的监督管理制度和不特定的消费者的人身安全。

（2）本罪的客观方面表现为违反国家食品安全管理法规，生产、销售不符合安全标准的食品，足以造成严重食物中毒事故或者严重食源性疾患的行为。食品安全管理法规主要是指《中华人民共和国食品安全法》。所谓"严重食物中毒"，一般是指细菌性、化学性、真菌性和有毒动植物等引起的严重暴发性、流行性中毒。所谓"严重食源性疾患"，一般是指以食物为感染源而导致的痢疾、肠炎、肝炎等疾病。本罪是危险犯，即足以造成严重食物中毒事故或者其他严重食源性疾病的即构成本罪。

依据2013年《关于办理危害食品安全刑事案件适用法律若干问题的解释》第一条规定，生产、销售不符合食品安全标准的食品，具有下列情形之一的，应当认定为"足以造成严重食物中毒事故或者其他严重食源性疾病"：①含有严重超出标准限量的致病性微生物、农药残留、兽药残留、重金属、污染物质以及其他危害人体健康的物质的；②属于病死、死因不明或者检验检疫不合格的畜、禽、兽、水产动物及其肉类、肉类制品的；③属于国家为防控疾病等特殊需要明令禁止生产、

销售的；④婴幼儿食品中生长发育所需营养成分严重不符合食品安全标准的；⑤其他足以造成严重食物中毒事故或者严重食源性疾病的情形。

（3）本罪主体为一般主体，任何个人与单位均能构成本罪。

（4）本罪的主观方面只能是故意。

涉嫌下列情形之一的，应予立案追诉：含有可能导致严重食物中毒事故或者其他严重食源性疾患的超标准的有害细菌的；含有可能导致严重食物中毒事故或者其他严重食源性疾患的超标准的其他污染物的。

15.2.6　生产、销售有毒、有害食品罪

《刑法》第一百四十四条规定：在生产、销售的食品中掺入有毒、有害的非食品原料的，或者销售明知掺有有毒、有害的非食品原料的食品的，处五年以下有期徒刑，并处罚金；对人体健康造成严重危害或者有其他严重情节的，处五年以上十年以下有期徒刑，并处罚金；致人死亡或者有其他特别严重情节的，依照本法第一百四十一条的规定处罚。

生产、销售有毒、有害食品罪在犯罪构成中具有如下的特征：

（1）本罪的犯罪客体是国家对食品卫生的管理制度及人的健康、生命权利。

（2）本罪的客观方面表现为两种行为：一是行为人在生产、销售的食品中掺入有毒、有害的非食品原料的行为。所谓有毒、有害的非食品原料，是指含有毒性元素或者会损害人体健康而不能作为食品或者食品添加剂的物质。关于非食品原料是否有毒、有害，要经过有关机关鉴定。二是行为人明知是掺有有毒、有害的非食品原料的食品而予以销售的。认定这种行为，要注意查明行为人必须是"明知"。本罪是行为犯，即只要实施了生产、销售有毒、有害食品即可构成犯罪，不以情节严重或者造成严重后果为条件。

（3）本罪的犯罪主体是一般主体。任何生产、销售有毒、有害食品的个人和单位，都可构成犯罪。至于单位和个人是合法生产还是非法生产、销售，不影响本罪的成立。

（4）本罪的主观方面只能由故意构成，过失行为不构成本罪，即明知是有毒、有害的非食品原料而故意掺入所生产、销售的食品中，或者明知是掺有有毒、有害的非食品原料的食品而故意予以销售。行为人实施本罪一般是出于非法营利的目的，但营利目的不是构成本罪的必要条件。

具备下列情形之一的，应予立案追诉：在生产、销售的食品中掺入有毒、有害的非食品原料的，或者销售明知掺有有毒、有害的非食品原料的食品的；使用盐酸克仑特罗（俗称"瘦肉精"）等禁止在饲料和动物饮用水中使用的药品或者含有该类药品的饲料养殖供人食用的动物，或者销售明知是使用该类药品或者含有该类药品的饲料养殖的供人食用的动物的，应予立案追诉；明知是使用盐酸克仑特罗等禁止在饲料和动物饮用水中使用的药品或者含有该类药品的饲料养殖的供人食用的动物，而提供屠宰等加工服务，或者销售其制品的。

"对人体健康造成严重危害"是指具有下列情形之一的：①造成轻伤以上伤害的；②造成轻度残疾或者中度残疾的；③造成器官组织损伤导致一般功能障碍或者严重功能障碍的；④造成10人以上严重食物中毒或者其他严重食源性疾病的；⑤其他对人体健康造成严重危害的情形。

"其他严重情节"是指：①生产、销售金额20万元以上不满50万元的；②生产、销售金额10万元以上不满20万元，有毒、有害食品的数量较大或者生产、销售持续时间较长的；③生产、销售金额10万元以上不满20万元，属于婴幼儿食品的；④生产、销售金额10万元以上不满20万元，一年内曾因危害食品安全违法犯罪活动受过行政处罚或者刑事处罚的；⑤有毒、有害的非食品原料毒害性强或者含量高的；⑥其他情节严重的情形。

15.2.7 生产、销售不符合标准的医用器材罪

《刑法》第一百四十五条规定：生产不符合保障人体健康的国家标准、行业标准的医疗器械、医用卫生材料，或者销售明知是不符合保障人体健康的国家标准、行业标准的医疗器械、医用卫生材料，足以严重危害人体健康的，处三年以下有期徒刑或者拘役，并处销售金额百分之五十以上二倍以下罚金；对人体健康造成严重危害的，处三年以上十年以下有期徒刑，并处销售金额百分之五十以上二倍以下罚金；后果特别严重的，处十年以上有期徒刑或者无期徒刑，并处销售金额百分之五十以上二倍以下罚金或者没收财产。

生产、销售不符合标准的医用器材罪在犯罪构成条件上应具备下列条件：

（1）犯罪所侵犯的客体是双重客体，即国家对医疗用品的专门管理制度及不特定多数人的身体健康和生命安全。

（2）本罪的客观方面表现为，行为人实施了生产不符合保障人体健康的国家标准、行业标准的医疗器械、医用卫生材料，对人体健康造成严重危害的行为。司法实践中，"对人体健康造成严重危害"，主要是指因使用这些伪劣医疗器械、医用卫生材料，造成就诊人器官严重损伤、丧失某种重要功能等情形，既包括对就诊人人体所造成的直接伤害，也包括因使用此类伪劣器械、材料，致使贻误病情而间接地对人体造成的严重伤害。

（3）本罪主体是一般主体，个人和单位均可构成本罪。

（4）本罪的主观方面必须是出于故意，生产者、销售者必须明知其所生产、销售的是不符合保障人体健康的国家标准、行业标准的医疗器械、医用卫生材料等。若主观上出于过失，则不构成本罪。

15.2.8 生产、销售不符合安全标准的产品罪

《刑法》第一百四十六条规定：生产不符合保障人身、财产安全的国家标准、行业标准的电器、压力容器、易燃易爆产品或者其他不符合保障人身、财产安全的国家标准、行业标准的产品，或者销售明知是以上不符合保障人身、财产安全的国

家标准、行业标准的产品，造成严重后果的，处五年以下有期徒刑，并处销售金额百分之五十以上二倍以下罚金；后果特别严重的，处五年以上有期徒刑，并处销售金额百分之五十以上二倍以下罚金。

构成本罪应当具备的条件是：

（1）犯罪客体是复杂客体，即国家对生产、销售电器、压力容器、易燃易爆产品或其他类似产品的监督管理制度和广大消费者的人身、财产安全。

（2）本罪的客观方面表现为违反产品质量管理法规，生产不符合保障人身、财产安全的国家标准、行业标准的电器、压力容器、易燃易爆产品或其他不符合保障人身、财产安全的国家标准、行业标准的产品，或者销售明知是以上不符合保障人身、财产安全的国家标准、行业标准的产品，造成严重后果的行为。具体而言，它包括以下条件：①必须违反有关产品质量管理法规。②进行了生产不符合保障人身、财产安全的国家标准、行业标准的电器、压力容器、易燃易爆产品或者其他不符合保障人身、财产安全的国家标准、行业标准的产品，或者销售明知是以上不符合保障人身、财产安全的国家标准、行业标准的产品的活动。③必须造成严重后果。

（3）本罪的犯罪主体是一般主体，个人和单位均可构成本罪。

（4）本罪的主观方面必须是出于故意。由于电器、压力容器、易燃易爆产品使用危险性大，破坏性强，一旦发生爆炸、漏电、燃烧等，会给人的生命、健康和财产造成很大损失，因此，国家对电器、压力容器、易燃易爆产品规定了严格的国家标准和行业标准。作为生产者，对所生产的电器、压力容器、易燃易爆产品，没有达到保障人身、财产安全的国家标准、行业标准是十分清楚的，但仍然生产，其行为故意显而易见。作为销售者，在明知是劣质电器、压力容器、易燃易爆产品的情况下销售，也具备故意心理状态。如果销售者不知是劣质产品而销售，不构成此罪。对于行为人故意生产不符合安全标准的电器、压力容器、易燃易爆产品等的主观目的，法律没有限制性要求。从实践中看，行为人的目的基本上都是追求经济利益。

15.2.9　生产、销售伪劣农药、兽药、化肥、种子罪

《刑法》第一百四十七条规定：生产假农药、假兽药、假化肥，销售明知是假的或者失去使用效能的农药、兽药、化肥、种子，或者生产者、销售者以不合格的农药、兽药、化肥、种子冒充合格的农药、兽药、化肥、种子，使生产遭受较大损失的，处三年以下有期徒刑或者拘役，并处或者单处销售金额百分之五十以上二倍以下罚金；使生产遭受重大损失的，处三年以上七年以下有期徒刑，并处销售金额百分之五十以上二倍以下罚金；使生产遭受特别重大损失的，处七年以上有期徒刑或者无期徒刑，并处销售金额百分之五十以上二倍以下罚金或者没收财产。

构成本罪应当具备以下条件：

（1）本罪的犯罪客体为复杂客体，即国家对农用生产资料质量的监督管理制度

和农牧民消费者的合法权益。

（2）本罪的客观方面具体表现为以下三种行为：其一，生产假农药、假兽药、假化肥的行为。所谓假农药、假兽药、假化肥，是指以非农药、兽药、化肥冒充真产品，或者产品所含成分的种类、名称等与国家、行业、地方标准不符的。其二，销售明知是假的或者是失去使用效能的农药、兽药、化肥、种子的行为。所谓"失去使用效能"，是指因过期、受潮、变质而丧失了原有功能和使用效能。其三，以不合格的农药、兽药、化肥、种子冒充合格产品。所谓"不合格"，是指产品不符合有关标准，因而影响使用效能。本罪是结果犯，行为人生产、销售伪劣农药、兽药、化肥、种子，只有使生产遭到较大损失的，才构成本罪。此处的"较大损失"，一般是指使用伪劣农药、兽药、化肥、种子而使农作物歉收、减产或者使牲畜死亡，造成较大经济损失的情形。

（3）本罪的犯罪主体是一般主体，个人和单位均可成为本罪的犯罪主体。

（4）本罪的主观方面只能由故意构成，即行为人明知是假的或者失去使用效能的农药、兽药、化肥、种子而故意予以生产或者销售，或者故意以假充真，对其所造成的危害结果一般持放任态度。

15.2.10 生产、销售不符合卫生标准的化妆品罪

《刑法》第一百四十八条规定：生产不符合卫生标准的化妆品，或者销售明知是不符合卫生标准的化妆品，造成严重后果的，处三年以下有期徒刑或者拘役，并处或者单处销售金额百分之五十以上二倍以下罚金。

构成本罪应具备以下条件：

（1）本罪的犯罪客体是复杂客体，即本罪既侵犯了国家对化妆品的管理制度，又危害人体健康。

（2）本罪的客观方面表现为生产不符合卫生标准的化妆品，或者是销售明知是不符合卫生标准的化妆品，造成严重后果的行为。所谓不符合卫生标准，是指违反了《化妆品卫生监督条例》和化妆品卫生指标等法规规定的化妆品标准。所谓造成严重后果，是指对人身造成严重伤害，例如造成皮肤感染、烧伤、毁容、残疾等严重后果。本罪是结果犯，以造成严重结果为要件，否则不以本罪论。

（3）本罪的主体为一般主体，任何单位和个人都能构成。

（4）本罪的主观方面只能由故意构成，虽不以犯罪目的为构成要件，但行为人通常都有牟利的目的。

15.3 违反企业登记管理秩序罪

15.3.1 违反企业登记管理秩序罪概述

违反企业登记管理秩序罪，是指违反了工商行政管理机关对于企业、事业单位

进入市场所进行的必要的登记程序，情节严重构成犯罪的行为。

企业进行登记是企业进入市场的必要条件，也是国家对于欲进入市场进行经济活动的主体的资格进行审核的过程。其目的是对满足市场经济主体条件的人予以登记，不具有主体资格的人被拒绝在市场之外。违反企业登记管理秩序罪是对不满足条件的主体采取欺骗或者其他非法的手段，骗取工商行政管理部门的合法登记，从而进入市场的行为。违反企业登记管理秩序罪包括：虚报注册资本罪，虚假出资、抽逃出资罪。

构成这一类犯罪应当具备以下构成要件：

（1）本类犯罪的客体是国家正常的企业登记管理秩序。市场主体登记，就是工商行政管理机关依照法定的条件和程序对各类市场主体进行资格上的审查，确认其在市场中的合法资格与地位，使各个市场主体能够有序地进入市场，安全地进行交易活动，从而充分发挥市场主体的活力，保障市场竞争的合法性和交易的安全性，维护市场经济秩序。而违反企业登记管理秩序的犯罪却对上述工商行政管理机关对于市场主体资格的审核及日常的管理工作构成了破坏，严重地干扰了社会主义市场经济秩序。根据我国《刑法》的规定，违反企业登记管理秩序的犯罪主要是指违反了《公司法》的有关规定的两类犯罪。

（2）本类犯罪在客观方面表现为行为人实施了违反企业登记管理、造成严重后果或者情节严重的行为。首先，行为人实施的行为违反了企业进行登记管理应当遵循的有关法律、法规。具体而言，行为人的目的是进行企业登记，但并不能满足企业登记应当具备的条件，如《公司法》《企业登记管理条例》中所规定的条件。其次，行为人实施该行为集中表现为企业进入市场进行经济活动，其欺骗行为所针对的对象是工商行政管理机关，并且已经取得了公司登记。取得公司登记，是指经工商行政管理部门核准并发给企业法人营业执照。最后，行为人实施该行为具有虚报注册资本数额巨大，或者造成了严重的结果，或者有其他严重情节。

（3）本类犯罪的主体为申请公司登记的个人或者单位。这里所说的"公司"，是指根据《公司法》所规定的两类公司：有限责任公司和股份有限责任公司。申请公司登记的个人，在有限责任公司的场合，是指由全体股东指定的代表或者共同委托的代理人；在股份有限责任公司的场合，是指其发起人选出的董事长等，这里的发起人可以是个人也可以是单位。

（4）本类犯罪在主观方面表现为故意。实施前述客观上的行为，行为人主观上明知违反公司设立和登记的管理制度，希望取得登记和营业执照。从行为人使用虚假证明或者其他欺诈手段虚报注册资本，通过对工商行政管理部门的登记机关的欺骗，而非法取得企业登记，是一个行为过程。在整个过程中，行为人以故意的心态支配了全部的行为。

15.3.2　虚报注册资本罪

《刑法》第一百五十八条规定：申请公司登记使用虚假证明文件或者采取其他

欺诈手段虚报注册资本，欺骗公司登记主管部门，取得公司登记，虚报注册资本数额巨大、后果严重或者有其他严重情节的，处三年以下有期徒刑或者拘役，并处或者单处虚报注册资本金额百分之一以上百分之五以下罚金。

单位犯前款罪的，对单位判处罚金，并对其直接负责的主管人员和其他直接责任人员，处三年以下有期徒刑或者拘役。

构成本罪应具备以下条件：

（1）本罪侵犯的客体是我国的公司登记管理制度。

（2）本罪在客观方面表现为行为客观上是必须实施有使用虚假文件或者采取其他欺诈手段虚报注册资本，欺骗公司登记主管部门，取得公司登记，且虚报注册资本数额巨大，后果严重或者有其他严重情节的行为。这里所说的"证明文件"，主要是指依法设立的会计师事务所和审计师事务所等法定验资机构依法对申请公司登记的人的出资所出具的验资报告、资产评估报告、验资证明等材料。"其他欺诈手段"主要是指采取贿赂等非法手段收买有关机关和部门的工作人员，恶意串通，虚报注册资本，欺诈公司登记主管部门；"公司登记主管部门"是指工商行政管理机关。这里需要指出的是，无论使用虚假证明文件还是采取其他欺诈手段，其目的都是虚报注册资本，欺骗公司登记主管机关。如果使用虚假证明文件或者其他欺诈手段是为了夸大公司员工的人数或生产经营条件，虚构生产经营场所等，与虚报注册资本无关，不构成本罪。如果使用的证明文件或者采取其他欺诈手段，没有到工商行政管理机关去申请公司设立登记，而是去欺骗另一方当事人，签订合同，诈骗钱财，也不构成本罪。

（3）犯罪主体必须是申请公司登记的个人或者单位。这里所说的"公司"是指有限责任公司和股份有限责任公司。申请公司登记的个人，在有限责任公司的场合，是指由全体股东指定的代表或者共同委托的代理人；在股份有限责任公司的场合，是指其发起人选出的董事长等，这里的发起人可以是个人也可以是单位。

（4）本罪的主观方面只能是故意。

15.3.3　虚假出资、抽逃出资罪

《刑法》第一百五十九条规定：公司发起人、股东违反《公司法》的规定未交付货币、实物或者未转移财产权，虚假出资，或者在公司成立后又抽逃其出资，数额巨大、后果严重或者有其他严重情节的，处五年以下有期徒刑或者拘役，并处或者单处虚假出资金额或者抽逃出资金额百分之二以上百分之十以下罚金。

单位犯前款罪的，对单位判处罚金，并对其直接负责的主管人员和其他直接责任人员，处五年以下有期徒刑或者拘役。

构成本罪应具备以下条件：

（1）犯罪客体是国家对登记的管理制度。

（2）犯罪的客观方面表现为行为人必须有违反《公司法》的规定，未交付货币、实物或者未转移财产权而进行虚假出资，或者在公司成立后又抽逃其出资的行

为。这里的"违反《公司法》规定"是指违反了《公司法》对发起人、股东出资方式、出资义务的有关规定。"未交付货币"是指没有按规定一次足额交付其所认缴的出资额或者根本就没有交付任何货币；"未交付实物或者未转移财产权"是指以实物、工业产权、非专有技术或者土地使用权出资的；"虚假出资"主要是指对以实物、工业产权、非专有技术或者土地使用权出资的，在评估作价时，故意高估或者低估作价，然后再作为出资等情况。"公司成立后又抽逃出资"一般包括两种情况：一种是为达到设立公司的目的，通过向其他企业借款或者向银行贷款等手段取得资金，作为自己出资，待公司登记成立后，又抽回这些资金；另一种是在公司设立的，依法缴纳了自己的出资，但当公司成立后，又将其出资撤回。但公司依法定程序进行正常的减资、转资行为不在此列。此外，虚假出资、抽逃出资的数额巨大、后果严重或者有其他严重情节的才构成犯罪。

（3）犯罪主体是特殊主体，即公司的发起人、股东。发起人是指在公司成立前，承担公司筹办事务、设立程序的人；股东是指公司的出资人，有的股东就是发起人。发起人和股东既可以是单位，也可以是个人。因此，本罪的主体既可以是自然人，也可以是单位。

（4）犯罪的主观方面只能由故意构成。

15.4 侵犯商标权罪

15.4.1 侵犯商标权罪概述

侵犯商标权罪，是指违反商标管理法律、法规，故意侵犯他人注册商标专用权，情节严重的一类行为。

商标是商品的标记，是商品生产者或者经营者为使自己的商品或者提供的服务在市场上同其他生产者或者经营者的同种商品或者提供的服务相区别而使用的文字、图形或其组合。为保护正当竞争，鼓励争创名牌商品，国家对商品商标实行注册制度，凡某一商标经向国家商标管理机关申请注册并获批准登记，注册者即取得商标所有权，未经商标所有人许可，其他任何单位不得在同种商品上使用这一商标，这就是商标所有权中的专用权。未经商标所有人许可擅自使用其注册商标，一方面使商标所有人的专用权制度受到了侵犯，由此会带来经济上的损失和商品声誉的损害；另一方面，还破坏了国家建立的商标管理制度，不利于维护正常的市场竞争秩序，同时也有损于消费者的合法权益。因此，国家在商标专用权的保护中，除了必要的民事责任、行政责任外，国家立法机关对于严重破坏他人商标专用权的行为设立了刑事责任，即侵犯商标权的犯罪。目前我国对侵犯商标权的犯罪设立主要有三种，即假冒注册商标罪，销售假冒注册商标的商品罪，非法制造、销售非法制造的注册商标标识罪。

侵犯商标权在构成上具备以下特征：

（1）侵犯商标权罪的客体是他人注册商标专用权。在现代的市场竞争中，商标已经不再是区别不同的生产者或者经营者生产的商品或者提供服务的标记，其自身的区别性为所有人带来一定的经济利益，法律对商标进行保护的目的主要是为了保护其商标中的财产权。然而，法律对商标权的保护并不是面面俱到的，法律只能保护经法律、法规确认的商标的专用权，这就是注册商标专用权。

（2）侵犯商标权罪在客观方面表现为违反商标管理法律、法规，擅自使用他人注册商标销售商品，或者制造、销售他人注册商标标识，造成严重后果或者情节严重的行为。

首先，行为人的行为必须未经注册商标所有人许可。根据我国有关商标管理的法律、法规的规定，注册商标所有人对其注册商标享有专有的使用权，未经其许可基于商业目的而使用即构成侵权。但是，经商标所有人许可使用的行为是合法的。因此，未经注册商标所有人许可，既是该类犯罪行为侵权的实质所在，又是其违法性的具体体现。

其次，侵犯商标权的行为，集中表现为非法使用注册商标销售商品，或者非法制造、销售非法制造的注册商标标识的行为。

最后，侵犯注册新增商标权的行为必须达到情节严重的程度。此类犯罪属于行政犯罪，其法定刑较低，法律规定要发生一定的结果才能构成此类犯罪。判断情节是否严重，一般要看违法所得数额或者非法经营的数额大小，同时还要看侵权行为给注册商标所有人造成的直接和间接损失的大小。对于情节不严重者，不能追究刑事责任，只能责令其承担民事或行政责任。

（3）侵犯商标权罪的主体为一般主体，既可能是自然人，也可能是单位。自然人只要达到法定刑事责任年龄、具有责任能力即可；单位则包括法人或非法人单位，并且不受所有制和经营形式的限制。

（4）侵犯商标权罪的主观方面只限于故意，并且只能由直接故意构成。

15.4.2　假冒注册商标罪

《刑法》第二百一十三条规定：未经注册商标所有人许可，在同一种商品、服务上使用与其注册商标相同的商标，情节严重的，处三年以下有期徒刑，并处或者单处罚金；情节特别严重的，处三年以上十年以下有期徒刑，并处罚金。

假冒注册商标罪的主要特征有：

（1）本罪侵犯的客体是复杂客体，既侵犯国家商标管理制度，同时也侵犯了他人商标专用权。

（2）本罪的客观方面表现为违反国家商标管理法规，未经注册商标所有人许可，在同一种商品上使用与其注册商标相同的商标，情节严重的行为。它具体包含以下几方面内容：①行为人必须违反国家商标管理法规对注册商标的保护规定，未经注册商标所有人许可而使用其商标。"未经许可"，是指使用注册商标未得到注册商标所有人的同意，这是构成本罪的前提条件。根据我国《商标法》，商标注册可以通过签订商标使用许可合同的方式，许可他人使用其注册商标。如果他人在商标所有人许可后使用的，不能构成本罪。②行为人实施了在同一商品上使用与他人注册商标相同的商标的行为。所用商标完全相同，使用该商标的商品为同一种类，这是构成假冒注册商标行为的两点必备内容。不具备其中任何一点内容，假冒注册商标行为就不能成立。③假冒注册商标行为必须属于情节严重的。这是区分犯罪与一般违法行为的主要标志。

（3）犯罪主体是一般主体，个人和单位都可以成为本罪主体。

（4）本罪的主观方面只能由故意构成，表现为行为人明知是他人已经注册的商标，未征得所有人的许可，故意在同一种商品上使用同一注册商标。假冒注册商标者通常出于营利或者牟取非法利益的目的，但不以此种目的为犯罪成立的必要条件。

假冒注册商标，涉嫌下列情形之一的，应予立案追诉：非法经营数额在5万元以上或者违法所得数额在3万元以上的；假冒两种以上注册商标，非法经营数额在3万元以上或者违法所得数额在2万元以上的；其他情节严重的情形。

15.4.3　销售假冒注册商标的商品罪

《刑法》第二百一十四条规定：销售明知是假冒注册商标的商品，违法所得数额较大或者有其他严重情节的，处三年以下有期徒刑，并处或者单处罚金；违法所得数额巨大或者有其他特别严重情节的，处三年以上十年以下有期徒刑，并处罚金。

本罪在构成上具备以下特征：

（1）本罪侵犯的客体是国家商标管理制度和他人商标专用权。

（2）犯罪的客观方面表现为违反国家商标管理法规，销售假冒他人已经注册商标的商品的行为。销售包括批发、零售、代售、贩卖等各个销售环节，销售对象必须是使用已被他人注册的商标的商品，销售金额必须达到较大。不符合这些特征的，不构成本罪。

（3）本罪的主体是一般主体，包括单位和个人。

（4）犯罪的主观方面出于故意，表现为明知所销售的是假冒他人已经注册商标的商品，而仍然销售，从中牟取利益。行为主观上是否具有这种"明知"，是区别罪与非罪界限的一个重要标志。

销售假冒注册商标的商品，涉嫌下列情形之一的，应予立案追诉：销售金额在5万元以上的；尚未销售，货值金额在15万元以上的；销售金额不满5万元，但已销售金额与尚未销售的货值金额合计在15万元以上的。

15.4.4　非法制造、销售非法制造的注册商标标识罪

《刑法》第二百一十五条规定：伪造、擅自制造他人注册商标标识或者销售伪造、擅自制造的注册商标标识，情节严重的，处三年以下有期徒刑，并处或者单处

罚金；情节特别严重的，处三年以上十年以下有期徒刑，并处罚金。

本罪在构成上具有以下特征：

（1）本罪侵犯的客体是国家对商标的管理制度和他人商标专用权。

（2）本罪在客观方面表现为违反国家商标管理法规，实施伪造、擅自制造他人已经注册的商标，以及明知是别人伪造、擅自制造的他人已经注册的商标，而予以出售的行为。伪造是指无权制造的人制造；擅自制造是指被授权制造的人，违反授权者规定的数额和规模而超额制造；销售包括批发、零售、代售、贩卖等各个销售环节。

（3）本罪的主体是一般主体，包括个人和单位。

（4）本罪在主观方面须出于故意。行为还必须情节严重，才能以犯罪论处。

涉嫌下列情形之一的，应予立案追诉：伪造、擅自制造或者销售伪造、擅自制造的注册商标标识数量在2万件以上，或者非法经营数额在5万元以上，或者违法所得数额在3万元以上的；伪造、擅自制造或者销售伪造、擅自制造两种以上注册商标标识数量在1万件以上，或者非法经营数额在3万元以上，或者违法所得数额在2万元以上的；其他情节严重的情形。

15.5 扰乱市场秩序罪

15.5.1 扰乱市场秩序罪概述

扰乱市场秩序罪，是指违反市场监督管理的法律、法规，破坏市场交易秩序、竞争秩序、监督管理秩序，情节严重的行为。扰乱市场秩序罪是一类犯罪的总称，但在本书的研究中作为研究对象的扰乱市场秩序罪并非《刑法》第二编第三章第八节所规定的扰乱市场秩序罪的全部，而是在市场主体在经济活动中违背工商行政管理法律、法规所拟建立地市场秩序的一类犯罪。它具体包括：侵犯商业秘密罪，损害商业信誉、商品声誉罪，虚假广告罪，串通投标罪，合同诈骗罪，非法经营罪，强迫交易罪。

本类犯罪在构成上具有以下主要特征：

（1）本罪的客体是市场秩序。市场秩序的本义是指商品买卖场所整齐规则的状态。在法律中，广义的市场秩序是指市场自身及国家运用经济的、行政的手段来维护市场活动而形成的买卖双方的正常关系。它包括进出秩序、市场竞争秩序和市场交易秩序。我们所要讨论的作为本类犯罪所侵犯的客体的市场秩序，应当是狭义的市场秩序。它仅指市场交易、竞争和市场管理秩序。本罪的客体不包括进入市场主体的条件，亦不包括违反国家的外贸管制、金融管理、商品生产管理、税收征管、知识产权制度等有关管理制度。本罪的客体主要在于市场交易和竞争秩序，二者为国内的交易、竞争秩序，而且主要是商品市场的秩序。

（2）本罪的客观方面表现为行为人违反市场管理法规，破坏市场的交易、竞争秩序或管理秩序，情节严重的行为。在社会分工高度专业化、深入化的今天，国家有必要干预经济。现代国家的重要职能之一就是经济调控职能，立法的方法是其主要的手段。以立法的方法对市场进行有效的调控，一方面，要维护市场的公平、公正、公开、信用的交易、竞争秩序；另一方面，国家又要为公平、公正、公开、信用的秩序创造有利的条件和进行有效的监控。如我国先后制定了《广告法》《合同法》《反不正当竞争法》等法规，均把市场行为准则纳入了相应的经济、行政法律规范之中。行为人的行为构成该类犯罪，首先，违反了市场秩序管理的法律规范。其次，行为人实施破坏市场交易秩序、竞争秩序和管理秩序的行为。最后，行为人实施的上述违法行为必须具有严重的社会危害程度，才能认为是犯罪。

综上所述，扰乱市场秩序罪的客观方面，要求行为人违反法律、法规，实施了严重危害市场秩序的行为，符合法定条件，才能认为是犯罪。

（3）本罪的犯罪主体是指违反市场管理法律、法规，实施了破坏市场秩序，情节严重的行为的自然人或者单位。本罪的大部分主体为一般主体，自然人作为犯罪主体，要求达到16周岁以上、具有刑事责任能力的人，作为特殊主体的要求具备特定的身份。单位构成本类罪的主体同样也要符合《刑法》总则要求的主体条件。

本罪为特殊主体的具体犯罪有虚假广告罪，其主体只能是广告主、广告经营者、广告发布者，其他单位和个人不能成为本罪的犯罪主体。

（4）本罪的主观方面均表现为故意，一般表现为直接故意，同时，部分犯罪还要求以牟利为目的或者非法占有为目的，如合同诈骗罪等。

15.5.2　侵犯商业秘密罪

《刑法》第二百一十九条规定：有下列侵犯商业秘密行为之一，情节严重的，处三年以下有期徒刑，并处或者单处罚金；情节特别严重的，处三年以上十年以下有期徒刑，并处罚金：①以盗窃、贿赂、欺诈、胁迫、电子侵入或者其他不正当手段获取权利人的商业秘密的；②披露、使用或者允许他人使用以前项手段获取的权利人的商业秘密的；③违反保密义务或者违反权利人有关保守商业秘密的要求，披露、使用或者允许他人使用其所掌握的商业秘密的。明知前款所列行为，获取、披露、使用或者允许他人使用该商业秘密的，以侵犯商业秘密论。

本条所称权利人，是指商业秘密的所有人和经商业秘密所有人许可的商业秘密使用人。

《刑法》第二百一十九条之一规定：为境外的机构、组织、人员窃取、刺探、收买、非法提供商业秘密的，处五年以下有期徒刑，并处或者单处罚金；情节严重的，处五年以上有期徒刑，并处罚金。

本罪在构成上具有以下特征：

（1）本罪侵犯的客体是他人对商业秘密的专用权。

（2）本罪的客观方面表现为行为人实施了违反国家对商业秘密的管理法规的行为，其犯罪对象是商业秘密。所谓商业秘密，是指不为公众所知悉，能够为权利人带来经济利益，具有实用性，经权利人采取保密措施的技术信息和经营信息。商业秘密具有以下特点：秘密性、保密性、实用性。

本罪是结果犯，必须是由于侵犯商业秘密而给权利人造成重大损失。如果损失不严重，可按照一般民事侵权行为处理。

（3）本罪的犯罪主体是一般主体，个人和单位均可构成本罪。

（4）本罪的主观方面表现是故意，表现为明知权利人已采取保密措施加以保护的商业秘密，而故意实施刑法规定的侵犯商业秘密的行为，一般出于营利的目的。

侵犯商业秘密，涉嫌下列情形之一的，应予立案追诉：给商业秘密权利人造成损失数额在 50 万元以上的；因侵犯商业秘密违法所得数额在 50 万元以上的；致使商业秘密权利人破产的；其他给商业秘密权利人造成重大损失的情形。

15.5.3　损害商业信誉、商品声誉罪

《刑法》第二百二十一条规定：捏造并散布虚伪事实，损害他人的商业信誉、商品声誉，给他人造成重大损失或者有其他严重情节的，处二年以下有期徒刑或者拘役，并处或者单处罚金。

本罪在构成上具有以下特征：

（1）本罪侵犯的客体是国家市场管理秩序和他人商业信用。

（2）本罪的客观方面表现为捏造并散布虚伪的事实，损害他人的商业信誉、商品声誉，给他人造成重大损失或者有其他严重情节的行为。首先，行为人必须有捏造并散布虚伪事实的行为。捏造的情况有以下两种：①完全虚构，与真实情况无一相符；②在真实的基础上，虚构出部分情况，歪曲了事实真相。散布也有两种表现形式：一种是口头散布；另一种为书面散布。其次，行为人的行为损害了他人的商业信誉、商品声誉。他人是指从事正当生产、经营的任何单位和个人，一般情况下为竞争对手。最后，行为要达到严重的程度，包括：①给他人造成可以衡量的重大损失；②有其他严重情节。

（3）本罪的主体为一般主体，包括个人和单位。它主要有三大类：①商业信誉和商品声誉的竞争对手，或者处于不利地位的同行，或者其他生产者、经营者。②新闻、报刊、电视台、电台等媒介。③上述两类以外的自然人或单位。

（4）本罪的主观方面出于故意，必须具有贬低他人商业信誉、商品声誉的目的。

15.5.4　虚假广告罪

《刑法》第二百二十二条规定：广告主、广告经营者、广告发布者违反国家规定，利用广告对商品或者服务作虚假宣传，情节严重的，处二年以下有期徒刑或者拘役，并处或者单处罚金。

虚假广告罪在构成上具有以下特征：

（1）本罪侵犯的客体是复杂客体，包括国家广告市场管理秩序和消费者的合法

权益。在市场经济体制下，广告对于企业宣传产品、树立形象、推销服务、提高知名度、引导消费，起着重要的作用。也正因为如此，广告的真实性就成为事关正当竞争、维护消费者合法权益的重要问题。利用广告做虚假宣传，直接破坏了国家对广告市场的管理秩序，同时也会使听信广告而被误导的消费者的合法权益受到损害。

（2）本罪的客观方面表现为违反国家规定，利用广告对商品做虚假宣传，情节严重的行为。国家规定，主要是指国家制定发布的有关广告管理的法律、法规，如《广告法》《反不正当竞争法》等。这些法律、法规，对于广告的制作、经营、发布都做了一系列明确具体的规定，违反这些规定，非法进行广告业务活动，就有可能构成本罪。

实施上述行为必须是情节严重的，才能构成犯罪。

（3）本罪的主体是特殊主体，即广告主、广告经营者和广告发布者，其中包括个人和单位。广告主，是指为推销商品或者提供服务，自行或者委托他人设计、制作、发布广告的法人、其他经济组织或者个人；广告经营者，是指受委托提供广告设计、制作、代理服务的法人、其他经济组织或者个人；广告发布者，是指为广告主或者广告主委托的广告经营者发布广告的法人或者其他经济组织。由于只有这些人才有必要或条件发布广告，也才有可能发布虚假广告。

（4）本罪的主观方面是故意，表现为明知广告内容是虚假的，而故意予以制作发布，一般出于非法营利的目的。如果对广告虚假内容不具有明知，即使有过失，也不能以本罪论处。

涉嫌下列情形之一的，应予立案追诉：违法所得数额在10万元以上的；给单个消费者造成直接经济损失数额在5万元以上的，或者给多个消费者造成直接经济损失数额累计在20万元以上的；假借预防、控制突发事件的名义，利用广告作虚假宣传，致使多人上当受骗，违法所得数额在3万元以上的；虽未达到上述数额标准，但两年内因利用广告作虚假宣传，受过行政处罚两次以上，又利用广告作虚假宣传的；造成人身伤残的；其他情节严重的情形。

15.5.5 串通投标罪

《刑法》第二百二十三条规定：投标人相互串通投标报价，损害招标人或者其他投标人利益，情节严重的，处三年以下有期徒刑或者拘役，并处或者单处罚金。

本罪在构成上具有以下特征：

（1）本罪侵犯的客体是公平竞争的市场秩序，具体来说，就是在招标投标活动中公平竞争的法律秩序。招标与投标，是市场经济下比较重要的民事经济活动中经常采用的有组织的市场交易行为。根据法律规定，招标与投标必须在公平竞争的原则下进行，不允许投标人之间、投标人与招标人之间事先串通投标，否则就会损害其他相关人或者国家的利益。

（2）犯罪的客观方面表现为投标人相互串通投标报价，损害招标人或者其他投标人的利益，或者投标人与招标人串通投标，损害国家、集体、公民的合法利益，情节严重的行为。所谓"损害国家、集体、公民的合法利益"，是指由于招标人与投标人串通投标，使中标价格无法在正常竞标的基础上达到最佳效果，从而损害招标标的所有人的利益。在标的所有人是国家的情况下，受到损害的就是国家利益。

（3）本罪的主体是特殊主体，限于投标人和招标人。个人和单位都可成为本罪的主体。

（4）本罪在主观方面表现为故意，一般具有牟取非法利益的目的。

15.5.6　合同诈骗罪

《刑法》第二百二十四条规定：有下列情形之一，以非法占有为目的，在签订、履行合同过程中，骗取对方当事人财物，数额较大的，处三年以下有期徒刑或者拘役，并处或者单处罚金；数额巨大或者有其他严重情节的，处三年以上十年以下有期徒刑，并处罚金；数额特别巨大或者有其他特别严重情节的，处十年以上有期徒刑或者无期徒刑，并处罚金或者没收财产：①以虚构的单位或者冒用他人名义签订合同的；②以伪造、变造、作废的票据或者其他虚假的产权证明作担保的；③没有实际履行能力，以先履行小额合同或者部分履行合同的方法，诱骗对方当事人继续签订和履行合同的；④收受对方当事人给付的货物、货款、预付款或者担保财产后逃匿的；⑤以其他方法骗取对方当事人财物的。

本罪在构成上具有以下特征：

（1）本罪侵犯的客体是复杂客体，包括国家对合同的管理秩序和公私财产所有权。

（2）本罪的客观方面表现为，在签订、履行合同过程中，以虚构事实或者隐瞒真相的方法骗取对方当事人，数额较大的行为。《刑法》第二百二十四条规定了合同诈骗行为的五种表现形式：①以虚构的单位或者冒用他人名义签订合同的；②以伪造、变造、作废的票据或者其他虚假的产权证明作担保的；③没有实际履行能力，以先履行小额合同或者部分履行合同的方法诱骗对方当事人继续签订和履行合同的；④收受对方当事人给付的货物、货款、预付款或者担保财产后逃匿的；⑤以其他方法骗取对方当事人财物的。

（3）本罪的主体是一般主体，包括单位和个人。

（4）本罪的主观方面出于故意，并且必须以非法占有对方当事人财物为目的。其具体内容为，明知自己没有履行能力，而故意采用虚构事实、隐瞒事实真相的手段，欺骗对方当事人与之签订合同或履行合同，以达到骗取其财物的目的。

实施合同诈骗，数额在 2 万元以上的，应予立案追诉。

15.5.7　组织领导传销罪

《刑法》第二百二十四条之一规定：组织、领导以推销商品、提供服务等经营活动为名，要求参加者以缴纳费用或者购买商品、服务等方式获得加入资格，并按照一定顺序组成层级，直接或者间接以发展人员的数量作为计酬或者返利依据，引诱、胁迫参加者继续发展他人参加，骗取财物，扰乱经济社会秩序的传销活动的，处五年以下有期徒刑或者拘役，并处罚金；情节严重的，处五年以上有期徒刑，并处罚金。

本罪在构成上具有以下特征：

（1）本罪侵犯的客体为复杂客体，既侵犯了公民的财产所有权，又侵犯了市场经济秩序和社会管理秩序。本罪的犯罪对象是公民个人财产，通常是货币。传销常伴随偷税漏税、哄抬物价等现象，侵犯多个社会关系和法律客体。

（2）本罪在客观方面表现为违反国家规定，组织、从事传销活动，扰乱市场秩序，情节严重的行为。但不是所有的传销行为都构成犯罪，情节一般的，属于一般违法行为，由工商行政管理部门予以行政处罚；只有行为人实施传销行为情节严重的才构成犯罪，依法追究刑事责任。另外，要区分传销罪与直销活动中的违规行为。若在直销行为中出现夸大直销员收入、产品功效等欺骗、误导行为，应由直销监管部门处以行政处罚，而不应视为传销罪。

情节严重的认定应结合传销涉案金额、传销发展人员数量、传销中使用的手段、传销造成的影响等多方面因素综合衡量。

（3）本罪主体是一般主体，凡达到法定刑事责任年龄、具有刑事责任能力的自然人均能构成本罪。本罪追究的主要是传销的组织策划者，多次介绍、诱骗、胁迫他人加入传销组织的积极参与者。对一般参加者，则不予追究。

根据最高人民法院于1999年6月18日公布的《关于审理单位犯罪案件具体应用法律有关问题的解释》第2条规定："个人为进行违法犯罪活动而设立的公司、企业、事业单位实施犯罪的，或者公司、企业、事业单位设立后，以实施犯罪为主要活动的，不以单位犯罪论处。"故对专门从事传销行为的公司，依照司法解释的规定，不以单位犯罪论处，而对其组织者和主要参与人以自然人犯罪定罪处罚。

（4）本罪在主观方面表现为直接故意，具有非法牟利的目的，即行为人明知自己实施传销行为，为国家法规所禁止，但为达到非法牟利的目的，仍然实施这种行为，且对危害结果的发生持希望和积极追求的态度。

涉嫌组织、领导的传销活动人员在30人以上且层级在3级以上的，对组织者、领导者，应予立案追诉。

15.5.8　非法经营罪

《刑法》第二百二十五条规定：违反国家规定，有下列非法经营行为之一，扰乱市场秩序，情节严重的，处五年以下有期徒刑或者拘役，并处或者单处违法所得一倍以上五倍以下罚金；情节特别严重的，处五年以上有期徒刑，并处违法所得一倍以上五倍以下罚金或者没收财产：①未经许可经营法律、行政法规规定的专营、专卖物品或者其他限制买卖的物品的；②买卖进出口许可证、进出口原产地证明以及其他法律、行政法规规定的经营许可证或者批准文件的；③未经国家有关主管部门批准非法经营证券、期货、保险业务的，或者非法从事资金支付结算业务的；④其他严重扰乱市场秩序的非法经营行为。

非法经营罪的主要特征有：

（1）本罪侵犯的客体是国家市场管理秩序，即国家通过对市场进行依法管理所形成的稳定、协调、有序的市场运行状态。

（2）犯罪的客观方面表现为违反国家规定，从事非法经营活动，扰乱市场秩序，情节严重的行为。其具体包括以下三个方面的内容：①行为违反了国家规定即违反了国家的有关规范、管理市场秩序的各种法律、行政法规的规定。②实施了《刑法》第二百二十五条明确规定的下述三种非法经营、扰乱市场秩序行为之一的行为：A.未经许可经营法律、行政法规规定的专营、专卖物品或者其他限制买卖的物品的；B.买卖进出口许可证、进出口原产地证明以及其他法律、行政法规规定的经营许可证或者批准文件的；C.其他严重扰乱市场秩序的非法经营行为。③必须是达到情节严重的行为。

（3）犯罪主体是一般主体，包括单位和个人。

（4）犯罪的主观方面是故意，并且具有牟取非法利益的目的。

15.5.9　强迫交易罪

《刑法》第二百二十六条规定：以暴力、威胁手段，实施下列行为之一，情节严重的，处三年以下有期徒刑或者拘役，并处或者单处罚金；情节特别严重的，处三年以上七年以下有期徒刑，并处罚金：①强买强卖商品的；②强迫他人提供或者接受服务的；③强迫他人参与或者退出投标、拍卖的；④强迫他人转让或者收购公司、企业的股份、债券或者其他资产的；⑤强迫他人参与或者退出特定的经营活动的。

本罪在构成上具有以下特征：

（1）侵犯的客体是复杂客体：一是我国社会主义市场的正常交易秩序，即自愿、自由、公平的市场交易秩序；二是公民的人身权利。

（2）本罪在客观方面表现为以暴力、威胁强迫他人进行交易，情节严重的行为。它主要包含三层内容：①必须对交易对方实施了暴力，或者以暴力侵害相威胁，违背对方意愿，强迫与其进行不公平的交易。②必须实施了法定的四种强迫交易行为：一是强买他人商品；二是强卖自己的商品；三是强迫他人提供服务；四是强迫他人接受服务，这里主要指餐饮业、旅游业、娱乐业、美容服务业、维修业等服务性质的行业提供的服务。③强迫交易行为必须情节严重。

（3）本罪的主体为一般主体，包括单位和个人。

（4）本罪的主观方面只能是故意，即行为人明知自己的暴力、威胁手段会使对方产生恐惧心理，不得不买卖商品、提供服务或者接受服务，而实施暴力或威胁行为，并希望强迫交易的行为后果发生。

复习思考题

1.什么是违反工商行政管理秩序犯罪？

2.违反工商行政管理秩序犯罪是如何分类的？

3.违反工商行政管理秩序犯罪的具体内容是什么？

Business

Administration

工商行政管理学

（第五版）

ISBN 978-7-5654-4237-7

为方便教学，本书配有电子课件
请登录东北财经大学出版社网站
www.dufep.cn　免费下载

定价：45.00元